JN078442

コピーしてすぐ使える

3分 5分 10分 で できる 算数まるごと4年

わかる喜び学ぶ楽しさを創造する教育研究所
略称 喜楽研

本書の特色と使い方

算数まるごとファックス資料集の初版は，2003 年 4 月に発刊されました。以来，17 年間に 1 年～ 6 年あわせて 21 万部超が発行され，多くの学校現場で活用されました。近年，たくさんの先生方から，「もっと短い時間でできるものを発行してほしい」との声が寄せられ，「コピーしてすぐ使える 3 分・5 分・10 分でできる算数まるごと 1 年～ 6 年」を発刊する運びとなりました。

本書の作成にあたり，2020 年度新学習指導要領の主旨にあわせて，「対話して解決する問題」のシートや，「プログラミング学習」のシートや，「ふりかえり」のシートも掲載しました。また「早くできた児童用の裏刷りプリント」も掲載しています。おいそがしい先生方の一助になることを，切に願っています。

3 分練習シート

計算問題なら，難易度にあわせて，約 4 問～ 10 問程度を掲載しています。

5 分練習シート

計算問題なら，難易度にあわせて，約 6 問～ 15 問程度を掲載しています。

10 分練習シート

計算問題なら，難易度にあわせて，約 10 問～ 20 問程度を掲載しています。

※　文章題や，図形や，量と測定などは，難易度にあわせて，問題数をかえています。
※　時間はおおよその目安です。児童の実態にあわせて，3 分・5 分・10 分にとらわれずご活用下さい。

ふりかえりシート

約 10 分～ 20 分ぐらいでできる「ふりかえりシート」をできる限りどの単元にも掲載しました。

各単元のテスト

『各単元の練習』で学習したことを「テスト」として掲載しました。観点別に分かれています。50 点満点として合計 100 点にして掲載しました。

各単元の算数あそび

迷路など，楽しい遊びのページをたくさん掲載しました。楽しく学習しているうちに，力がぐんぐんついてきます。

対話して解決する問題

新学習指導要領の「主体的・対話的・深い学び」の主旨にあわせて，グループで話し合って，学びを深めたり，学びをひろげたりする問題を掲載しました。授業の展開にあわせてご活用下さい。

早くできた児童用の裏刷りプリント

練習問題をするとき，早くできる児童と，ゆっくり取りくむ児童の時間の差があります。「計算にチャレンジ」「迷路にチャレンジ」というタイトルで掲載しました。

縮小ページ

「141％拡大」と書かれているページは縮小されていますので，B5 サイズを B4 サイズに拡大してご使用下さい。

目　次

本書の特色と使い方…… 2

1 億より大きい数

3 分練習シート …… 6
5 分練習シート
10 分練習シート
10 分ふりかえりシート
テスト…… 15
算数あそび …… 16

折れ線グラフ

5 分練習シート …… 19
10 分練習シート
考えよう
10 分ふりかえりシート
テスト…… 24

わり算・わる数が 1 けたの筆算

3 分練習シート …… 25
5 分練習シート
10 分練習シート
10 分ふりかえりシート
テスト…… 42
算数あそび…… 44

角の大きさ

3 分練習シート …… 49
5 分練習シート
10 分練習シート
10 分ふりかえりシート
テスト…… 57
算数あそび…… 58

小数

3 分練習シート …… 60
5 分練習シート
10 分ふりかえりシート

小数のたし算

3 分練習シート …… 67
5 分練習シート
10 分練習シート
10 分ふりかえりシート
算数あそび …… 74

小数のひき算

3 分練習シート …… 75
5 分練習シート
10 分練習シート
10 分ふりかえりシート
算数あそび …… 82

小数のたし算・ひき算

10 分練習シート …… 83
テスト…… 85
算数あそび …… 86

わり算・わる数が 2 けたの筆算

3 分練習シート …… 88
5 分練習シート
10 分練習シート
10 分ふりかえりシート
算数あそび …… 104

わり算・わる数が 3 けたの筆算

10 分練習シート …… 105

わり算・わる数が2けた（3けた）の筆算

5分練習シート …… 106
テスト …… 107
算数あそび …… 109

がい数の表し方

3分練習シート …… 110
5分練習シート
10分練習シート
10分ふりかえりシート
テスト …… 117
算数あそび …… 118

計算のきまり

3分練習シート …… 120
5分練習シート
10分練習シート
10分ふりかえりシート
テスト …… 125

垂直と平行

3分練習シート …… 126
5分練習シート
10分ふりかえりシート
テスト …… 133
算数あそび …… 134

四角形

3分練習シート …… 136
5分練習シート
10分練習シート
10分ふりかえりシート
テスト …… 144
算数あそび …… 145

分数

3分練習シート …… 147
5分練習シート
10分練習シート
10分ふりかえりシート
テスト …… 168
算数あそび …… 169

変わり方調べ

3分練習シート …… 171
5分練習シート
10分練習シート
10分ふりかえりシート
テスト …… 175

面積

3分練習シート …… 176
5分練習シート
10分練習シート
10分ふりかえりシート
テスト …… 188
算数あそび …… 189

小数のかけ算

3分練習シート …… 190
5分練習シート
10分練習シート
10分ふりかえりシート
算数あそび …… 203

小数のわり算

3分練習シート …… 205
5分練習シート
10分練習シート
10分ふりかえりシート
算数あそび …… 227

小数のかけ算・わり算

10 分練習シート …………………………… 229

テスト………………………………………… 231

直方体と立方体

3 分練習シート …………………………… 233

5 分練習シート

10 分練習シート

10 分ふりかえりシート

テスト………………………………………… 248

対話してかい決する問題

1 億より大きい数／わり算 ……………… 249

角の大きさ／倍で比べよう……………… 250

がい数の表し方／計算のきまり………… 251

平行四辺形／分数………………………… 252

変わり方調べ／面積……………………… 253

小数のわり算／直方体と立方体………… 254

プログラミング

プログラミング(1)～(8) ………………… 255

早くできた児童用の裏刷りプリント

めいろにチャレンジ

わり算……………………………………… 263

小数のたし算・ひき算…………………… 265

小数のかけ算……………………………… 266

小数のわり算……………………………… 267

分数のたし算・ひき算…………………… 268

計算にチャレンジ

わり算……………………………………… 269

解答

解答………………………………………… 270

※ シートの時間は，あくまで目安の時間です。児童の学びの進度や習熟度に合わせて，使用される先生の方でお決め下さい。

月　日

1億より大きい数（1）

名前

● 日本の人口を調べましょう。

(1) 愛知県と東京都の人口を表に書いて読みましょう。

	千	百	十	一（万）	千	百	十	一
愛知県								
東京都								

(2) 日本の人口を表に書きましょう。

一億の位	千万の位	百万の位	十万の位	一万の位	千の位	百の位	十の位	一の位

(3) 126254000 の千万の位と一億の位の数を書きましょう。

千万の位 [　　]　　一億の位 [　　]

(4) 一億は千万の何倍の数ですか。

千万		1	0	0	0	0	0	0	0
一億	1	0	0	0	0	0	0	0	0

[　　] 倍

(5) 日本の人口を読んで，漢字で書きましょう。

[　　　　　　　　] 人

月　日

1億より大きい数（2）

名前

1 次の [　] にあてはまる数を書きましょう。

一億				1	0	0	0	0	0	0	0	0	[　　] 倍
[　　]			1	0	0	0	0	0	0	0	0	0	[　　] 倍
[　　]		1	0	0	0	0	0	0	0	0	0	0	[　　] 倍
[　　]	1	0	0	0	0	0	0	0	0	0	0	0	

2 次の数を表に書いて，読みましょう。

(1) 62 5004 0000

千	百	十	一（億）	千	百	十	一（万）	千	百	十	一

(2) 371 8000 0000

千	百	十	一（億）	千	百	十	一（万）	千	百	十	一

(3) 九千三十四億七千二百万

千	百	十	一（億）	千	百	十	一（万）	千	百	十	一

（141%に拡大してご使用ください。）

1億より大きい数（3）

名前

1 地球から北極星（ほっきょくせい）までのきょりは，およそ
4096 0000 0000 0000 km です。

(1) 表に地球から北極星までのきょりを数字で書き入れて読みましょう。

千	百	十	一	千	百	十	一	千	百	十	一	千	百	十	一
			兆				億				万				

(2) 一兆（ちょう）は千億（おく）の何倍の数ですか。　　　　倍

2 次の数を表に書いて，読みましょう。

(1) 80 2403 0000 0000

千	百	十	一	千	百	十	一	千	百	十	一	千	百	十	一
			兆				億				万				

(2) 5009 0610 7200 0000

千	百	十	一	千	百	十	一	千	百	十	一	千	百	十	一
			兆				億				万				

(3) 四百八十兆七百九十億

千	百	十	一	千	百	十	一	千	百	十	一	千	百	十	一
			兆				億				万				

1億より大きい数（4）

名前

1 次の数について □ にあてはまる数を書きましょう。

(1) 2791000000 は，十億（おく）を □ こ，一億を □ こ，
千万を □ こ，百万を □ こあわせた数です。

千	百	十	一	千	百	十	一	千	百	十	一	千	百	十	一
			兆				億				万				
						2	7	9	1	0	0	0	0	0	0

(2) 635800000000 の千億の位（くらい）の数は □ で，
十億の位の数は □ です。

千	百	十	一	千	百	十	一	千	百	十	一	千	百	十	一
			兆				億				万				

2 次の数を下の表に書き入れて読みましょう。

(1) 一兆（ちょう）を 7 こ，一億を 4 こ，千を 2 こあわせた数

(2) 百兆を 8 こ，千億を 9 こ，十億を 1 こあわせた数

	千	百	十	一	千	百	十	一	千	百	十	一	千	百	十	一
				兆				億				万				
(1)																
(2)																

5分

月　日

1億より大きい数（5）

名前

1　次の数は，2019年の世界全体のおよその人口です。
この数について，考えましょう。

7	6	7	8	0	0	0	0	0	0

人

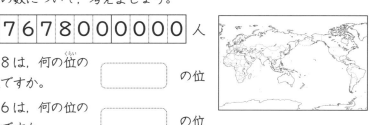

(1)　8は，何の位の数ですか。　□の位

(2)　6は，何の位の数ですか。　□の位

(3)　7678000000の読みを漢字で書きましょう。

□

(4)　□にあてはまる数を書きましょう。

この数は，十億を□こと，一億を□こと，

千万を□こと，百万を□こあわせた数です。

2　□にあてはまる数を書きましょう。

(1)　千万を10こ集めた数は，□です。
（10倍した）

(2)　一億を10こ集めた数は，□です。

(3)　一億を100こ集めた数は，□です。

(4)　一億を1000こ集めた数は，□です。

月　日

1億より大きい数（6）

名前

1　次の数を表に書いて，読みましょう。

(1)　42 1381 0000 0000円　（2016年日本の医りょう費）

千	百	十	一	千	百	十	一	千	百	十	一	千	百	十	一
			兆				億				万				

(2)　39 5602 0000 0000

千	百	十	一	千	百	十	一	千	百	十	一	千	百	十	一
			兆				億				万				

2　次の数を表に数字で書きましょう。

(1)　七十兆五千六百億 m^2（インド洋の面積）

千	百	十	一	千	百	十	一	千	百	十	一	千	百	十	一
			兆				億				万				

(2)　一兆五千七百五十五億円（2017年漁業産出額合計）

千	百	十	一	千	百	十	一	千	百	十	一	千	百	十	一
			兆				億				万				

(3)　九百二兆八十億三千万

千	百	十	一	千	百	十	一	千	百	十	一	千	百	十	一
			兆				億				万				

（141%に拡大してご使用ください。）

1億より大きい数（7）

名前

1 次の数について，□にあてはまる数を書きましょう。

千	百	十	一 兆	千	百	十	一 億	千	百	十	一 万	千	百	十	一
			2	0	3	8	4	0	0	0	0	0	0	0	0

(m)

(1) この数は，一兆を□こと，百億を□こと，
十億を□こと，一億を□こあわせた数です。

(2) この数は，一兆を□こと，一億を□こ
あわせた数ともいえます。

2 次の数を数字で書いて，読みましょう。

(1) 十兆を３こと，一兆を４こと，千億を１こと，百億を８こと，
十億を５こと，一億を４こあわせた数

(2) 百兆を２こと，千億を９こあわせた数

(3) 一兆を63こと，一億を70こあわせた数

1億より大きい数（8）

名前

1 次の□にあてはまる数を書きましょう。

(1) １億を100こ集めた数は，□です。

(2) １億を1000こ集めた数は，□です。

(3) １億を10000こ集めた数は，□です。

(4) １兆は，1000億を□こ集めた数です。

(5) 560億は，□を560こ集めた数です。

2 次の数を数字で書いて，読みましょう。

(1) １億を460こ集めた数

(2) １兆を30こと，１億を980こあわせた数

(3) １億を72000こ集めた数

5分

（141％に拡大してご使用ください。）

月　　日

1億より大きい数（9）

名前

1　□に1めもりの数，㋐～㋒にあてはまる数を書きましょう。

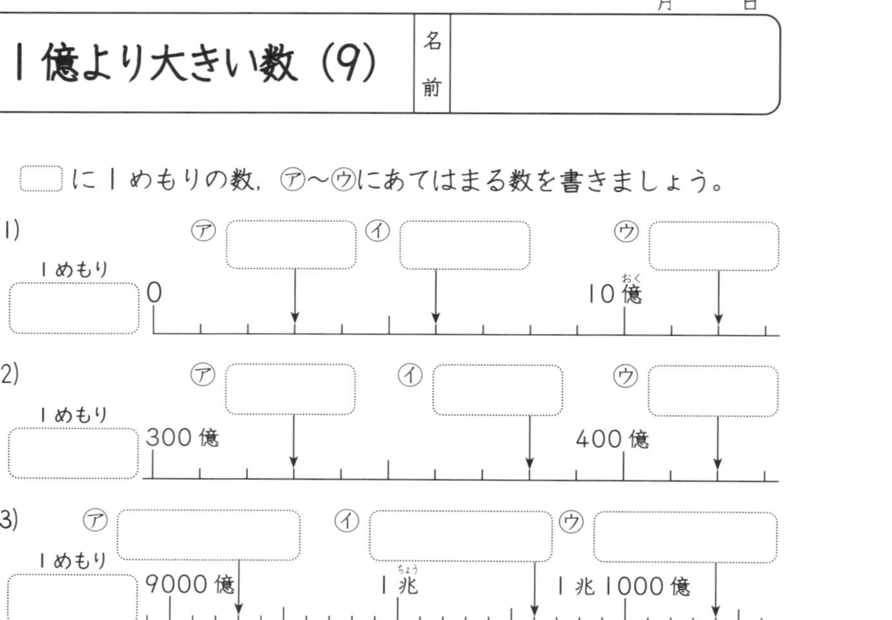

2　次の数の大小を不等号を使って表しましょう。

(1)　420871230 □ 42097217

(2)　63518419 □ 63518417

(3)　2756314098700 □ 2776512493110

(4)　314959787070000 □ 314959827090000

(5)　1224002937600000 □ 1224102937600000

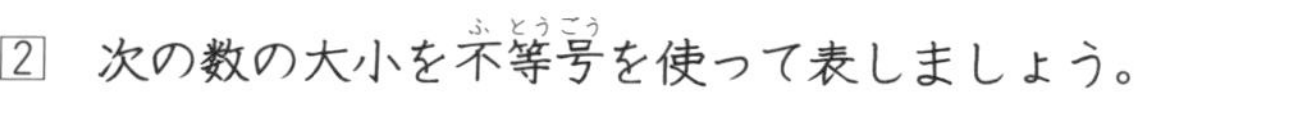

月　　日

1億より大きい数（10）

名前

1　816億を10倍した数，100倍した数，$\frac{1}{10}$にした数，$\frac{1}{100}$にした数はいくつですか。

千	百	十	一（兆）	千	百	十	一（億）	千	百	十	一（万）	千	百	十	一
					8	1	6	0	0	0	0	0	0	0	0

100倍　10倍　$\frac{1}{10}$　$\frac{1}{100}$

2　次の数を10倍した数を書きましょう。

(1)　900億　□　　(2)　2000億　□

(3)　70兆　□

3　次の数を100倍した数を書きましょう。

(1)　600億　□　　(2)　50兆　□

4　次の数を$\frac{1}{10}$にした数を書きましょう。

(1)　4億　□　　(2)　90兆　□

5　次の数を$\frac{1}{100}$にした数を書きましょう。

(1)　700億　□　　(2)　8兆　□

10分

1億より大きい数（11）

名前

1 計算をしましょう。

(1) 47億＋38億

(2) 51兆－29兆

2 17 × 3 ＝ 51 を使って，答えを求めましょう。

(1) 1700 × 300　　(2) 17万 × 3万

3 37 × 21 ＝ 777 を使って，答えを求めましょう。

(1) 3700 × 2100　　(2) 37万 × 21

(3) 37万 × 21万　　(4) 37億 × 21万

4 □ にあてはまる漢字1文字を書きましょう。

たし算の答えを □，ひき算の答えを □，

かけ算の答えを □，わり算の答えを □ といいます。

1億より大きい数（12）

チャレンジ

名前

1 0 1 2 3 4 5 6 7 8 9 を1回ずつ使ってできる10けたの数を答えましょう。

(1) いちばん大きい数

(2) 2番めに大きい数

(3) いちばん小さい数

(4) 2番めに小さい数

2 0 0 1 1 2 2 3 3 4 4 5 5 6 6 7 7 8 8 9 9 から10まい選んで，10けたの数をつくりましょう。

(1) いちばん大きい数

(2) 2番めに大きい数

(3) いちばん小さい数

(4) 2番めに小さい数

10分

（141％に拡大してご使用ください。）

10分

1億より大きい数（13）

月　日

名前

● 筆算でしましょう。

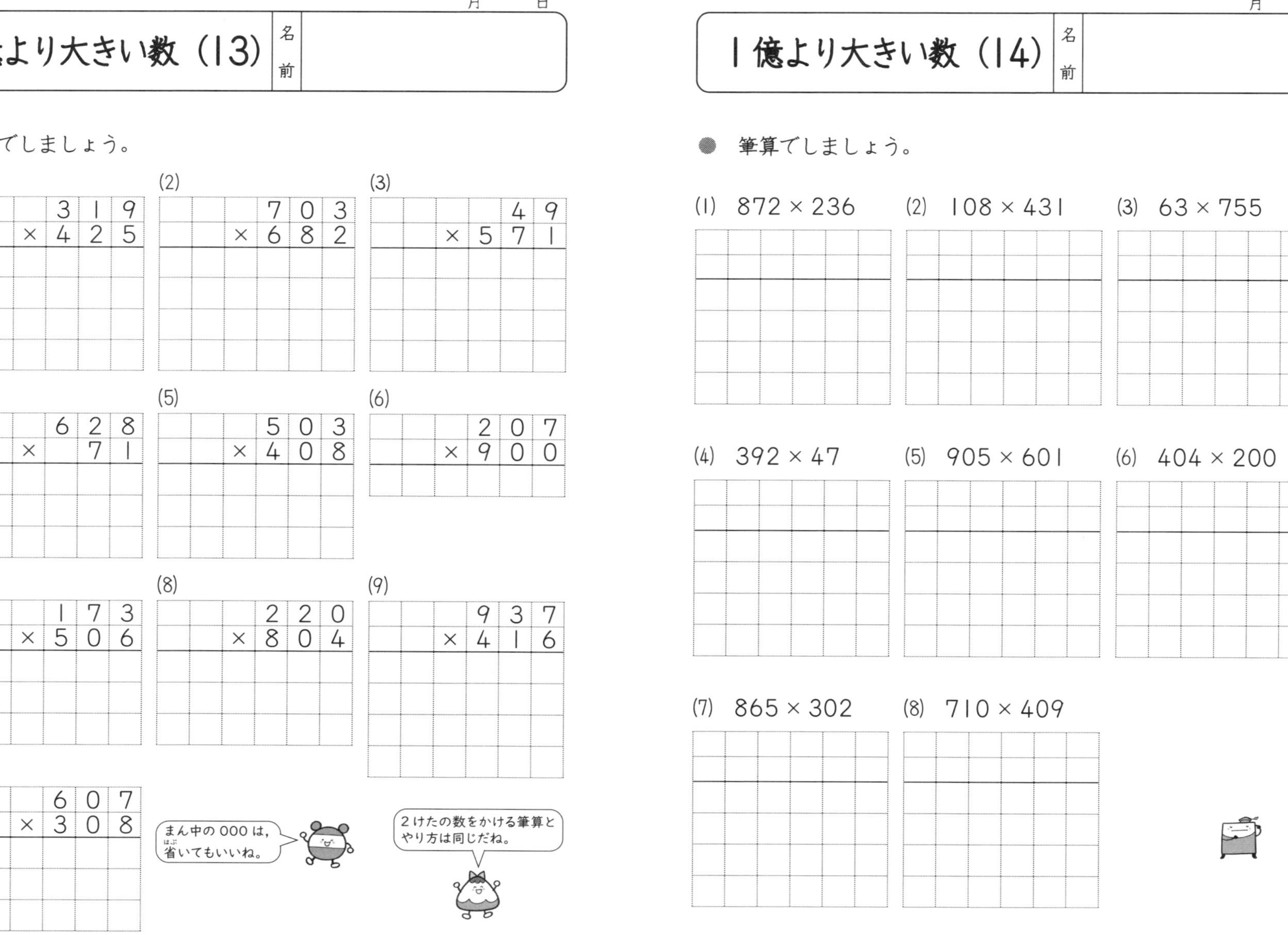

1億より大きい数（14）

月　日

名前

● 筆算でしましょう。

(1) 872 × 236　(2) 108 × 431　(3) 63 × 755

(4) 392 × 47　(5) 905 × 601　(6) 404 × 200

(7) 865 × 302　(8) 710 × 409

（141%に拡大してご使用ください。）

1億より大きい数（15）

名前

● くふうして，計算しましょう。

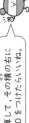

0を省いて計算して，その積の右に省いた数だけ0をつけたらいいね。

(1) 3600 × 40

(2) 5800 × 90

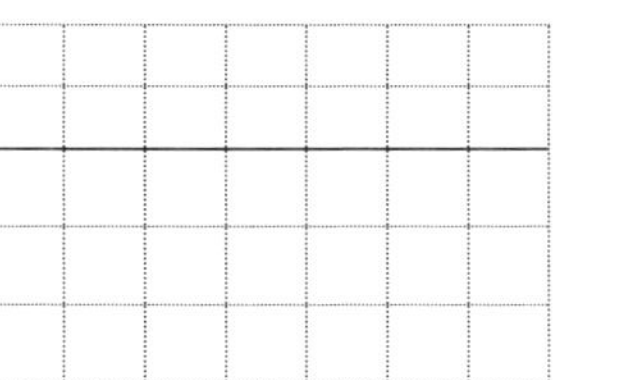

(3) 2100 × 70

(4) 830 × 1700

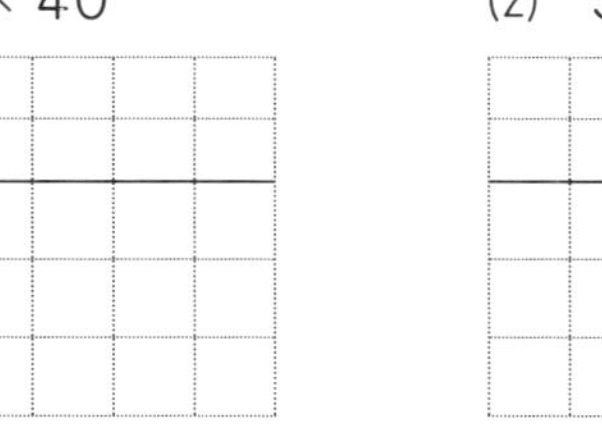

(5) 450 × 2600

(6) 290 × 6100

1億より大きい数（16）

名前

● くふうして，計算しましょう。

(1) 3200 × 60

(2) 4700 × 30

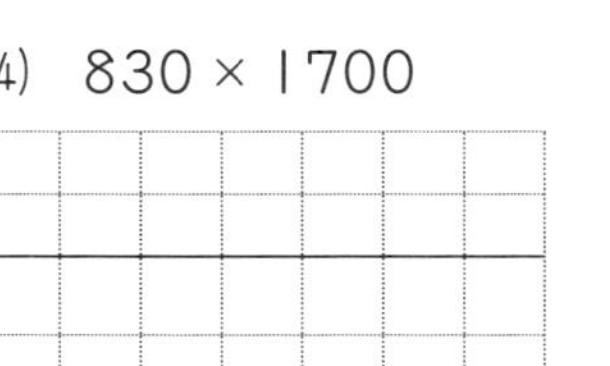
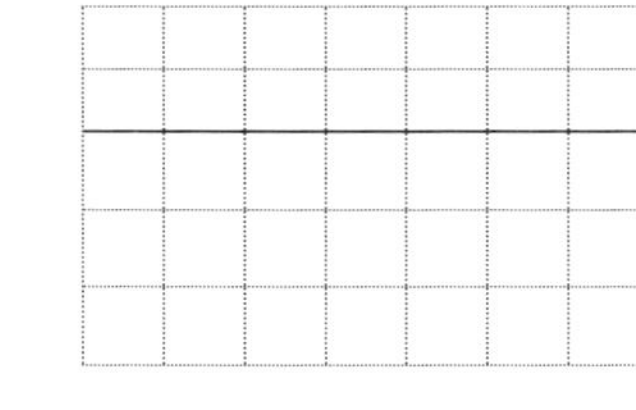

(3) 890 × 2000

(4) 560 × 5400

(5) 1300 × 650

(6) 790 × 8100

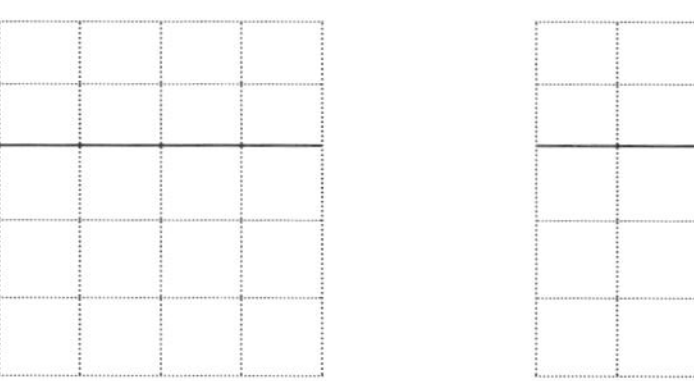

5分

（141%に拡大してご使用ください。）

月　日

ふりかえり
1億より大きい数

名前

1 次の数は，北極海の面積です。この数について，考えましょう。

14060000000000 m²

(1) 一兆の位の数は何ですか。

(2) 6は，何の位の数ですか。　　の位

(3) 1は，何の位の数ですか。　　の位

(4) □にあてはまる数を書きましょう。

この数は，一兆を□こと，一億を□こあわせた数です。

2 次の数を数字で書きましょう。

(1) 五百七十三兆千六百八十四億

(2) 二十三兆八千億

(3) 一億を590こ集めた数

(4) 一兆を32こ，一億を160こあわせた数

(5) 千億を47こ集めた数

3 次の数直線で，□にあてはまる数を書きましょう。

(1) ㋐　㋑　㋒
0　1億　2億

(2) ㋐　㋑　㋒
1兆　1兆1000億

4 次の数を10倍した数，100倍した数，$\frac{1}{10}$にした数を書きましょう。

	10倍	100倍	$\frac{1}{10}$
(1) 6000万			
(2) 3億4000万			
(3) 5兆			

5 次の計算をしましょう。

(1) 457 × 938

(2) 2700 × 160

(141%に拡大してご使用ください。)

月　日

１億より大きい数（テスト）

名前

【知識・技能】

1 次のそれぞれの数の７は何の位(くらい)ですか。(5×2)

(1) 472000000000 　　　の位

(2) 5670000000000000 　　　の位

2 次の漢字を数字で書きましょう。(5×2)

(1) 五千八百一億(おく)七千五百万

(2) 百一兆(ちょう)八千億

3 次の数を数字で書きましょう。(5×2)

(1) １億を６２０こ集めた数

(2) １兆を７こ，１億を82こあわせた数

4 どちらの数が大きいですか。□に不等号(ふとうごう)を書きましょう。(5×2)

(1) 3478100000000 □ 246810000000

(2) 98799900000000 □ 99810000000000

5 数直線の㋐，㋑の数を書きましょう。(5×2)

7000億　8000億　9000億

㋐

㋑

【思考・判断・表現】

6 □にあてはまる数を書きましょう。(5×4)

(1) 1000万を10こ集めた数は□です。

(2) １億を10000こ集めた数は□です。

(3) 3000億を100倍した数は□です。

(4) ２兆を$\frac{1}{100}$にした数は□です。

7 19×36＝684を使って答えを求(もと)めましょう。(5×3)

(1) 1900×3600

(2) 19×36万

(3) 19万×36万

8 次のカードから12まいを選(えら)んで数をつくりましょう。(5×3)

0 0 1 1 2 2 3 3 4 4
5 5 6 6 7 7 8 8 9 9

(1) いちばん大きい数

(2) いちばん小さい数

(3) ２番めに小さい数

月　日

算数あそび
1億より大きい数 ①

名前

● 数の大きい方へ進み，ゴールまで行きましょう。

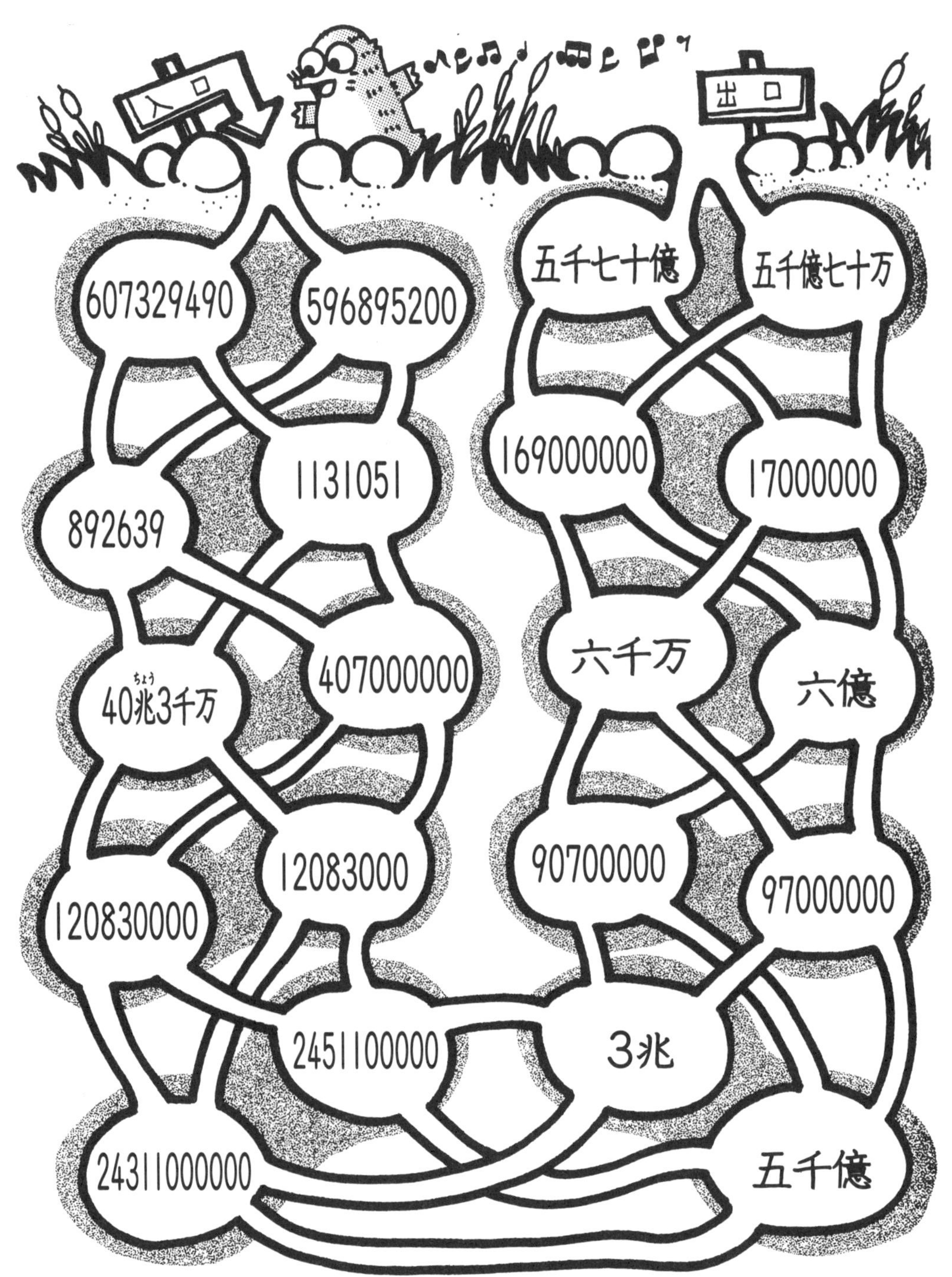

月　　日

算数あそび

1億より大きい数 ②

名前

● 10億の位が，1，3，5，7，9の数字のわくに色をぬりましょう。

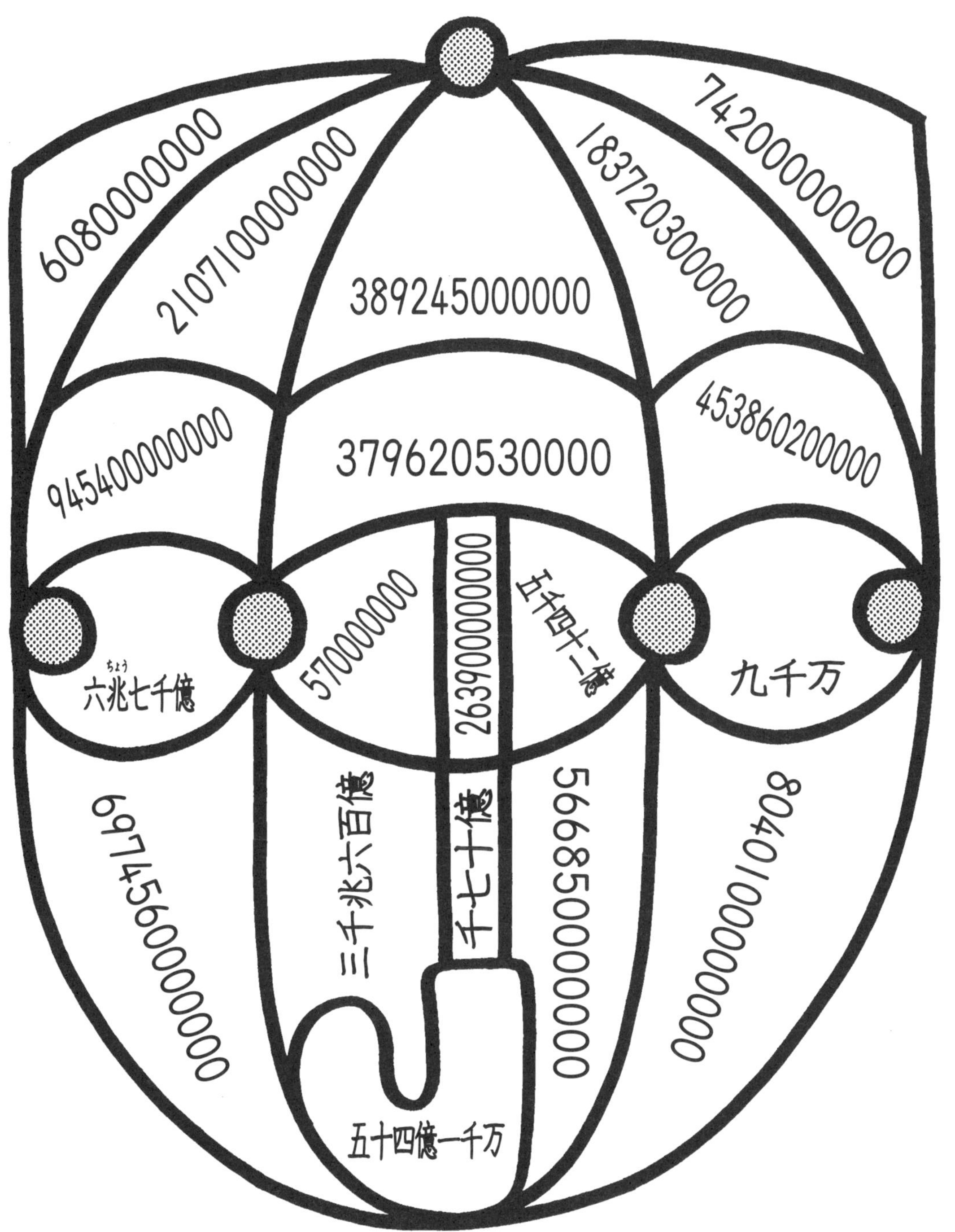

月　　日

算数あそび

1億より大きい数 ③

名前

● 答えの大きい方を通って，ゴールまで行きましょう。

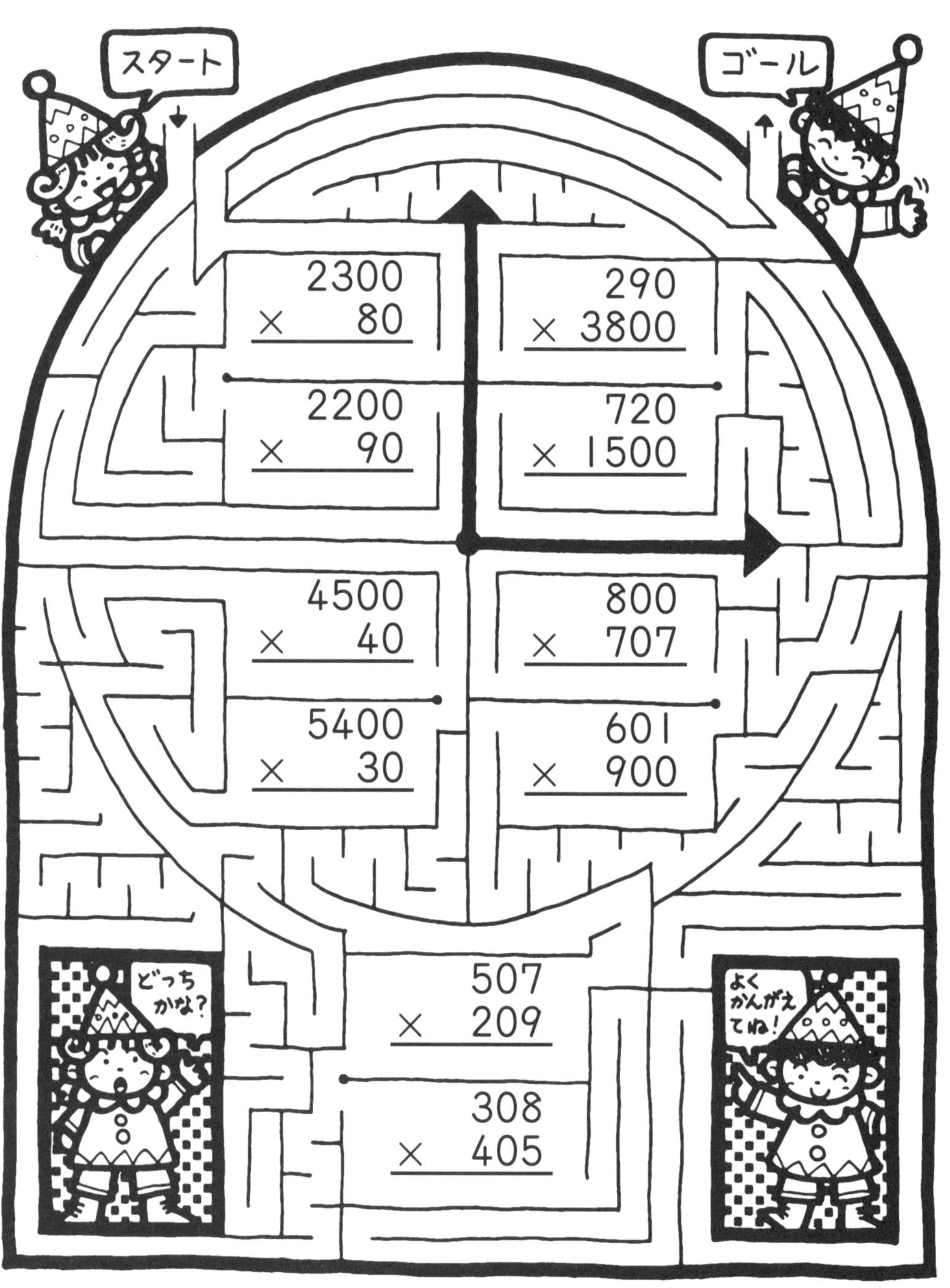

折れ線グラフ（1）

名前

1 仙台市の気温の変わり方を下のようなグラフに表しました。
グラフについて答えましょう。

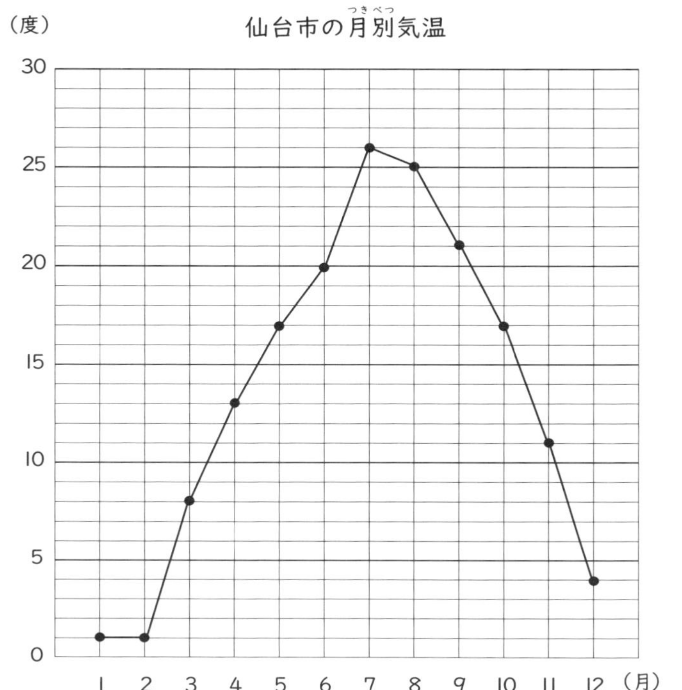

(1) グラフのたてじくと横じくは，それぞれ何を表していますか。

たてじく ［　　］　横じく ［　　］

(2) 10月の気温は何度ですか。

［　　］度

(3) 気温がもっとも高いのは，何月で，何度ですか。

［　　］月で ［　　］度

(4) 気温の上がり方がいちばん大きいのは，何月から何月の間ですか。

［　　］月から ［　　］月

(5) 気温の下がり方がいちばん大きいのは，何月から何月の間ですか。

［　　］月から ［　　］月

2 次の変化にあうことばを下から選んで，記号を［　］に書きましょう。

［　　］［　　］［　　］［　　］［　　］

〔㋐少し上がる　㋑大きく上がる　㋒変わらない　㋓少し下がる　㋔大きく下がる〕

5分

（141%に拡大してご使用ください。）

折れ線グラフ（2）

名前　　　　月　　日

● 名古屋市の気温の変わり方を，折れ線グラフに表しましょう。

名古屋市の月別気温

月	1	2	3	4	5	6	7	8	9	10	11	12
気温（度）	4	5	11	17	20	23	29	30	24	19	14	8

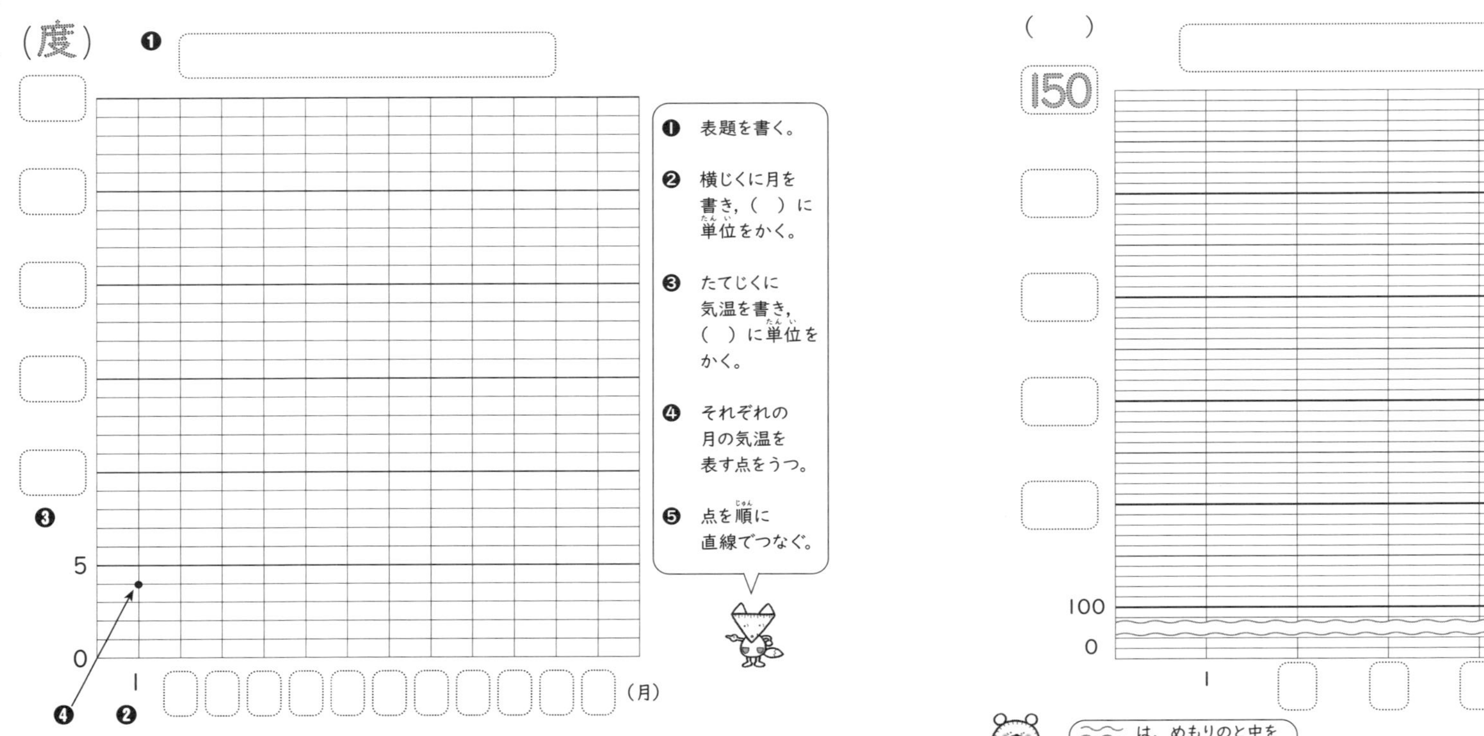

（度）
❶
5
0
1
（月）
❸
❹
❷
❶ 表題を書く。
❷ 横じくに月を書き，（　）に単位をかく。
❸ たてじくに気温を書き，（　）に単位をかく。
❹ それぞれの月の気温を表す点をうつ。
❺ 点を順に直線でつなぐ。
（　）
150
100
0
1
（　）
〰 は，めもりのと中を省いている印だよ。

折れ線グラフ（3）

名前　　　　月　　日

● まさやさんの小学1年から6年までの身長の変わり方を折れ線グラフに表しましょう。

身長調べ

学年	1	2	3	4	5	6
身長（cm）	117	123	128	134	139	145

（141%に拡大してご使用ください。）

折れ線グラフ（4）

名前

● 下の表は，りなこさんの小学１年生から６年生までの身長を表したものです。

(1) ㋐と㋑の２つの折れ線グラフに表しましょう。

りなこさんの身長

学年	1	2	3	4	5	6
身長 (cm)	116	122	128	132	140	146

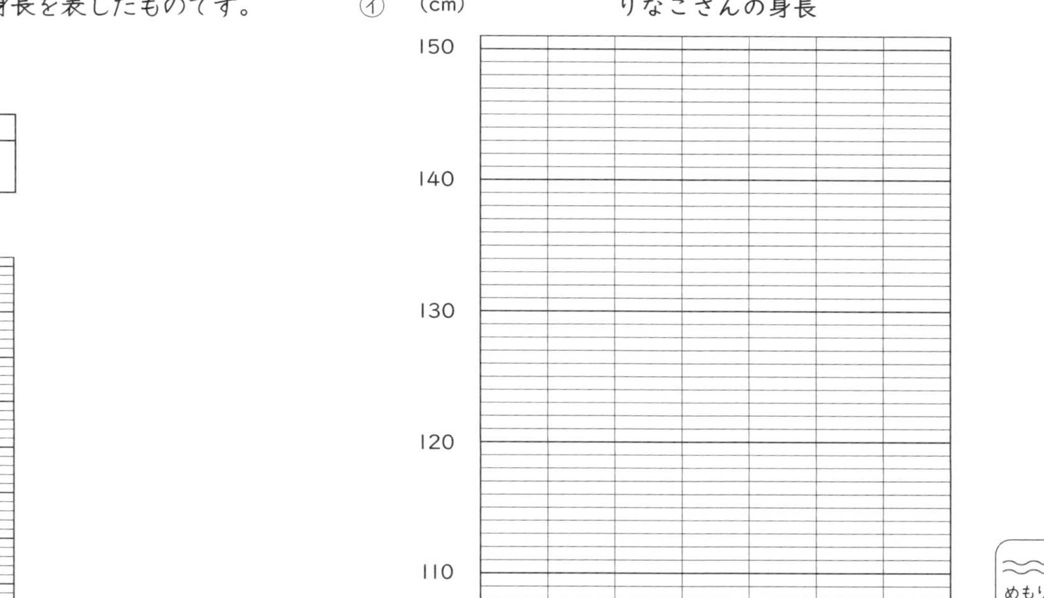

㋑ (cm) りなこさんの身長

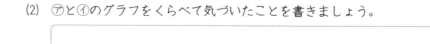

150
140
130
120
110
0
1 2 3 4 5 6 (学年)

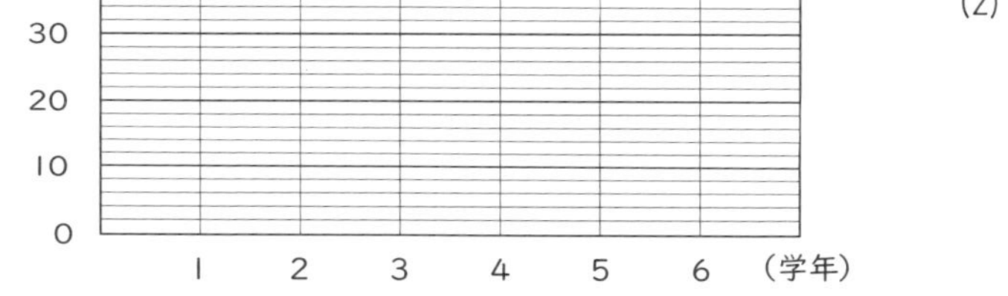

(2) ㋐と㋑のグラフをくらべて気づいたことを書きましょう。

10分

月　日

考えよう
折れ線グラフ

名前

1　下のグラフは東京の1968年と2018年の1月から12月までの最高気温の変わり方を表したものです。

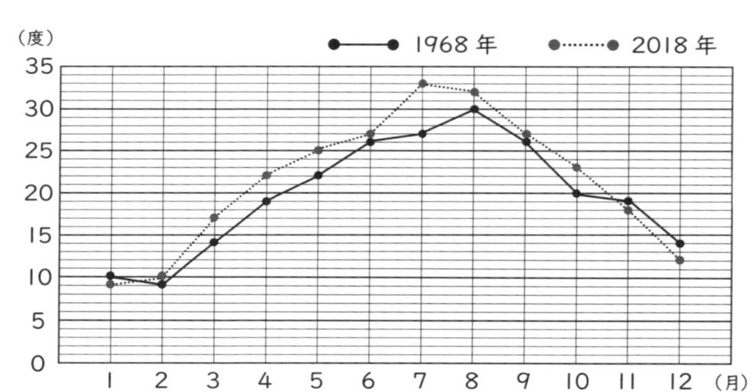

(1)　1968年と2018年でいちばん気温のちがいが大きいのは何月ですか。

　　　月

(2)　気温の変わり方がいちばん大きいのはそれぞれ何月から何月ですか。

1968年　　　月から　　　月

2018年　　　月から　　　月

(3)　2つのグラフをくらべて気づいたことを書きましょう。

2　下のグラフは京都市の最高気温と地下30mのいど水の温度を月ごとに表したものです。

2つのグラフをくらべて気がついたことを書きましょう。

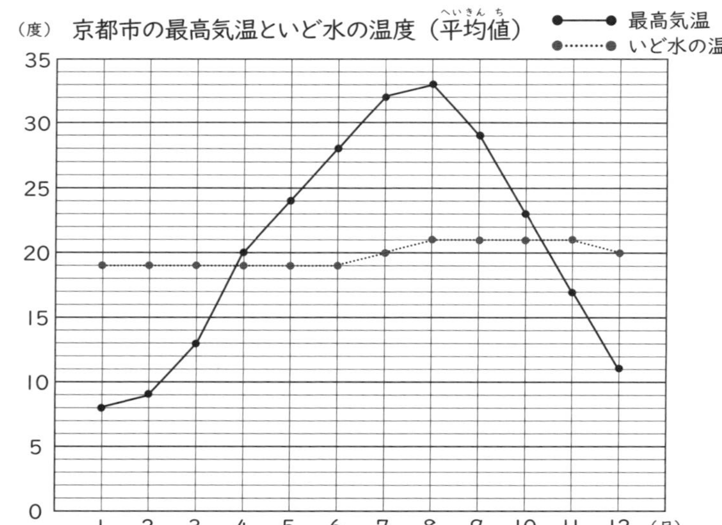

（141%に拡大してご使用ください。）

ふりかえり

折れ線グラフ

名前

1 道路の地面の温度を折れ線グラフで表しました。
下の問いに答えましょう。

(1) 午前８時と午後４時の温度は，それぞれ何度ですか。

午前８時 　　　午後４時

(2) 温度がいちばん高いのは，何時ですか。

(3) 温度がいちばん低いのは，何時ですか。

(4) 温度の上がり方がいちばん大きいのは何時から何時ですか。

　　　から　　　

2 次の中で折れ線グラフで表すとよいものを３つ選んで（　）に○をつけましょう。

① （　　） 花だんにさいている花の種類と本数
② （　　） 毎年５月にはかった自分の身長
③ （　　） 日本の人口の変化
④ （　　） １時間ごとの気温の変化
⑤ （　　） 学年ごとのペットをかっている人数

3 下の表は，ひろとさんの小学１年から６年までの体重の変化を表したものです。折れ線グラフに表しましょう。

体重調べ

学年（年）	1	2	3	4	5	6
体重（kg）	22	24	28	30	34	38

表題や単位も書こう！
めもりは，どのようにとればいいのかな？
（　）
20
0
（　）

月　日

折れ線グラフ（テスト）

名前

【知識・技能】

1 次の中で折れ線グラフに表すとよいものを2つ選んで □ に○をつけましょう。(5×2)

(1) □ 1日の運動場の気温の変化
(2) □ 1月の地いき別の雨の量
(3) □ 図書室で本を借りた学年別人数
(4) □ ある町の10年間の人口の変化

2 A市の月別気温の変化を折れ線グラフに表しました。下の問いに答えましょう。(5×6)

(1) グラフのたてじくと横じくは，それぞれ何を表していますか。

たてじく □

横じく □

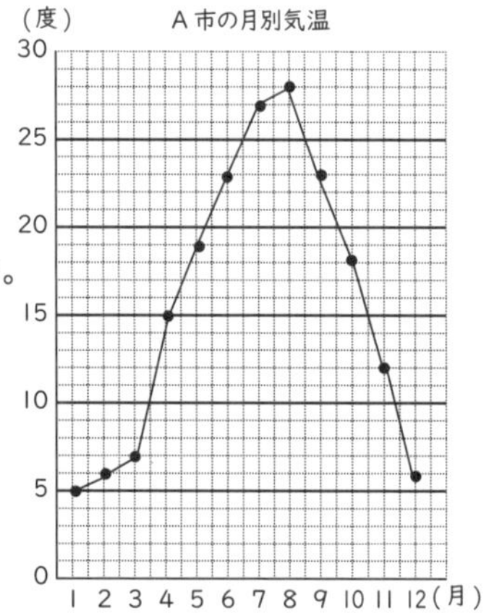

(2) 気温がいちばん高いのは何月で何度ですか。

□ 月 □ 度

(3) 気温の上がり方がいちばん大きいのは何月から何月で何度上がっていますか。

□ 月から □ 月 □ 度

3 中庭の気温の変化を折れ線グラフに表しましょう。(10)

中庭の1日の気温

時こく（時）	気温（度）
午前　9	18
10	26
11	30
12	34
午後　1	32
2	28
3	19

(□)

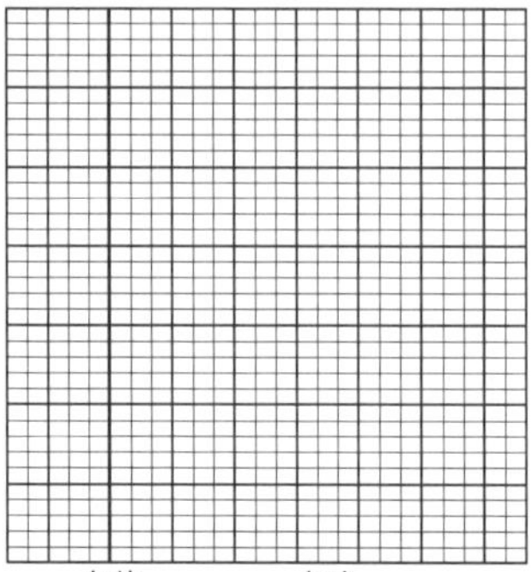

【思考・判断・表現】

4 次の変化にあうことばを下から選んで記号を □ に書きましょう。(5×4)

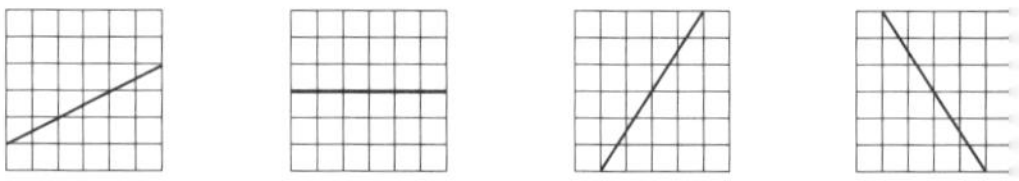

□ □ □ □

ア 変わらないことを表している。
イ 少し上がっている変化を表している。
ウ 大きく上がっている変化を表している。
エ 大きく下がっている変化を表している。

5 右下のグラフを見て答えましょう。

(1) Aさんの身長がいちばんよくのびたのは何学年から何学年の間ですか。(5)

□ 学年から □ 学年

(2) 〰〰 は何のためにあるのですか。(10)

□

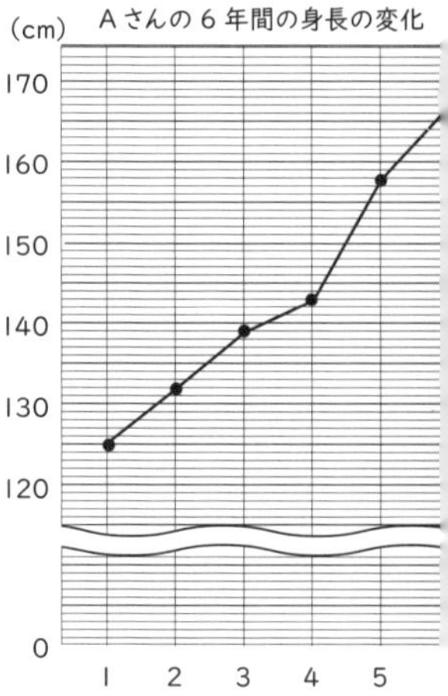

6 右下のグラフは，大阪と南アフリカのケープタウンの月別気温の変化を表したものです。

グラフを見て答えましょう。(5×3)

(1) 大阪とケープタウンで気温差がいちばん大きいのは何月で，気温の差は何度ですか。

□ 月で □ 度

(2) このグラフを見て気がついたことを書きましょう。

□

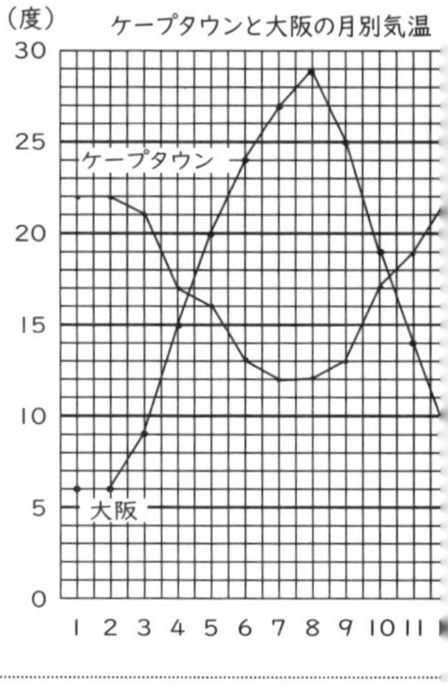

（141%に拡大してご使用ください。）

わり算・わる数が１けたの筆算 (1)
名前

何十・何百のわり算

● 次の計算をしましょう。

① 30 ÷ 3　　② 80 ÷ 4

③ 90 ÷ 3　　④ 120 ÷ 6

⑤ 270 ÷ 9　　⑥ 280 ÷ 7

⑦ 400 ÷ 5　　⑧ 800 ÷ 8

⑨ 1600 ÷ 8　　⑩ 6300 ÷ 9

わり算・わる数が１けたの筆算 (2)
名前

2けた÷１けた＝2けた（あまりなし）

1 次の計算をしましょう。

① 9)99　　② 5)70　　③ 4)56

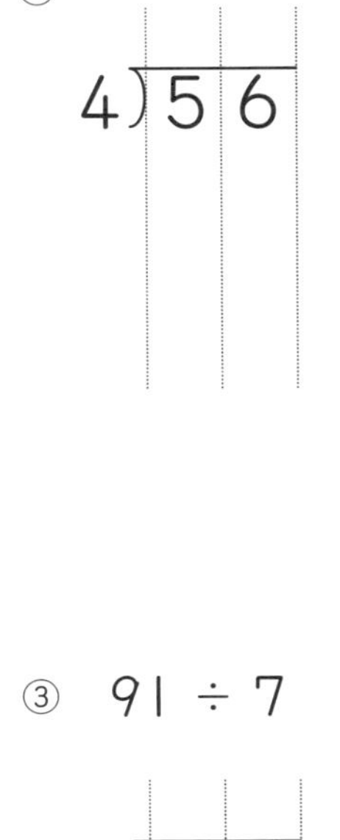

2 次の計算をしましょう。

① 69 ÷ 3　　② 78 ÷ 6　　③ 91 ÷ 7

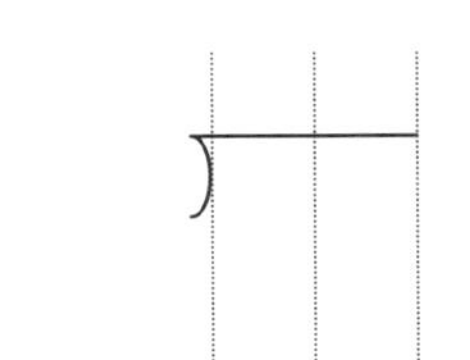

（141％に拡大してご使用ください。）

3分

3分

わり算・わる数が１けたの筆算 (3)
2けた÷１けた＝2けた（あまりあり）①

名前　　　　月　　日

● 次の計算をしましょう。

〔例①〕 35 ÷ 2　　〔例②〕 83 ÷ 4

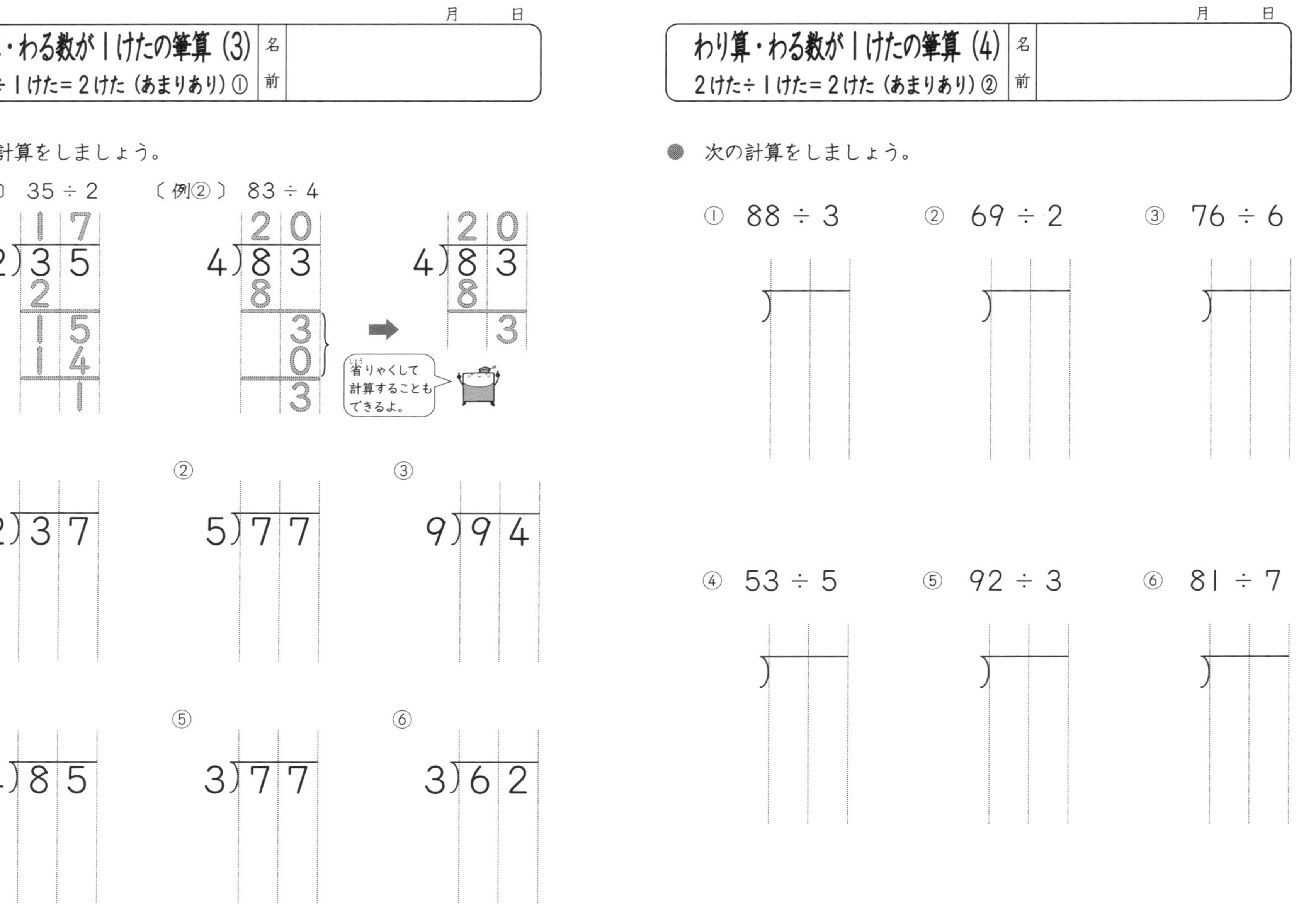

① 2)37　② 5)77　③ 9)94

④ 4)85　⑤ 3)77　⑥ 3)62

わり算・わる数が１けたの筆算 (4)
2けた÷１けた＝2けた（あまりあり）②

名前　　　　月　　日

● 次の計算をしましょう。

① 88 ÷ 3　② 69 ÷ 2　③ 76 ÷ 6

④ 53 ÷ 5　⑤ 92 ÷ 3　⑥ 81 ÷ 7

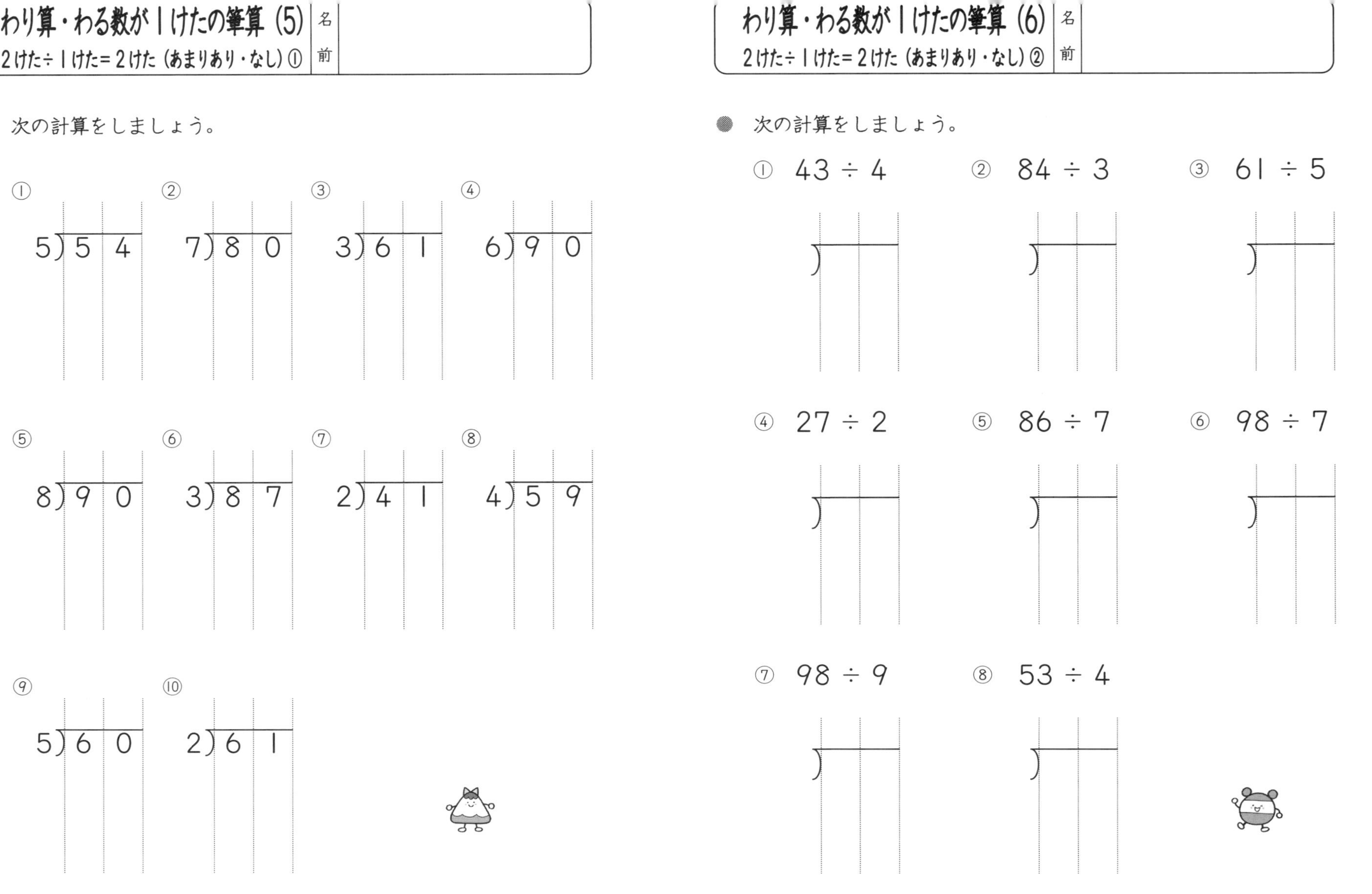

わり算・わる数が1けたの筆算 (5)
2けた÷1けた＝2けた (あまりあり・なし) ①

名前

● 次の計算をしましょう。

① 5)54　② 7)80　③ 3)61　④ 6)90

⑤ 8)90　⑥ 3)87　⑦ 2)41　⑧ 4)59

⑨ 5)60　⑩ 2)61

わり算・わる数が1けたの筆算 (6)
2けた÷1けた＝2けた (あまりあり・なし) ②

名前

● 次の計算をしましょう。

① 43 ÷ 4　② 84 ÷ 3　③ 61 ÷ 5

④ 27 ÷ 2　⑤ 86 ÷ 7　⑥ 98 ÷ 7

⑦ 98 ÷ 9　⑧ 53 ÷ 4

5分

(141%に拡大してご使用ください。)

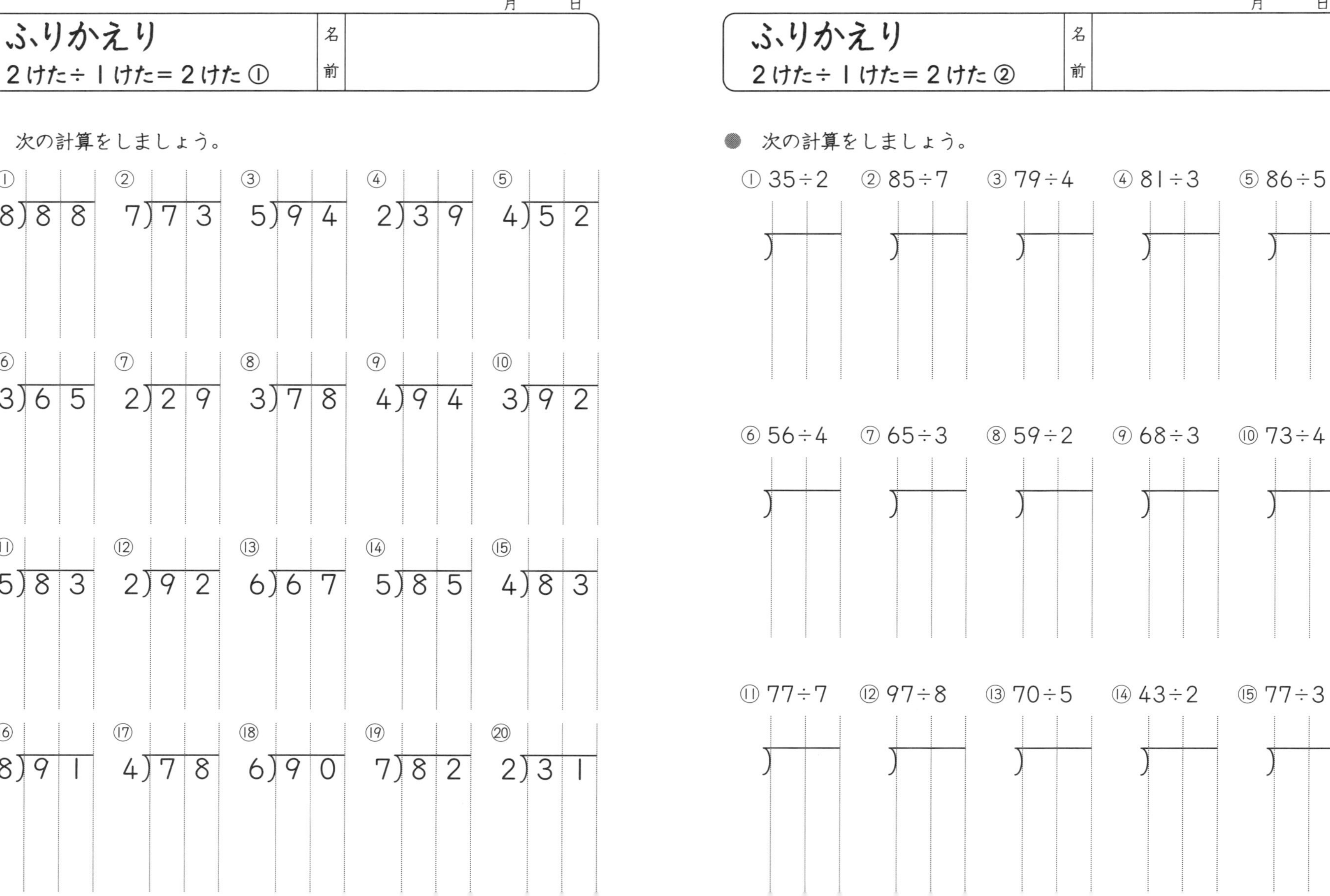

月　日

ふりかえり
2けた÷1けた＝2けた ①

名前

● 次の計算をしましょう。

① 8)88　② 7)73　③ 5)94　④ 2)39　⑤ 4)52

⑥ 3)65　⑦ 2)29　⑧ 3)78　⑨ 4)94　⑩ 3)92

⑪ 5)83　⑫ 2)92　⑬ 6)67　⑭ 5)85　⑮ 4)83

⑯ 8)91　⑰ 4)78　⑱ 6)90　⑲ 7)82　⑳ 2)31

月　日

ふりかえり
2けた÷1けた＝2けた ②

名前

● 次の計算をしましょう。

① 35÷2　② 85÷7　③ 79÷4　④ 81÷3　⑤ 86÷5

⑥ 56÷4　⑦ 65÷3　⑧ 59÷2　⑨ 68÷3　⑩ 73÷4

⑪ 77÷7　⑫ 97÷8　⑬ 70÷5　⑭ 43÷2　⑮ 77÷3

(141%に拡大してご使用ください。)

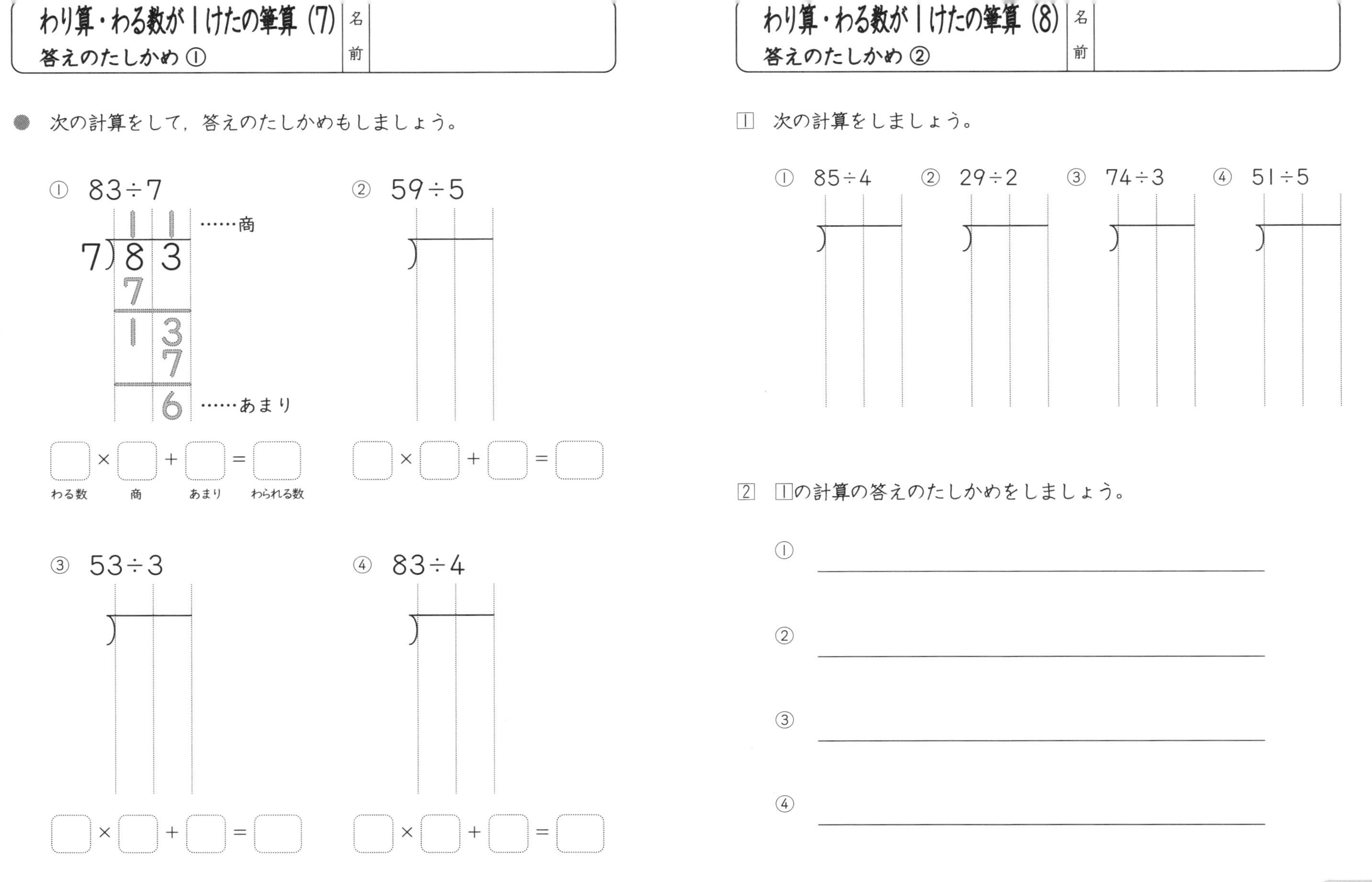

わり算・わる数が1けたの筆算 (7)
答えのたしかめ ①

名前

● 次の計算をして，答えのたしかめもしましょう。

① 83÷7

```
   1 1  ……商
7)8 3
  7
  1 3
    7
    6  ……あまり
```

□ × □ + □ = □
わる数　商　あまり　わられる数

② 59÷5

□ × □ + □ = □

③ 53÷3

□ × □ + □ = □

④ 83÷4

□ × □ + □ = □

わり算・わる数が1けたの筆算 (8)
答えのたしかめ ②

名前

1 次の計算をしましょう。

① 85÷4　② 29÷2　③ 74÷3　④ 51÷5

2 1の計算の答えのたしかめをしましょう。

①

②

③

④

5分

わり算・わる数が１けたの筆算 (9)
3けた÷１けた＝3けた ①

月　　日　　名前

● 次の計算をしましょう。

① 4)485

② 3)764

③ 5)738

④ 6)991

⑤ 2)535

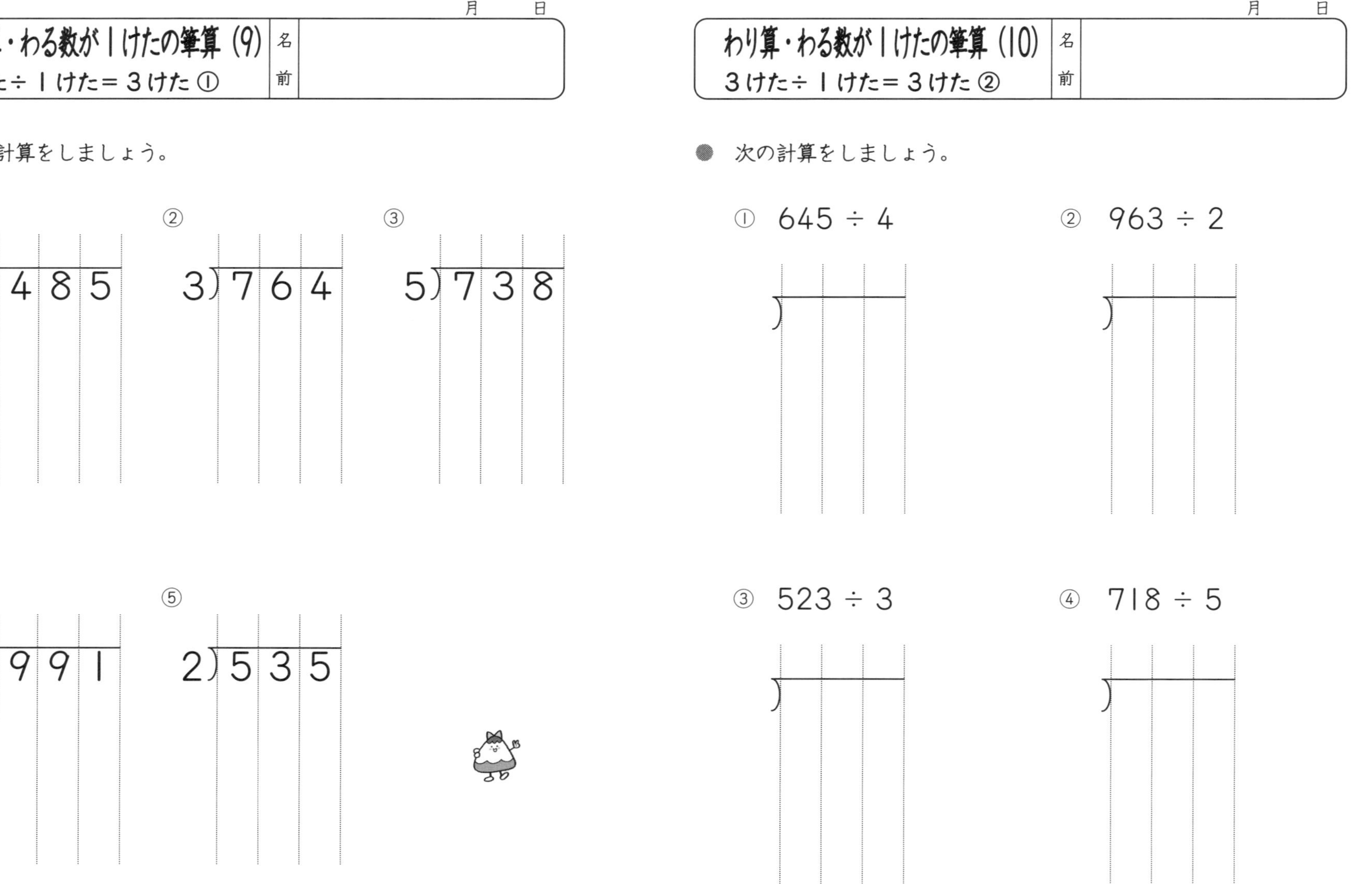

わり算・わる数が１けたの筆算 (10)
3けた÷１けた＝3けた ②

月　　日　　名前

● 次の計算をしましょう。

① 645 ÷ 4

② 963 ÷ 2

③ 523 ÷ 3

④ 718 ÷ 5

（141%に拡大してご使用ください。）

5分

わり算・わる数が１けたの筆算（11）
３けた÷１けた＝３けた③

名前

● 次の計算をしましょう。

① $3\overline{)718}$

② $4\overline{)665}$

③ $2\overline{)319}$

④ $4\overline{)462}$

⑤ $5\overline{)876}$

⑥ $3\overline{)548}$

⑦ $7\overline{)971}$

⑧ $2\overline{)845}$

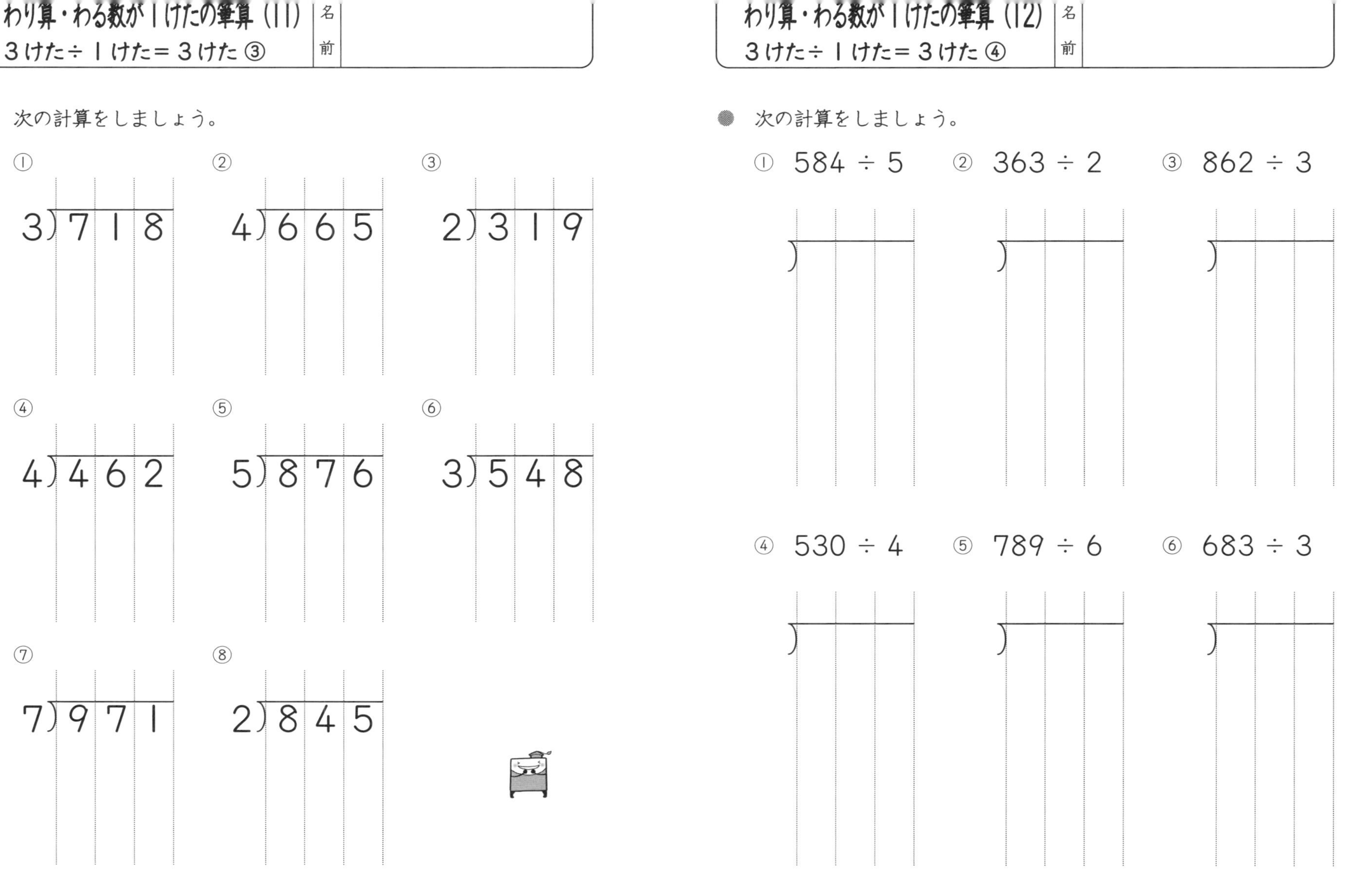

わり算・わる数が１けたの筆算（12）
３けた÷１けた＝３けた④

名前

● 次の計算をしましょう。

① 584 ÷ 5

② 363 ÷ 2

③ 862 ÷ 3

④ 530 ÷ 4

⑤ 789 ÷ 6

⑥ 683 ÷ 3

（141％に拡大してご使用ください。）

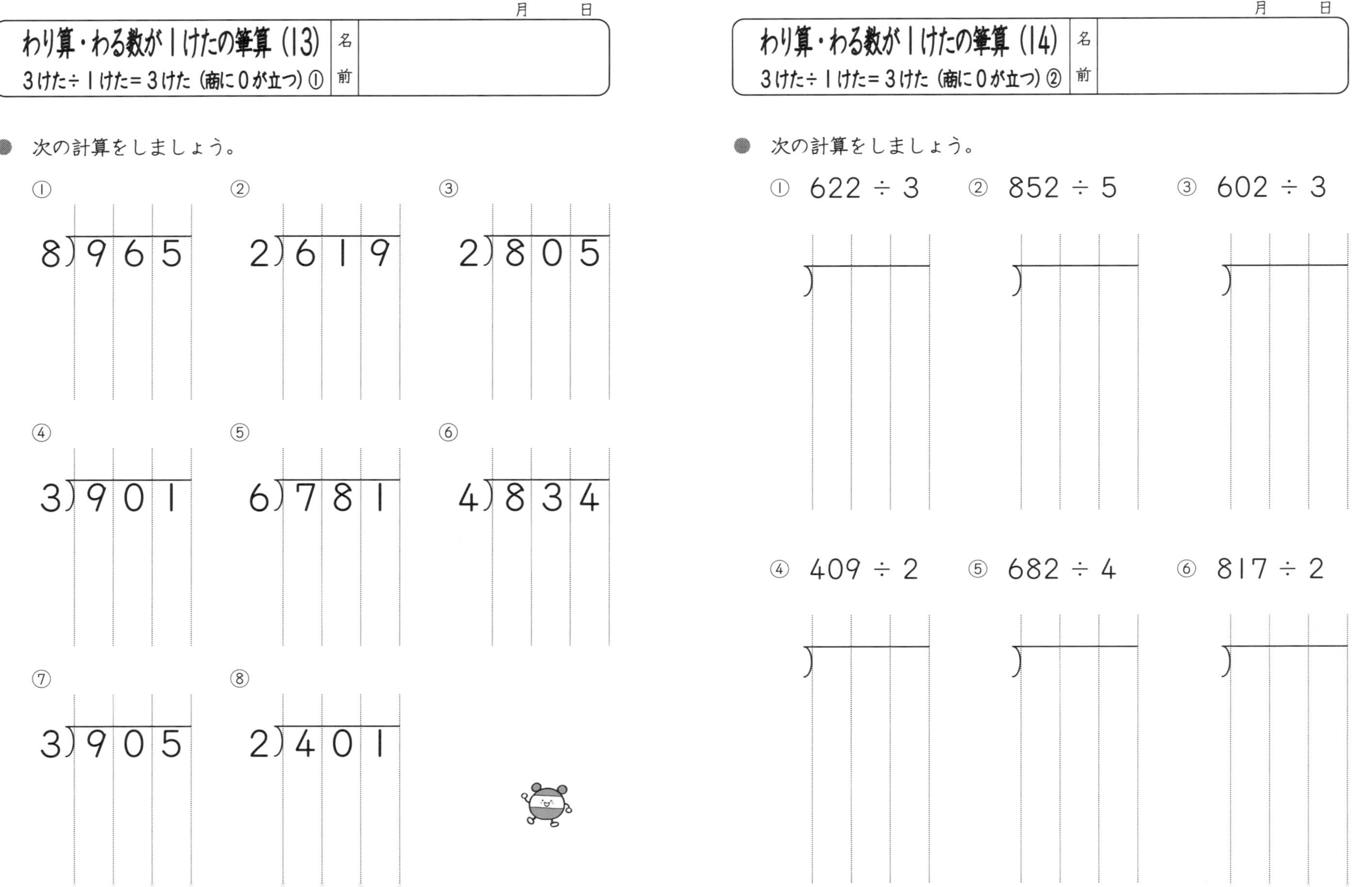

わり算・わる数が1けたの筆算（13）
3けた÷1けた＝3けた（商に0が立つ）①

名前　　　　月　　日

● 次の計算をしましょう。

① 8)965
② 2)619
③ 2)805
④ 3)901
⑤ 6)781
⑥ 4)834
⑦ 3)905
⑧ 2)401

わり算・わる数が1けたの筆算（14）
3けた÷1けた＝3けた（商に0が立つ）②

名前　　　　月　　日

● 次の計算をしましょう。

① 622 ÷ 3
② 852 ÷ 5
③ 602 ÷ 3
④ 409 ÷ 2
⑤ 682 ÷ 4
⑥ 817 ÷ 2

（141%に拡大してご使用ください。）

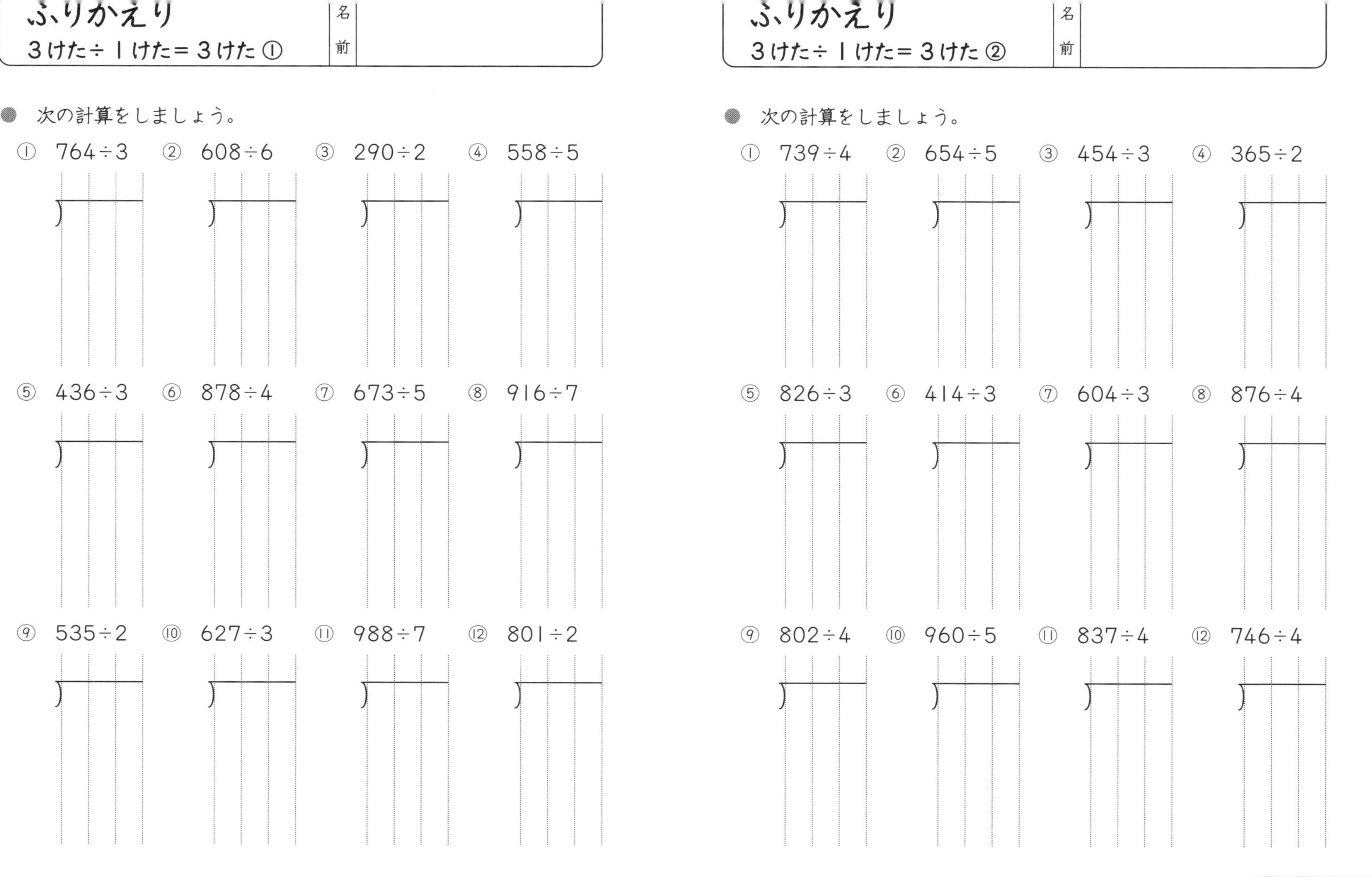

ふりかえり
3けた÷1けた＝3けた ①

名前

● 次の計算をしましょう。

① 764÷3　② 608÷6　③ 290÷2　④ 558÷5

⑤ 436÷3　⑥ 878÷4　⑦ 673÷5　⑧ 916÷7

⑨ 535÷2　⑩ 627÷3　⑪ 988÷7　⑫ 801÷2

ふりかえり
3けた÷1けた＝3けた ②

名前

● 次の計算をしましょう。

① 739÷4　② 654÷5　③ 454÷3　④ 365÷2

⑤ 826÷3　⑥ 414÷3　⑦ 604÷3　⑧ 876÷4

⑨ 802÷4　⑩ 960÷5　⑪ 837÷4　⑫ 746÷4

（141%に拡大してご使用ください。）

わり算・わる数が１けたの筆算 (15)
３けた÷１けた＝２けた ①

名前　　　　月　　日

● 次の計算をしましょう。

① 6)532

② 7)503

③ 3)208

④ 6)411

⑤ 4)110

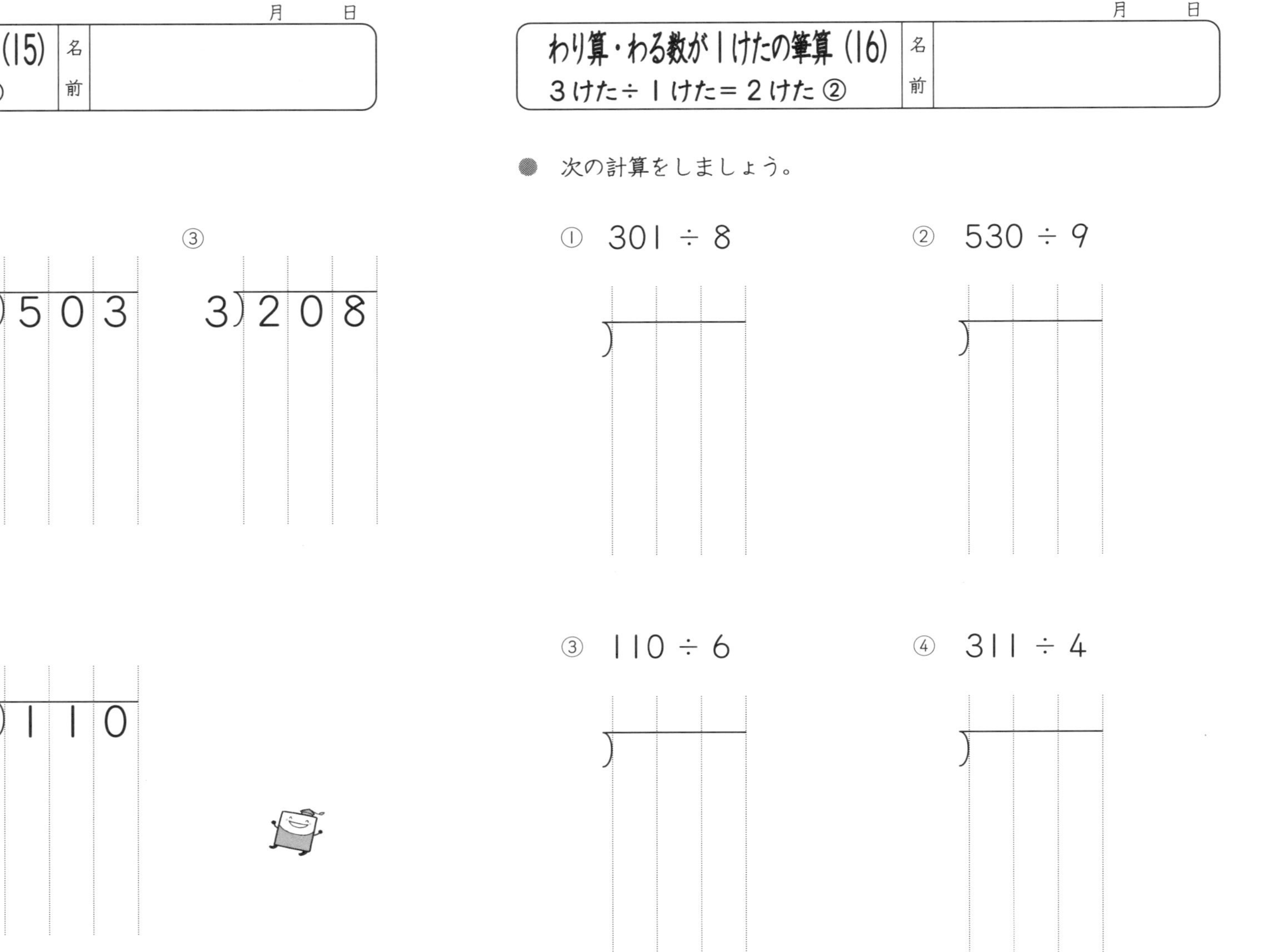

わり算・わる数が１けたの筆算 (16)
３けた÷１けた＝２けた ②

名前　　　　月　　日

● 次の計算をしましょう。

① 301 ÷ 8

② 530 ÷ 9

③ 110 ÷ 6

④ 311 ÷ 4

（141%に拡大してご使用ください。）

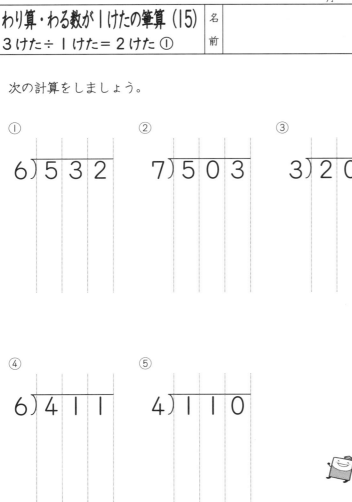

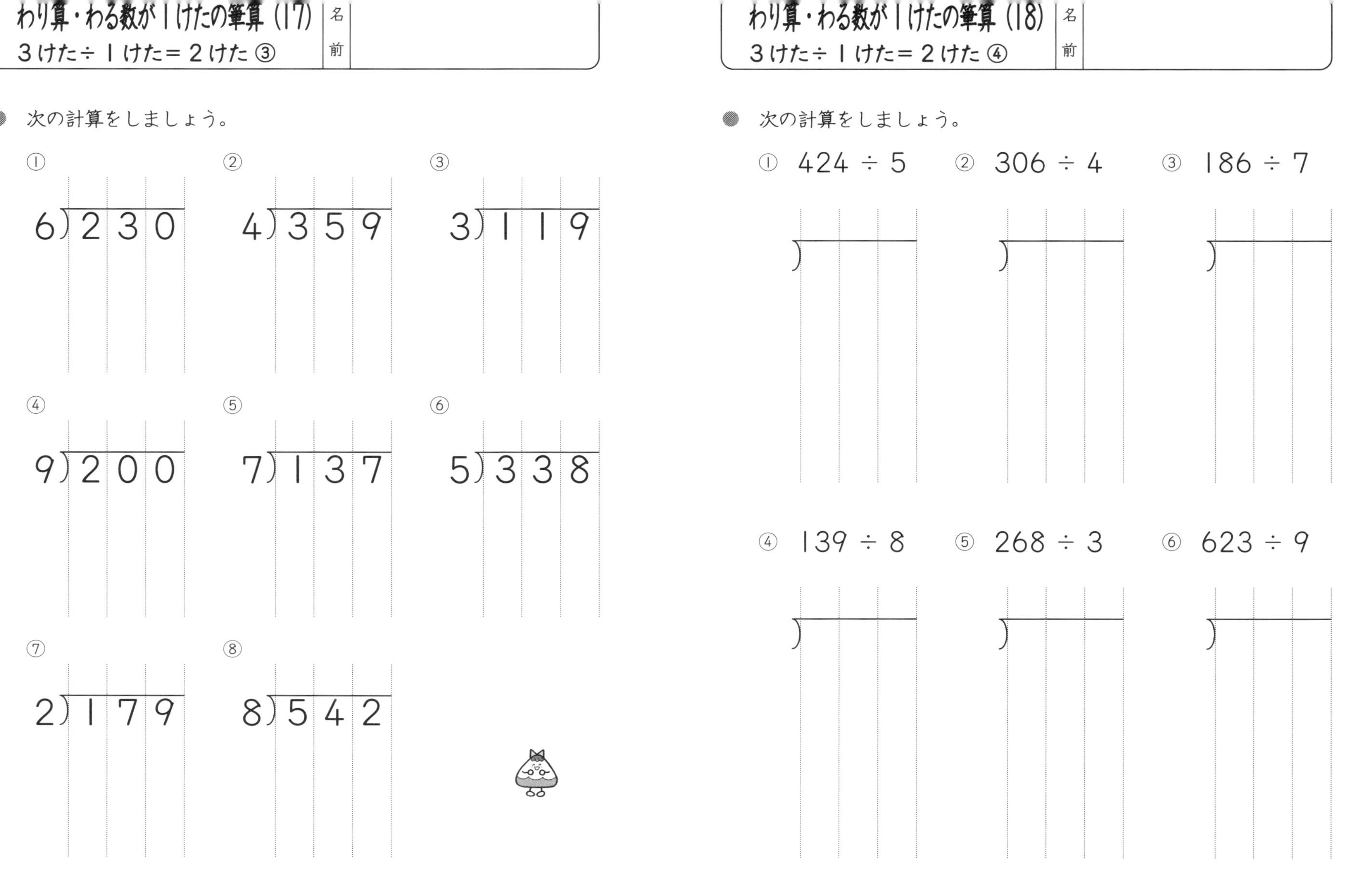

わり算・わる数が1けたの筆算 (17)
3けた÷1けた＝2けた③

名前

● 次の計算をしましょう。

① 6)230

② 4)359

③ 3)119

④ 9)200

⑤ 7)137

⑥ 5)338

⑦ 2)179

⑧ 8)542

わり算・わる数が1けたの筆算 (18)
3けた÷1けた＝2けた④

名前

● 次の計算をしましょう。

① 424 ÷ 5　② 306 ÷ 4　③ 186 ÷ 7

④ 139 ÷ 8　⑤ 268 ÷ 3　⑥ 623 ÷ 9

5分

（141%に拡大してご使用ください。）

5分

わり算・わる数が1けたの筆算 (19)
3けた÷1けた＝2けた ⑤

月　日　名前

● 次の計算をしましょう。

① $4\overline{)253}$　② $9\overline{)267}$　③ $7\overline{)578}$

④ $6\overline{)217}$　⑤ $5\overline{)347}$　⑥ $3\overline{)106}$

⑦ $8\overline{)315}$　⑧ $2\overline{)153}$

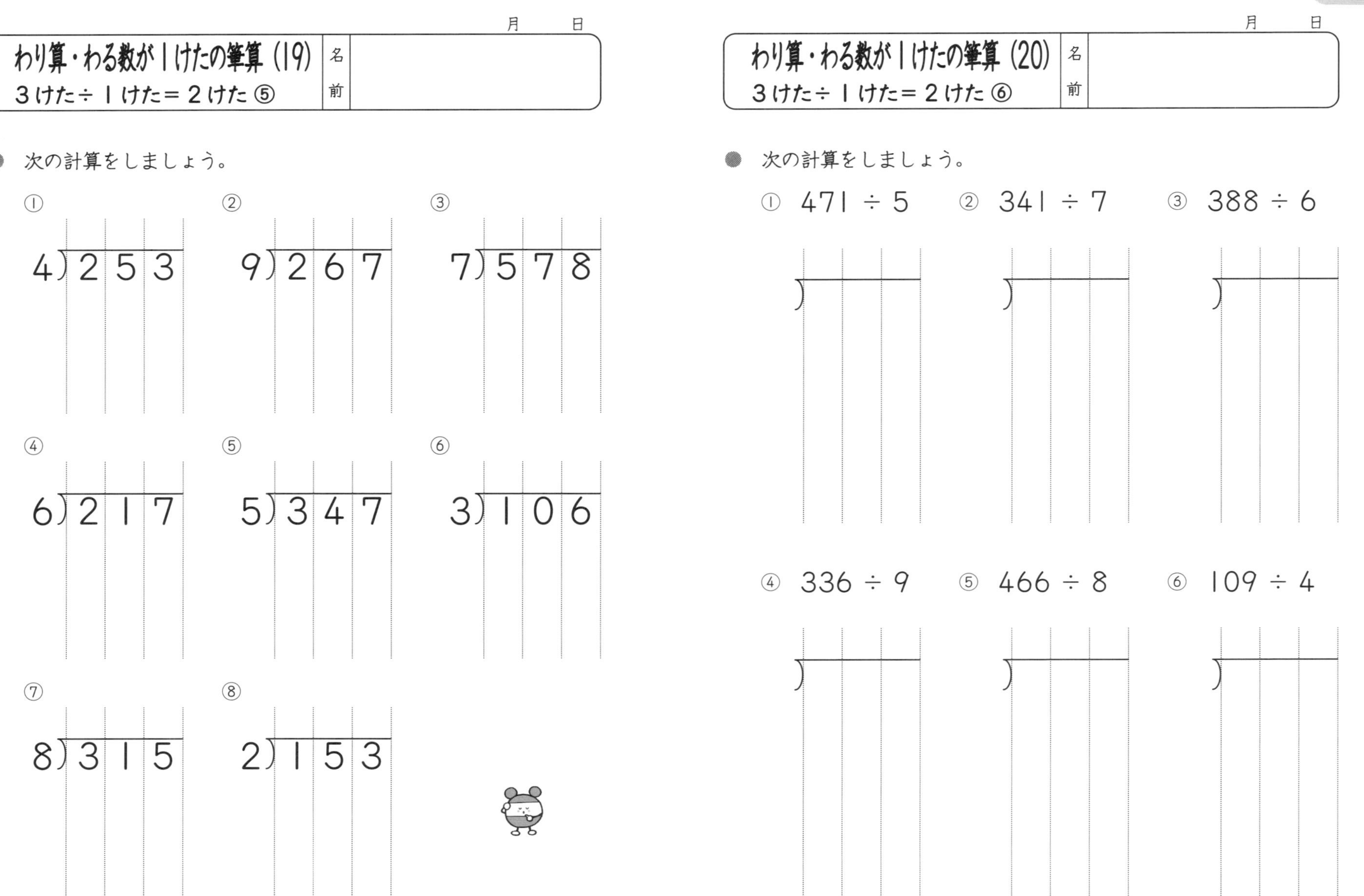

わり算・わる数が1けたの筆算 (20)
3けた÷1けた＝2けた ⑥

月　日　名前

● 次の計算をしましょう。

① 471 ÷ 5　② 341 ÷ 7　③ 388 ÷ 6

④ 336 ÷ 9　⑤ 466 ÷ 8　⑥ 109 ÷ 4

（141％に拡大してご使用ください。）

わり算・わる数が1けたの筆算 (21)
3けた÷1けた＝2けた ⑦

名前

● 次の計算をしましょう。

① 202÷6　② 251÷3　③ 151÷8　④ 122÷3

⑤ 406÷9　⑥ 368÷5　⑦ 334÷7　⑧ 522÷6

⑨ 613÷7　⑩ 311÷4　⑪ 710÷8　⑫ 254÷9

わり算・わる数が1けたの筆算 (22)
3けた÷1けた＝2けた ⑧

名前

● 次の計算をしましょう。

① 200÷3　② 421÷9　③ 503÷6　④ 410÷7

⑤ 245÷6　⑥ 311÷7　⑦ 739÷8　⑧ 116÷3

⑨ 101÷6　⑩ 434÷7　⑪ 592÷9　⑫ 630÷8

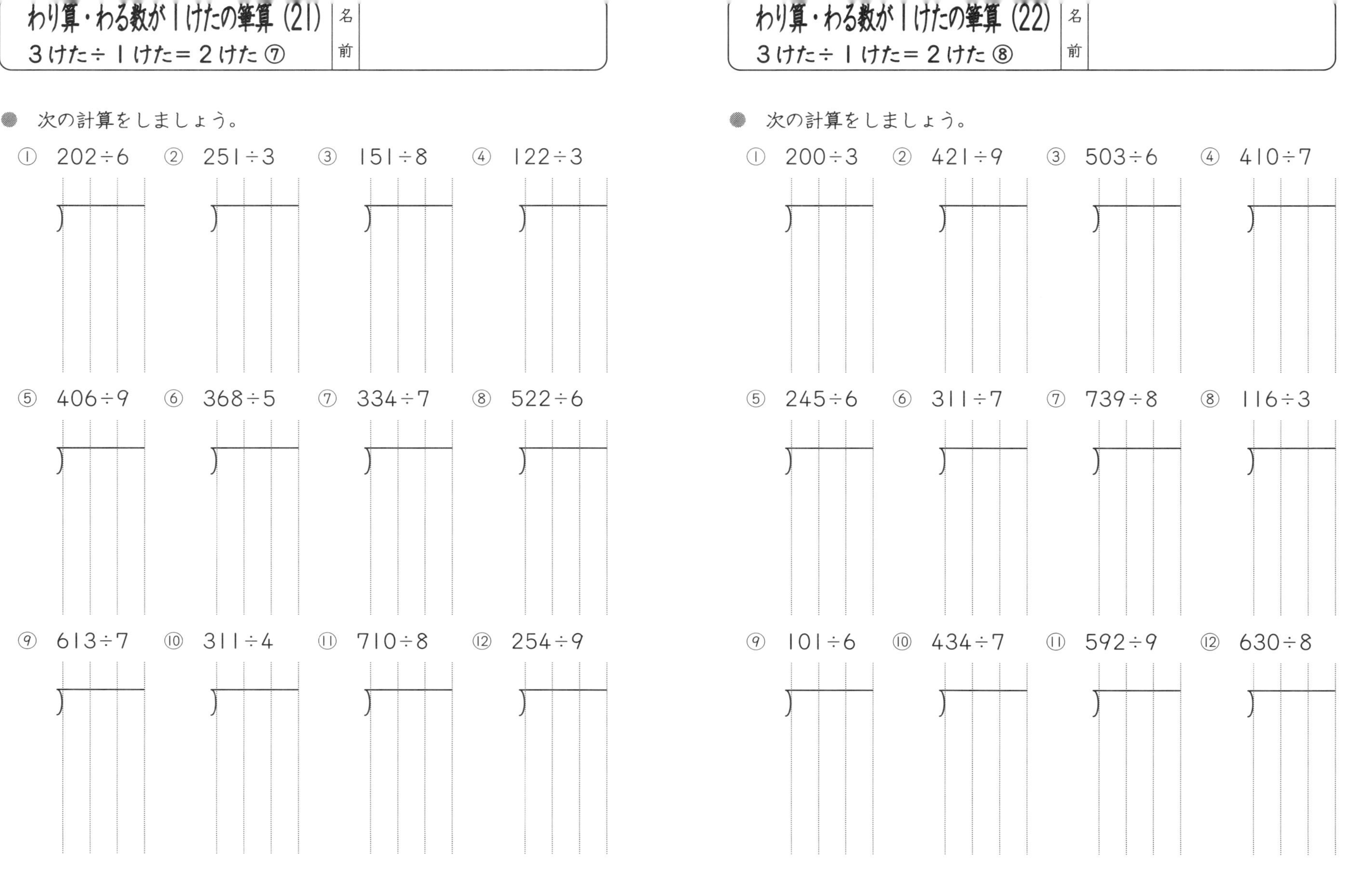

(141%に拡大してご使用ください。)

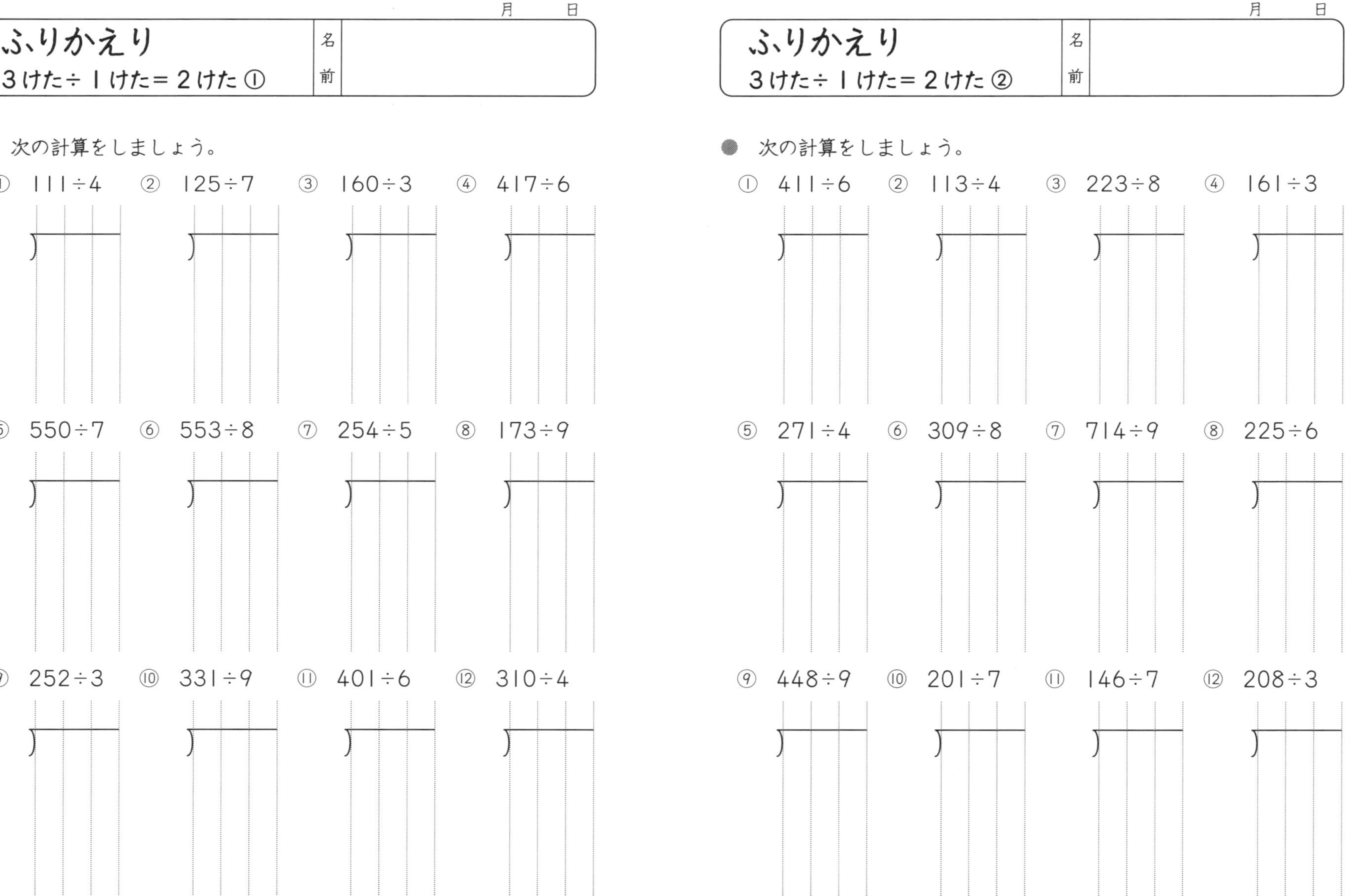

月　日

ふりかえり
3けた÷1けた＝2けた①

名前

● 次の計算をしましょう。

① 111÷4　② 125÷7　③ 160÷3　④ 417÷6

⑤ 550÷7　⑥ 553÷8　⑦ 254÷5　⑧ 173÷9

⑨ 252÷3　⑩ 331÷9　⑪ 401÷6　⑫ 310÷4

月　日

ふりかえり
3けた÷1けた＝2けた②

名前

● 次の計算をしましょう。

① 411÷6　② 113÷4　③ 223÷8　④ 161÷3

⑤ 271÷4　⑥ 309÷8　⑦ 714÷9　⑧ 225÷6

⑨ 448÷9　⑩ 201÷7　⑪ 146÷7　⑫ 208÷3

（141％に拡大してご使用ください。）

わり算・わる数が1けたの筆算 (23)

名前

文章題 ①

1 あめが 36 こあります。7人で分けると，
1人何こずつになって，何こあまりますか。

式

答え

2 225cm のテープがあります。6人に同じ長さずつ分けると，
1人何 cm ずつで，どれだけあまりますか。

式

答え

3 学校の全校生徒(せいと)は 558 人です。1年生から6年生まで，それぞれ
同じ人数です。1学年は何人ですか。

式

答え

4 赤いリボンは，青いリボンの5倍の長さで
560cm です。青いリボンは何 cm ですか。

式

答え

5 さとうが 512g あります。
8つのふくろに等しく入れると，1ふくろは何 g ですか。

式

答え

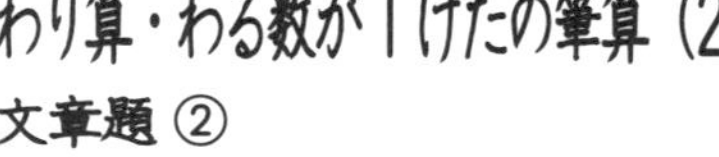

わり算・わる数が1けたの筆算 (24)

名前

文章題 ②

10分

1 96人の子どもを同じ人数ずつ4つのグループに
分けます。1つのグループは何人になりますか。

式

答え

2 112 本の花を使って，花たばを3つ作ります。
1つの花たばは何本ずつになって，何本あまりますか。

式

答え

3 たこやきが 128 こあります。
8こずつお皿にのせると，お皿は何まいいりますか。

式

答え

4 361 人の子どもが3人組を作ります。
何組できて，何人あまりますか。

式

答え

5 6人がすわれる長いすがあります。
新入生 234 人がすわると，長いすは何きゃくいりますか。

式

答え

月　日

わり算・わる数が1けたの筆算 (25)
文章題 ③（チャレンジ）

名前

1 329ページの本を1日9ページずつ読みます。
何日めに読み終わりますか。

式

答え

2 毎日7問ずつ算数の問題をときます。
100問めをとくのは何日めですか。

式

答え

3 はばが137cmの本だなに，あつさ4cmの本は何さつ入りますか。

式

答え

4 411cmのリボンがあります。
7cmずつ切ると，7cmのリボンはいくつできますか。

式

答え

月　日

わり算・わる数が1けたの筆算 (26)
文章題 ④（チャレンジ）

名前

1 箱が105こあります。1回に6こずつ運びます。
全部運ぶには，何回運べばいいですか。

式

答え

2 りんごが128こあります。
5こ入りの箱は何箱できますか。

式

答え

3 横の長さが46cmの箱に，直径（ちょっけい）3cmのスーパーボールをならべます。何こならべることができますか。

式

答え

4 1まいの画用紙からカードを8まい作ります。
カードを253まい作るには，画用紙は何まい必要（ひつよう）ですか。

式

答え

(141%に拡大してご使用ください。)

わり算・わる数が１けたの筆算 (27)

文章題 ⑤ (かけ算かな・わり算かな)

名前

1　みかんを 21 こずつふくろに入れると，
7 ふくろできました。　全部で何こありますか。

式

答え

2　73 まいのカードを１人５まいずつ配ります。
何人に配ることができて，何まいあまりますか。

式

答え

3　あめ 222 こを４つずつふくろに入れると，何ふくろできて，
何こありますか。

式

答え

4　テープがあります。１本 113cm に切ると，５本できました。
もとのテープは，何 cm ありましたか。

式

答え

5　長さ 104cm のリボンがあります。同じ長さずつ切ると，
ちょうど８本できました。１本何 cm になりますか。

式

答え

わり算・わる数が１けたの筆算 (28)

文章題 ⑥ (かけ算かな・わり算かな)

名前

1　250cm のロープを３つに切ると，１つは何 cm になって，
どれだけあまりますか。

式

答え

2　126 円のジュースを４本買いました。
代金はいくらですか。

式

答え

3　毎日 950m 歩くと，５日間で何 m 歩くことになりますか。

式

答え

4　189 このももを１人に９こずつ分けると，何人に分けられますか。

式

答え

5　26 本入りのえん筆の箱が８箱あります。
あわせて何本ありますか。

式

答え

10分

(141%に拡大してご使用ください。)

月　日

わり算・わる数が１けたの筆算（テスト①）

名前

【知識・技能】

1 次の計算をしましょう。(5 × 2)

(1) 80 ÷ 4

(2) 420 ÷ 6

2 次の計算を筆算でしましょう。(5 × 6)

(1) 78 ÷ 5　　(2) 62 ÷ 3

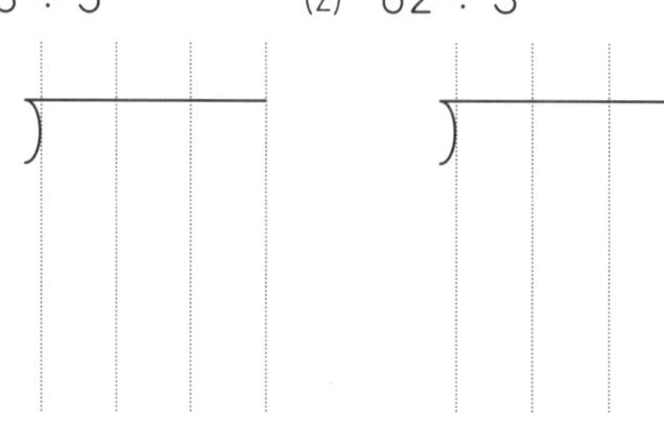

(3) 870 ÷ 7　　(4) 916 ÷ 7

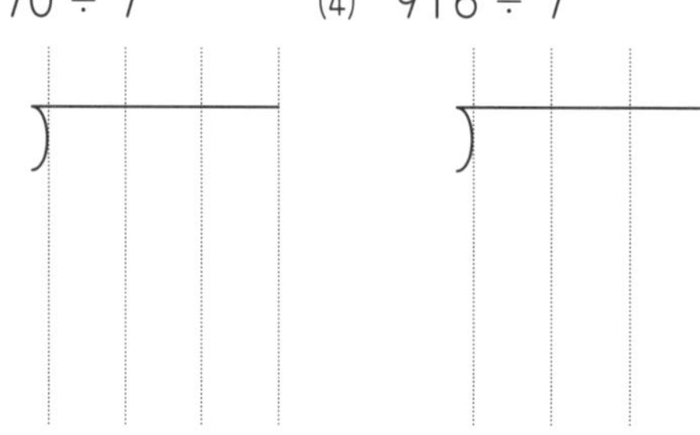

(5) 768 ÷ 8　　(6) 600 ÷ 8

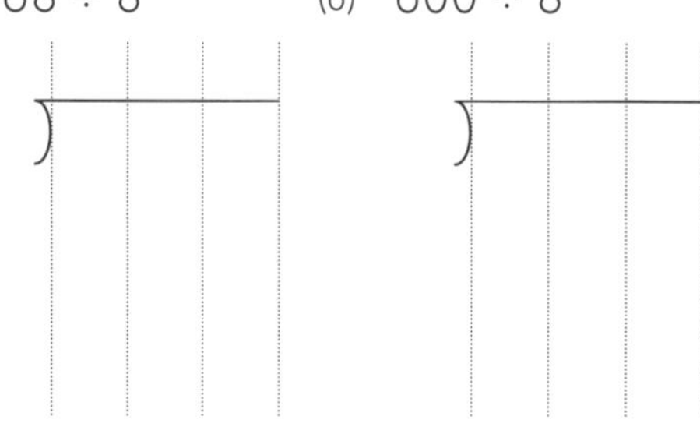

3 次の計算を筆算でして，答えのたしかめもしましょう。(5 × 2)

(1) 94 ÷ 3　　(2) 843 ÷ 6

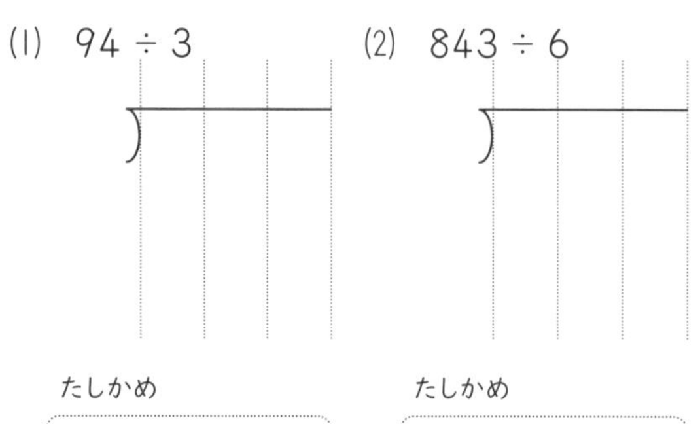

たしかめ　　たしかめ

【思考・判断・表現】

4 96 このいちごを同じ数ずつ６皿に分けます。１皿分は何こになりますか。(5 × 2)

式

答え

5 ロープが 410m あります。7m ずつに切ります。7m のロープは何本できて，何 m あまりますか。(5 × 2)

式

答え

6 子どもが 72 人います。ゲームをするのに６人ずつのグループに分けます。
何グループできますか。(5 × 2)

式

答え

7 259 人の子どもがいます。長いすに４人ずつすわります。
長いすは何きゃくあればいいですか。(5 × 2)

式

答え

8 さとみさんは，弟の５倍の 870 円を持っています。さとみさんの弟は何円持っていますか。(5 ×

式

答え

（141％に拡大してご使用ください。）

月　　日

わり算・わる数が１けたの筆算（テスト②）

名前

【知識・技能】

1 次の計算を筆算でしましょう。(5×8)

(1) 87 ÷ 3

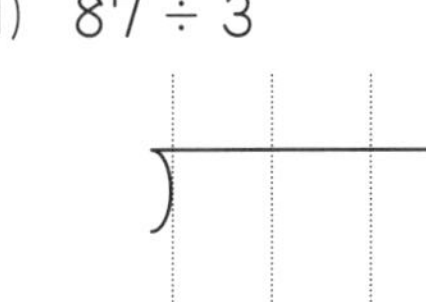

(2) 95 ÷ 4

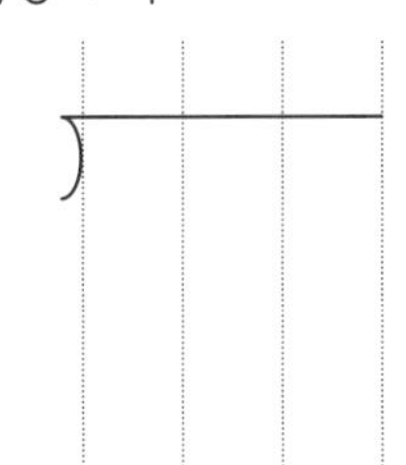

(3) 94 ÷ 3

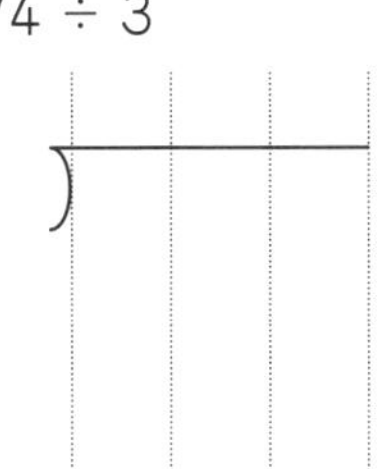

(4) 59 ÷ 3

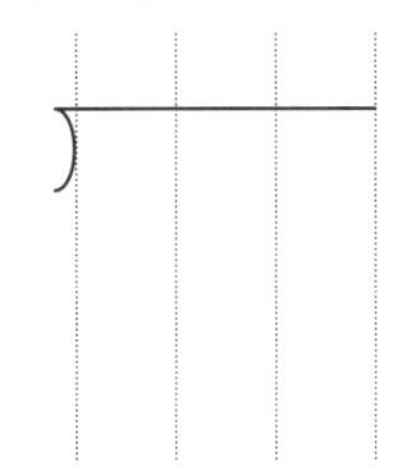

(5) 955 ÷ 7　(6) 705 ÷ 3

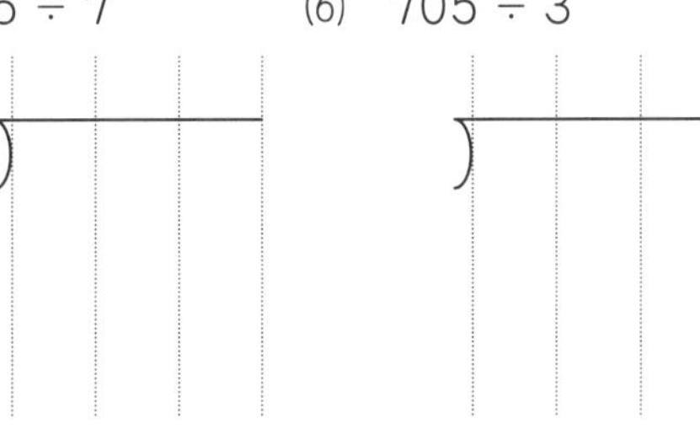

(7) 809 ÷ 2

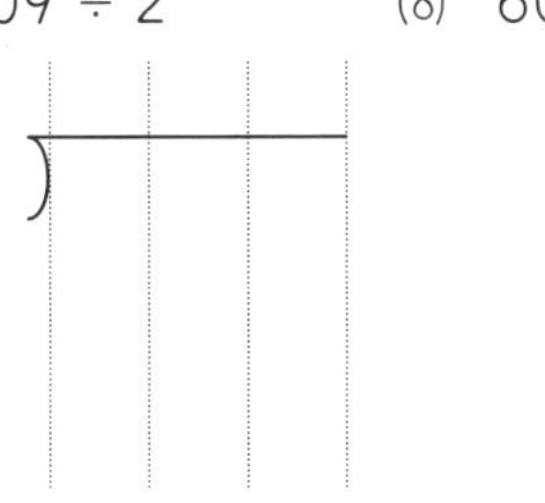

(8) 600 ÷ 4

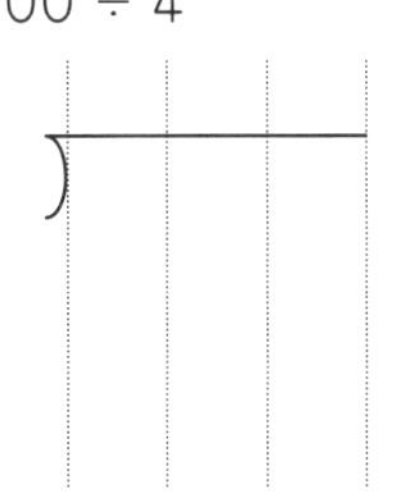

2 次の計算を筆算でして，答えのたしかめもしましょう。(5×2)

(1) 100 ÷ 9

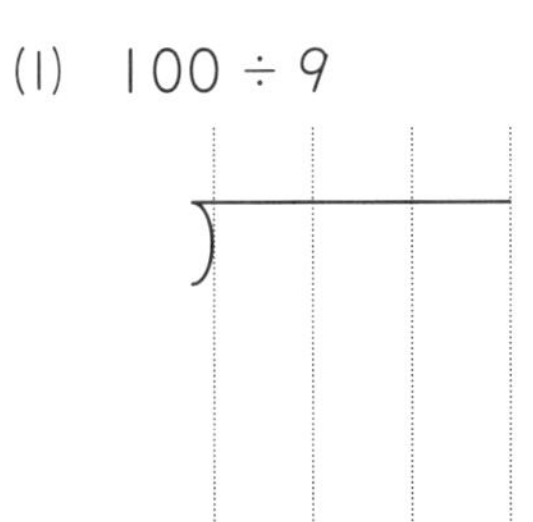

たしかめ

(2) 418 ÷ 6

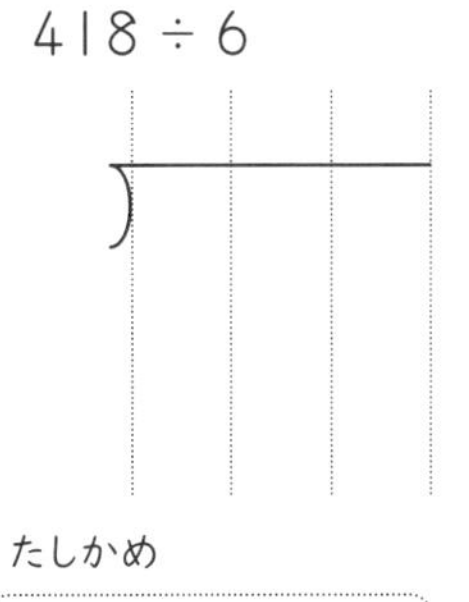

たしかめ

【思考・判断・表現】

3 76 このだんごがあります。3 こずつくしにさします。くしにさしただんごは，何本できますか。(5×2)

式

答え

4 312 ページの本を毎日 9 ページずつ読みます。全部読み終わるのは，何日めですか。(5×2)

式

答え

5 7 日間で 595 回シュートの練習をしました。
毎日同じ回数ずつしたとすると，1 日何回練習したことになりますか。(5×2)

式

答え

6 121cm はばの本だながあります。
あつさが 4cm の本は何さつ入れることができますか。(5×2)

式

答え

7 ゆうかさんは，弟の 3 倍のおり紙を持っています。ゆうかさんの持っているおり紙は 375 まいです。弟は何まいもっていますか。(5×2)

式

答え

（141％に拡大してご使用ください。）

月　日

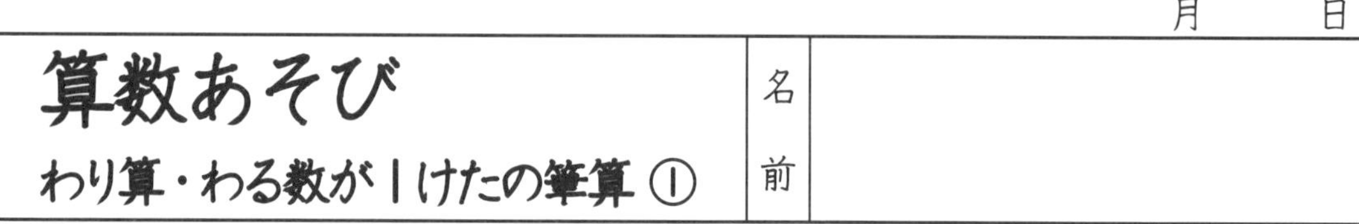

算数あそび

わり算・わる数が１けたの筆算 ①

名前

● 答えが 11 → 13 → 15 → 17 → 19 となるように進み，ゴールまで行きましょう。同じ道は二度通れません。

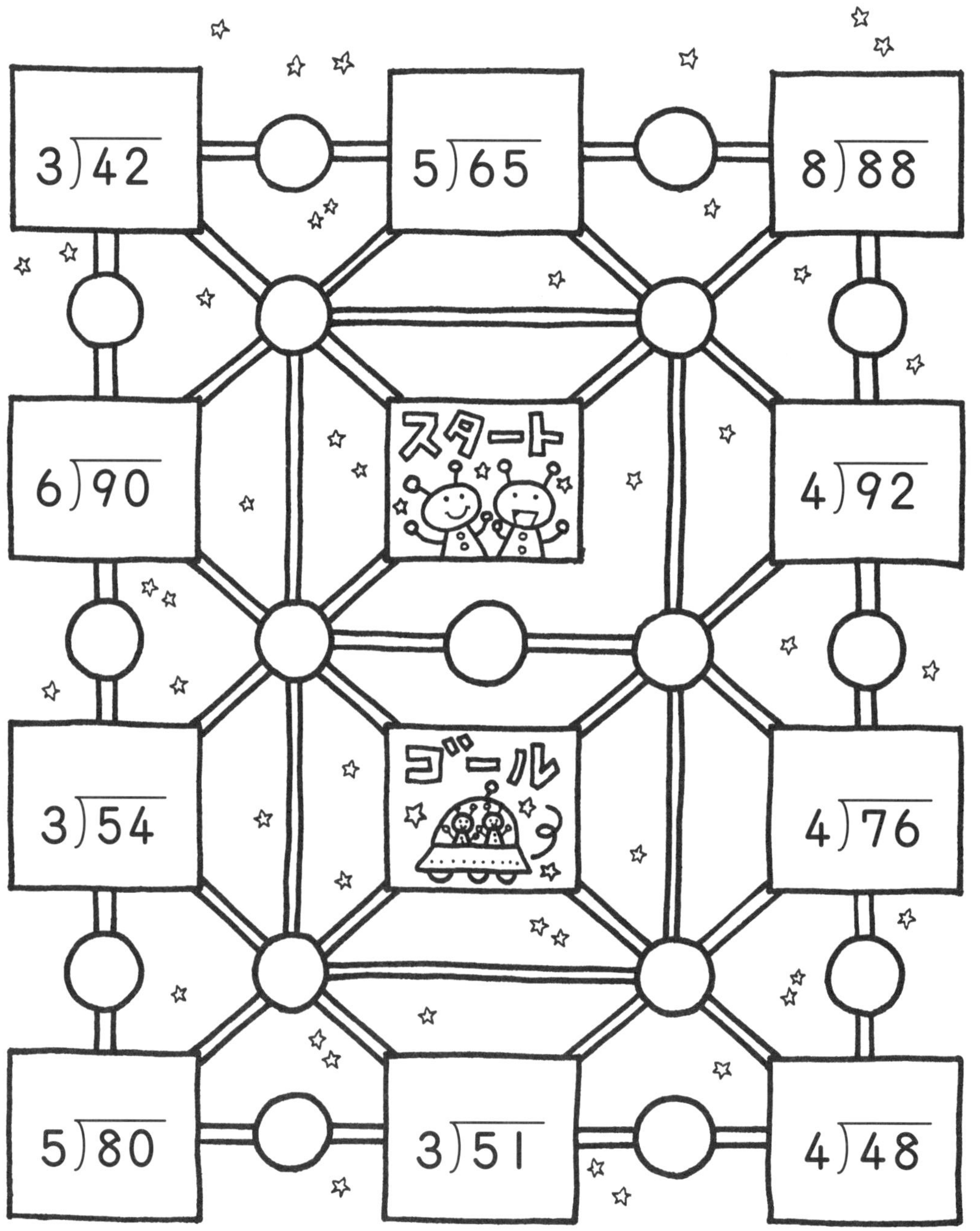

3)42　5)65　8)88

6)90　スタート　4)92

3)54　ゴール　4)76

5)80　3)51　4)48

月　　日

算数あそび

わり算・わる数が１けたの筆算 ②

名前

● 答えの小さい方を通って，ゴールまで行きましょう。

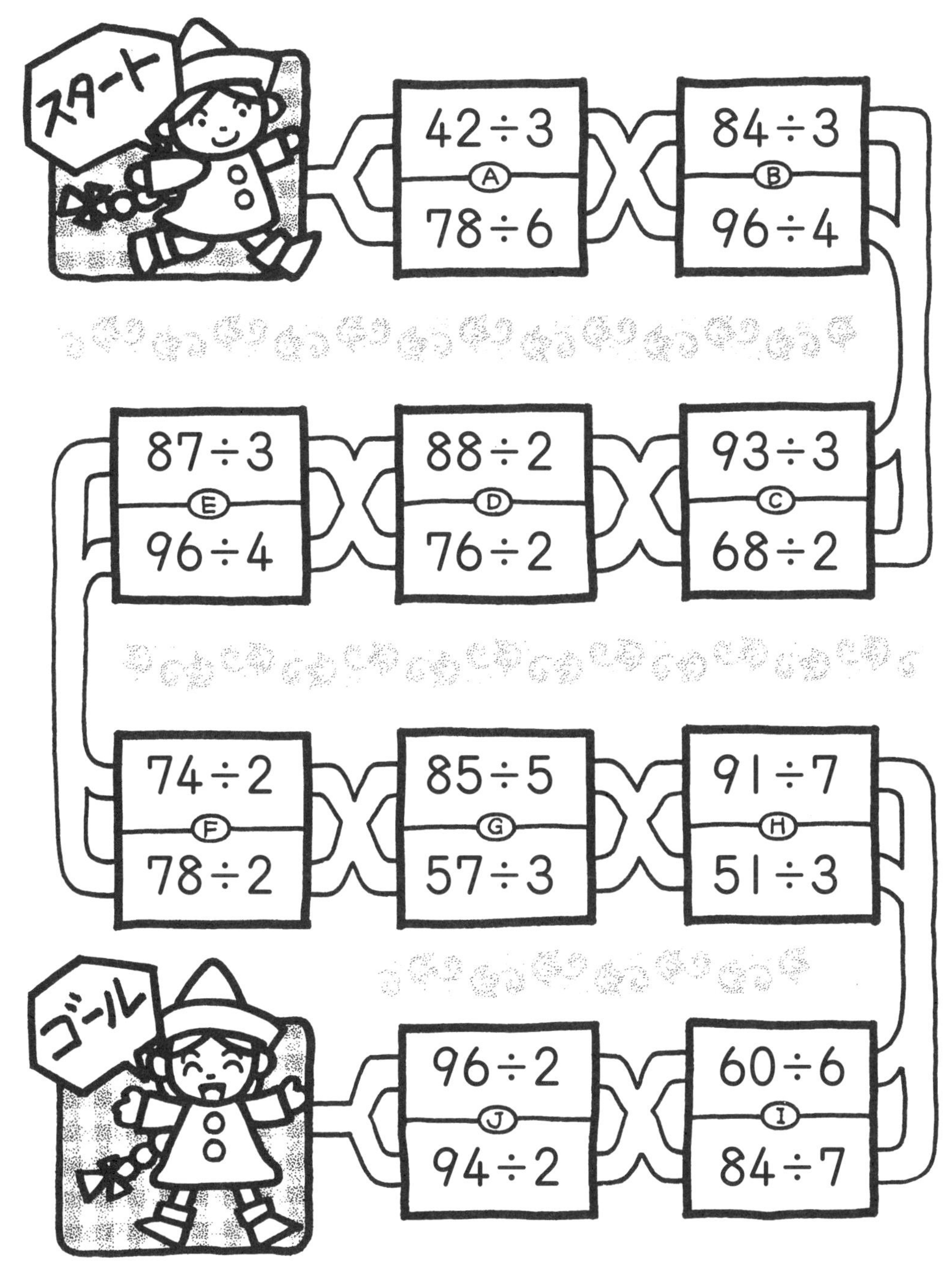

月　日

算数あそび

わり算・わる数が１けたの筆算③

名前

計算をして，あまりが８，７，６，５，４，３，２，１，０の順に線をむすびましょう。

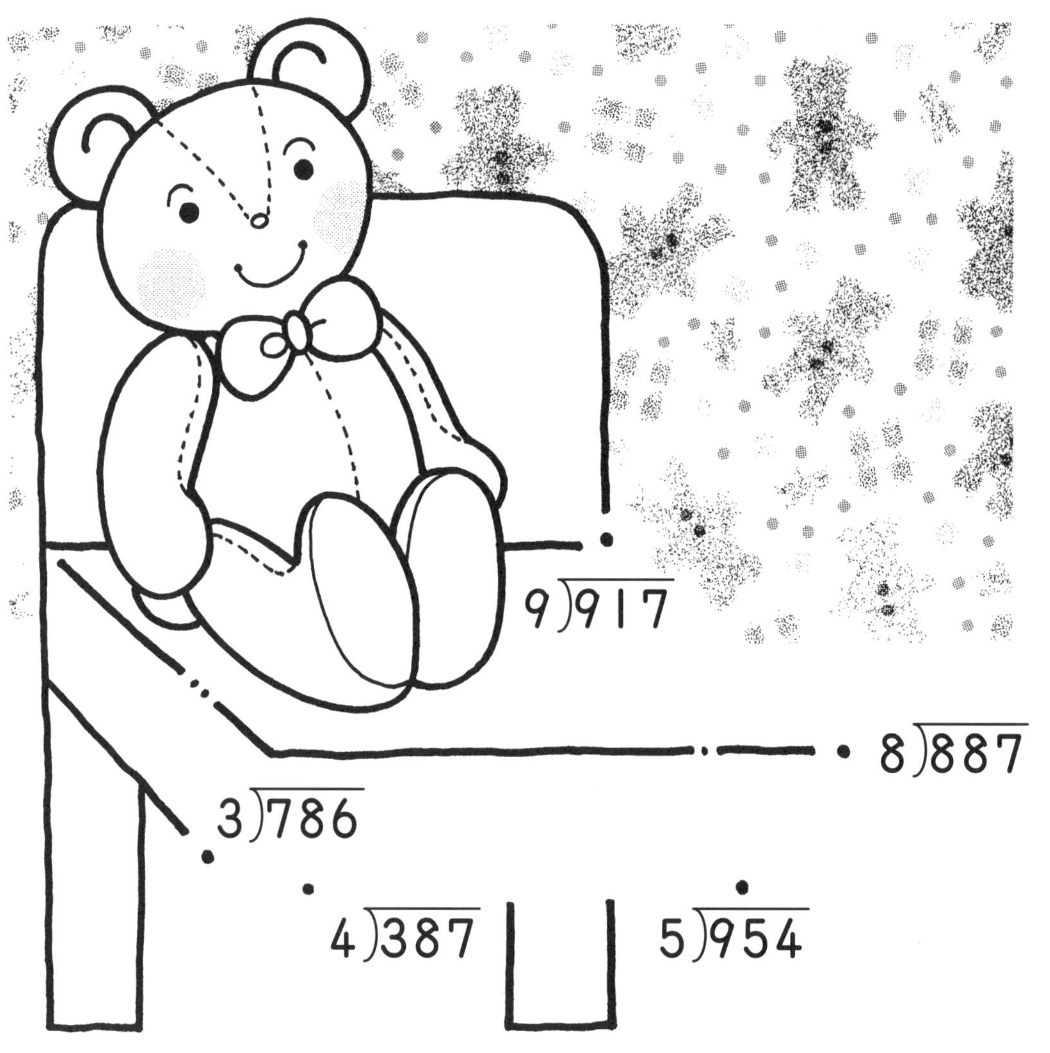

2)533　6)956　8)909　7)874

月　　日

算数あそび

わり算・わる数が1けたの筆算 ④

名前

● 答えが 15 → 35 → 45 → 75 → 95 となるように進み，ゴールまで行きましょう。同じ道は二度通れません。

月　日

算数あそび

わり算・わる数が１けたの筆算 ⑤

名前

● 答えのあまりが小さい方を通りましょう。

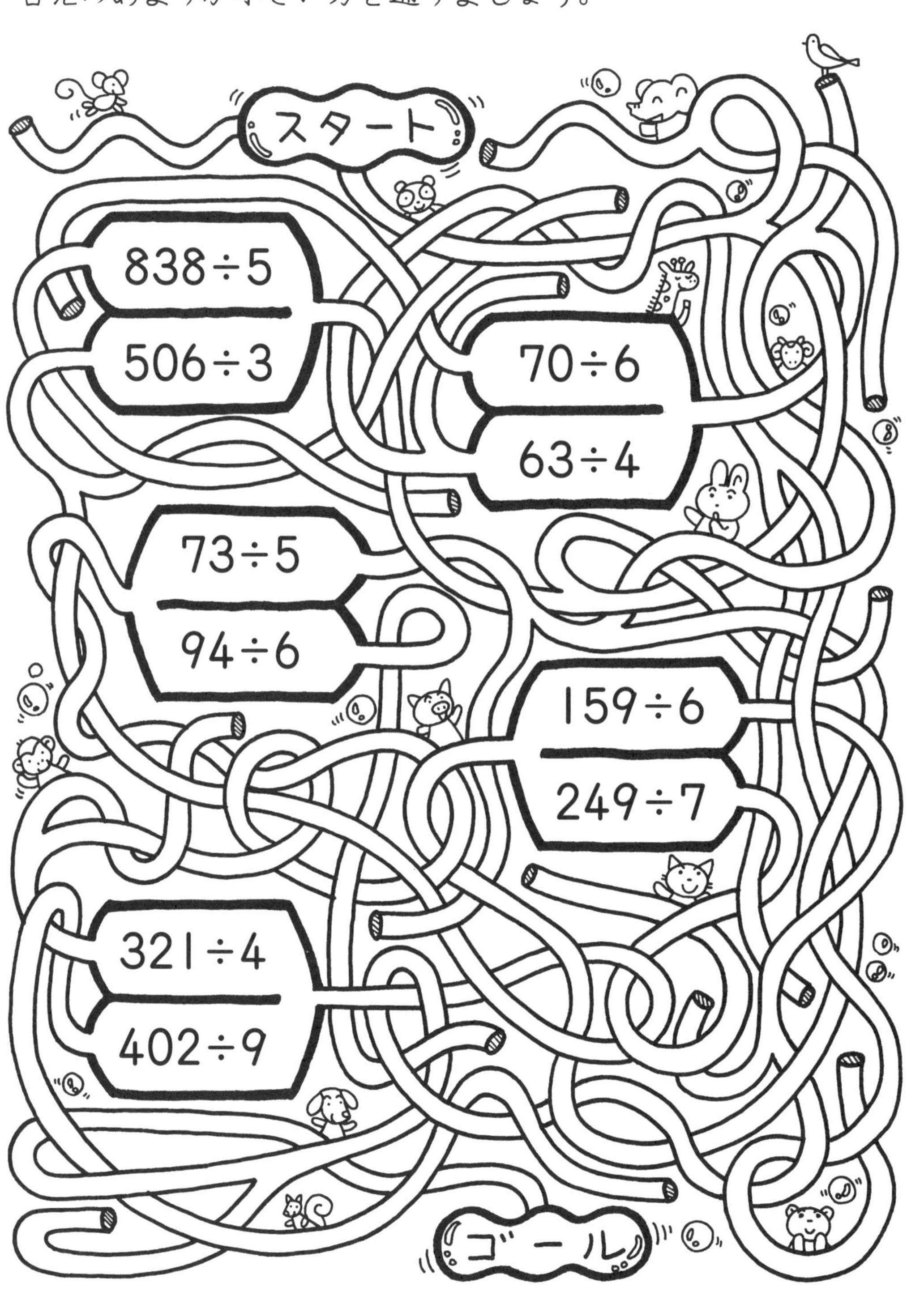

角の大きさ（1）

名前

1 次の角は何度ですか。

(1) 　°

(2) 直角２つ 　°

(3) 直角４つ 　°

2 角度をはかります。分度器（ぶんどき）のめもりをよみましょう。

(1) 　°

(2) 　°

角の大きさ（2）

名前

● 分度器（ぶんどき）を使って，角度をはかりましょう。

(1) 　°

(2) 　°

(3) 　°

(4) 　°

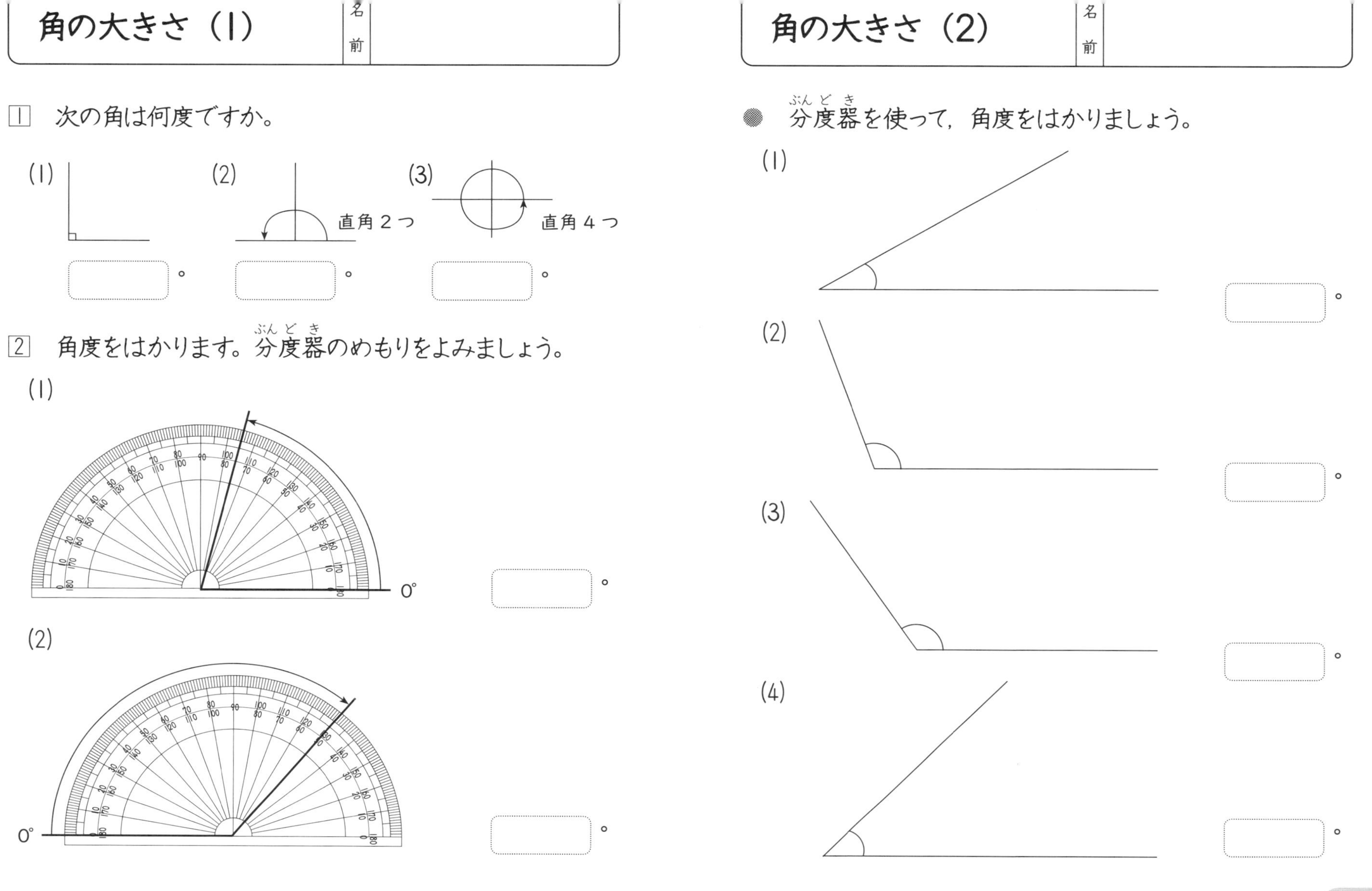

5分

角の大きさ（3）

月　日　名前

● 分度器を使って，角度をはかりましょう。

(1) 　°

角の辺が短いときは，のばしてかいてみよう。

(2) 　°

(3) 　°

(4) 　°

(5) 　°

(6) 　°

角の大きさ（4）

月　日　名前

● 分度器を使って，角度をはかりましょう。

(1) 　°

(2) 　°

(3) 　°

(4) 　°

(5) 　°

(6) 　°

（141%に拡大してご使用ください。）

角の大きさ（5）

名前

● 分度器（ぶんどき）を使って，角度をはかりましょう。

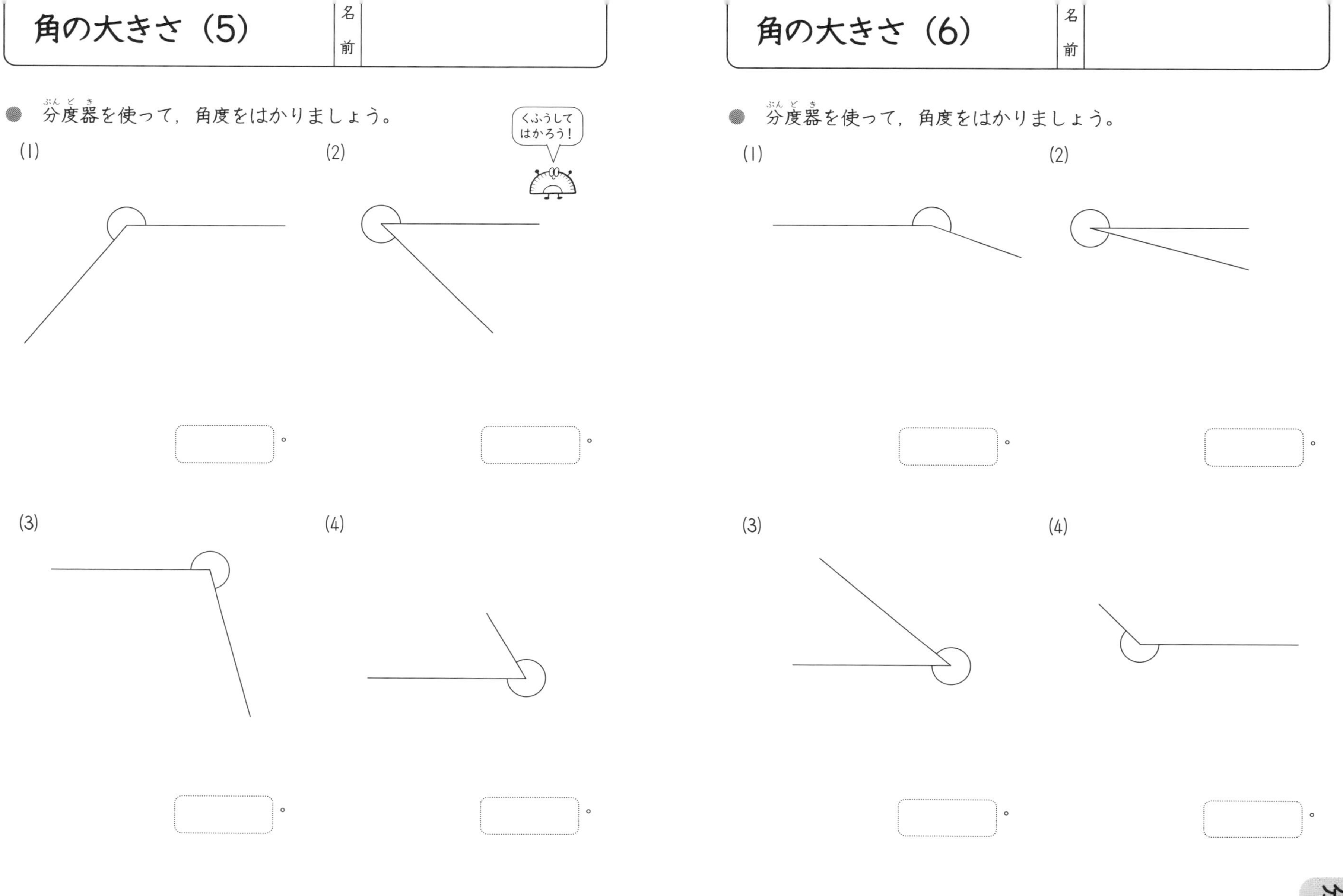

(1) ［　　　］°

(2) ［　　　］°

(3) ［　　　］°

(4) ［　　　］°

角の大きさ（6）

名前

● 分度器（ぶんどき）を使って，角度をはかりましょう。

(1) ［　　　］°

(2) ［　　　］°

(3) ［　　　］°

(4) ［　　　］°

5分

（141%に拡大してご使用ください。）

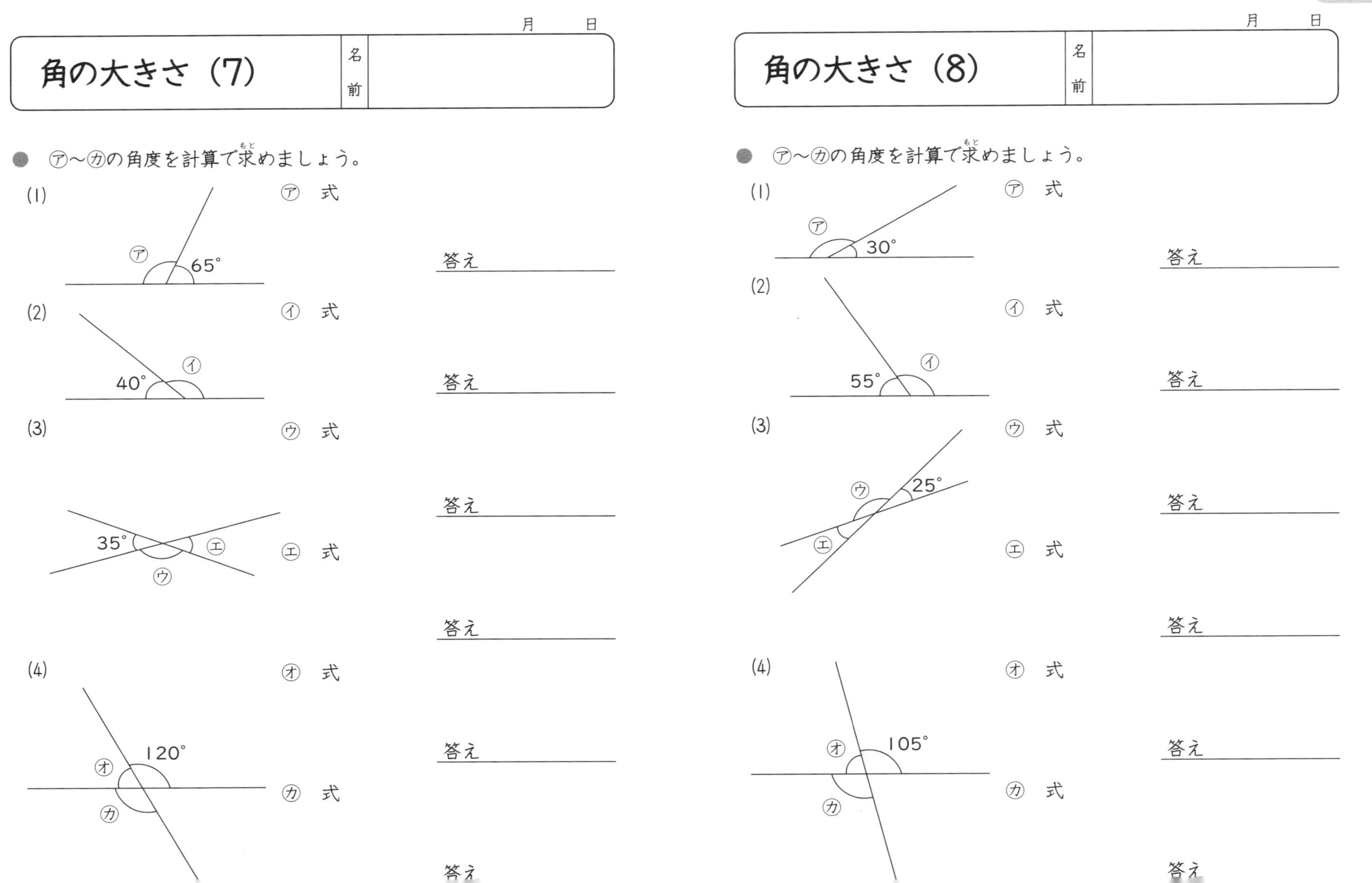
5分
角の大きさ（7）
名前
月　日
● ㋐〜㋕の角度を計算で求めましょう。
(1)
65°
㋐
㋐　式
答え
(2)
40°
㋑
㋑　式
答え
(3)
35°
㋒
㋓
㋒　式
答え
㋓　式
答え
(4)
120°
㋔
㋕
㋔　式
答え
㋕　式
答え
角の大きさ（8）
名前
月　日
● ㋐〜㋕の角度を計算で求めましょう。
(1)
30°
㋐
㋐　式
答え
(2)
55°
㋑
㋑　式
答え
(3)
25°
㋒
㋓
㋒　式
答え
㋓　式
答え
(4)
105°
㋔
㋕
㋔　式
答え
㋕　式
答え
（141%に拡大してご使用ください。）

角の大きさ（9）

名前

● ・を中心として，矢印（やじるし）の方向に角をかきましょう。

(1) 45°

(2) 120°

(3) 75°

(4) 150°

角の大きさ（10）

名前

● ・を中心として，矢印（やじるし）の方向に角をかきましょう。

(1) 240°

(2) 330°

(3) 200°

(4) 290°

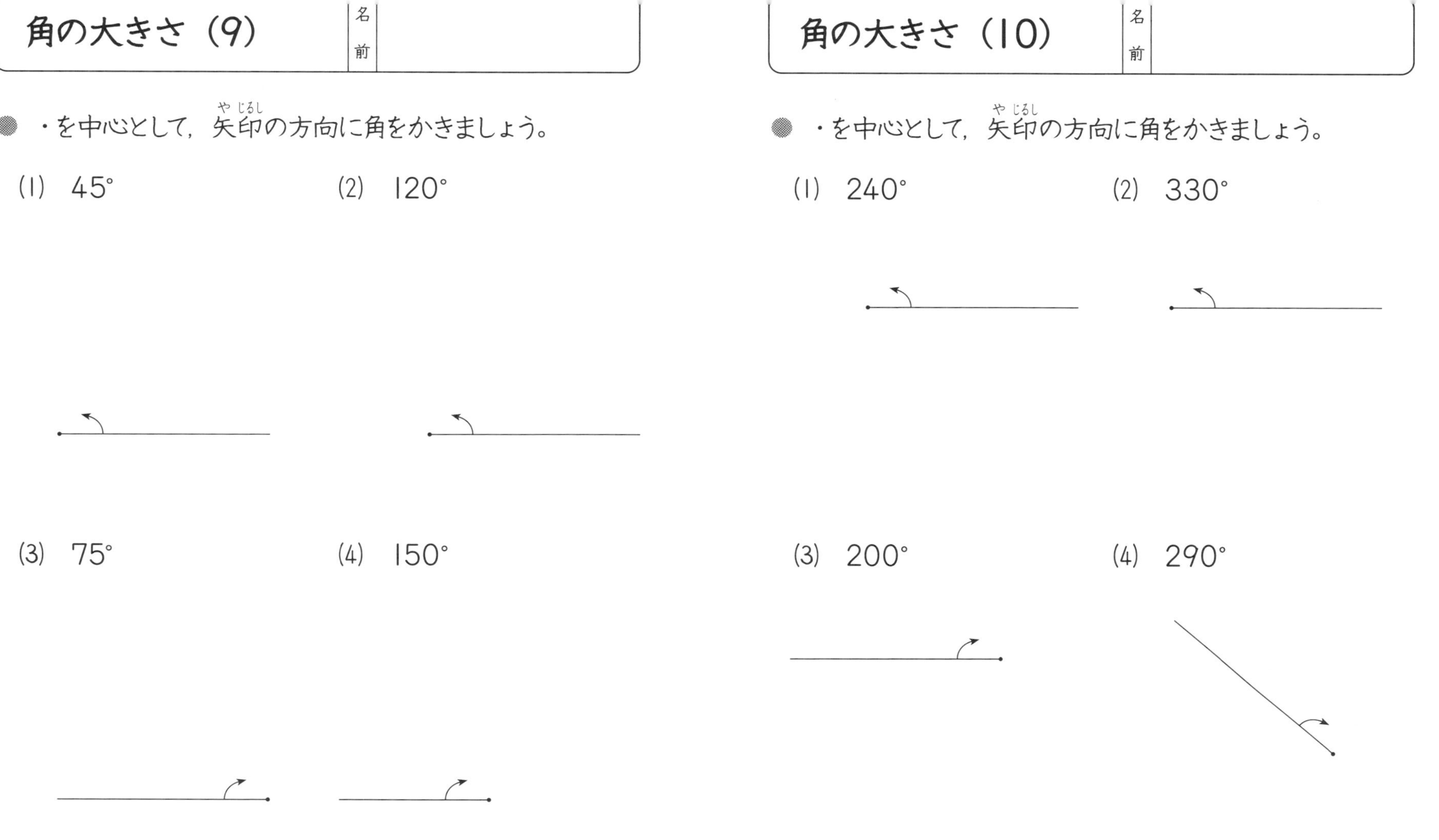

5分

（141%に拡大してご使用ください。）

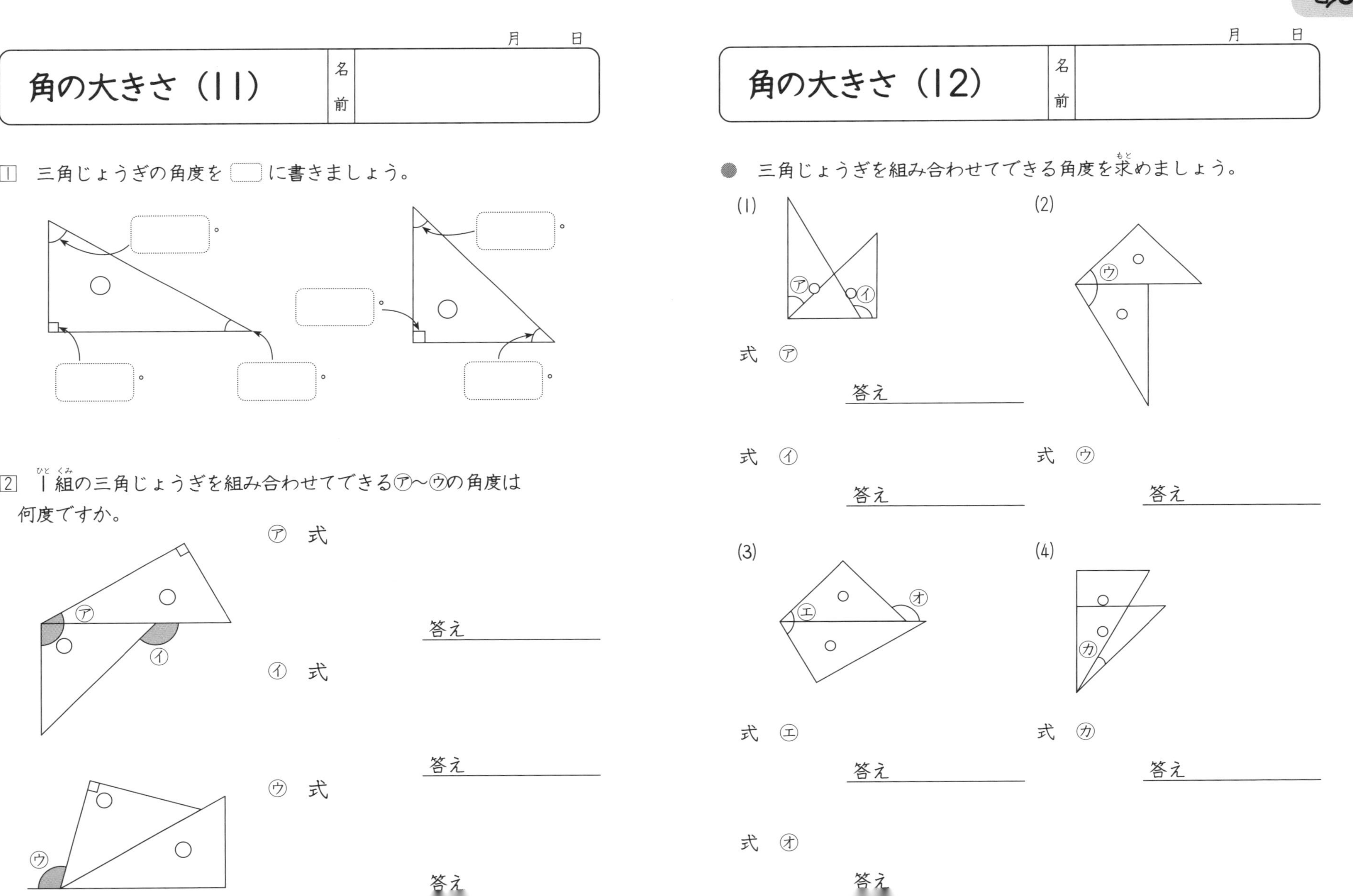

5分

角の大きさ（11）

月　日　名前

1　三角じょうぎの角度を□に書きましょう。

2　1組の三角じょうぎを組み合わせてできる㋐～㋒の角度は何度ですか。

㋐　式

答え

㋑　式

答え

㋒　式

答え

角の大きさ（12）

月　日　名前

● 三角じょうぎを組み合わせてできる角度を求めましょう。

(1)

式　㋐

答え

式　㋑

答え

(2)

式　㋒

答え

(3)

式　㋓

答え

式　㋔

答え

(4)

式　㋕

答え

（141%に拡大してご使用ください。）

角の大きさ（13）

名前

● 次のような三角形をかきましょう。

(1)

(2)

(3)

角の大きさ（14）

名前

● 次のような三角形をかきましょう。

(1)

(2)

(3)

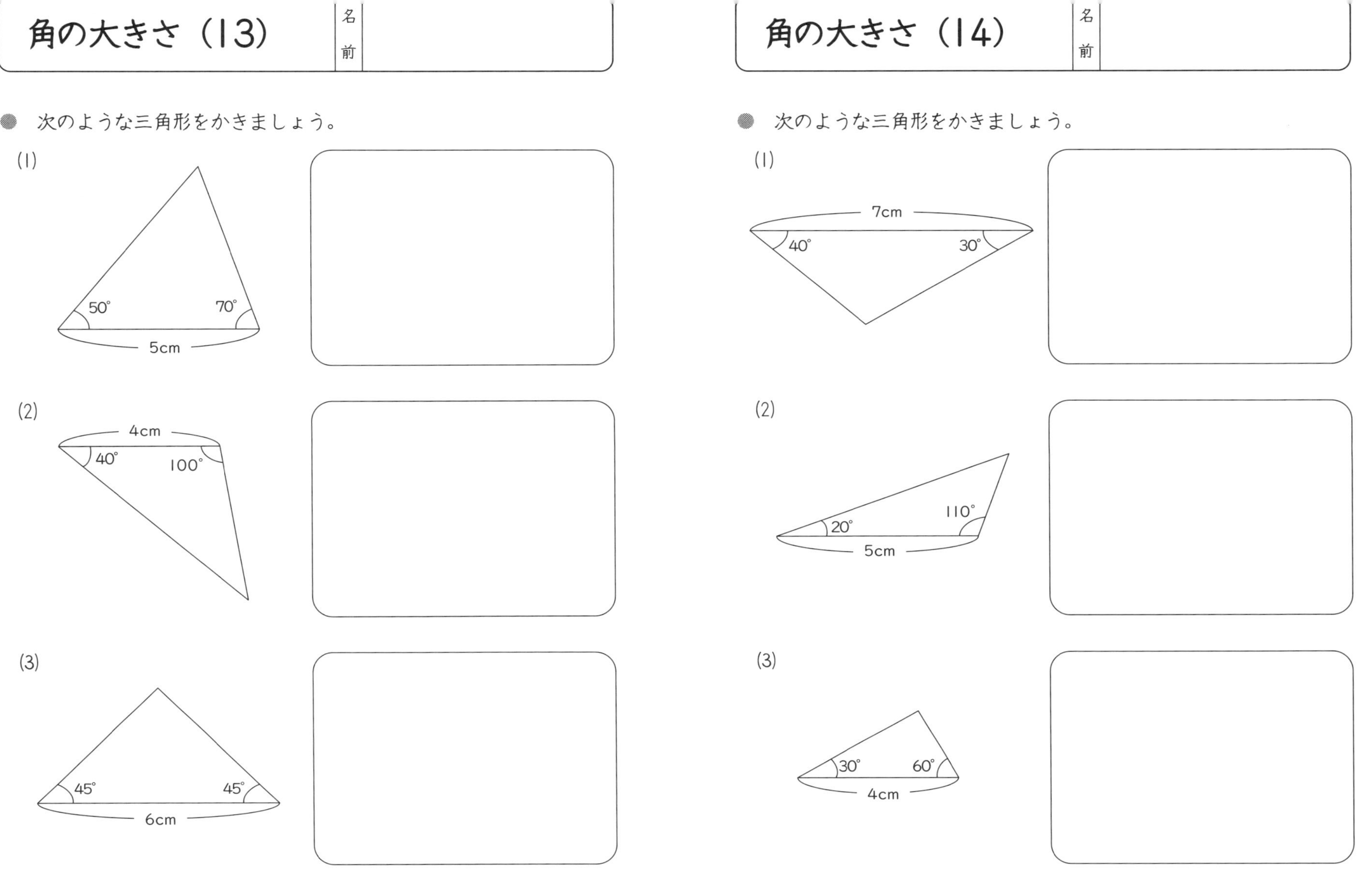

（141%に拡大してご使用ください。）

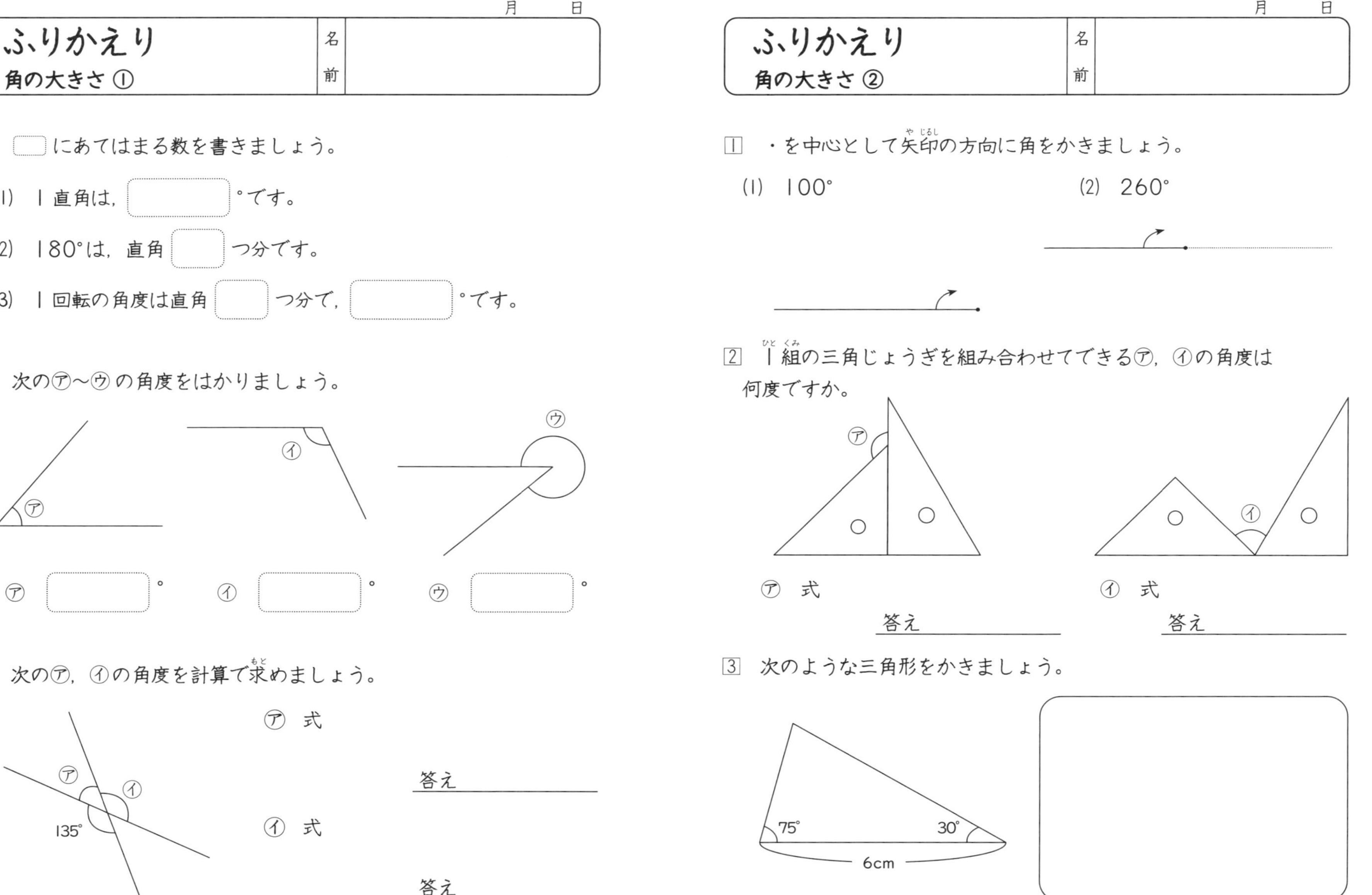

月　日

ふりかえり
角の大きさ ①

名前

1 [　] にあてはまる数を書きましょう。

(1) 1直角は, [　　] °です。

(2) 180°は, 直角 [　] つ分です。

(3) 1回転の角度は直角 [　] つ分で, [　　] °です。

2 次の㋐〜㋒の角度をはかりましょう。

㋐ [　　] °　㋑ [　　] °　㋒ [　　] °

3 次の㋐, ㋑の角度を計算で求めましょう。

135°

㋐ 式

答え

㋑ 式

答え

月　日

ふりかえり
角の大きさ ②

名前

1 ・を中心として矢印の方向に角をかきましょう。

(1) 100°

(2) 260°

2 1組の三角じょうぎを組み合わせてできる㋐, ㋑の角度は何度ですか。

㋐ 式

答え

㋑ 式

答え

3 次のような三角形をかきましょう。

75°　30°　6cm

月　日

角の大きさ（テスト）

名前

【知識・技能】

1 角の大きさをはかりましょう。(5×4)

(1)

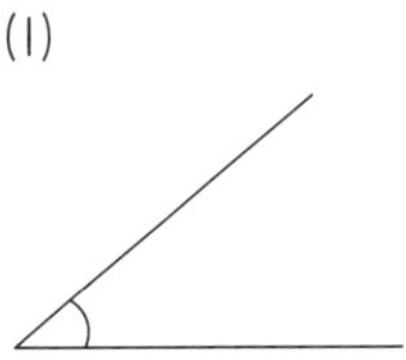

(2)

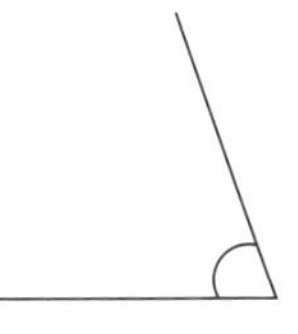

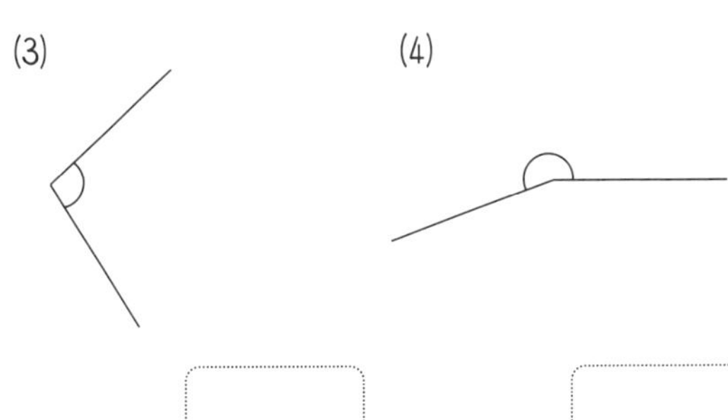

(3)

(4)

2 点アを中心として，矢印(やじるし)の方に次の大きさの角をかきましょう。(5×4)

(1) 60°

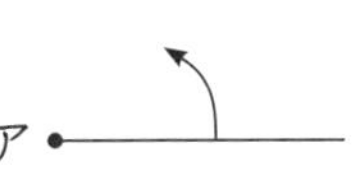

(2) 150°

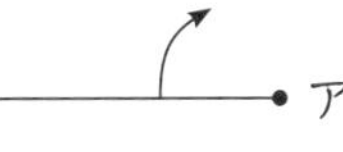

(3) 220°

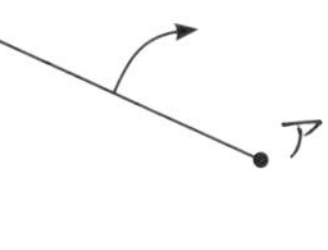

(4) 300°

3 1辺(へん)の長さが5cmで，その両はしが50°の三角形をかきましょう。(10)

【思考・判断・表現】

4 次のⓐとⓘの角度は何度ですか。(5×2)

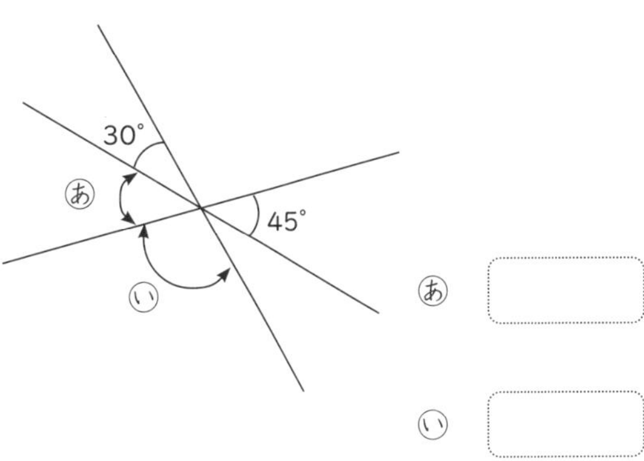

ⓐ

ⓘ

5 三角じょうぎを使ってできる角度を求(もと)めましょう。(5×8)

(1)

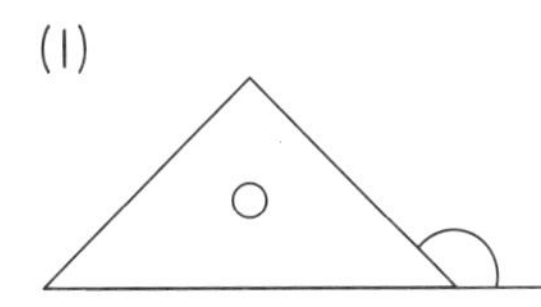

式

答え

(2)

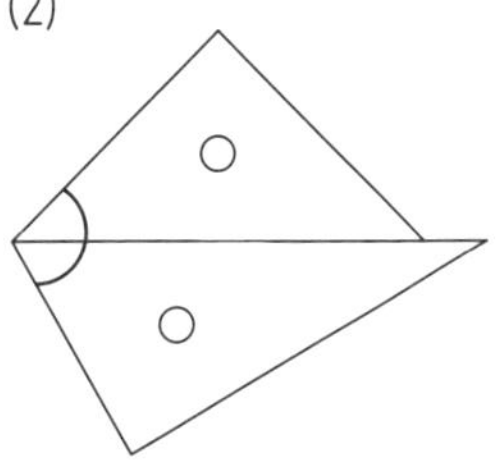

式

答え

(3)

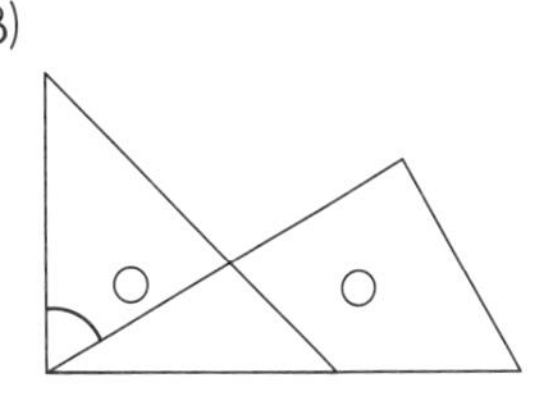

式

答え

(4)

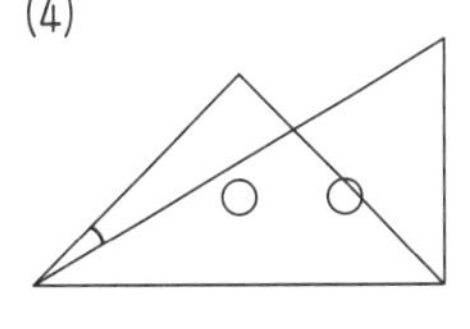

式

答え

(141%に拡大してご使用ください。)

月　　日

算数あそび

角の大きさ ①

名前

● ピザの食べてなくなった部分の角が 10°, 15°, 20°, 25°, 30°のものに色をぬりましょう。

月　　日

算数あそび
角の大きさ ②

名前	

● 生き物たちの口の角度を分度器（ぶんどき）ではかってみましょう。

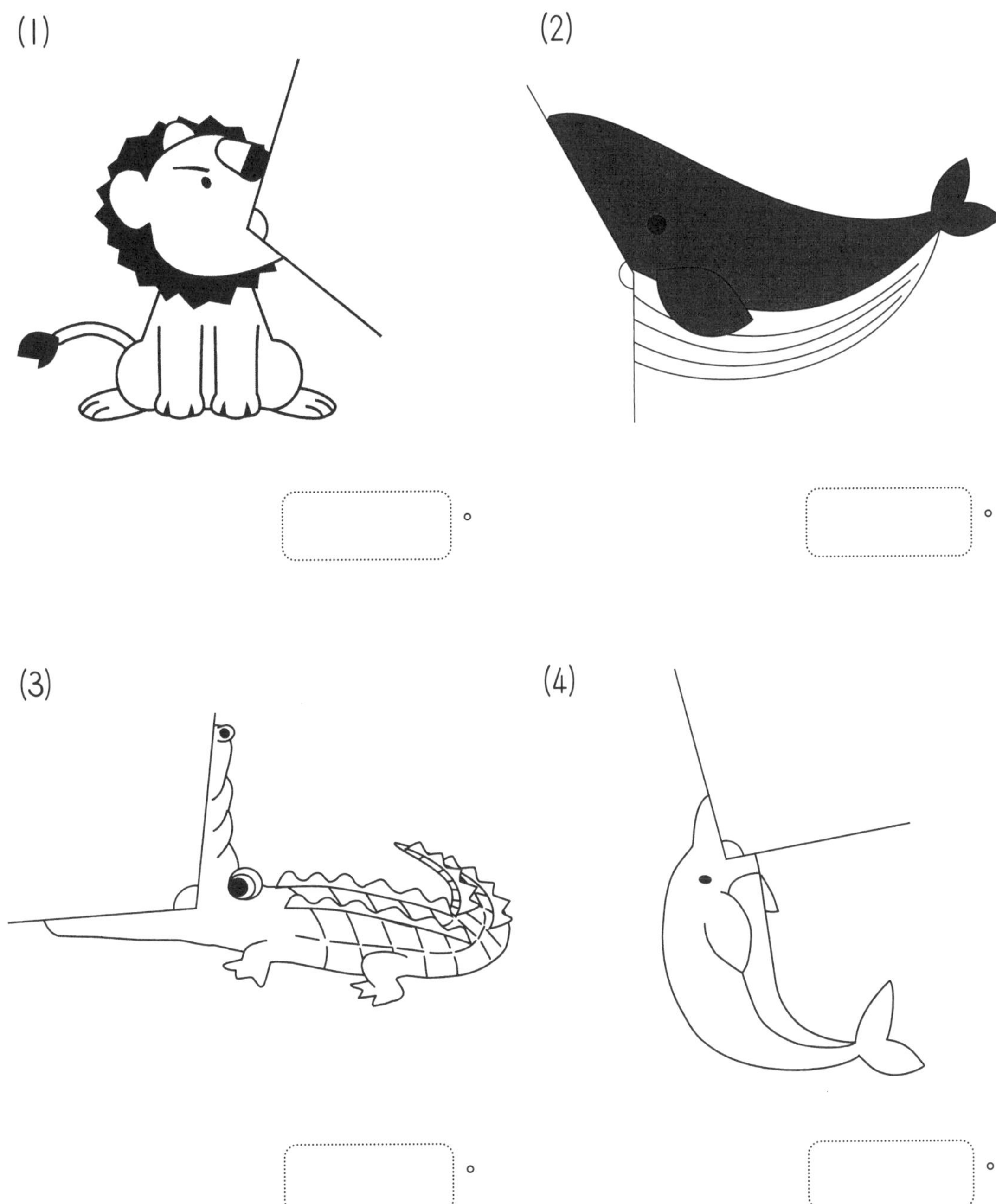

(1) 　　　　°

(2) 　　　　°

(3) 　　　　°

(4) 　　　　°

（141%に拡大してご使用ください。）

小数（1）

名前　　　　月　　日

● 水のかさをＬを単位（たんい）として，小数で表しましょう。

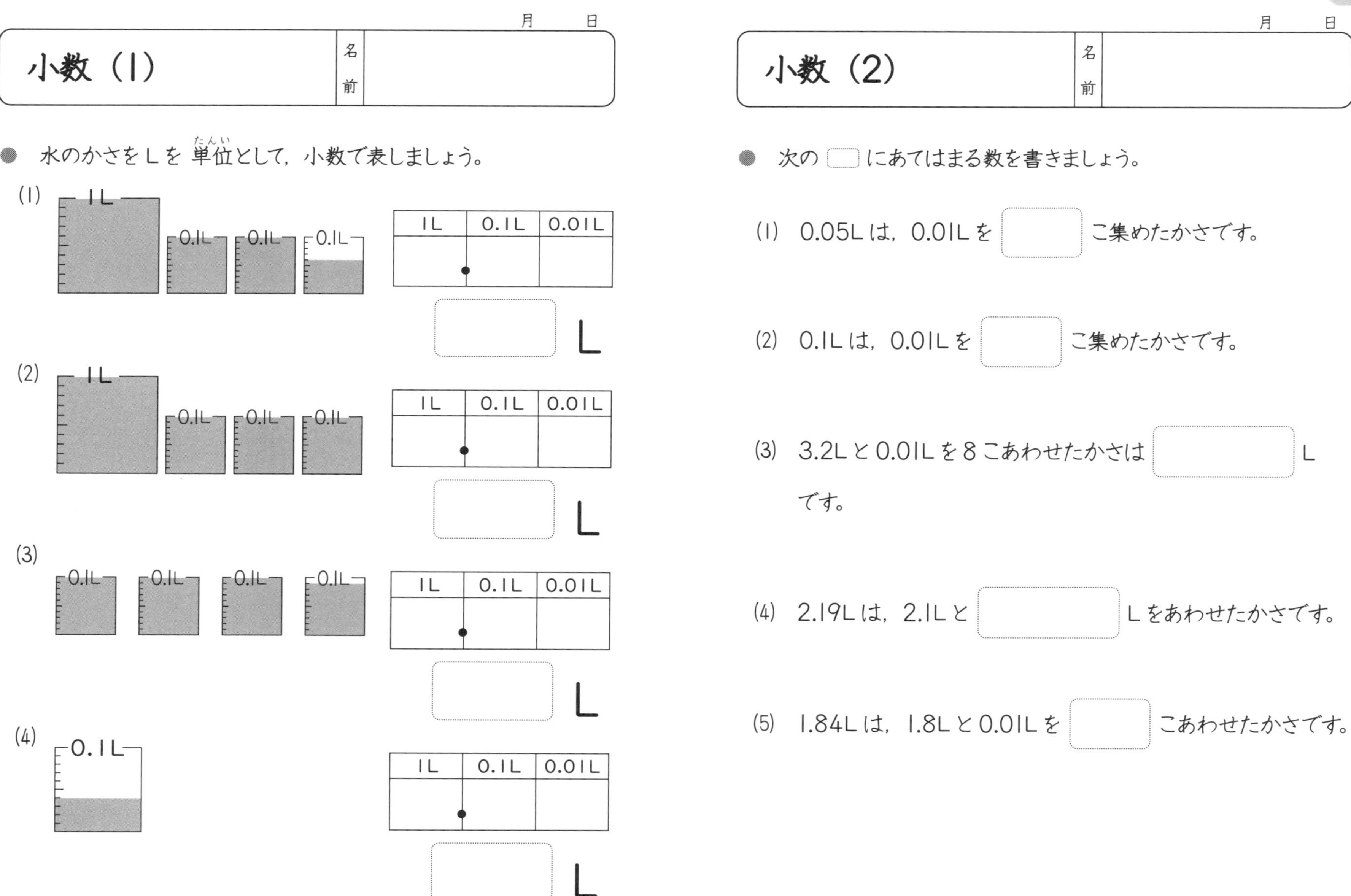

小数（2）

名前　　　　月　　日

● 次の□にあてはまる数を書きましょう。

(1) 0.05Lは，0.01Lを□こ集めたかさです。

(2) 0.1Lは，0.01Lを□こ集めたかさです。

(3) 3.2Lと0.01Lを8こあわせたかさは□Lです。

(4) 2.19Lは，2.1Lと□Lをあわせたかさです。

(5) 1.84Lは，1.8Lと0.01Lを□こあわせたかさです。

3分

小数（3）

名前

● 次の重さをkg単位の表に入れてkg単位の小数で表しましょう。

(1) 1kg 263g

1000g 1kg	100g 0.1kg	10g 0.01kg	1g 0.001kg
1.	2	6	3

kg

(2) 2kg 640g

1000g 1kg	100g 0.1kg	10g 0.01kg	1g 0.001kg
.			

kg

(3) 781g

1000g 1kg	100g 0.1kg	10g 0.01kg	1g 0.001kg
.			

kg

(4) 1kg 32g

1000g 1kg	100g 0.1kg	10g 0.01kg	1g 0.001kg
.			

kg

小数（4）

名前

● 次の長さを，m単位の表に入れてm単位の小数で表しましょう。

(1) 2m 97cm

100cm 1m	10cm 0.1m	1cm 0.01m
2.	9	7

m

(2) 1m 84cm

100cm 1m	10cm 0.1m	1cm 0.01m
.		

m

(3) 50cm

100cm 1m	10cm 0.1m	1cm 0.01m
.		

m

(4) 3m 9cm

100cm 1m	10cm 0.1m	1cm 0.01m
.		

m

(141%に拡大してご使用ください。)

5分

月　日

小数（5）

名前

● 下の↑のめもりが表す数を □ に書きましょう。

(1)

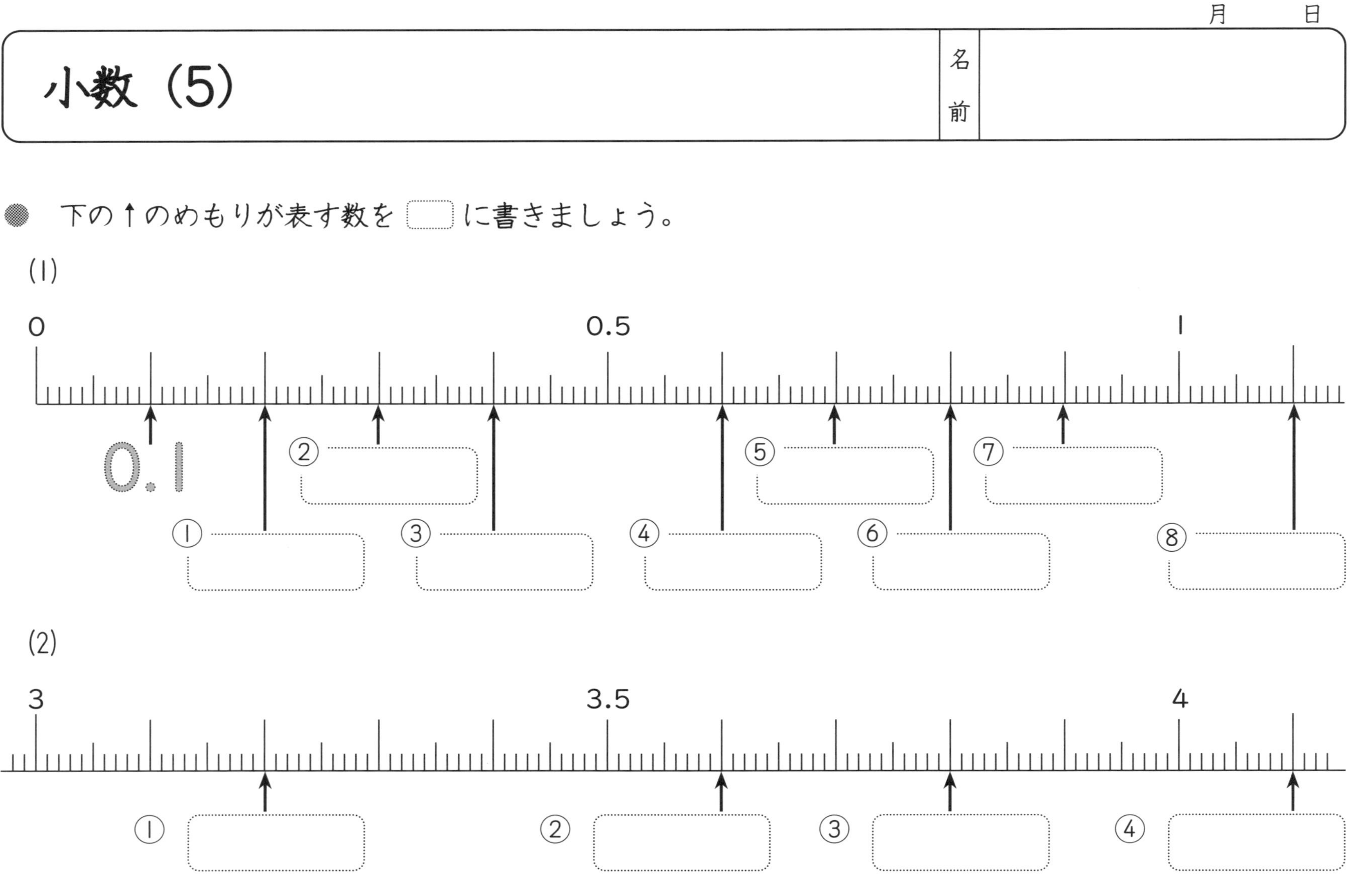

(2)

月　　日

小数（6）

名前

[1] 下の数直線のア～ウのめもりが表す長さは何mですか。

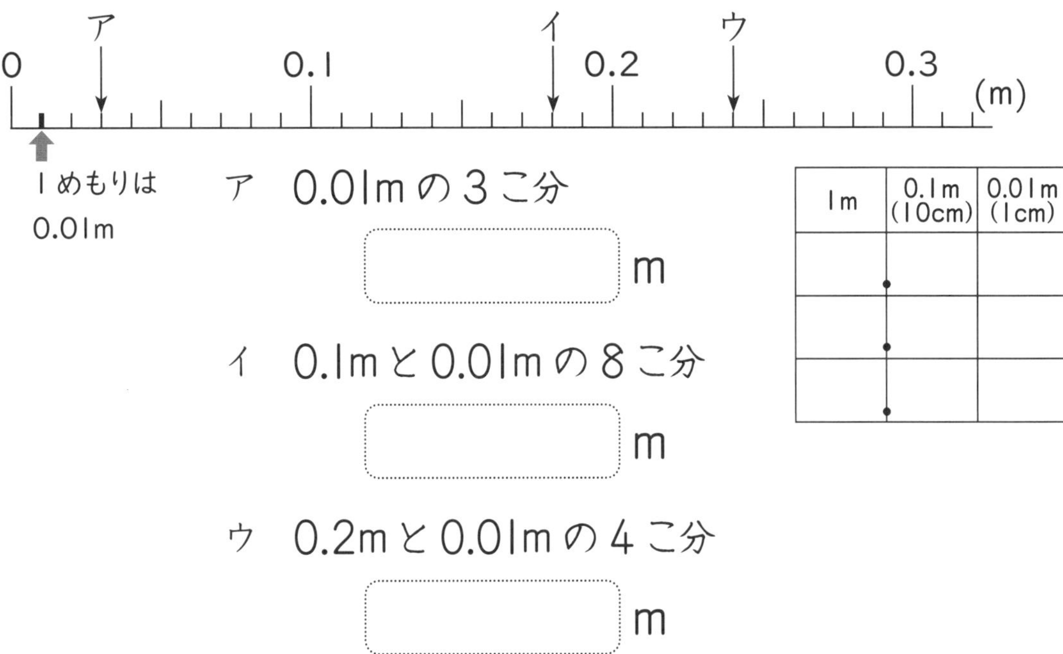

ア　0.01mの3こ分

　　m

イ　0.1mと0.01mの8こ分

　　m

ウ　0.2mと0.01mの4こ分

　　m

1m	0.1m (10cm)	0.01m (1cm)

[2] 下の数直線のカ～クのめもりが表す長さは何kmですか。

カ（1km265m）　キ（1km274m）　ク（1km289m）

1.26　1.27　1.28　1.29　(km)

1めもりは
0.001km

カ　　km

キ　　km

ク　　km

1km	0.1km (100m)	0.01km (10m)	0.001km (1m)

（141%に拡大してご使用ください。）

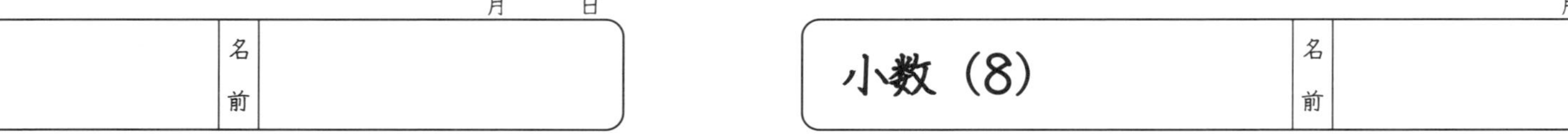

月　　日

小数（7）

名前

1　1，0.1，0.01，0.001 の関係(かんけい)について，□ にあてはまる数を書きましょう。

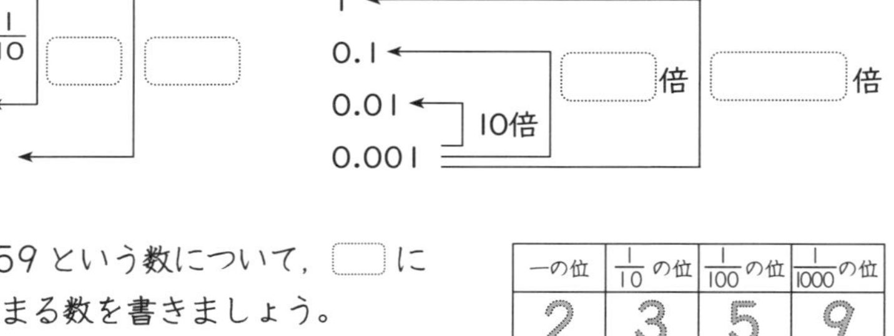

2　2.359 という数について，□ にあてはまる数を書きましょう。

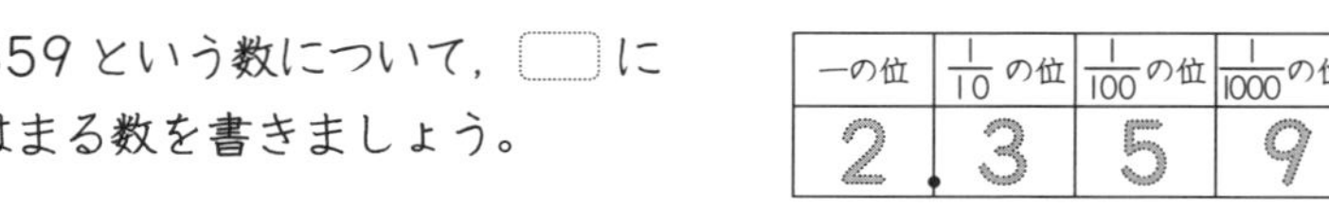

一の位	$\frac{1}{10}$の位	$\frac{1}{100}$の位	$\frac{1}{1000}$の位
2.	3	5	9

(1)　2.359 の $\frac{1}{1000}$ の位(くらい)の数字は，□ です。

(2)　2.359 の 5 は，□ の位の数字で，0.01 が □ こあることを表しています。

(3)　2.359 は，1 を □ こ，0.1 を □ こ，0.01 を □ こ，0.001 を □ こあわせた数です。

3　0.61，0.621，0.603 を小さい順にならべましょう。

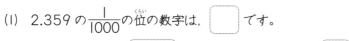

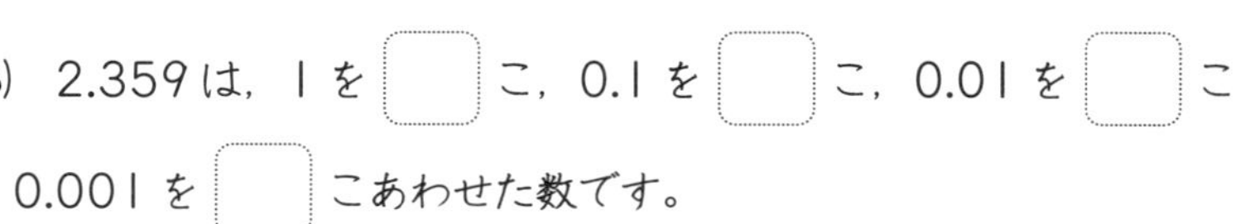

□ ＜ □ ＜ □

一	$\frac{1}{10}$	$\frac{1}{100}$	$\frac{1}{1000}$
0.	6	1	
.			
.			

月　　日

小数（8）

名前

1　2.54 は，0.01 を何こ集めた数ですか。

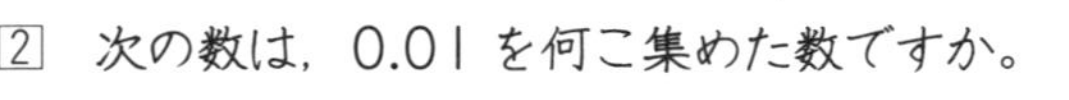

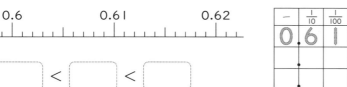

2 は，　0.01 を □ こ
0.5 は，　0.01 を □ こ
0.04 は，0.01 を □ こ

2.54 は，0.01 を □ こ集めた数

一	$\frac{1}{10}$	$\frac{1}{100}$
2.	5	4
0.	0	1

2　次の数は，0.01 を何こ集めた数ですか。

(1)　0.08　□ こ

(2)　0.96　□ こ

(3)　1.2　□ こ

一	$\frac{1}{10}$	$\frac{1}{100}$
0.	0	8
.		
.		
0.	0	1

3　5.37 という数について，□ にあてはまる数を書きましょう。

(1)　5.37 は，1 を □ こ，0.1 を □ こ，0.01 を □ こあわせた数です。

(2)　5.37 は，0.01 を □ こ集めた数です。

(3)　5.37 は，5 と □ をあわせた数です。

5分

小数（9）

名前

1 0.47 を 10 倍，100 倍した数を表に書きましょう。
また，$\frac{1}{10}$ にした数を表に書きましょう。

	十の位	一の位	$\frac{1}{10}$の位	$\frac{1}{100}$の位	$\frac{1}{1000}$の位
0.47 × 100					
0.47 × 10					
		0	4	7	
0.47 ÷ 10					

100 倍　10 倍　$\frac{1}{10}$

小数や整数を 10 倍，100 倍…すると位は 1 けたずつ上がり，$\frac{1}{10}$，$\frac{1}{100}$ …にすると位は 1 けたずつ下がるよ。

2 次の数を 10 倍した数を書きましょう。

① 2.369　② 0.18
③ 4.57　④ 0.063

3 次の数を 100 倍した数を書きましょう。

① 0.913　② 1.204
③ 3.48　④ 2.9

4 次の数を $\frac{1}{10}$ にした数を書きましょう。

① 20.4　② 8
③ 0.722　④ 3.12

（141%に拡大してご使用ください。）

小数（10）

名前

1 次の数を □ に書きましょう。

(1) 3 と 0.92 をあわせた数
(2) 2.6 よりも 0.08 大きい数
(3) 1 を 1 こ，0.1 を 7 こ，0.01 を 9 こあわせた数
(4) 0.01 を 305 こ集めた数
(5) 0.01 を 420 こ集めた数

2 次の数を 10 倍，100 倍した数を書きましょう。

	10 倍	100 倍
(1) 2.36		
(2) 0.4		
(3) 0.05		

3 次の数を $\frac{1}{10}$，$\frac{1}{100}$ にした数を書きましょう。

	$\frac{1}{10}$	$\frac{1}{100}$
(1) 4.1		
(2) 3		
(3) 5.03		

5分

月　日

ふりかえり
小数

名前

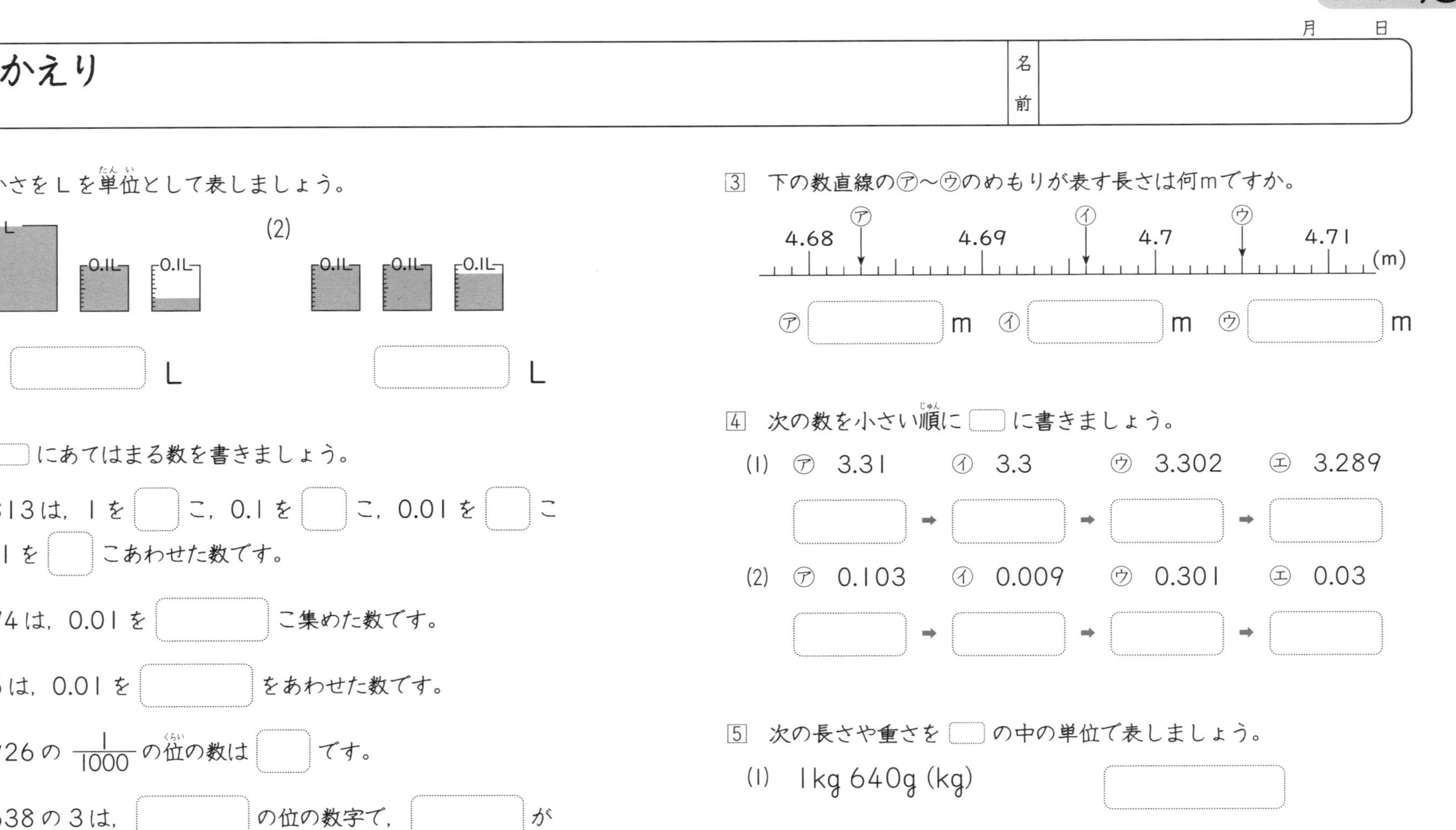

1 水のかさをLを単位として表しましょう。

(1) 1L 0.1L 0.1L　□ L

(2) 0.1L 0.1L 0.1L　□ L

2 次の□にあてはまる数を書きましょう。

(1) 3.813は，1を□こ，0.1を□こ，0.01を□こ0.001を□こあわせた数です。

(2) 2.74は，0.01を□こ集めた数です。

(3) 1.5は，0.01を□をあわせた数です。

(4) 0.926の $\frac{1}{1000}$ の位の数は□です。

(5) 5.638の3は，□の位の数字で，□が3こあることを表しています。

(6) 0.27を100倍した数は□です。

また，$\frac{1}{10}$にした数は□です。

3 下の数直線の㋐〜㋒のめもりが表す長さは何mですか。

4.68　4.69　4.7　4.71 (m)

㋐□m　㋑□m　㋒□m

4 次の数を小さい順に□に書きましょう。

(1) ㋐ 3.31　㋑ 3.3　㋒ 3.302　㋓ 3.289

□ ➡ □ ➡ □ ➡ □

(2) ㋐ 0.103　㋑ 0.009　㋒ 0.301　㋓ 0.03

□ ➡ □ ➡ □ ➡ □

5 次の長さや重さを□の中の単位で表しましょう。

(1) 1kg 640g (kg)　□

(2) 800g (kg)　□

(3) 2km 80m (km)　□

(4) 750m (km)　□

（141%に拡大してご使用ください。）

小数のたし算（1）

名前

● 筆算をしましょう。

①

	2.	2	3
+	3.	5	1

②

	1.	2	9
+	3.	3	4

③

	0.	8	5
+	1.	4	9

④

	3.	5	7
+	4.	6	4

⑤

	4.	6	8
+	1.	4	3

⑥

	5.	5	4
+	1.	4	8

小数のたし算（2）

名前

● 筆算をしましょう。

① 1.26＋2.43

② 3.38＋4.25

③ 5.28＋1.79

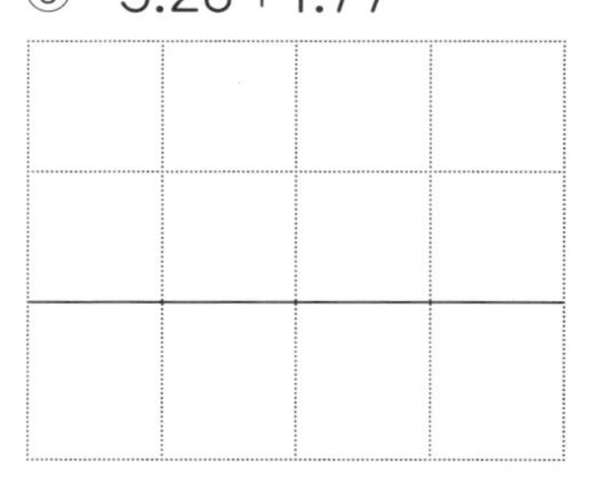

④ 3.49＋0.93

⑤ 6.96＋2.36

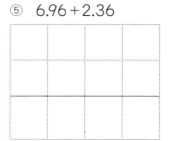

3分

（141%に拡大してご使用ください。）

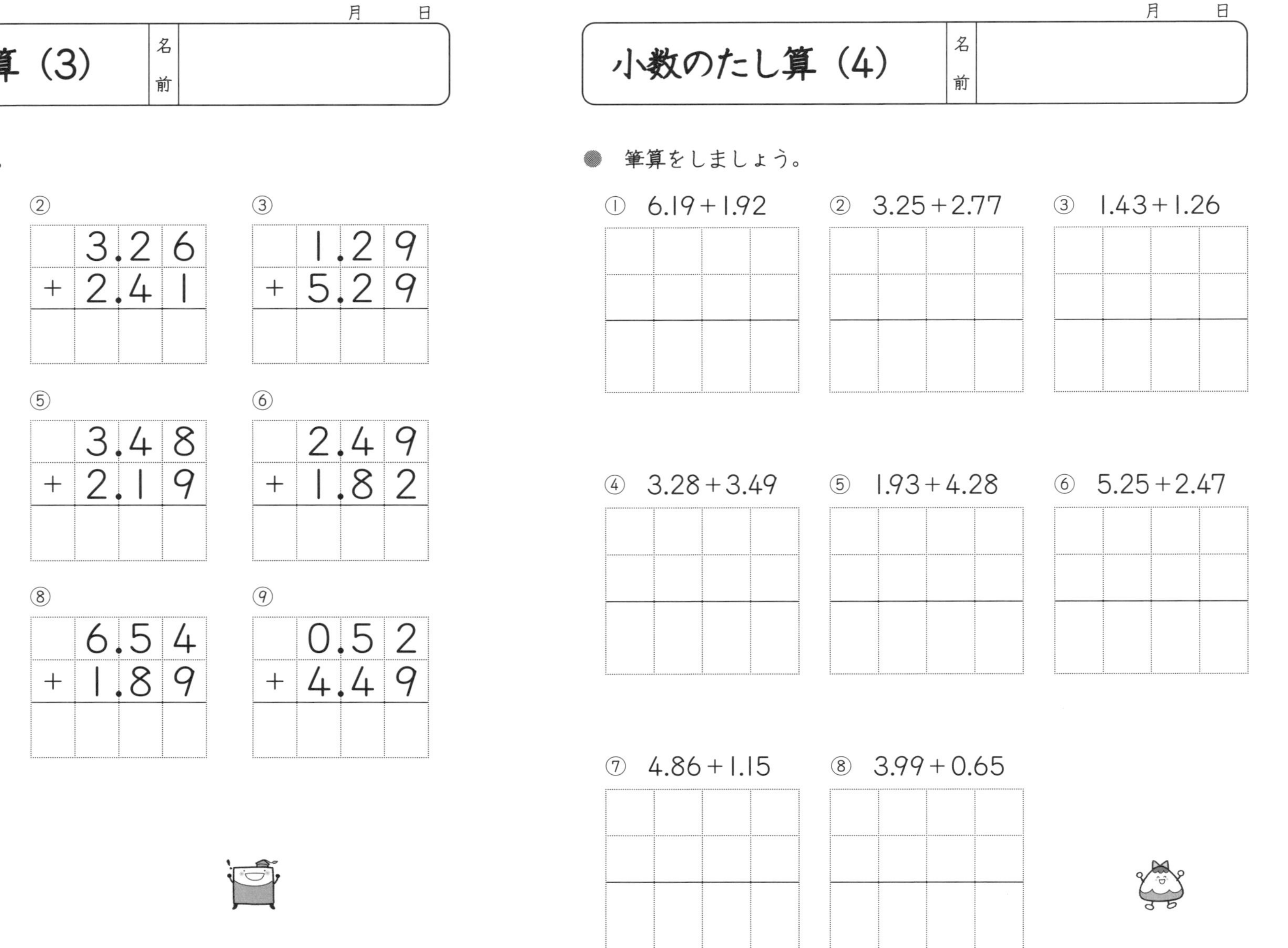

小数のたし算（3）

月　日　名前

● 筆算をしましょう。

① 2.46 + 5.56

② 3.26 + 2.41

③ 1.29 + 5.29

④ 3.68 + 4.53

⑤ 3.48 + 2.19

⑥ 2.49 + 1.82

⑦ 3.25 + 6.66

⑧ 6.54 + 1.89

⑨ 0.52 + 4.49

⑩ 7.83 + 1.18

小数のたし算（4）

月　日　名前

● 筆算をしましょう。

① 6.19＋1.92

② 3.25＋2.77

③ 1.43＋1.26

④ 3.28＋3.49

⑤ 1.93＋4.28

⑥ 5.25＋2.47

⑦ 4.86＋1.15

⑧ 3.99＋0.65

（141%に拡大してご使用ください。）

小数のたし算 (5)
0のあるたし算 ①

名前

● 筆算をしましょう。

小数点以下の最後の0は消しておこう。

①

		1.	4	
	+	2.	8	5

②

		3.	6	8
	+	0.	2	2

③

		0.	1	2
	+	3.	8	8

④

		0.	6	
	+	2.	1	4

⑤

	1	0.	9	4
+		0.	0	6

⑥

		0.	7	6
+	2	1.	8	

小数のたし算 (6)
0のあるたし算 ②

名前

● 筆算をしましょう。

① 3.6＋1.24

② 6.88＋1.12

③ 4.52＋0.48

④ 16.2＋0.85

⑤ 0.12＋20.9

3分

（141％に拡大してご使用ください。）

5分

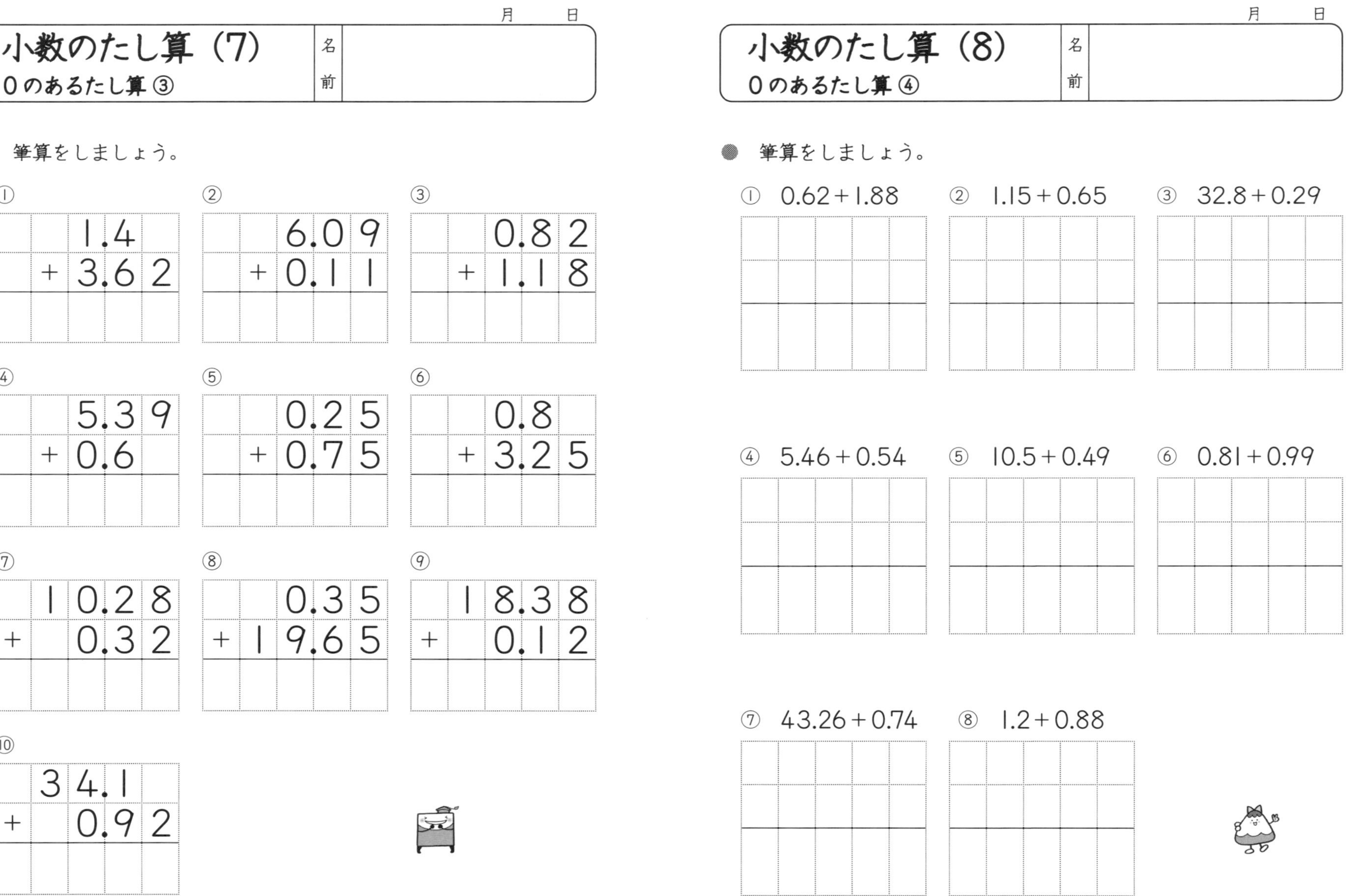

小数のたし算（7）

0のあるたし算③

月　日　名前

● 筆算をしましょう。

① 1.4 + 3.62

② 6.09 + 0.11

③ 0.82 + 1.18

④ 5.39 + 0.6

⑤ 0.25 + 0.75

⑥ 0.8 + 3.25

⑦ 10.28 + 0.32

⑧ 0.35 + 19.65

⑨ 18.38 + 0.12

⑩ 34.1 + 0.92

小数のたし算（8）

0のあるたし算④

月　日　名前

● 筆算をしましょう。

① 0.62＋1.88

② 1.15＋0.65

③ 32.8＋0.29

④ 5.46＋0.54

⑤ 10.5＋0.49

⑥ 0.81＋0.99

⑦ 43.26＋0.74

⑧ 1.2＋0.88

（141％に拡大してご使用ください。）

小数のたし算（9）
チャレンジ①

名前

● 筆算をしましょう。

①
	0.0	8	2
+	0.5	9	8

②
	0.2	3	7
+	0.0	2	3

③
	0.0	4	4
+	0.0	5	6

④
	0.0	1	9
+	0.0	8	1

⑤
		0.1	2	3
+	1	2.9		

⑥
	5		
+	8.2	2	3

⑦
	7.2	6	3
+	0.7	3	7

⑧
	0.2	8	1
+	0.7	2	

小数のたし算（10）
チャレンジ②

名前

● 筆算をしましょう。

① 0.108＋10.9　② 9＋1.163　③ 0.055＋0.045

④ 7.803＋0.197　⑤ 21.8＋0.229　⑥ 0.82＋0.118

⑦ 0.026＋0.074　⑧ 0.316＋0.024

5分

（141％に拡大してご使用ください。）

10分

小数のたし算（11）

名前　　　　　　月　　日

● 筆算をしましょう。

①
```
  1.62
+ 2.35
```
②
```
  8.2
+ 0.85
```
③
```
  2.35
+ 4.28
```
④
```
  1.19
+ 3.82
```
⑤
```
  0.42
+ 0.58
```
⑥
```
  3.68
+ 1.19
```
⑦
```
  3.2
+ 0.19
```
⑧
```
  3.49
+ 2.77
```
⑨
```
  6.83
+ 1.29
```
⑩
```
  10.23
+  0.79
```
⑪
```
  3.46
+ 2.56
```
⑫
```
  3.68
+ 0.32
```
⑬
```
  4.42
+ 2.89
```
⑭
```
  11.43
+  0.17
```
⑮
```
  9.33
+ 0.67
```

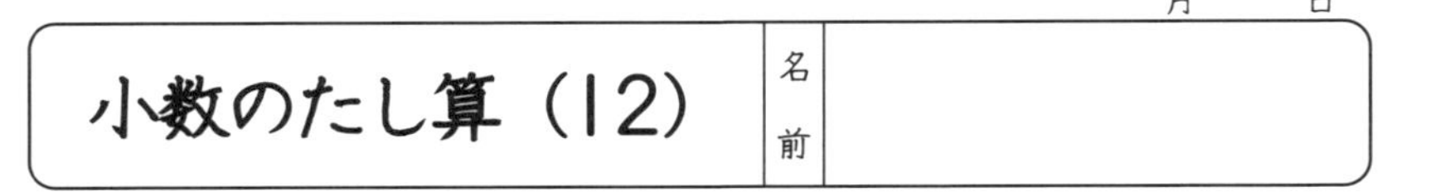

小数のたし算（12）

名前　　　　　　月　　日

● 筆算をしましょう。

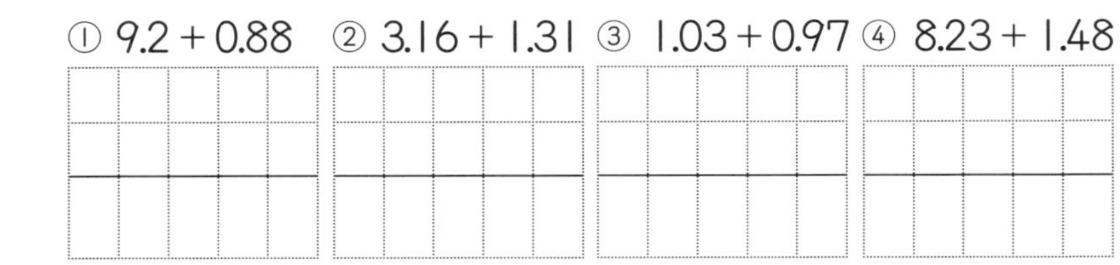

① 9.2＋0.88　② 3.16＋1.31　③ 1.03＋0.97　④ 8.23＋1.48

⑤ 4.29＋3.56　⑥ 10.6＋0.62　⑦ 8.87＋1.44　⑧ 4.23＋0.77

⑨ 21.62＋0.38　⑩ 3.86＋4.37　⑪ 1.6＋0.09　⑫ 0.02＋21.98

⑬ 3.03＋0.97　⑭ 1.82＋0.58　⑮ 4.33＋1.75

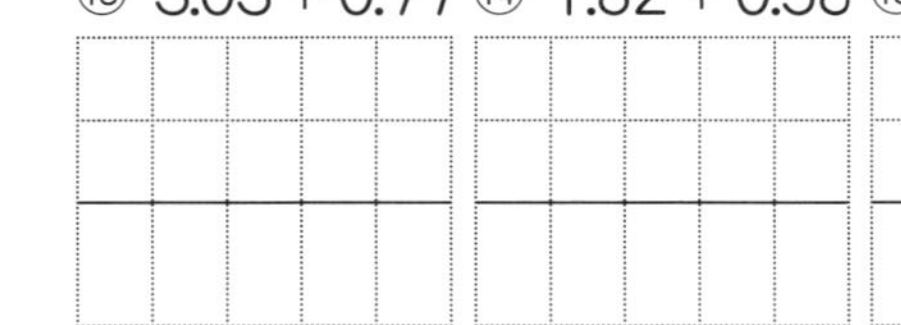

（141％に拡大してご使用ください。）

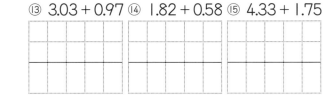

ふりかえり
小数のたし算 ①

名前

● 筆算をしましょう。

① 0.08 + 1.12　② 2.86 + 4.75　③ 4.2 + 0.19　④ 4.12 + 3.35

⑤ 10.05 + 0.85　⑥ 3.79 + 2.16　⑦ 3.43 + 1.58　⑧ 1.28 + 3.36

⑨ 6.13 + 1.89　⑩ 4.6 + 0.42　⑪ 3.29 + 4.85　⑫ 6.64 + 1.36

⑬ 3.92 + 10.08　⑭ 5.78 + 2.44　⑮ 0.6 + 0.45

ふりかえり
小数のたし算 ②

名前

● 筆算をしましょう。

① 8.23 + 1.41　② 0.2 + 1.44　③ 3.27 + 4.78　④ 8.02 + 0.08

⑤ 6.4 + 0.68　⑥ 4.77 + 2.66　⑦ 10.23 + 0.77　⑧ 1.29 + 1.39

⑨ 5.15 + 1.85　⑩ 3.25 + 3.77　⑪ 2.68 + 2.49　⑫ 0.79 + 3.2

⑬ 11.01 + 0.99　⑭ 3.25 + 1.38　⑮ 3.03 + 4.97

(141%に拡大してご使用ください。)

月　　日

算数あそび

小数のたし算

名前

● 答えが 7，7.7，7.77，8，8.8，8.88，9，9.9，9.99，10，11，11.11 になるところに色をぬりましょう。

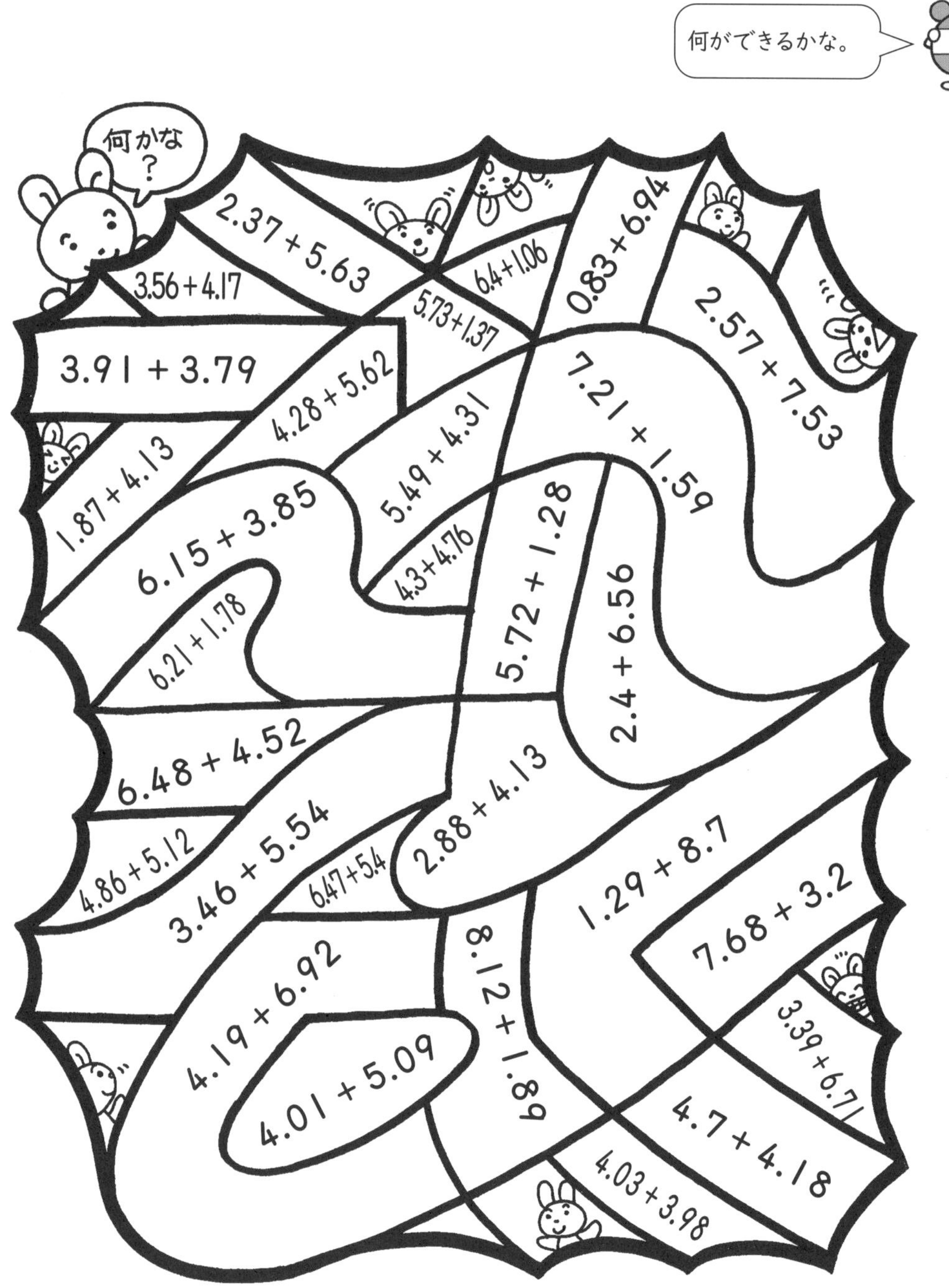

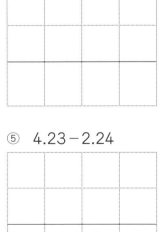

小数のひき算（1）

名前

● 筆算をしましょう。

① 8.74 − 3.31

② 4.31 − 1.19

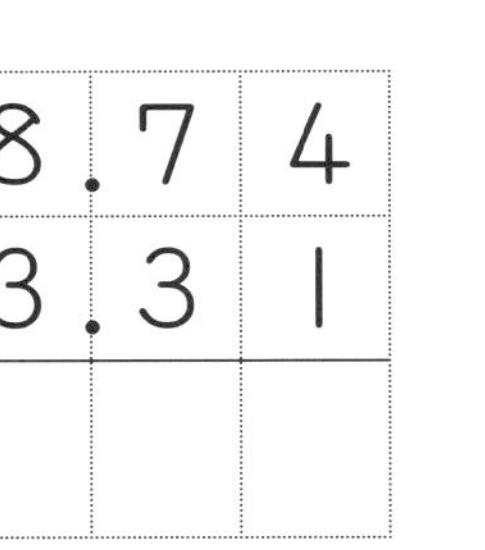

③ 9.15 − 6.36

④ 7.22 − 3.64

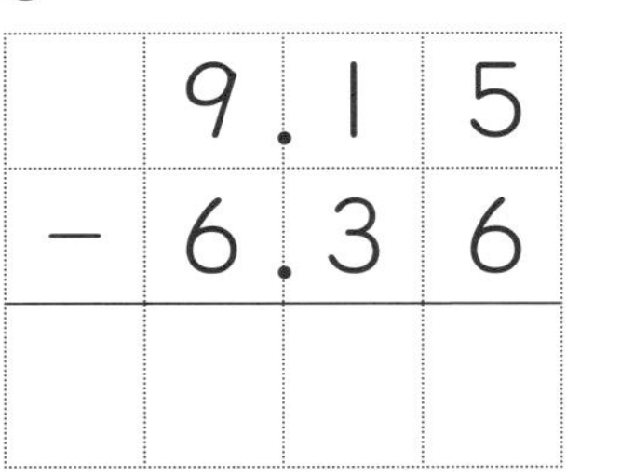

⑤ 5.23 − 1.25

⑥ 8.32 − 5.58

小数のひき算（2）

名前

● 筆算をしましょう。

① 7.65 − 3.22

② 8.12 − 1.41

③ 3.18 − 1.29

④ 6.11 − 4.57

⑤ 4.23 − 2.24

3分

（141%に拡大してご使用ください。）

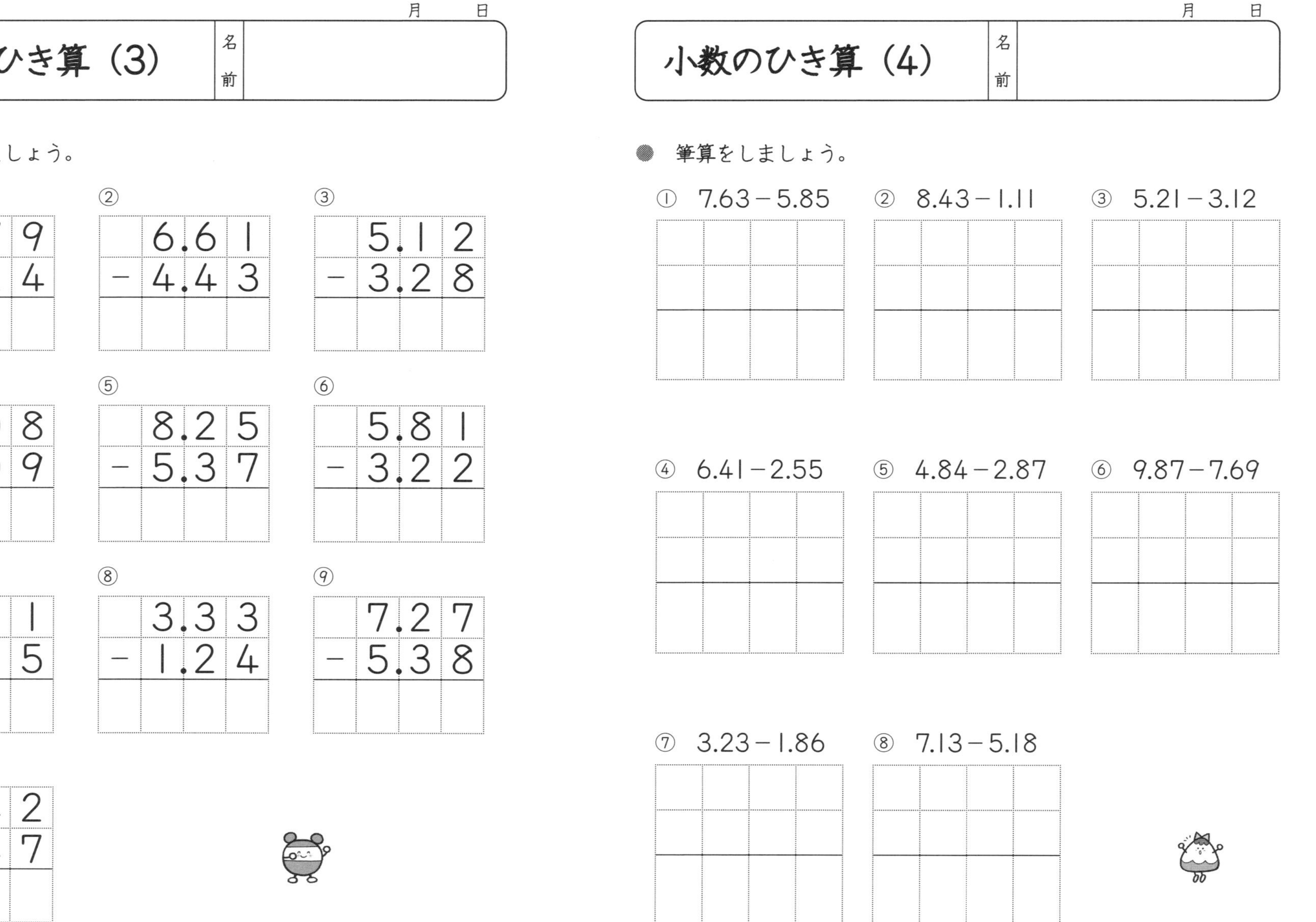

月　日

小数のひき算（3）

名前

● 筆算をしましょう。

①
```
  9.7 9
- 8.2 4
```
②
```
  6.6 1
- 4.4 3
```
③
```
  5.1 2
- 3.2 8
```
④
```
  4.0 8
- 2.0 9
```
⑤
```
  8.2 5
- 5.3 7
```
⑥
```
  5.8 1
- 3.2 2
```
⑦
```
  4.2 1
- 1.2 5
```
⑧
```
  3.3 3
- 1.2 4
```
⑨
```
  7.2 7
- 5.3 8
```
⑩
```
  8.4 2
- 2.4 7
```

月　日

小数のひき算（4）

名前

● 筆算をしましょう。

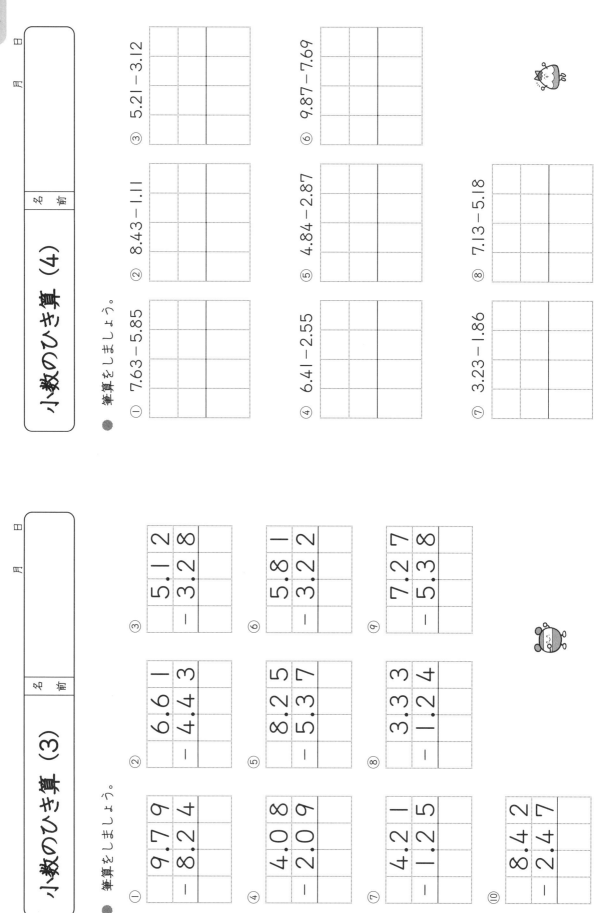

① 7.63－5.85　② 8.43－1.11　③ 5.21－3.12

④ 6.41－2.55　⑤ 4.84－2.87　⑥ 9.87－7.69

⑦ 3.23－1.86　⑧ 7.13－5.18

（141%に拡大してご使用ください。）

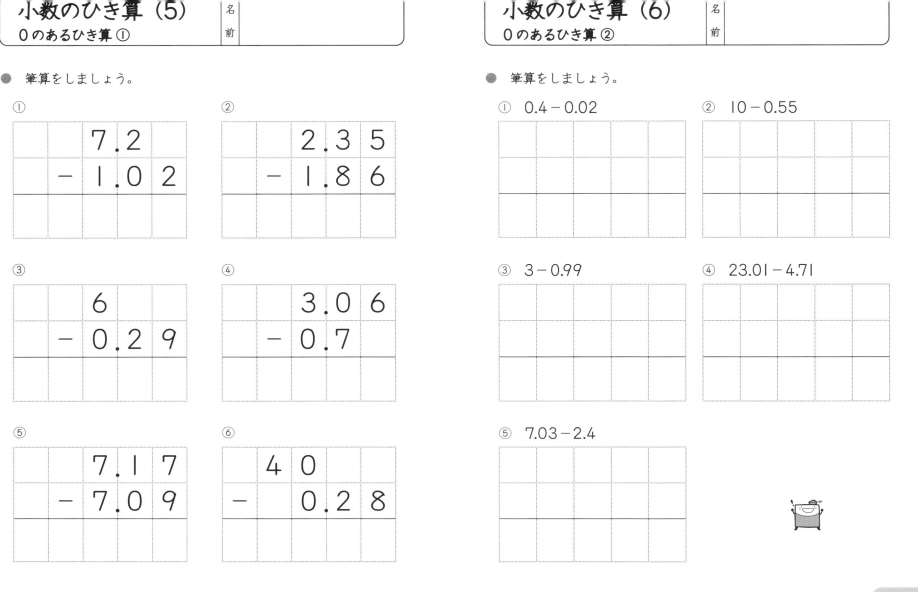

小数のひき算（5）

0のあるひき算①

名前

● 筆算をしましょう。

①
$$\begin{array}{r} 7.2 \\ -\ 1.02 \\ \hline \end{array}$$

②
$$\begin{array}{r} 2.35 \\ -\ 1.86 \\ \hline \end{array}$$

③
$$\begin{array}{r} 6 \\ -\ 0.29 \\ \hline \end{array}$$

④
$$\begin{array}{r} 3.06 \\ -\ 0.7 \\ \hline \end{array}$$

⑤
$$\begin{array}{r} 7.17 \\ -\ 7.09 \\ \hline \end{array}$$

⑥
$$\begin{array}{r} 40 \\ -\ \ 0.28 \\ \hline \end{array}$$

小数のひき算（6）

0のあるひき算②

名前

● 筆算をしましょう。

① 0.4－0.02

② 10－0.55

③ 3－0.99

④ 23.01－4.71

⑤ 7.03－2.4

3分

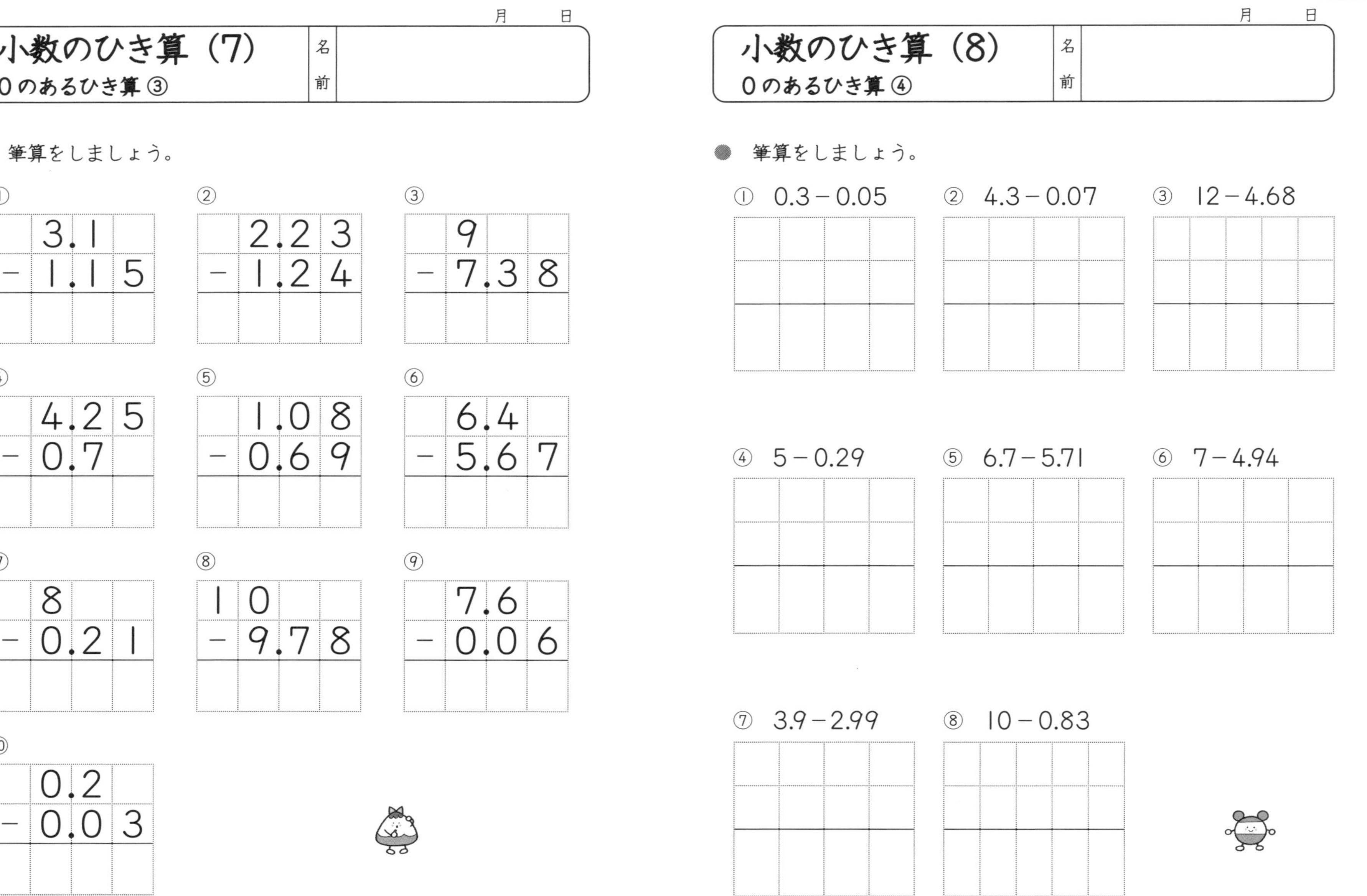

小数のひき算（7）

0のあるひき算③

月　日　名前

● 筆算をしましょう。

① 3.1 − 1.15

② 2.23 − 1.24

③ 9 − 7.38

④ 4.25 − 0.7

⑤ 1.08 − 0.69

⑥ 6.4 − 5.67

⑦ 8 − 0.21

⑧ 10 − 9.78

⑨ 7.6 − 0.06

⑩ 0.2 − 0.03

小数のひき算（8）

0のあるひき算④

月　日　名前

● 筆算をしましょう。

① 0.3 − 0.05

② 4.3 − 0.07

③ 12 − 4.68

④ 5 − 0.29

⑤ 6.7 − 5.71

⑥ 7 − 4.94

⑦ 3.9 − 2.99

⑧ 10 − 0.83

（141％に拡大してご使用ください。）

小数のひき算（9）

チャレンジ①

名前

● 筆算をしましょう。

① $1.22 - 1.216$

② $8 - 0.982$

③ $6 - 0.025$

④ $36 - 0.927$

⑤ $1.03 - 0.267$

⑥ $4.4 - 3.333$

⑦ $10 - 0.235$

⑧ $2.236 - 1.9$

小数のひき算（10）

チャレンジ②

名前

● 筆算をしましょう。

① 3.34－2.967

② 3－0.852

③ 6.62－6.559

④ 4－0.067

⑤ 3.6－0.824

⑥ 8－7.228

⑦ 20－1.229

⑧ 6.43－0.228

5分

（141%に拡大してご使用ください。）

10分

小数のひき算（11）

名前　　　　月　　日

● 筆算をしましょう。

① $4.91 - 2.62$
② $8.4 - 7.96$
③ $4.25 - 2.27$
④ $4 - 0.22$

⑤ $4 - 3.77$
⑥ $6.64 - 3.43$
⑦ $19 - 0.25$
⑧ $4.56 - 1.58$

⑨ $9.13 - 6.26$
⑩ $0.3 - 0.03$
⑪ $3.85 - 1.76$
⑫ $8.35 - 1.25$

⑬ $7.22 - 5.88$
⑭ $10 - 0.26$
⑮ $3.06 - 2.07$

小数のひき算（12）

名前　　　　月　　日

● 筆算をしましょう。

① 3.4 − 0.06
② 4.95 − 2.11
③ 10 − 0.99
④ 3 − 2.69

⑤ 4.92 − 2.76
⑥ 6.2 − 2.87
⑦ 6.13 − 2.17
⑧ 7.33 − 4.89

⑨ 7.2 − 0.64
⑩ 6.97 − 2.85
⑪ 21 − 4.92
⑫ 53 − 52.21

⑬ 0.3 − 0.16
⑭ 8.13 − 1.16
⑮ 9.21 − 3.75

（141％に拡大してご使用ください。）

ふりかえり
小数のひき算 ①

名前

● 筆算をしましょう。

① 46 − 0.13　② 3.51 − 1.47　③ 2 − 0.22　④ 5.53 − 3.56

⑤ 0.2 − 0.18　⑥ 9 − 0.16　⑦ 8.26 − 4.39　⑧ 8.74 − 2.33

⑨ 9.93 − 2.32　⑩ 7.62 − 5.64　⑪ 2.62 − 1.69　⑫ 5.65 − 3.19

⑬ 3.25 − 2.87　⑭ 6.22 − 3.96　⑮ 1.2 − 1.19

ふりかえり
小数のひき算 ②

名前

● 筆算をしましょう。

① 7.13 − 5.25　② 6.23 − 5.47　③ 7.31 − 4.18　④ 10 − 2.88

⑤ 3.4 − 2.69　⑥ 4.63 − 1.58　⑦ 3.06 − 2.08　⑧ 2.25 − 1.06

⑨ 5.93 − 1.71　⑩ 8 − 1.05　⑪ 8.15 − 6.26　⑫ 9.73 − 5.75

⑬ 10 − 2.06　⑭ 8.38 − 6.39　⑮ 3.21 − 2.26

(141%に拡大してご使用ください。)

月　　日

算数あそび
小数のひき算

名前

● とびらを開く暗号をさがしだせ！
答えの小数第一位(だいいちい)をたて，小数第二位を横にみて，①～⑩にあてはまることばをならべよう。

① 5.18 − 2.86　　② 6.83 − 3.76

③ 4.09 − 2.53　　④ 3.88 − 3.39

⑤ 8.27 − 3.75　　⑥ 2.93 − 1.87

⑦ 5.01 − 1.89　　⑧ 8.2 − 0.66

⑨ 7.32 − 4.48　　⑩ 5 − 4.56

小数第二位（横）／小数第一位（たて）

☀	6	2	9	7	4
3	コ	モ	キ	ン	ロ
5	モ	ガ	ル	ジ	ラ
0	ラ	サ	ケ	チ	テ
8	ス	メ	タ	フ	ド
1	ク	ガ	ワ	ラ	イ
4	ビ	ヌ	チ	ヤ	ン

小数のたし算・ひき算（1）
文章題①

名前

1 ポットに水が3.45L入っています。
1.25L入れると，何Lになりますか。

式

答え

2 さとうが1.2kgあります。0.64kg使うと，残(のこ)りは何kgになりますか。

式

答え

3 赤いテープは7.36mで，青いテープは赤いテープより2.69m長いです。青いテープは何mですか。

式

答え

4 オレンジジュースが5.3L，りんごジュースが2.8Lあります。ちがいは何Lですか。

式

答え

5 りんごの重さは0.36kgです。なしはりんごより0.034kg重いです。なしは何kgですか。

式

答え

小数のたし算・ひき算（2）
文章題②

名前

10分

1 さくらさんの身長は1.33mで，はるかさんの身長は1.41mです。ちがいは何mですか。

式

答え

2 クッキーにバターが7.6g入っています。ケーキにはクッキーより14.6g多くバターが入っています。ケーキに入っているバターは何gですか。

式

答え

3 チーズが56gあります。
12.5g使うと，残(のこ)りは何gになりますか。

式

答え

4 みなさんの水とうには1.2L，お兄さんの水とうには1.8Lのお茶が入っています。あわせて何Lですか。

式

答え

5 動物園のヒグマの体長は2.1mです。ツキノワグマの体長は，ヒグマより0.9m小さいです。ツキノワグマの体長は何mですか。

式

答え

（141%に拡大してご使用ください。）

月　日

小数のたし算・ひき算 (3)

文章題 ③

名前

1　朝に牛にゅうを何Lか飲みました。夜にまた0.6L飲むと，1Lの牛にゅうがなくなりました。朝，何L飲みましたか。

式

答え

2　水そうに水が5L入っています。水そうの水は，バケツに入っている水より2.8L多いです。バケツに入っている水は何Lですか。

式

答え

3　みささんの体重は34kgで，お姉さんより8.5kg軽いです。お姉さんの体重は何kgですか。

式

答え

4　2.32mの竹のぼうと，1.65mの木のぼうがあります。ちがいは何mですか。

式

答え

5　コーヒーが1.3L，ミルクが0.85Lあります。あわせると何Lになりますか。

式

答え

月　日

小数のたし算・ひき算 (4)

文章題 ④

名前

1　じゃがいもが5kgありました。何kgかカレーに入れると，残(のこ)りが3.8kgになりました。カレーに何kg入れましたか。

式

答え

2　水をあかねさんに1.22L，かずきさんに3.38Lあげると，ちょうどなくなりました。水は何Lありましたか。

式

答え

3　さきさんの家から小学校まで1.34kmあります。中学校は小学校より0.58km遠いです。さきさんの家から中学校までは何kmありますか。

式

答え

4　ちひろさんの身長は1.31mです。ひろきさんはちひろさんより身長が0.04m高いです。ひろきさんの身長は何mですか。

式

答え

5　21mあったリボンを何mか使うと，残りが8.54mになりました。何m使いましたか。

式

答え

(141%に拡大してご使用ください。)

月　　日

小数のたし算・ひき算（テスト）

名前

【知識・技能】

1 3.642の数について答えましょう。(5×2)

(1) 4は何の位(くらい)の数ですか。 [　　]

(2) 3.642は1を[　]こ，0.1を[　]こ，0.01を[　]こ，0.001を[　]こあわせた数です。

2 [　]にあてはまる数を書きましょう (5×2)

(1) 0.001を539こ集めた数は[　　]です。

(2) 1は,0.001の[　　]倍です。

3 次の数の10倍，100倍，$\frac{1}{10}$，$\frac{1}{100}$にした数を書きましょう。(5×4)

(1) 0.49

10倍 [　　]

100倍 [　　]

(2) 3.56

$\frac{1}{10}$ [　　]

$\frac{1}{100}$ [　　]

4 下の数直線の㋐，㋑の↑が表している小数を書きましょう。(5×2)

0　0.5　1

㋐　㋑

㋐ [　　]　㋑ [　　]

【思考・判断・表現】

5 はり金が4.75mあります。
1.8m使いました。
何m残(のこ)っていますか。(5×2)

式

答え ＿＿＿＿＿＿

6 ジュースがペットボトルに0.86L，コップに0.24L入っています。
あわせて何Lありますか。(5×2)

式

答え ＿＿＿＿＿＿

7 遠足に行きました。4.38km歩いて休けいして，その後1.62km歩きました。
全部で何km歩きましたか。(5×2)

式

答え ＿＿＿＿＿＿

8 お茶が2.5Lありましたが，0.28L飲みました。お茶は何L残っていますか。(5×2)

式

答え ＿＿＿＿＿＿

9 0.98kgのカバンに荷物を入れると6kgになりました。
入れた荷物は何kgですか。(5×2)

式

答え ＿＿＿＿＿＿

(141%に拡大してご使用ください。)

月　日

算数あそび

小数のたし算・ひき算 ①

名前

● 下の①～⑤の答えの小さい方を通って，ゴールまで行きましょう。

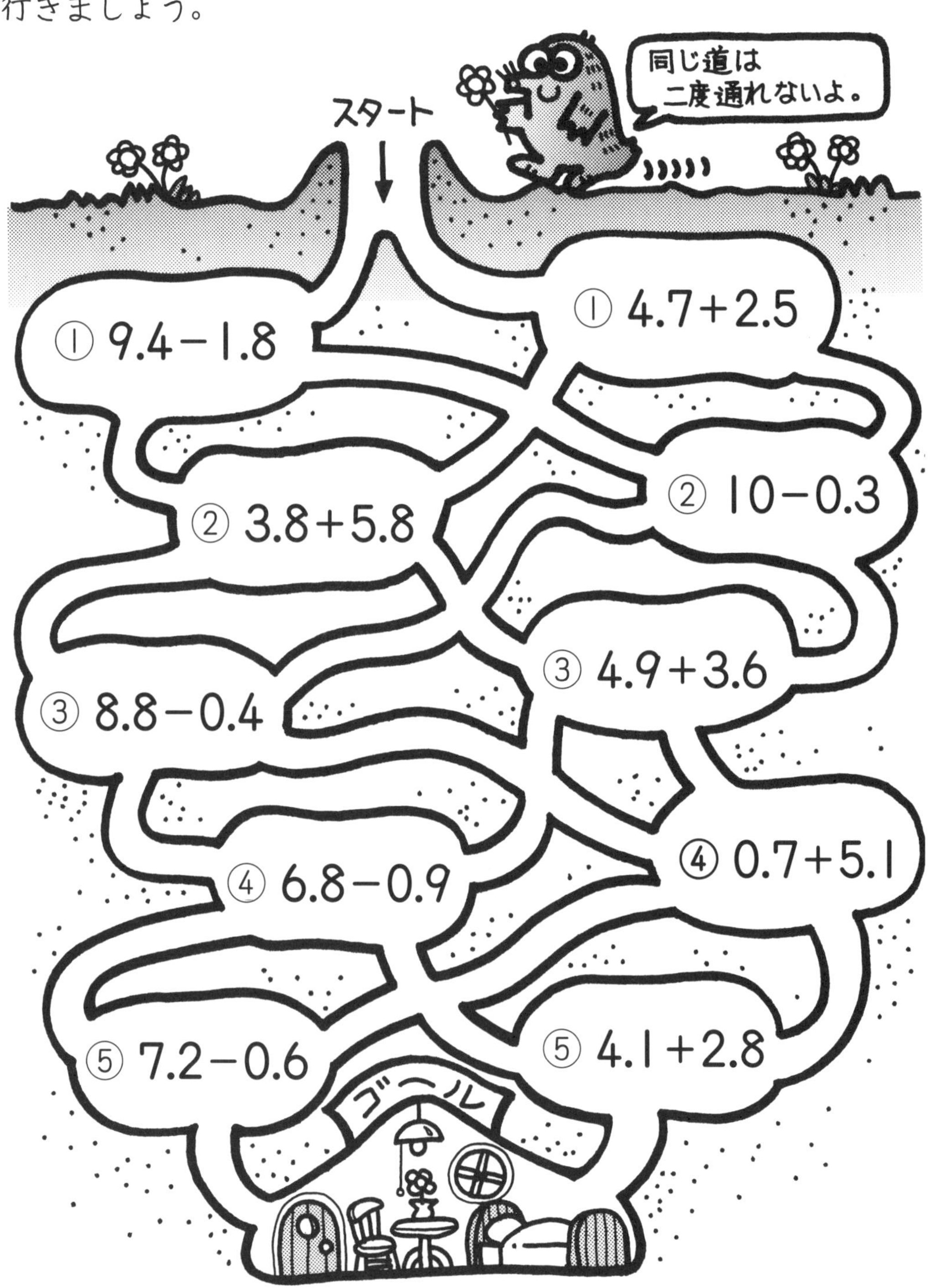

月　　日

算数あそび

小数のたし算・ひき算 ②

名前

● めいろです。 へきたら計算をして，答えの小さい方へ進み，ゴールまで行きましょう。

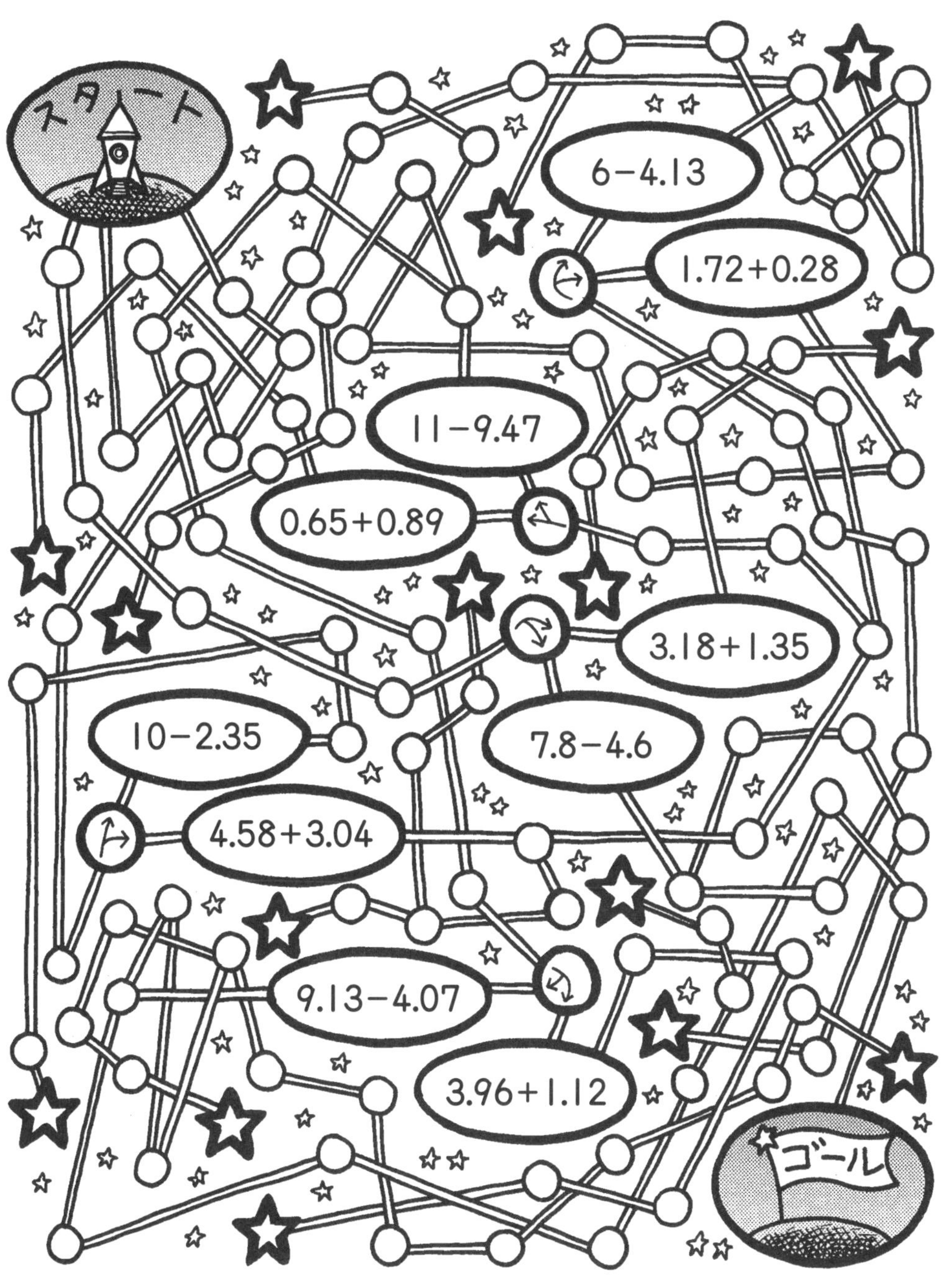

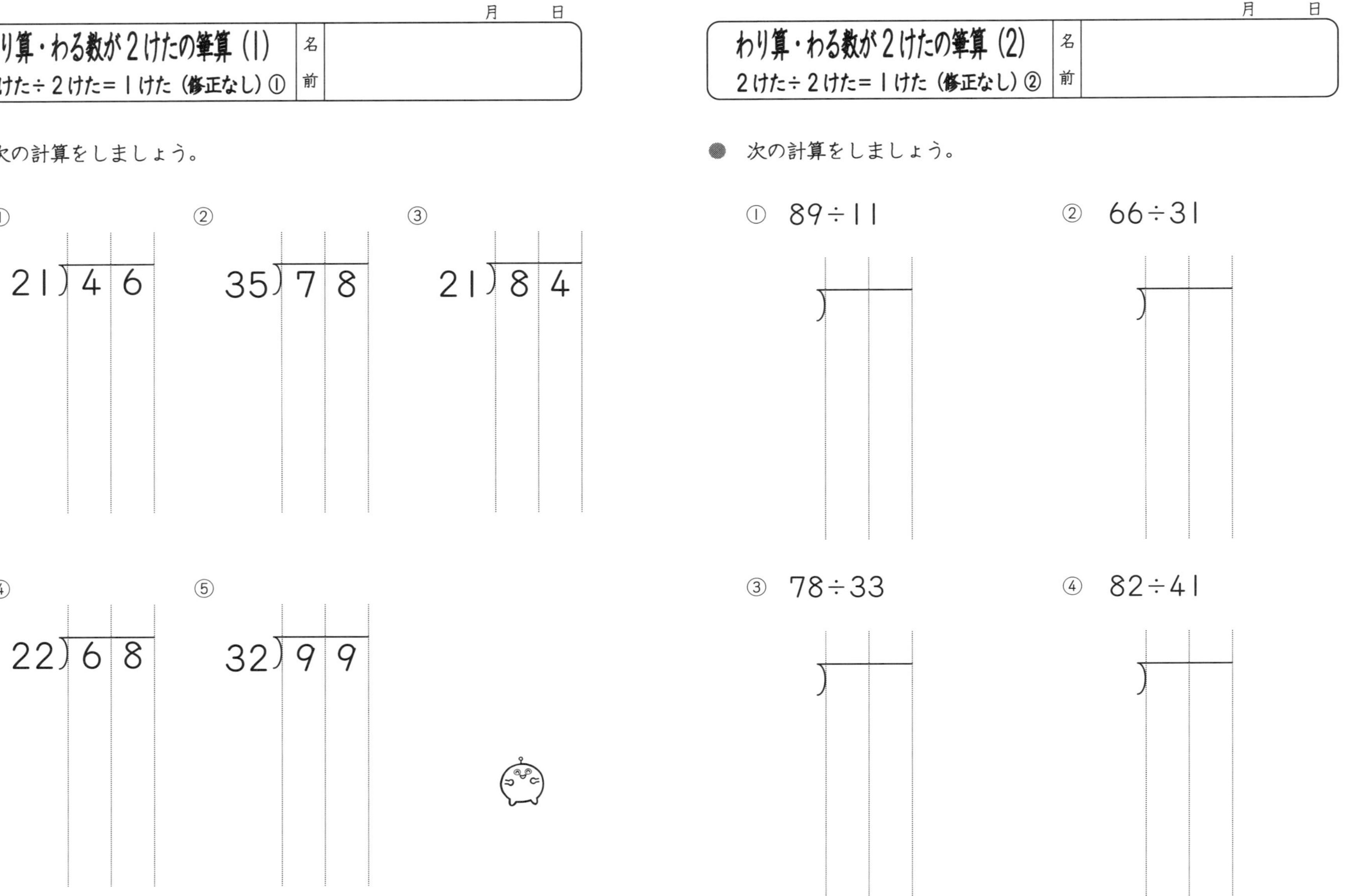

月　日

わり算・わる数が2けたの筆算 (1)

2けた÷2けた＝1けた（修正なし）①

名前

● 次の計算をしましょう。

① 21)46

② 35)78

③ 21)84

④ 22)68

⑤ 32)99

月　日

わり算・わる数が2けたの筆算 (2)

2けた÷2けた＝1けた（修正なし）②

名前

● 次の計算をしましょう。

① 89÷11

② 66÷31

③ 78÷33

④ 82÷41

（141％に拡大してご使用ください。）

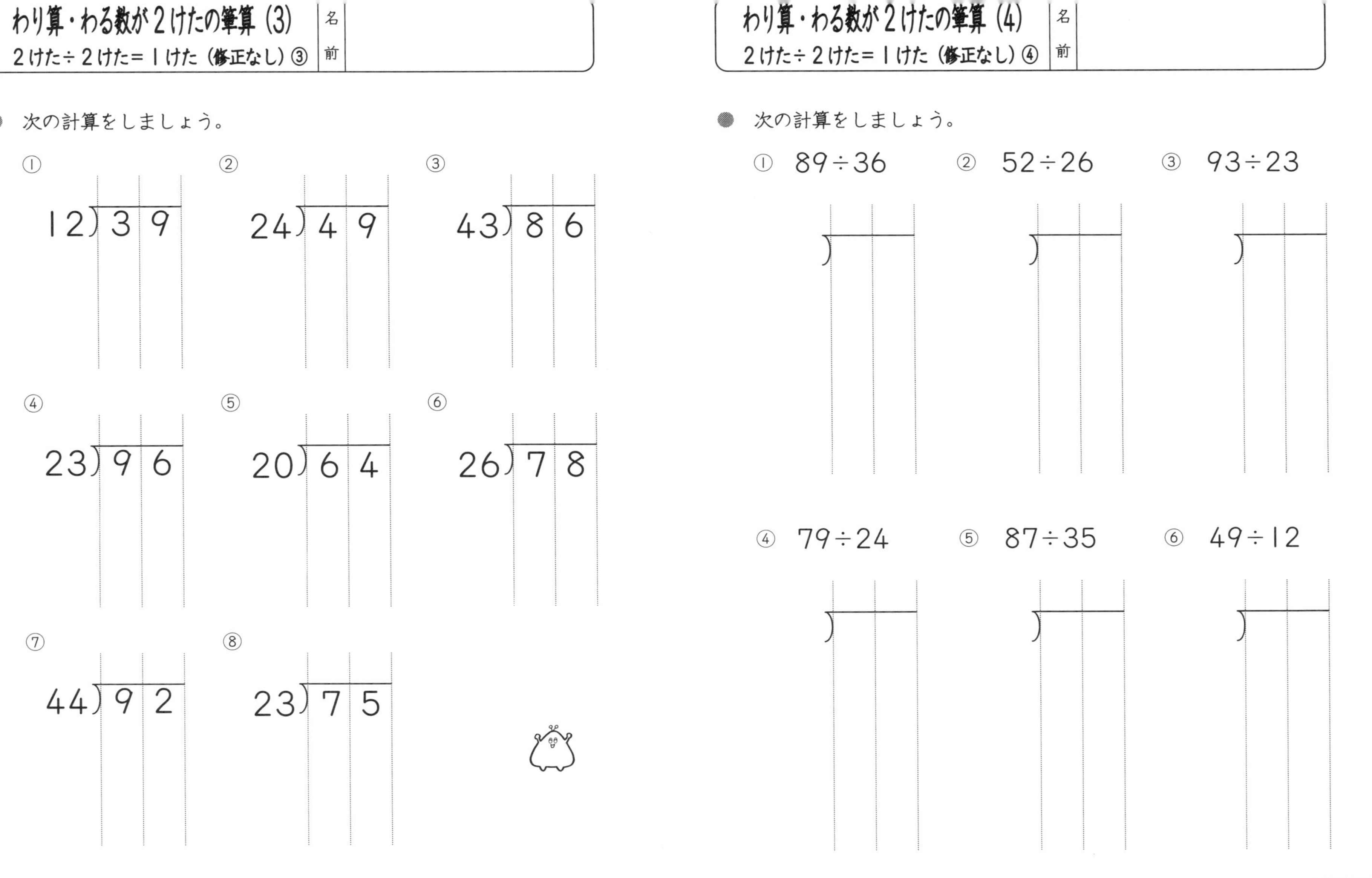

わり算・わる数が2けたの筆算 (3)

2けた÷2けた＝1けた（修正なし）③

名前

● 次の計算をしましょう。

① 12)39

② 24)49

③ 43)86

④ 23)96

⑤ 20)64

⑥ 26)78

⑦ 44)92

⑧ 23)75

わり算・わる数が2けたの筆算 (4)

2けた÷2けた＝1けた（修正なし）④

名前

● 次の計算をしましょう。

① 89÷36

② 52÷26

③ 93÷23

④ 79÷24

⑤ 87÷35

⑥ 49÷12

5分

（141%に拡大してご使用ください。）

月　日

わり算・わる数が2けたの筆算 (5)
2けた÷2けた＝1けた（修正あり）①

名前

● 次の計算をしましょう。

① 16)64

② 28)43

③ 18)70

④ 29)77

⑤ 29)82

⑥ 39)62

⑦ 17)59

⑧ 19)50

月　日

わり算・わる数が2けたの筆算 (6)
2けた÷2けた＝1けた（修正あり）②

名前

● 次の計算をしましょう。

① 78÷29

② 76÷19

③ 61÷26

④ 70÷15

⑤ 66÷14

⑥ 61÷13

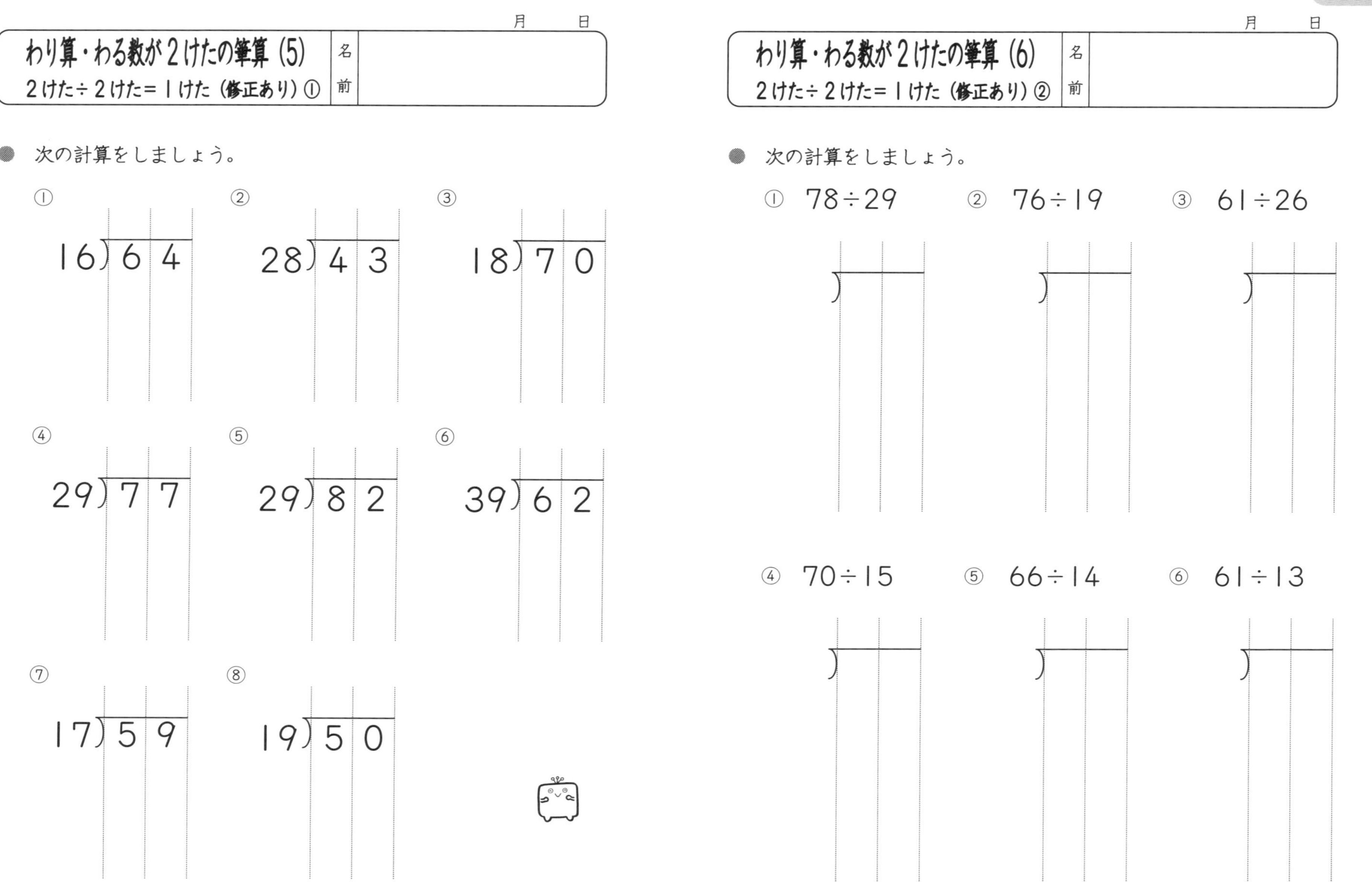

（141％に拡大してご使用ください。）

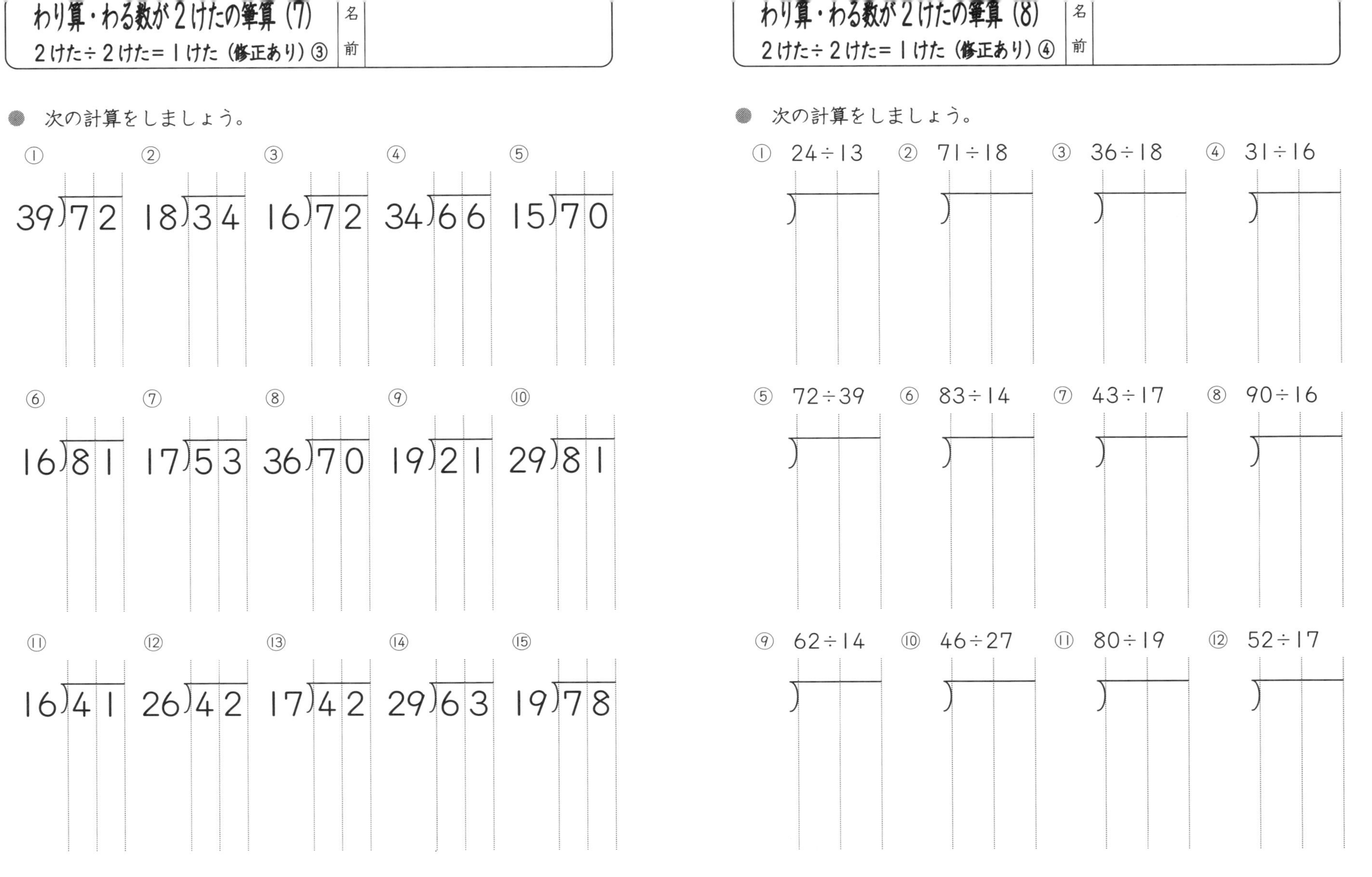

わり算・わる数が２けたの筆算（7）

２けた÷２けた＝１けた（修正あり）③

名前

● 次の計算をしましょう。

① 39)72　② 18)34　③ 16)72　④ 34)66　⑤ 15)70

⑥ 16)81　⑦ 17)53　⑧ 36)70　⑨ 19)21　⑩ 29)81

⑪ 16)41　⑫ 26)42　⑬ 17)42　⑭ 29)63　⑮ 19)78

わり算・わる数が２けたの筆算（8）

２けた÷２けた＝１けた（修正あり）④

名前

10分

● 次の計算をしましょう。

① 24÷13　② 71÷18　③ 36÷18　④ 31÷16

⑤ 72÷39　⑥ 83÷14　⑦ 43÷17　⑧ 90÷16

⑨ 62÷14　⑩ 46÷27　⑪ 80÷19　⑫ 52÷17

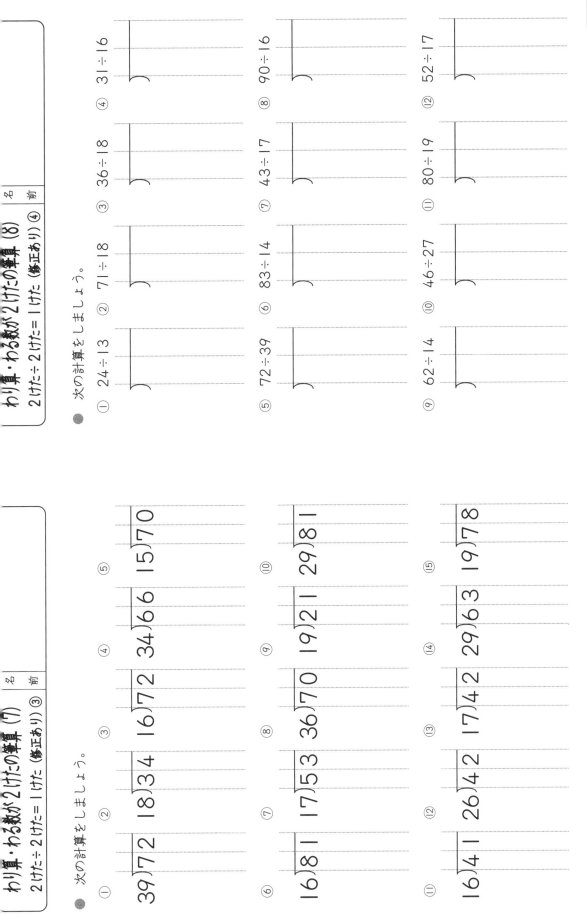

（141%に拡大してご使用ください。）

月　日

ふりかえり
2けた÷2けた＝1けた

名前

● 次の計算をしましょう。

① 60÷18　② 38÷26　③ 82÷25　④ 43÷15　⑤ 72÷18　⑥ 94÷31

⑦ 76÷27　⑧ 51÷29　⑨ 72÷14　⑩ 86÷17　⑪ 89÷22　⑫ 50÷13

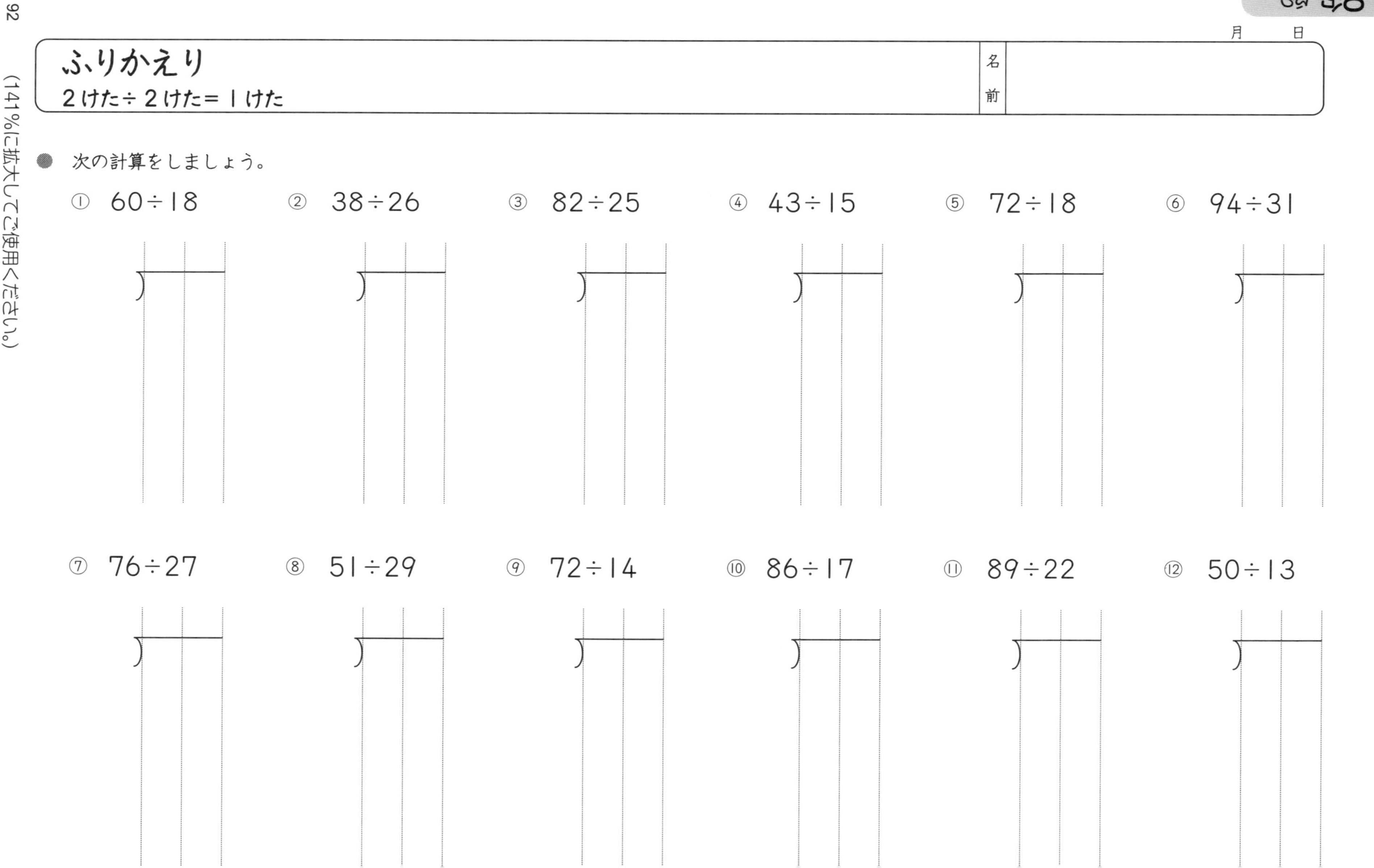

わり算・わる数が2けたの筆算 (9)

3けた÷2けた=1けた (修正なし) ①

名前

● 次の計算をしましょう。

① 42)168

② 37)114

③ 74)472

④ 57)296

⑤ 42)392

わり算・わる数が2けたの筆算 (10)

3けた÷2けた=1けた (修正なし) ②

名前

● 次の計算をしましょう。

① 149÷37

② 294÷42

③ 171÷64

④ 336÷78

3分

(141%に拡大してご使用ください。)

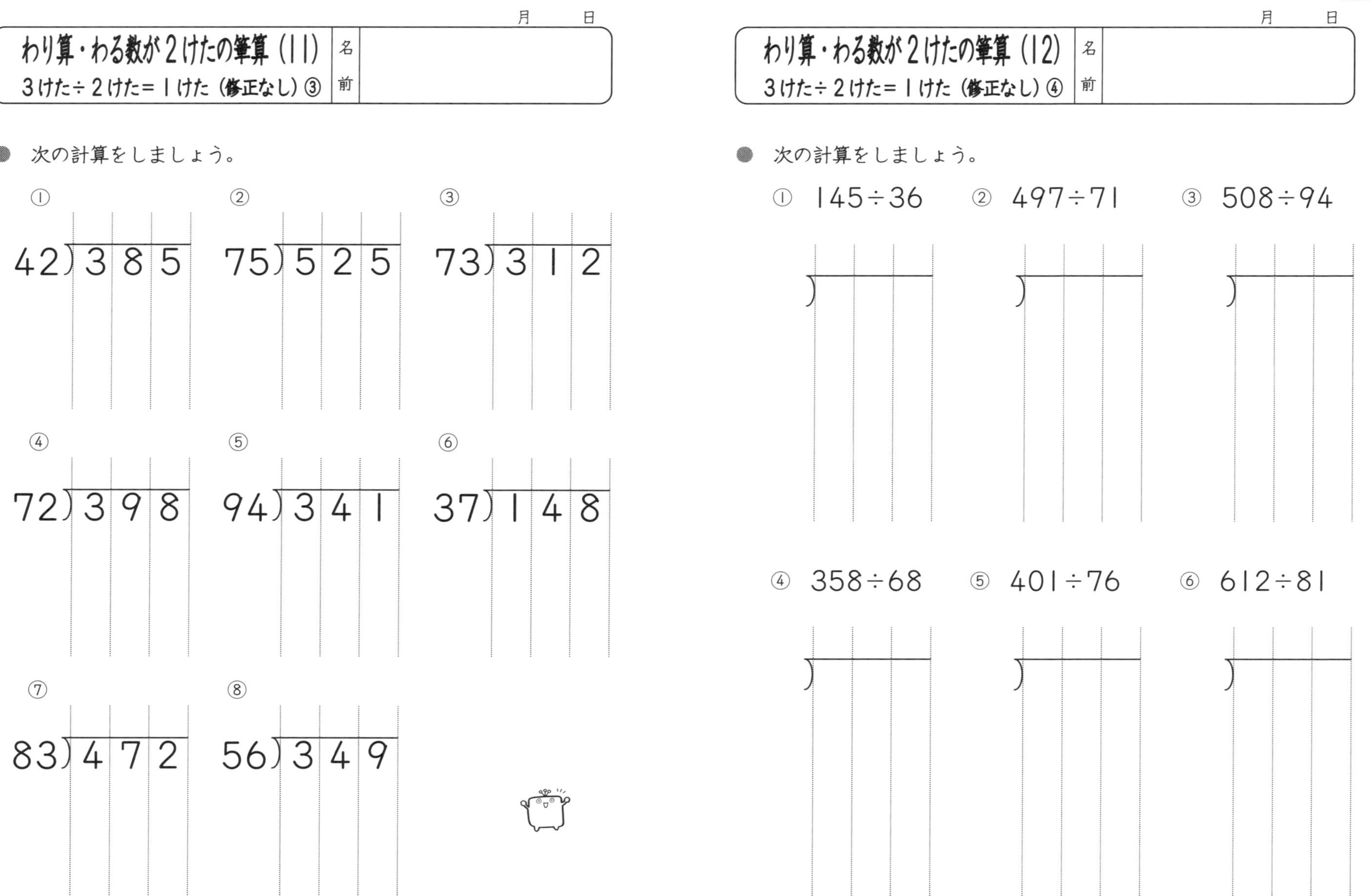

月　日

わり算・わる数が2けたの筆算（11）
3けた÷2けた＝1けた（修正なし）③

名前

● 次の計算をしましょう。

① 42)385

② 75)525

③ 73)312

④ 72)398

⑤ 94)341

⑥ 37)148

⑦ 83)472

⑧ 56)349

月　日

わり算・わる数が2けたの筆算（12）
3けた÷2けた＝1けた（修正なし）④

名前

● 次の計算をしましょう。

① 145÷36

② 497÷71

③ 508÷94

④ 358÷68

⑤ 401÷76

⑥ 612÷81

（141%に拡大してご使用ください。）

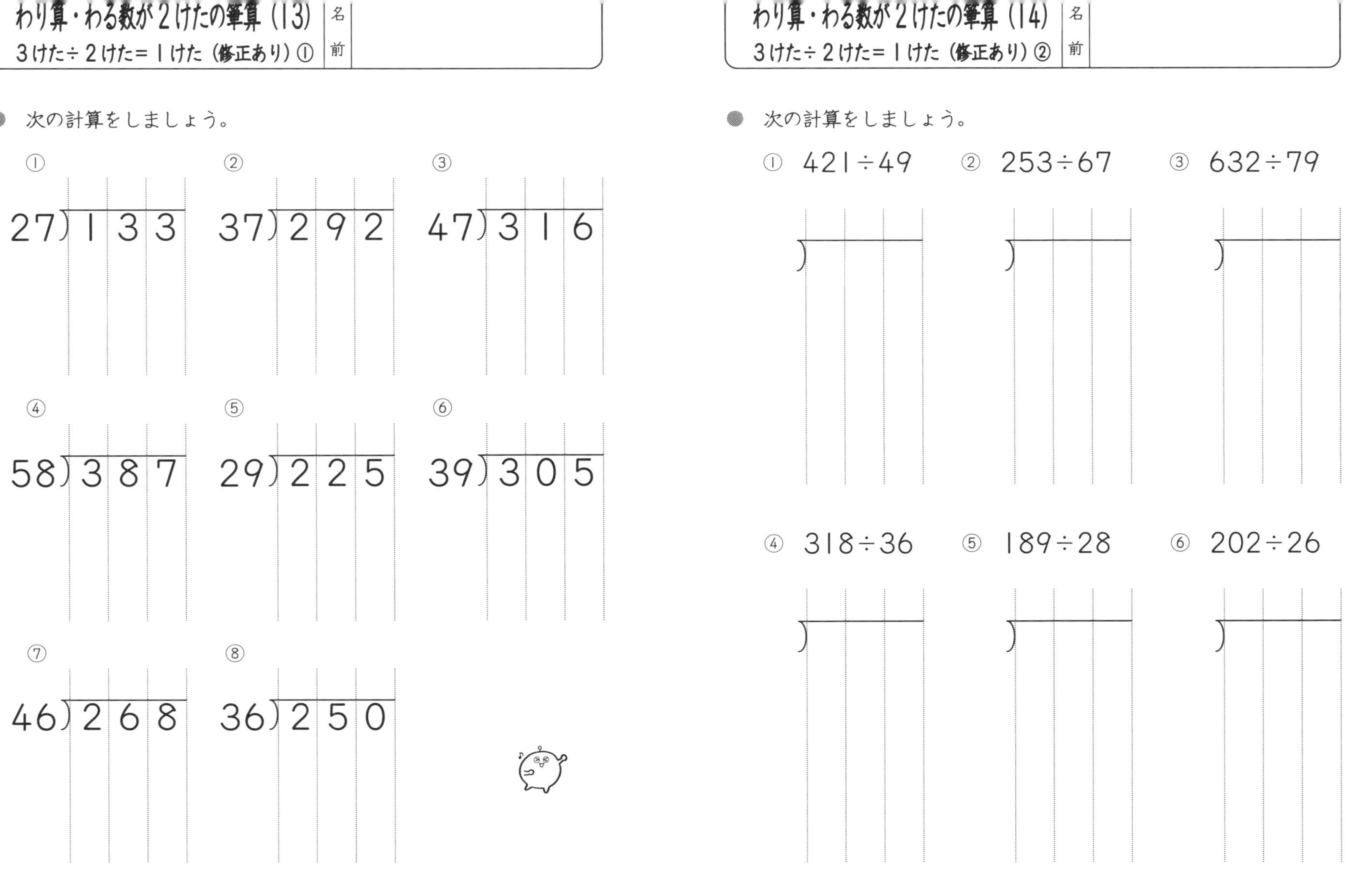

わり算・わる数が2けたの筆算（13）

3けた÷2けた＝1けた（修正あり）①

名前

● 次の計算をしましょう。

① 27)133

② 37)292

③ 47)316

④ 58)387

⑤ 29)225

⑥ 39)305

⑦ 46)268

⑧ 36)250

わり算・わる数が2けたの筆算（14）

3けた÷2けた＝1けた（修正あり）②

名前

● 次の計算をしましょう。

① 421÷49

② 253÷67

③ 632÷79

④ 318÷36

⑤ 189÷28

⑥ 202÷26

5分

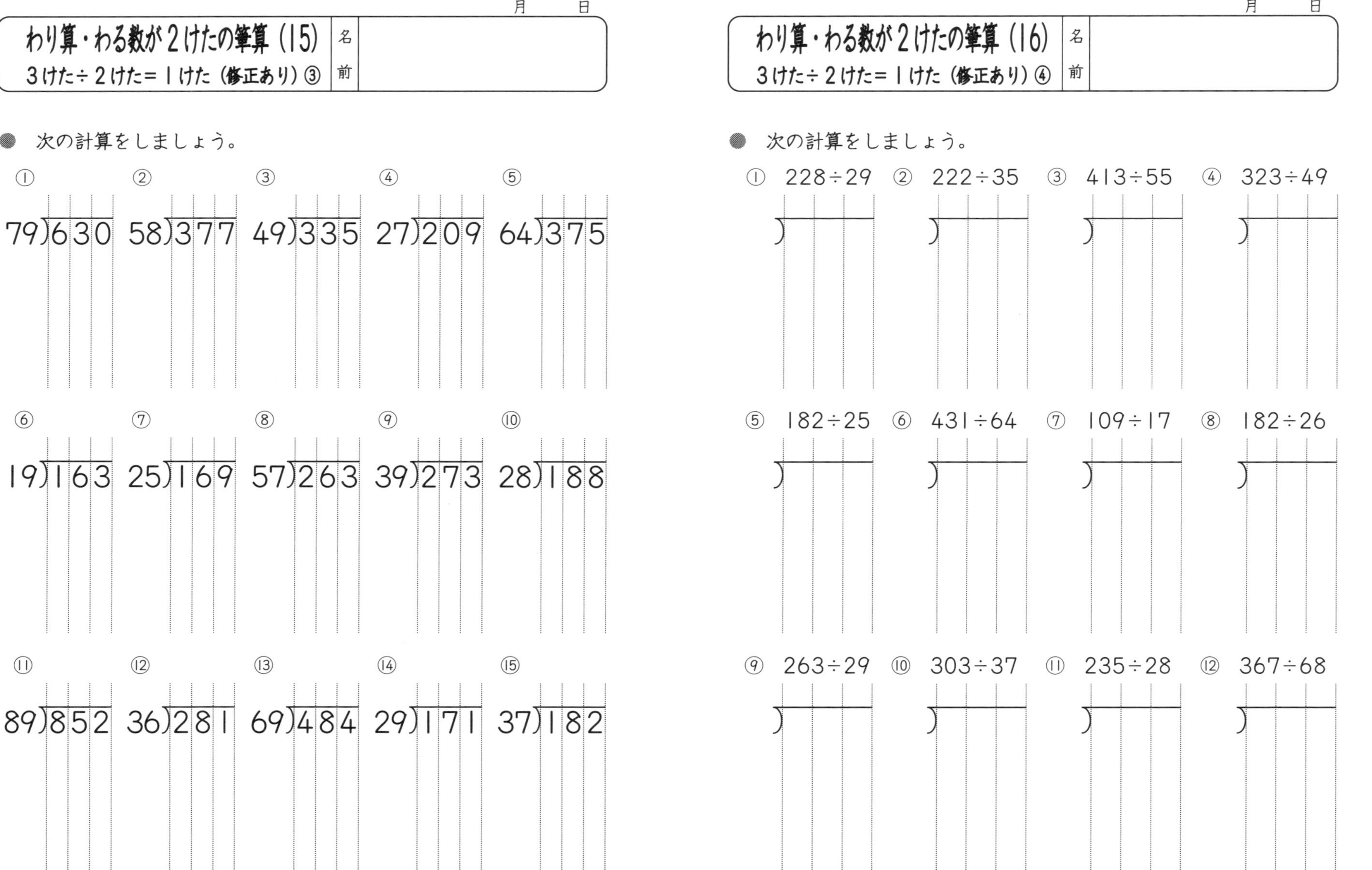

10分

月　日

わり算・わる数が2けたの筆算（15）
3けた÷2けた＝1けた（修正あり）③

名前

● 次の計算をしましょう。

① 79)630　② 58)377　③ 49)335　④ 27)209　⑤ 64)375

⑥ 19)163　⑦ 25)169　⑧ 57)263　⑨ 39)273　⑩ 28)188

⑪ 89)852　⑫ 36)281　⑬ 69)484　⑭ 29)171　⑮ 37)182

月　日

わり算・わる数が2けたの筆算（16）
3けた÷2けた＝1けた（修正あり）④

名前

● 次の計算をしましょう。

① 228÷29　② 222÷35　③ 413÷55　④ 323÷49

⑤ 182÷25　⑥ 431÷64　⑦ 109÷17　⑧ 182÷26

⑨ 263÷29　⑩ 303÷37　⑪ 235÷28　⑫ 367÷68

（141％に拡大してご使用ください。）

わり算・わる数が2けたの筆算（17）
3けた÷2けた＝2けた（修正なし）①

名前

● 次の計算をしましょう。

① 42)966

② 31)379

③ 23)348

④ 56)854

⑤ 34)451

わり算・わる数が2けたの筆算（18）
3けた÷2けた＝2けた（修正なし）②

名前

● 次の計算をしましょう。

① 952÷67

② 797÷37

③ 658÷41

④ 384÷32

3分

(141%に拡大してご使用ください。)

わり算・わる数が2けたの筆算（19）

3けた÷2けた＝2けた（修正なし）③

名前　　　　月　　日

● 次の計算をしましょう。

① 46)652

② 39)508

③ 42)892

④ 67)804

⑤ 52)644

⑥ 23)368

⑦ 34)399

⑧ 42)679

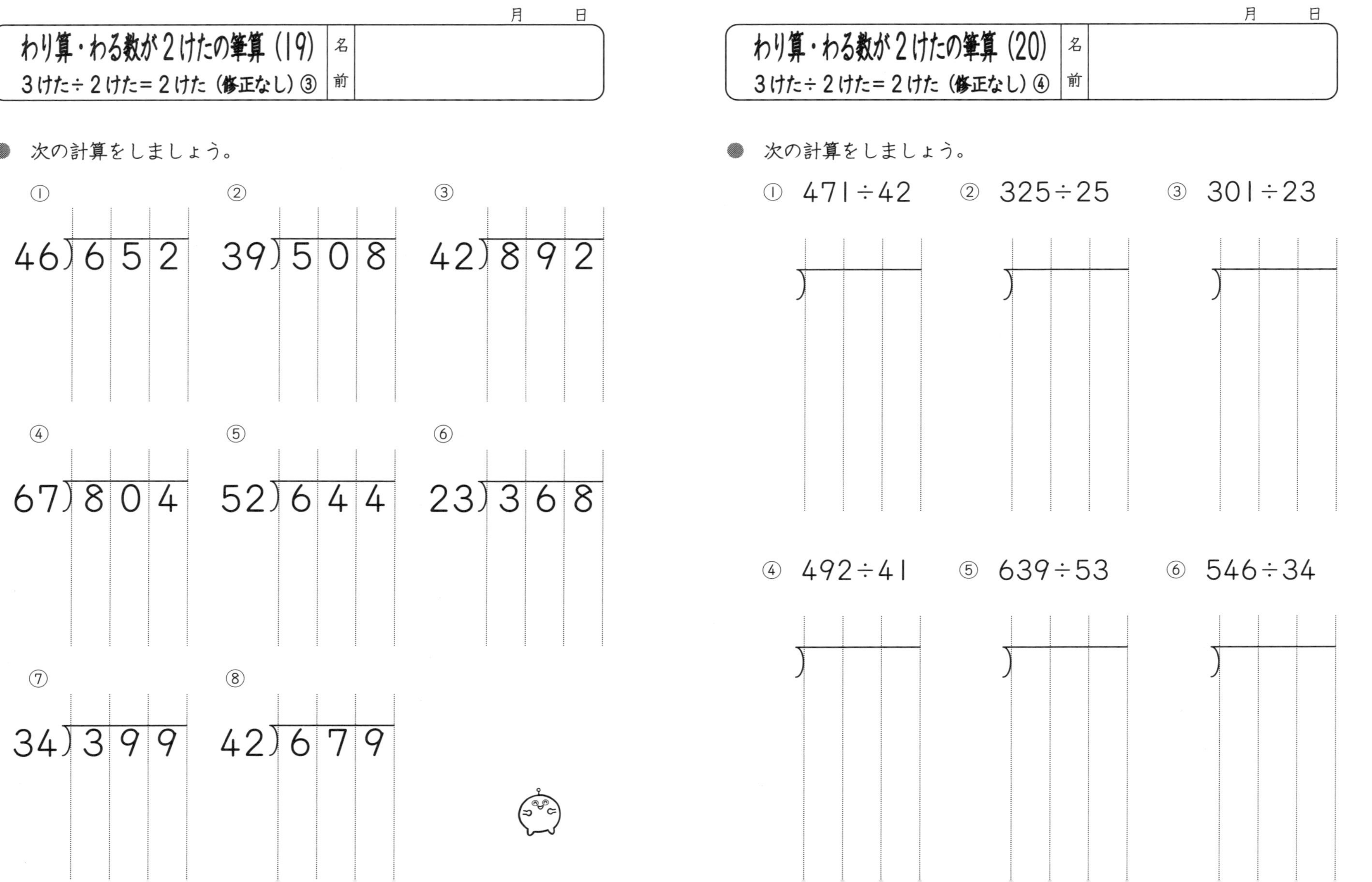

わり算・わる数が2けたの筆算（20）

3けた÷2けた＝2けた（修正なし）④

名前　　　　月　　日

● 次の計算をしましょう。

① 471÷42

② 325÷25

③ 301÷23

④ 492÷41

⑤ 639÷53

⑥ 546÷34

（141％に拡大してご使用ください。）

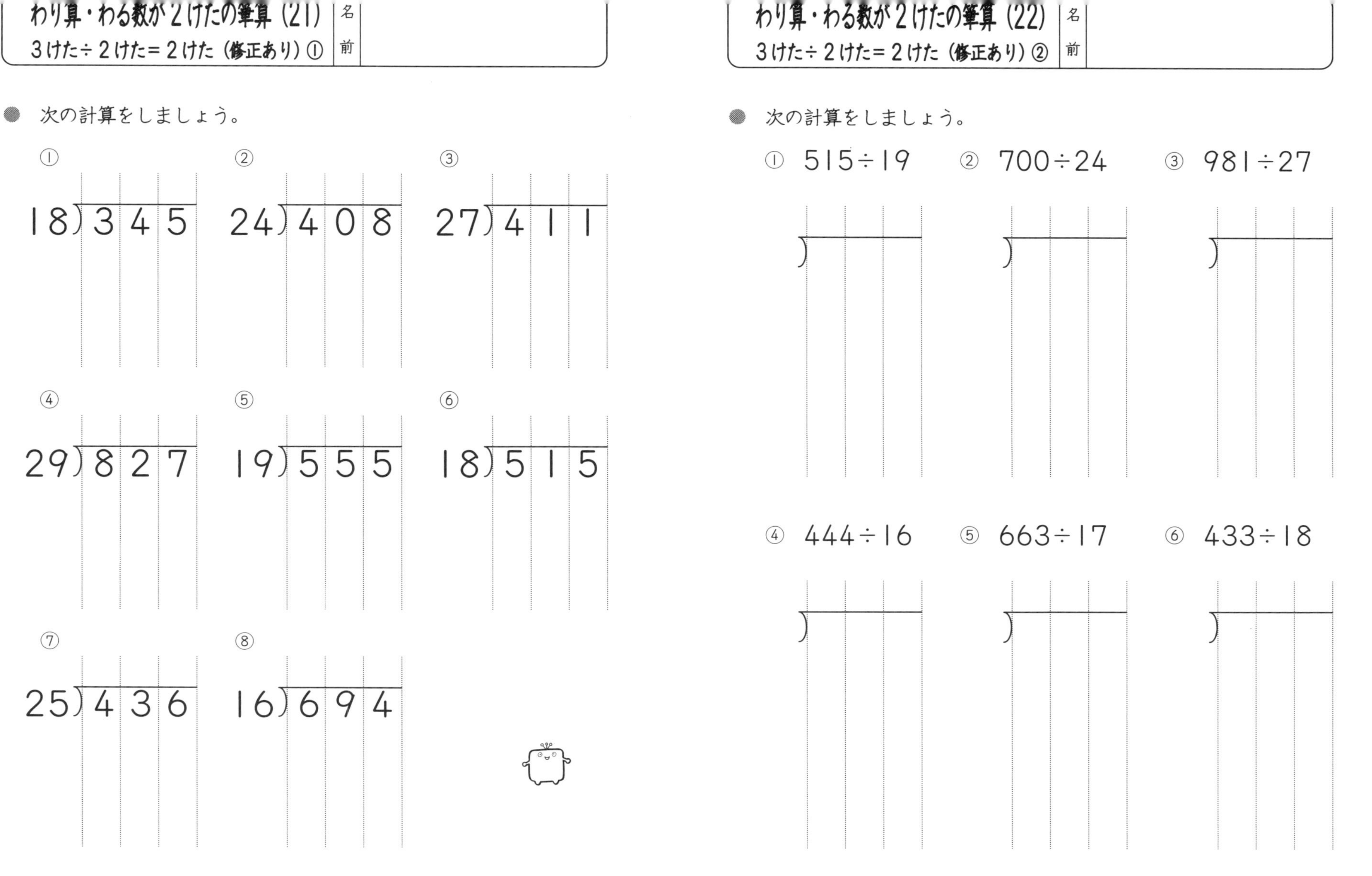

わり算・わる数が2けたの筆算 (21)
3けた÷2けた＝2けた（修正あり）①

名前

● 次の計算をしましょう。

① 18)345

② 24)408

③ 27)411

④ 29)827

⑤ 19)555

⑥ 18)515

⑦ 25)436

⑧ 16)694

わり算・わる数が2けたの筆算 (22)
3けた÷2けた＝2けた（修正あり）②

名前

● 次の計算をしましょう。

① 515÷19

② 700÷24

③ 981÷27

④ 444÷16

⑤ 663÷17

⑥ 433÷18

5分

（141%に拡大してご使用ください。）

10分

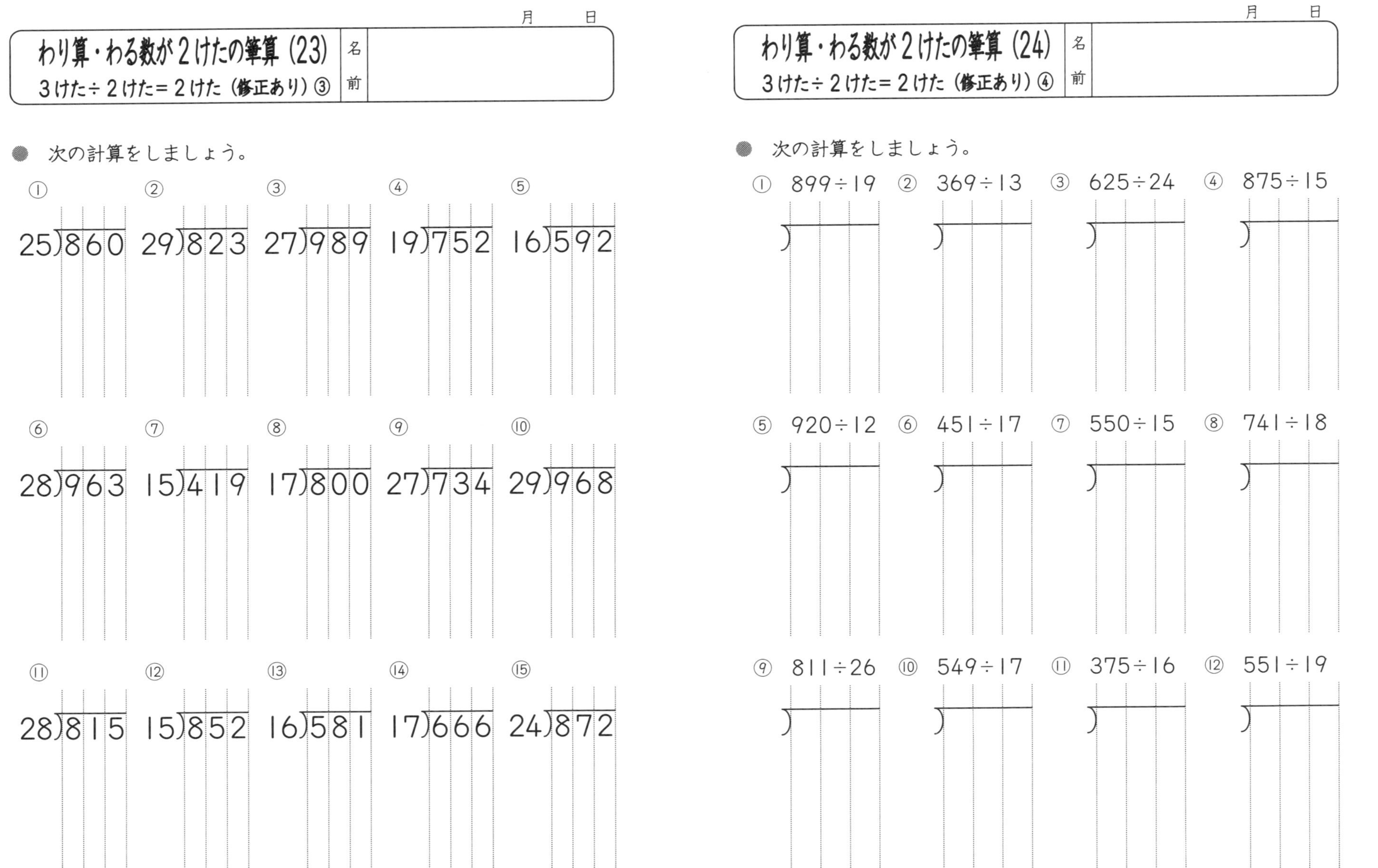

わり算・わる数が2けたの筆算 (23)

3けた÷2けた＝2けた (修正あり) ③

月　日　名前

● 次の計算をしましょう。

① 25)860　② 29)823　③ 27)989　④ 19)752　⑤ 16)592

⑥ 28)963　⑦ 15)419　⑧ 17)800　⑨ 27)734　⑩ 29)968

⑪ 28)815　⑫ 15)852　⑬ 16)581　⑭ 17)666　⑮ 24)872

わり算・わる数が2けたの筆算 (24)

3けた÷2けた＝2けた (修正あり) ④

月　日　名前

● 次の計算をしましょう。

① 899÷19　② 369÷13　③ 625÷24　④ 875÷15

⑤ 920÷12　⑥ 451÷17　⑦ 550÷15　⑧ 741÷18

⑨ 811÷26　⑩ 549÷17　⑪ 375÷16　⑫ 551÷19

(141%に拡大してご使用ください。)

ふりかえり

3けた÷2けた＝1けた・2けた

名前

● 次の計算をしましょう。

① 286÷47　② 295÷34　③ 213÷63　④ 441÷16　⑤ 174÷28　⑥ 362÷14

⑦ 136÷17　⑧ 244÷27　⑨ 381÷14　⑩ 675÷21　⑪ 708÷15　⑫ 495÷19

（141％に拡大してご使用ください。）

（141%に拡大してご使用ください。）

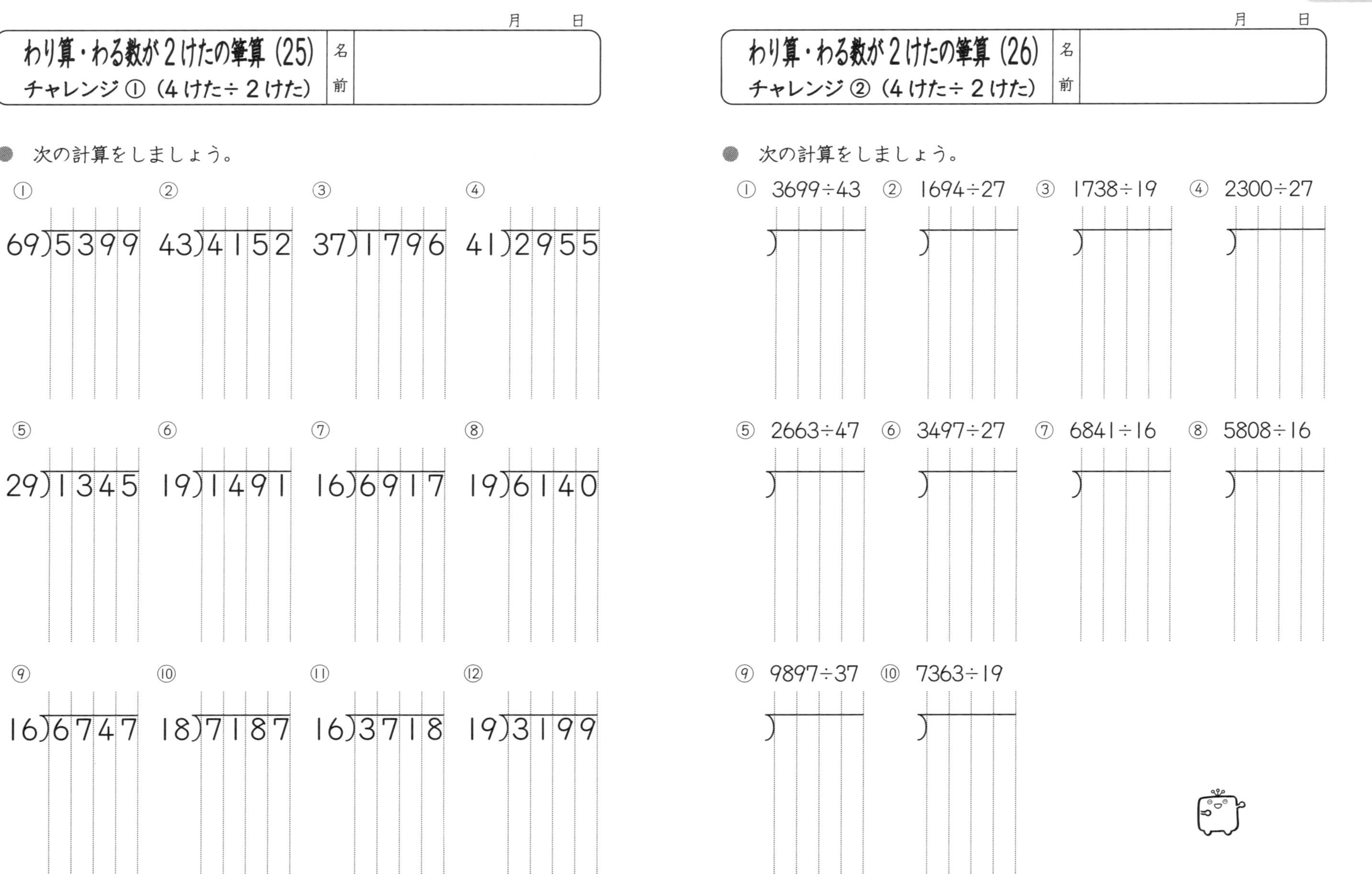

月　日

わり算・わる数が２けたの筆算 (25)
チャレンジ①（4けた÷2けた）

名前

● 次の計算をしましょう。

① 69)5399
② 43)4152
③ 37)1796
④ 41)2955
⑤ 29)1345
⑥ 19)1491
⑦ 16)6917
⑧ 19)6140
⑨ 16)6747
⑩ 18)7187
⑪ 16)3718
⑫ 19)3199

10分

月　日

わり算・わる数が２けたの筆算 (26)
チャレンジ②（4けた÷2けた）

名前

● 次の計算をしましょう。

① 3699÷43
② 1694÷27
③ 1738÷19
④ 2300÷27
⑤ 2663÷47
⑥ 3497÷27
⑦ 6841÷16
⑧ 5808÷16
⑨ 9897÷37
⑩ 7363÷19

わり算・わる数が２けたの筆算 (27)
文章題 ①

名前

1. 550cmのリボンを15cmずつ切ります。
15cmのリボンは何本できますか。

式

答え

2. さとうが500gあります。
1ふくろに96gずつ入れると，何ふくろできて，何gあまりますか。

式

答え

3. 400まいのシールを16人で分けます。
1人何まいになりますか。

式

答え

4. くりが440こあります。1箱に82こずつ入ります。
全部入れるには，箱は何箱いりますか。

式

答え

わり算・わる数が２けたの筆算 (28)
文章題 ②

名前

10分

1. 650gの塩（しお）を75g入るふくろに入れます。
全部入れるには何ふくろいりますか。

式

答え

2. 690cmのひもを46人で分けます。
1人何cmになりますか。

式

答え

3. 竹が450本あります。32本でおもちゃが1こ作れます。
おもちゃは何こ作れますか。

式

答え

4. 200さつの本を45さつずつまとめます。
いくつに分けられて，何さつあまりますか。

式

答え

（141％に拡大してご使用ください。）

月　　日

算数あそび
わり算・わる数が2けたの筆算

名前

● 計算をして，あまりが0，1，2，3，4，5，6，7，8の順(じゅん)に線を結(むす)びましょう。

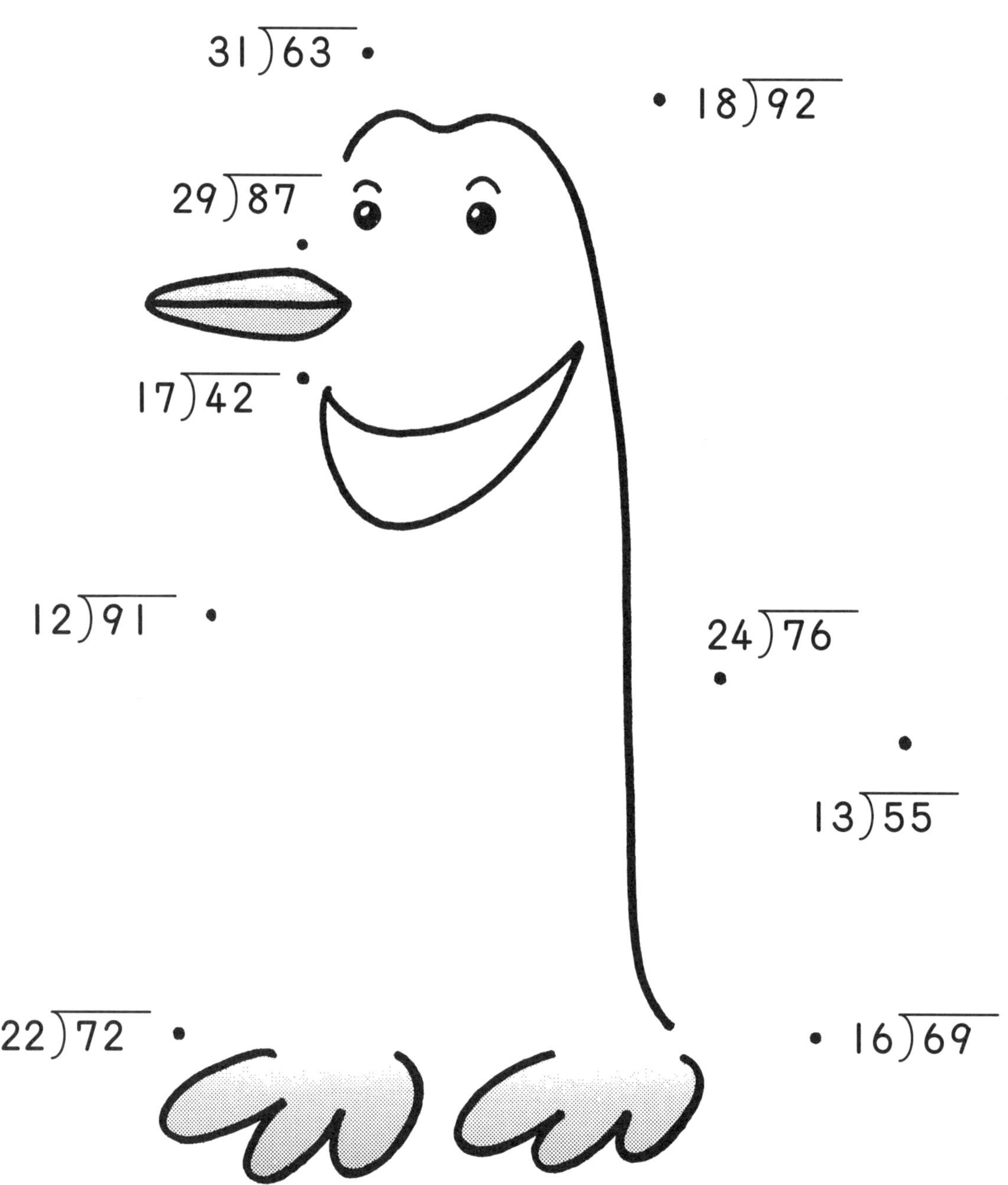

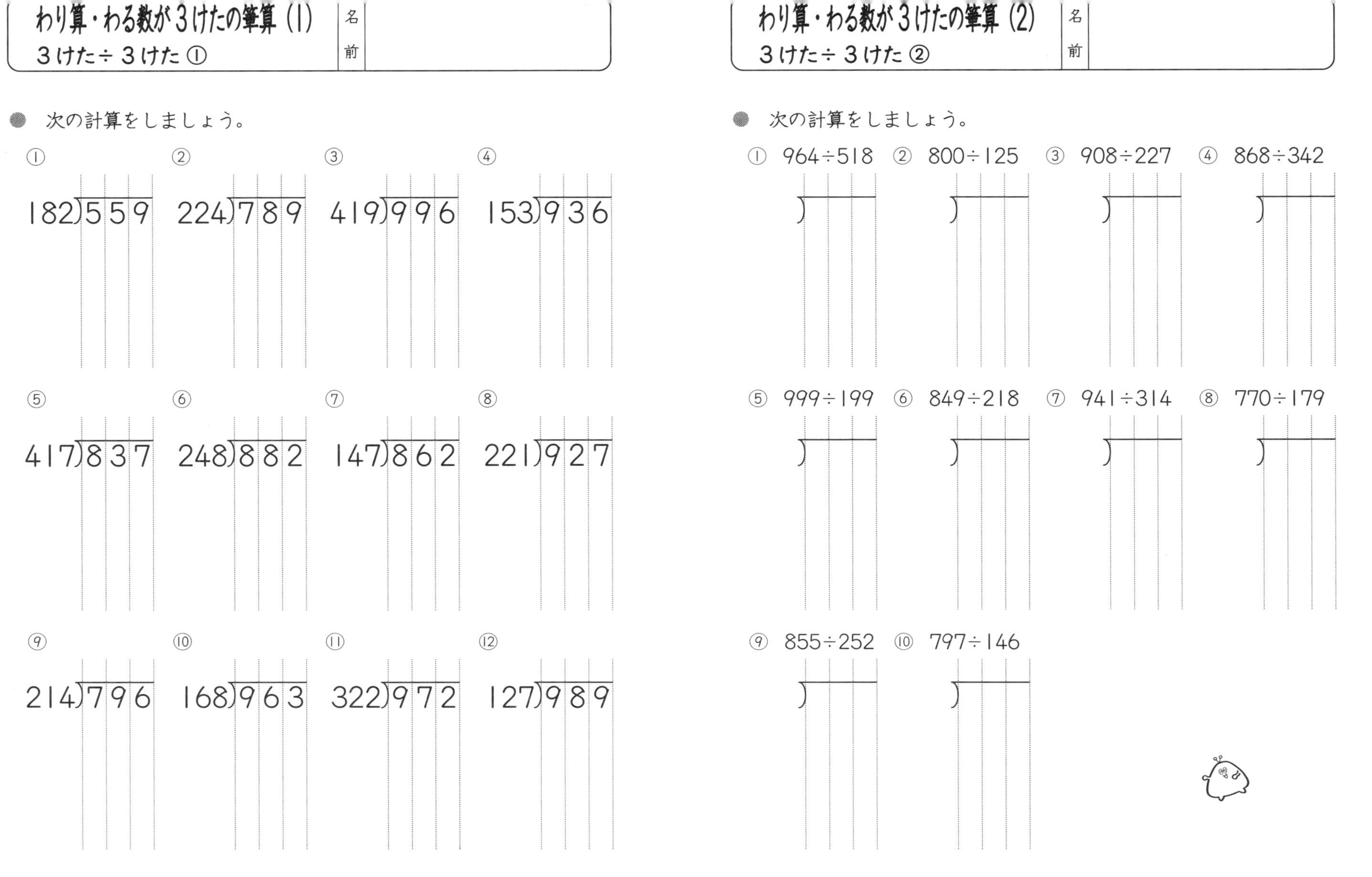

わり算・わる数が3けたの筆算 (1)
3けた÷3けた ①

名前

● 次の計算をしましょう。

① 182)559
② 224)789
③ 419)996
④ 153)936
⑤ 417)837
⑥ 248)882
⑦ 147)862
⑧ 221)927
⑨ 214)796
⑩ 168)963
⑪ 322)972
⑫ 127)989

わり算・わる数が3けたの筆算 (2)
3けた÷3けた ②

名前

● 次の計算をしましょう。

① 964÷518
② 800÷125
③ 908÷227
④ 868÷342
⑤ 999÷199
⑥ 849÷218
⑦ 941÷314
⑧ 770÷179
⑨ 855÷252
⑩ 797÷146

10分

月　日

わり算・わる数が2けた（3けた）の筆算 (1)
わり算のくふう ①

名前

1 わられる数とわる数の0を同じ数ずつ消してから計算しましょう。

① 80÷40　　② 180÷30

③ 600÷200　　④ 900÷300

⑤ 4200÷600　　⑥ 7200÷800

⑦ 2500÷500　　⑧ 5600÷700

2 商が1けたになるのは，□がどんな数の場合ですか。
あてはまる数をすべて書きましょう。

① 4□）467
（　　　　　）

② 75）7□4
（　　　　　）

月　日

わり算・わる数が2けた（3けた）の筆算 (2)
わり算のくふう ②

名前

● くふうして筆算で計算しましょう。

① 150 ÷ 40

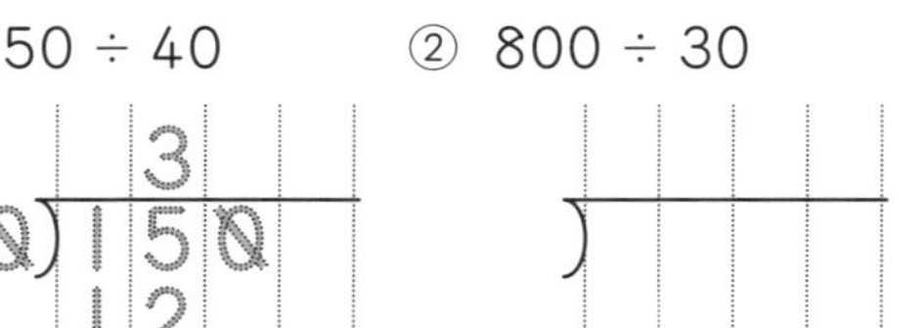
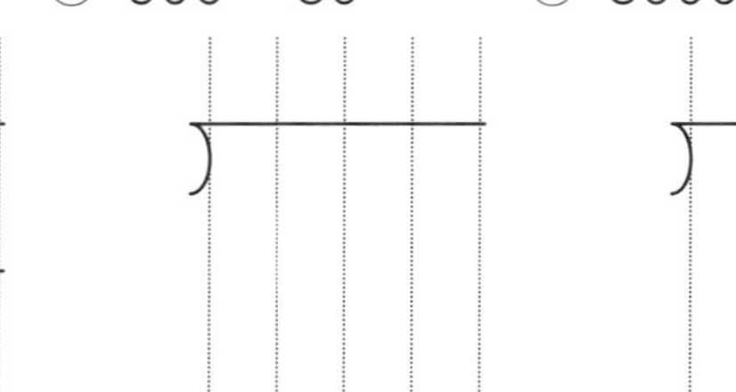

□ あまり □

② 800 ÷ 30

□ あまり □

③ 3000 ÷ 700

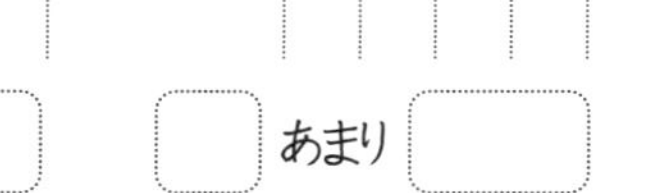

□ あまり □

④ 4600 ÷ 600

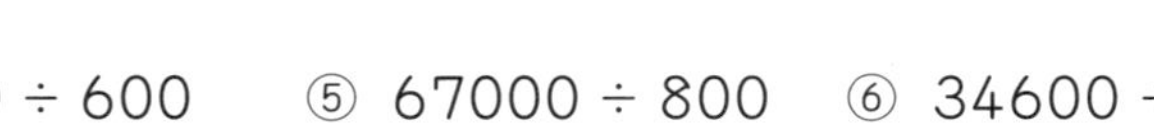

□ あまり □

⑤ 67000 ÷ 800

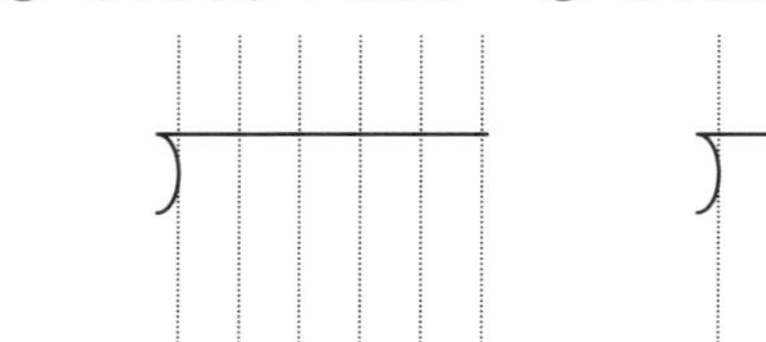

□ あまり □

⑥ 34600 ÷ 500

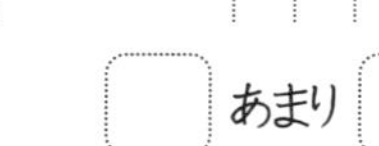

□ あまり □

5分

月　　日

わり算・わる数が２けた（３けた）の筆算（テスト①）

名前

【知識・技能】

1 次の計算を筆算でしましょう。(5×8)

(1) 96 ÷ 24　　(2) 74 ÷ 34

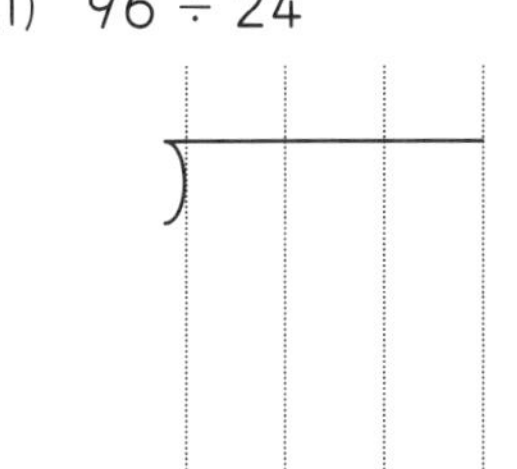

(3) 95 ÷ 36　　(4) 82 ÷ 15

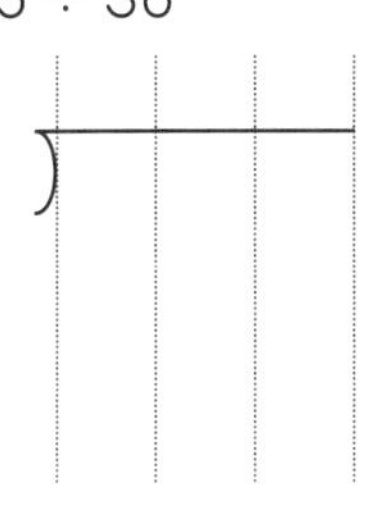

(5) 916 ÷ 37　　(6) 405 ÷ 41

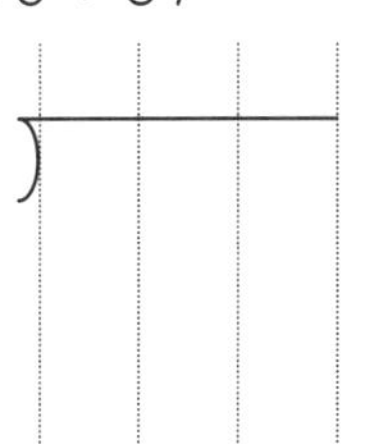

(7) 7368 ÷ 24　　(8) 8478 ÷ 314

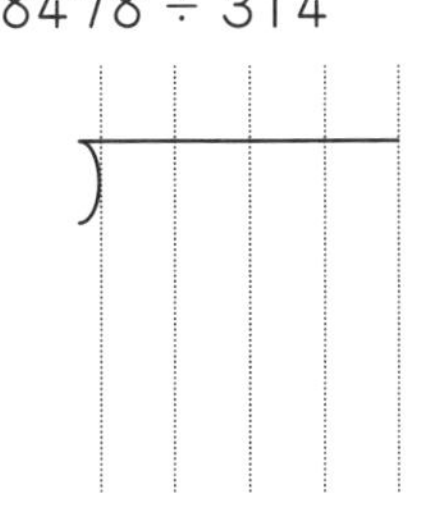

2 商が２けたになるには，□にどんな数が入ればいいですか。

あてはまる数をすべて書きましょう。(5×2)

(1)　　(2)

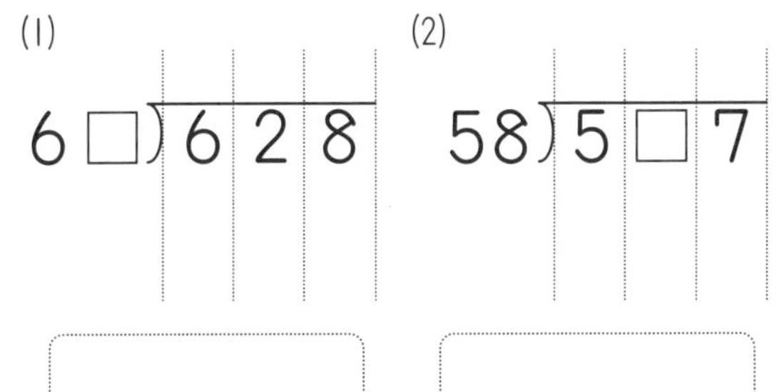

【思考・判断・表現】

3 500このくりを24人に同じ数ずつ配ります。

１人何こになりますか。

また，何こあまりますか。(5×2)

式

答え

4 リボンが165cmあります。17cmずつに切ります。17cmのリボンは何本できますか。(5×2)

式

答え

5 同じ消しゴム57この重さは855gです。

この消しゴム１この重さは何gですか。(5×2)

式

答え

6 タンクに110Lの油があります。１かんに15Lずつ入れると，何かんに入れることができますか。また，あまりは何Lですか。(5×2)

式

答え

7 920ページの本を毎日45ページずつ読むと，何日で読み終わりますか。(5×2)

式

答え

（141%に拡大してご使用ください。）

月

わり算・わる数が2けた（3けた）の筆算（テスト②）

名前

【知識・技能】

1 次の計算を筆算でしましょう。(5×8)

(1) 78 ÷ 25

(2) 96 ÷ 36

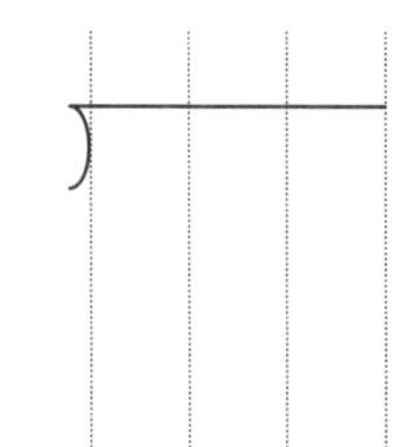

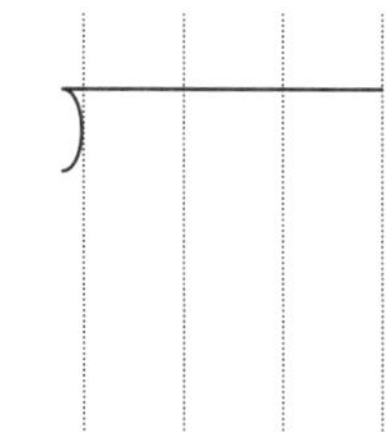

(3) 111 ÷ 37

(4) 301 ÷ 43

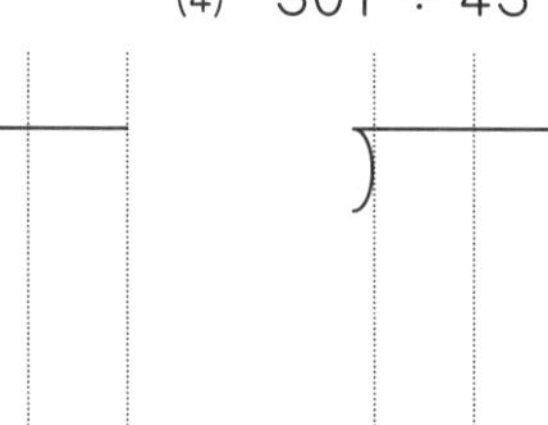

(5) 312 ÷ 34

(6) 672 ÷ 32

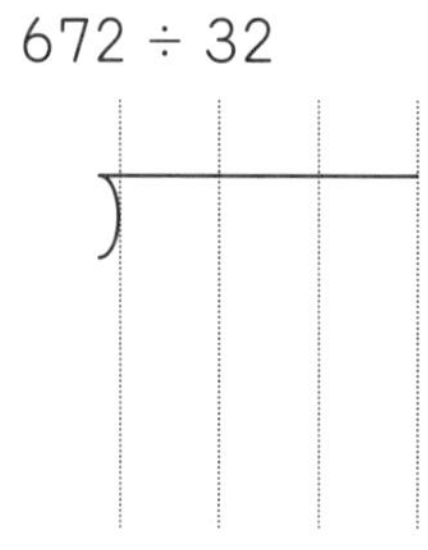

(7) 945 ÷ 27

(8) 7536 ÷ 314

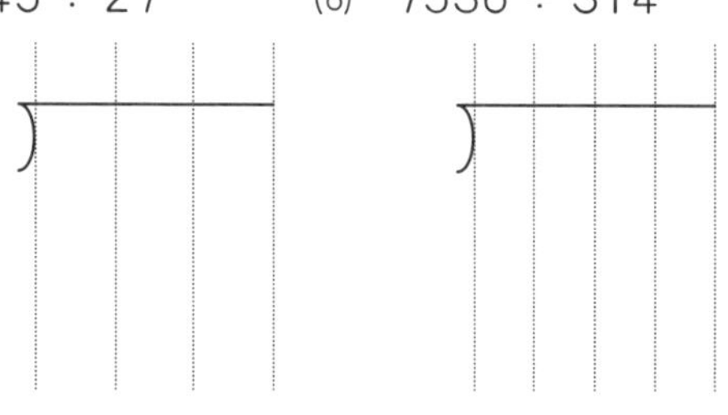

2 商が1けたになるには，□にどんな数が入ればいいですか。

あてはまる数をすべて書きましょう。(5×2)

(1) 3□)379

(2) 53)5□9

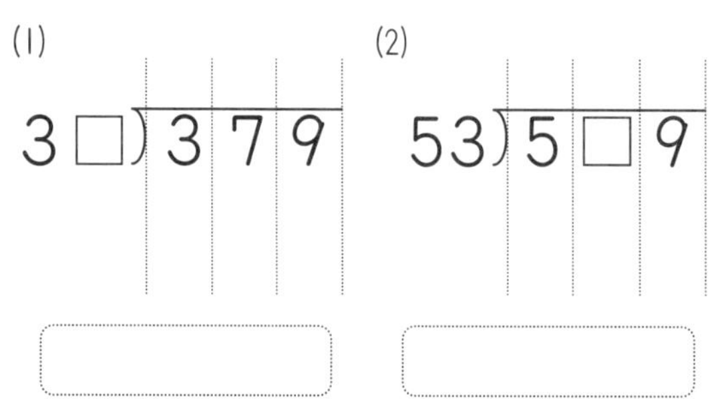

【思考・判断・表現】

3 400まいのおり紙を15人に同じ数ずつ配ります。1人何まいになりますか。

また，何まいあまりますか。(5×2)

式

答え

4 800kgの小麦粉を18kgずつふくろに入れます。18kgのふくろは何ふくろできて何kgあまりますか。(5×2)

式

答え

5 同じおかしを18こ買ったら864円でし
おかし1このねだんはいくらですか。(5×

式

答え

6 えん筆が500本あります。えん筆を12本ずつケースに入れます。

何ケースできて，何本あまりますか。(5×2

式

答え

7 850この荷物を1回に24こずつ運びま
何回運べば，全部運ぶことができますか。(5

式

答え

（141%に拡大してご使用ください。）

月　日

算数あそび

わり算・わる数が2けた（3けた）の筆算

名前

● 答えが大きい方を通ってゴールまで行きましょう。

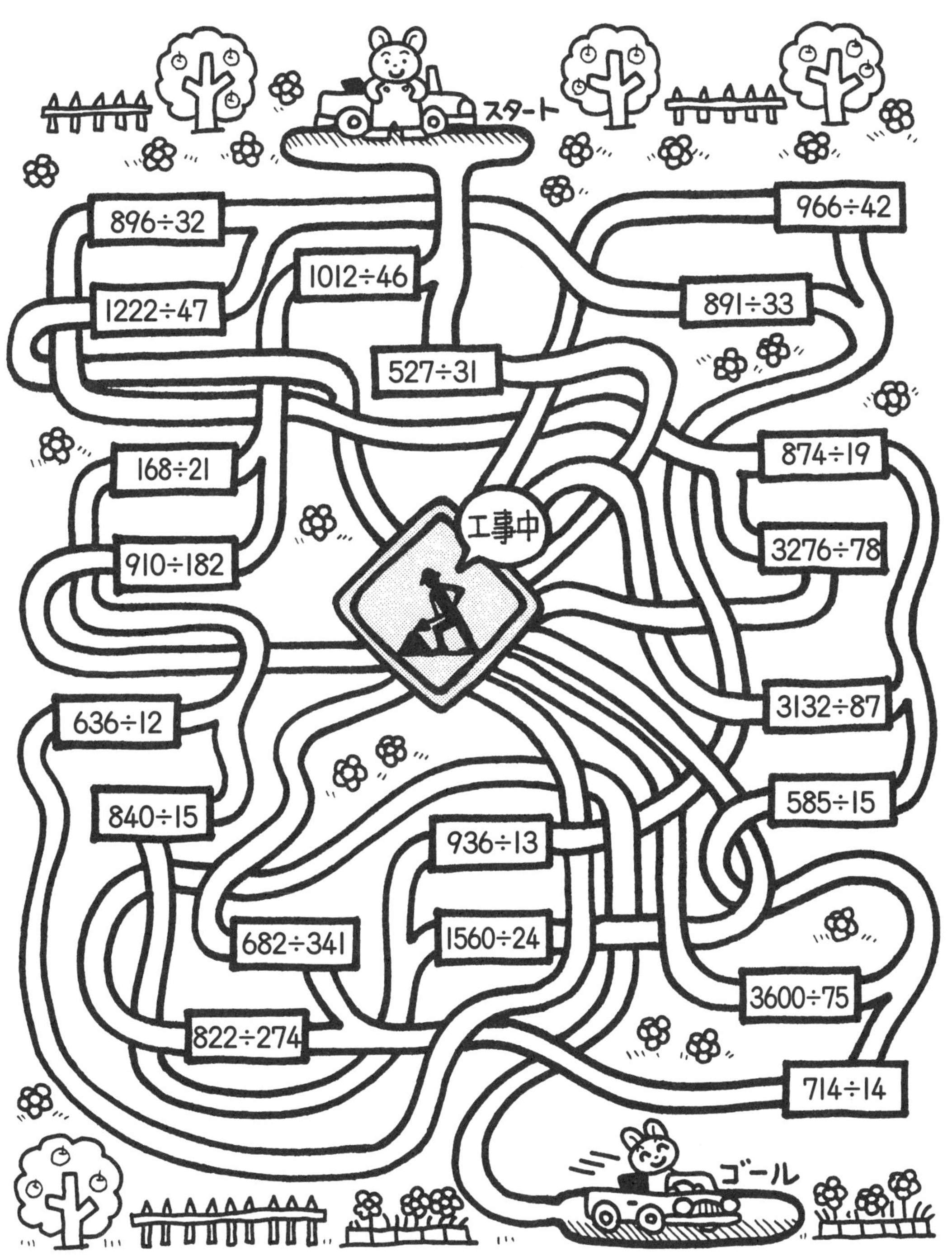

月　日

がい数の表し方（1）

名前

● 右の表は，A 市，B 市，C 市の人口を表しています。

A 市	48239 人
B 市	57472 人
C 市	51566 人

それぞれ約何万人といえますか。
数直線を参考にして，数字で書きましょう。

50000　55000　60000

A 市 48239 人　C 市 51566 人　B 市 57472 人

A 市　約

B 市

C 市

月　日

がい数の表し方（2）

名前

● 右の表は，A 町，B 町，C 町の人口を表しています。

A 町	7362 人
B 町	7931 人
C 町	8245 人

7000　8000

A 町 7362 人

(1) A 町にならって，B 町，C 町の人口を数直線に矢印で書きましょう。

(2) A 町, B 町, C 町の人口は，それぞれ約何千人といえますか。数字で書きましょう。

A 町　約

B 町

C 町

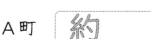

（141%に拡大してご使用ください。）

がい数の表し方（3）

名前

● 次の数の千の位を四捨五入して，一万の位までのがい数にしましょう。

(1) 67239 ⇨ 約

(2) 23516 ⇨

(3) 48307 ⇨

(4) 832091 ⇨

(5) 996053 ⇨

がい数の表し方（4）

名前

● 次の数の百の位を四捨五入して，千の位までのがい数にしましょう。

(1) 5762 ⇨ 約

(2) 4080 ⇨

(3) 70524 ⇨

(4) 63019 ⇨

(5) 99831 ⇨

3分

（141％に拡大してご使用ください。）

月　日

がい数の表し方（5）

名前

1 次の数を四捨五入して，上から１けたのがい数にしましょう。

(1) 3862 ⇨ 約

(2) 74829 ⇨

(3) 50931 ⇨

(4) 86000 ⇨

(5) 97514 ⇨

2 次の数を四捨五入して，上から２けたのがい数にしましょう。

(1) 51634 ⇨ 約

(2) 73386 ⇨

(3) 499100 ⇨

(4) 207841 ⇨

(5) 9952000 ⇨

月　日

がい数の表し方（6）

名前

1 東京から仙台までの道のりは，四捨五入して十の位までのがい数にすると，370kmになります。
東京から仙台までの道のりは，何kmから何kmの間にありますか。

364 365 366 367 368 369 370 371 372 373 374 375 376

km 以上　　km 未満

2 四捨五入して，十の位までのがい数にすると，50になる数のはんいを，以上，未満を使って書きましょう。

44 45 46 47 48 49 50 51 52 53 54 55 56

以上　　未満

3 四捨五入して，百の位までのがい数にすると，400になる数のはんいを，以上，未満を使って書きましょう。

340 350 360 370 380 390 400 410 420 430 440 450 460

以上　　未満

がい数の表し方（7）

名前

切り上げ・切り捨て ①

1 70 人乗り，80 人乗り，90 人乗りのバスがあります。
82 人の子どもがバス旅行に行くのに何人乗りのバスが必要になりますか。

人乗り

2 63 このチョコレートを 1 箱に 10 こずつ入れていきます。
箱づめできるチョコレートは何こですか。

こ

3 次の数を切り捨て，切り上げのしかたで，次の位までのがい数にします。□にあてはまる数を書きましょう。

切り捨て　切り上げ

(1) 百の位　□ ← 370 → □

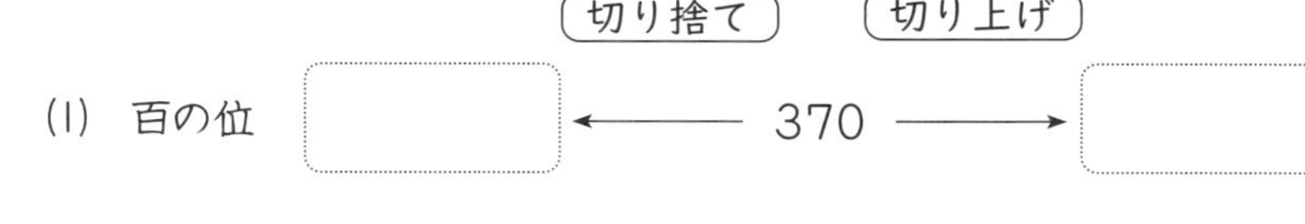

(2) 十の位　□ ← 702 → □

(3) 千の位　□ ← 2930 → □

がい数の表し方（8）

名前

切り上げ・切り捨て ②

● 次の問題をがい算で考えましょう。
（　）の中の正しい方のことばを◯で囲み，どのように考えたのかも書きましょう。

(1) しおりさんは，1000 円持って買い物に行き，次のおかしを買いました。1000 円でたりますか。

382 円　175 円　340 円

（ たりる ・ たりない ）

考え方

(2) 車で買い物に行き，次のものを買いました。10000 円以上買うと，ちゅう車代が無料になります。10000 円をこえますか。

3240 円　4150 円　3570 円

（ こえる ・ こえない ）

考え方

5分

月　日

がい数の表し方（9）

がい数を使った計算①（たし算・ひき算）

名前

1　右の表は，A市とB市の図書館の1日の本のかし出し数です。

A市	2437さつ
B市	1865さつ

(1)　1日の本のかし出し数は，A市とB市とあわせて約何千何百さつですか。百の位までのがい数にして求めましょう。

式

答え

(2)　A市の1日の本のかし出し数は，B市の1日の本のかし出し数より約何百さつ多いですか。百の位までのがい数にして求めましょう。

式

答え

2　ゆうたさんは，家族でせんたく機と冷ぞう庫を買いに行きました。

せんたく機　83286円
冷ぞう庫　47590円

(1)　せんたく機と冷ぞう庫を買うと，代金は約何万何千円になりますか。千の位までのがい数にして求めましょう。

式

答え

(2)　せんたく機と冷ぞう庫のねだんのちがいは，約何万何千円になりますか。千の位までのがい数にして求めましょう。

式

答え

月　日

がい数の表し方（10）

がい数を使った計算②（たし算・ひき算）

名前

1　右の表は，A町とB町の小中学生の人数を表しています。

A町	3257人
B町	5078人

(1)　小中学生は，A町とB町をあわせて約何千何百人ですか。百の位までのがい数にして求めましょう。

式

答え

(2)　B町の小中学生は，A町の小中学生より約何千何百人多いですか。百の位までのがい数にして求めましょう。

式

答え

2　ある遊園地の入場者数は，日曜日が65891人，月曜日が47302人でした。

(1)　日曜日と月曜日の入場者数はあわせて約何万何千人ですか。千の位までのがい数にして求めましょう。

式

答え

(2)　日曜日と月曜日の入場者数のちがいは約何万何千人ですか。千の位までのがい数にして求めましょう。

式

答え

がい数の表し方（11）

名前

がい数を使った計算 ③（かけ算）

1 1箱880円のクッキーを61箱買いました。
クッキーの代金は，およそいくらになりますか。

(1) 880円と61箱をそれぞれ上から1けたのがい数にしましょう。

880円→ 約 円　61箱→ 約 箱

(2) クッキーの代金がいくらになるか，見積もりましょう。

式

答え ＿＿＿＿＿＿

2 ゆいさんの家から駅までの道のりは，おうふく1950mです。
1年に210日駅へ行くとすると，歩く道のりは全部で約何kmになりますか。

(1) 1950mと210日をそれぞれ上から1けたのがい数にしましょう。

1950m→ 約 m　210日→ 約 日

(2) 歩く道のりは，約何kmになるか，見積もりましょう。

式

答え ＿＿＿＿＿＿

3 上から1けたのがい数にして，積を見積もりましょう。

(1) 502 × 814　約

(2) 736 × 3912　約

がい数の表し方（12）

名前

がい数を使った計算 ④（わり算）

1 バスを1台借りて水族館に行きます。バスを1台借りると，81500円かかります。37人では，1人分のバス代はおよそいくらになりますか。

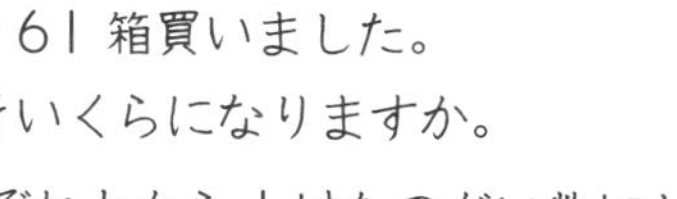

(1) 81500円と37人をそれぞれ上から1けたのがい数にしましょう。

81500円→ 約 円　37人→ 約 人

(2) 1人およそいくらになるか，見積もりましょう。

式

答え ＿＿＿＿＿＿

2 1周68mの公園があります。まいさんは，この公園の周りを1425m走りました。およそ何周走ったことになりますか。

(1) 1425mを上から2けたのがい数にしましょう。

1425m→ 約 m

(2) 68mを上から1けたのがい数にしましょう。

68m→ 約 m

(3) (1)と(2)を使って，およそ何周走ったか見積もりましょう。

式

答え ＿＿＿＿＿＿

3 四捨五入して，上から1けたのがい数にして，商を見積もりましょう。

(1) 5824 ÷ 31　約

(2) 8261 ÷ 17　約

10分

（141%に拡大してご使用ください。）

月　日

ふりかえり
がい数の表し方 ①

名前

1 四捨五入して，〔 〕の位までのがい数にしましょう。

(1) 751〔百の位〕 ⇨ 約
(2) 3049〔千の位〕 ⇨
(3) 68752〔万の位〕 ⇨
(4) 21608〔千の位〕 ⇨
(5) 144329〔万の位〕 ⇨

2 四捨五入して，上から1けた，2けたまでのがい数にしましょう。

		上から1けた	上から2けた
(1) 7840	⇨	約	
(2) 59620	⇨		

3 右の表は動物園の午前と午後の入場者数を表しています。

午前	4331人
午後	2857人

(1) 1日の入場者数は，全部で約何千何百人ですか。
午前，午後の人数をそれぞれ百の位までのがい数にして求めましょう。

式

答え

(2) 午前と午後の人数のちがいは，約何千何百人ですか。
百の位までのがい数にして求めましょう。

式

答え

月　日

ふりかえり
がい数の表し方 ②

名前

1 四捨五入して，上から1けたのがい数にして積や商を見積もりましょう。

(1) 614 × 79　約
(2) 3025 ÷ 28　約

2 四捨五入して，十の位までのがい数にすると，690になりました。
このときの整数のはんいを，以上，未満を使って書きましょう。

680　690　700

□以上　□未満

3 1こ190円のシュークリームが532こ売れました。
上から1けたのがい数にして，売り上げを見積もりましょう。

式

答え

4 27人でお楽しみ会をします。費用は，全部で61860円かかります。1人あたりおよそいくらかかりますか。
上から1けたのがい数にして，見積もりましょう。

式

答え

月　日

がい数の表し方（テスト）

名前

【知識・技能】

1　四捨五入して，〔　〕の位までのがい数にしましょう。(5×4)

(1)　645〔百の位〕
⇨

(2)　7901〔千の位〕
⇨

(3)　582578〔万の位〕
⇨

(4)　96200〔万の位〕
⇨

2　四捨五入して，上から１けた，上から２けたのがい数にしましょう。(5×4)

(1)　8206〔上から１けた〕
⇨

(2)　98000〔上から１けた〕
⇨

(3)　94307〔上から２けた〕
⇨

(4)　49520〔上から２けた〕
⇨

3　次の整数のはんいを，以上，未満を使って書きましょう。(5×2)

(1)　四捨五入をして，十の位までのがい数にしたとき，60になる整数のはんい

　　　以上　　　未満

(2)　四捨五入をして，百の位までのがい数にしたとき，600になる整数のはんい

　　　以上　　　未満

【思考・判断・表現】

4　下の表は，美じゅつ館の土曜日と日曜日の入場者数です。(5×4)

曜日	人数（人）
土曜日	2748
日曜日	3498

(1)　２日間の入場者数は約何千何百人ですか。

式

答え

(2)　日曜日は，土曜日よりも約何百人多いですか。

式

答え

5　１ぱいが180円のジュースが236ぱい売れました。
ジュースの売り上げは約何円ですか。
上から１けたのがい数で見積もりましょう。(5×2)

式

答え

6　だんご屋さんでは，だんごを5200こ作りました。１箱に18こずつ入れます。何箱できますか。
上から１けたのがい数で見積もりましょう。(5×2)

式

答え

7　コンビニで右の表のような買い物をしました。千円でたりるでしょうか。(5×2)

食料	金がく（円）
おべん当	480
飲み物	180
スイーツ	250

(1)　この問題は，次のどの方法を使えばいいですか。○で囲みましょう。

（　切り捨て　四捨五入　切り上げ　）

(2)　たりますか。たりませんか。どちらかに○をつけましょう。

（　たりる　　たりない　）

(141%に拡大してご使用ください。)

月　日

算数あそび

がい数の表し方 ①

名前

● ㋐は十の位(くらい)で四捨五入(ししゃごにゅう)，㋑は百の位で四捨五入して，大きい方を通ってゴールまで行きましょう。

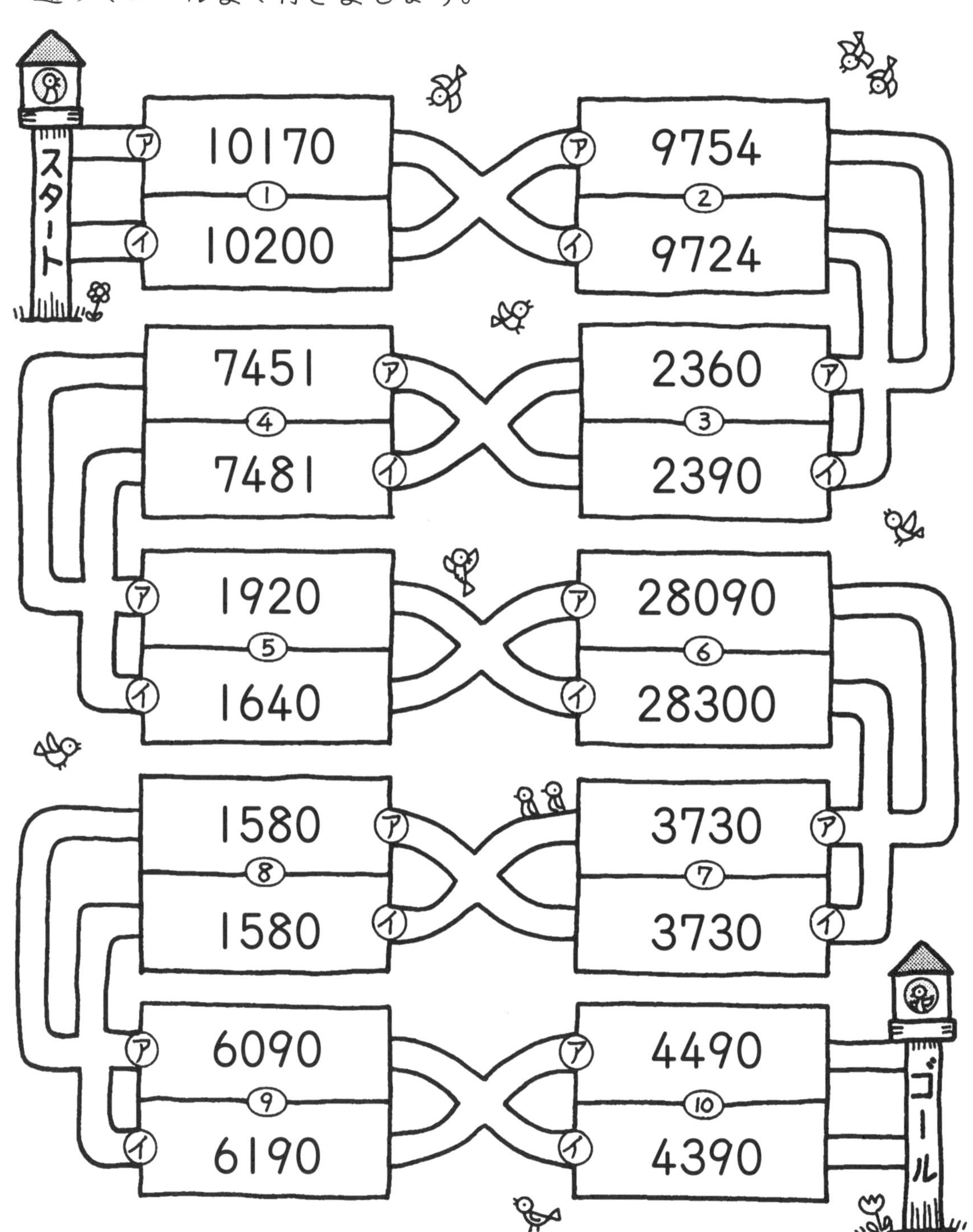

月　　日

算数あそび

がい数の表し方 ②

名前

● ㋐は百の位で四捨五入，㋑は千の位で四捨五入して，大きい方を通ってゴールまで行きましょう。

計算のきまり（1）

名前　　　　　　月　　日

● ゆきさんは，210 円のケーキと160 円のアイスクリームを買って，500 円を出しました。
　おつりは何円ですか。

ケーキ	アイスクリーム
210 円	160 円

(1)　代金は何円ですか。

式

答え ＿＿＿＿＿＿

(2)　おつりは何円ですか。

式

答え ＿＿＿＿＿＿

(3)　(1)と(2)を（　）を使って，１つの式に表しましょう。

式

答え

計算のきまり（2）

名前　　　　　　月　　日

● 計算をしましょう。

(1)　17 －（4 ＋ 8）

(2)　13 ＋（2 ＋ 5）

(3)　4 ×（9 － 6）

(4)　21 ÷（9 － 2）

(5)　（5 ＋ 4）×（8 － 3）

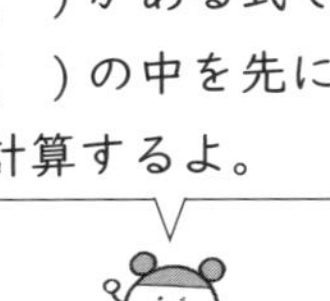

（　）がある式では，
（　）の中を先に
計算するよ。

3分

（141％に拡大してご使用ください。）

計算のきまり（3）

名前

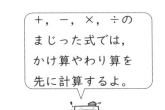

1　140 円のパンを 2 こ買って 500 円を出しました。おつりは何円ですか。

(1)　パン 2 この代金は何円ですか。

式

答え ＿＿＿＿＿＿

(2)　おつりは何円ですか。

式

答え ＿＿＿＿＿＿

(3)　(1)と(2)を 1 つの式に表しましょう。

式

答え ＿＿＿＿＿＿

2　60 円の消しゴムを 4 こと，180 円のノートを 1 さつ買いました。代金は何円ですか。
1 つの式に表しましょう。

式

答え ＿＿＿＿＿＿

計算のきまり（4）

名前

● 計算をしましょう。

(1)　$26 - 3 \times 8$

(2)　$11 \times 3 + 17$

(3)　$15 + 12 \div 4$

(4)　$9 \times 2 + 18 \div 6$

(5)　$7 \times 4 + 5 \times 6$

(6)　$54 \div 9 + 21 \div 3$

＋，－，×，÷の
まじった式では，
かけ算やわり算を
先に計算するよ。

3分

（141％に拡大してご使用ください。）

月　日

計算のきまり（5）

名前

1 計算をしましょう。

(1) 7×6−4÷2

(2) 7×(6−4÷2)

(3) (7×6−4)÷2

(4) 7×(6−4)÷2

計算の順じょをまちがえると答えが変わってくるよ。

2 右の図で，●と○は全部で何こあるかを考えました。なおきさんとあやかさんの考え方にあう式を，下の□からそれぞれ選んで□に書きましょう。

●	●	●	●
●	●	●	●
○	○	○	○
○	○	○	○
○	○	○	○
○	○	○	○
○	○	○	○
○	○	○	○

なおきさん

たてに見ると，●が２こと，○が６こ，それが４列あります。

式

あやかさん

●は，たてに２こ，横に４列，
○は，たてに６こ，横に４列あります。

式

2×4+6×4 ，(2+6)×4

月　日

計算のきまり（6）

名前

1 □にあてはまる数や記号を書いて，答えを求めましょう。

(1) 3 × 5 + 6 × 5 = （□ + □）× 5 = □

(2) 8 ×（4 + 7）= 8 × □ + 8 × □ = □

(3) （9 − 2）× 3 = 9 □ 3 − 2 □ 3 = □

2 計算のきまりを使って，くふうして計算します。
□にあてはまる数を書きましょう。

(1) 82 + 5.3 + 4.7 = 82 + (5.3 + 4.7)
= 82 + □
= □

(2) 98 × 6 =（100 − 2）× 6
= □ × 6 − □ × 6
= □ − □
= □

計算のきまりを使ってくふうするとかんたんに計算できるね。

3 7 × 6 = 42 をもとにして計算します。
□にあてはまる数を書きましょう。

(1) 7 × 60 = □　(2) 70 × 60 = □

(3) 70 × 600 = □　(4) 700 × 600 = □

 （141%に拡大してご使用ください。）

計算のきまり（7）

名前

1　500円を持って買い物に行き，180円のおにぎりと130円のお茶を買いました。おつりは，いくらになりますか。
（　）を使って，1つの式に表して求めましょう。

式

答え

2　320円のケーキを2こと140円のジュースを買いました。代金は，いくらになりますか。
1つの式に表して求めましょう。

式

答え

3　計算をしましょう。

(1)　13 −（4 + 7）　(2)　21 +（15 − 8）

(3)　6 ×（9 − 5）　(4)　24 ÷（9 − 3）

(5)　（12 + 8）× 3　(6)　17 −（5 + 6）

4　計算をしましょう。

(1)　36 − 6 + 3　(2)　36 −（6 + 3）

(3)　36 ÷ 6 + 3　(4)　36 ÷（6 × 3）

(5)　36 + 6 × 3　(6)　（36 + 6）× 3

計算のきまり（8）

名前

1　1000円を持って買い物に行き，220円の下じきと390円のはさみを買いました。おつりは，いくらになりますか。
（　）を使って，1つの式に表して求めましょう。

式

答え

2　170円のチューリップを4本と310円のバラを買いました。代金は，いくらになりますか。
1つの式に表して求めましょう。

式

答え

3　計算をしましょう。

(1)　30 − 7 × 2　(2)　6 × 4 + 20

(3)　40 + 15 ÷ 3　(4)　30 − 40 ÷ 8

(5)　700 − 9 × 60　(6)　5 × 8 − 20 ÷ 4

4　計算をしましょう。

(1)　4 × 8 − 4 ÷ 2　(2)　（4 × 8 − 4）÷ 2

(3)　4 ×（8 − 4）÷ 2　(4)　4 ×（8 − 4 ÷ 2）

(5)　4 + 8 × 4 ÷ 2　(6)　4 + 8 + 4 ÷ 2

10分

（141%に拡大してご使用ください。）

月　日

ふりかえり
計算のきまり

名前

1 500円を持って買い物に行き，180円のプリンと120円のチーズを買いました。おつりは何円ですか。
（　）を使って，1つの式に表して求めましょう。

式

答え ＿＿＿＿

2 80円のノートを6さつと，70円のえん筆を1本買いました。代金は何円ですか。1つの式に表して求めましょう。

式

答え ＿＿＿＿

3 110円のペンを3本買って，500円を出しました。おつりは何円ですか。1つの式に表して求めましょう。

式

答え ＿＿＿＿

4 計算をしましょう。

(1) $4 \times (3 + 7)$　(2) $4 + 3 \times 7$

(3) $48 \div 8 - 5$　(4) $48 \div (8 - 5)$

(5) $6 + 2 \times 9 - 7$　(6) $(6 + 2) \times (9 - 7)$

(7) $(8 \times 5 - 4) \div 2$　(8) $8 \times (5 - 4) \div 2$

5 □にあてはまる数を書きましょう。

(1) $4 \times 2 + 4 \times 7 = 4 \times (\square + \square)$

$= 4 \times \square$

$= \square$

(2) $25 \times 36 = 25 \times (\square \times 9)$

$= \square \times 9$

$= \square$

(3) $23 \times 102 = 23 \times (100 + 2)$

$= 23 \times 100 + \square \times \square$

$= \square$

6 $7 \times 3 = 21$ をもとにして，次の積を求めましょう。

(1) 7×30　(2) 7×15

(3) 70×30　(4) 700×300

(5) 7 × 3万　(6) 7万 × 3万

（141％に拡大してご使用ください。）

月　　日

計算のきまり（テスト）

名前

【知識・技能】

1 次の計算をしましょう。(5×7)

(1) 14 −（6 + 3）

(2) 60 ÷（10 − 4）

(3) 12 + 8 × 9

(4) 16 + 4 ÷ 2

(5) 17 − 10 ÷ 2

(6) 24 ÷ 3 − 2 × 3

(7) （9 + 6 ÷ 3）× 4

2 次の□にあてはまる数を書いて答えを求めましょう。(5×3)

(1) 26×5＋24×5＝(□＋□)×5

＝□

(2) (20−6)×3 ＝20×□−6×□

＝□

(3) 99×5 ＝(100−1)×5

＝100×5−□×5

＝□

【思考・判断・表現】

3 1000円を持って買い物に行きました。
750円の本と80円のノートを買いました。
おつりは何円になりますか。

(1) 本とノートの代金をあわせると何円ですか。(完答5)

式

答え

(2) おつりは，いくらになりますか。(完答5)

式

答え

(3) (1)と(2)をあわせて１つの式に書きましょう。(5×2)

式

答え

4 １こ100円のパンを２こと120円のジュースを買いました。代金はいくらになりますか。(１つの式に書きましょう。)(5×2)

式

答え

5 １こ40円のチョコレートと，１こ50円のガムが１こずつふくろに入っています。
これを４ふくろ買うと，代金はいくらになりますか。(１つの式に書きましょう。)(5×2)

式

答え

6 右の○と●をあわせた数を求めます。次の考え方で式を書くと㋐，㋑のどちらの式になりますか。記号を□に書きましょう。(5×2)

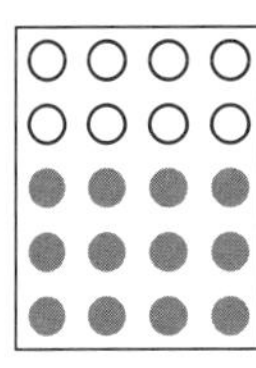

○の数と●の数をそれぞれ求めて，それをあわせます。□

たてに○と●をあわせたこ数が横に何列あるかで求めます。□

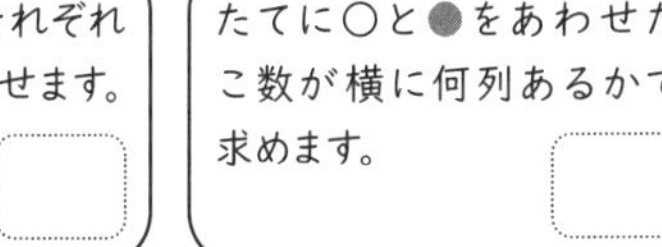

㋐ (2+3)×4　㋑ 2×4+3×4

(141%に拡大してご使用ください。)

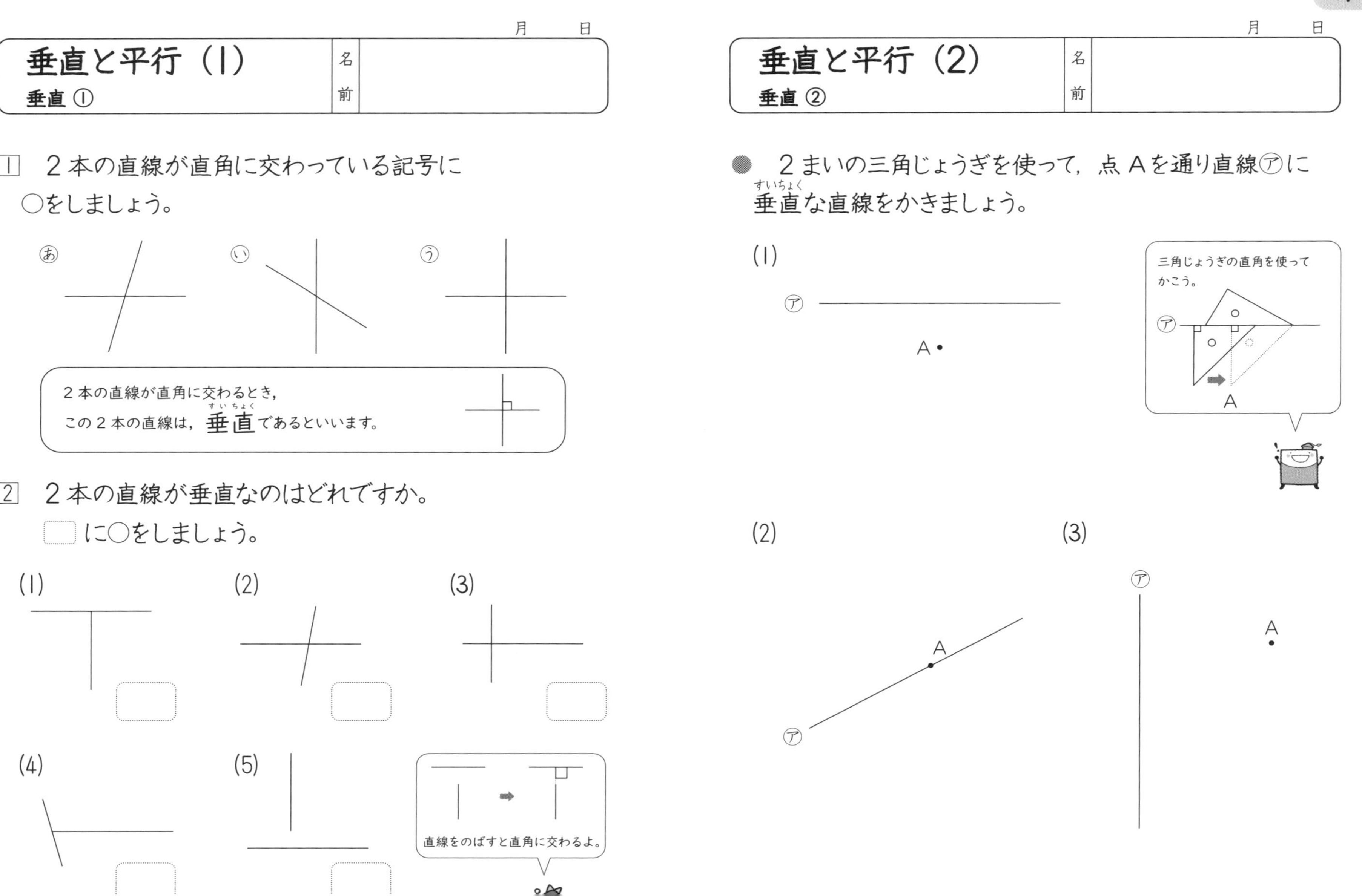

月　日

垂直と平行（1）

垂直①

名前

1　2本の直線が直角に交わっている記号に○をしましょう。

あ　い　う

2本の直線が直角に交わるとき，
この2本の直線は，垂直（すいちょく）であるといいます。

2　2本の直線が垂直なのはどれですか。
□に○をしましょう。

(1)　(2)　(3)

(4)　(5)

直線をのばすと直角に交わるよ。

月　日

垂直と平行（2）

垂直②

名前

● 2まいの三角じょうぎを使って，点Aを通り直線㋐に垂直（すいちょく）な直線をかきましょう。

(1)

㋐　A

三角じょうぎの直角を使って
かこう。
㋐
A

(2)

㋐　A

(3)

㋐　A

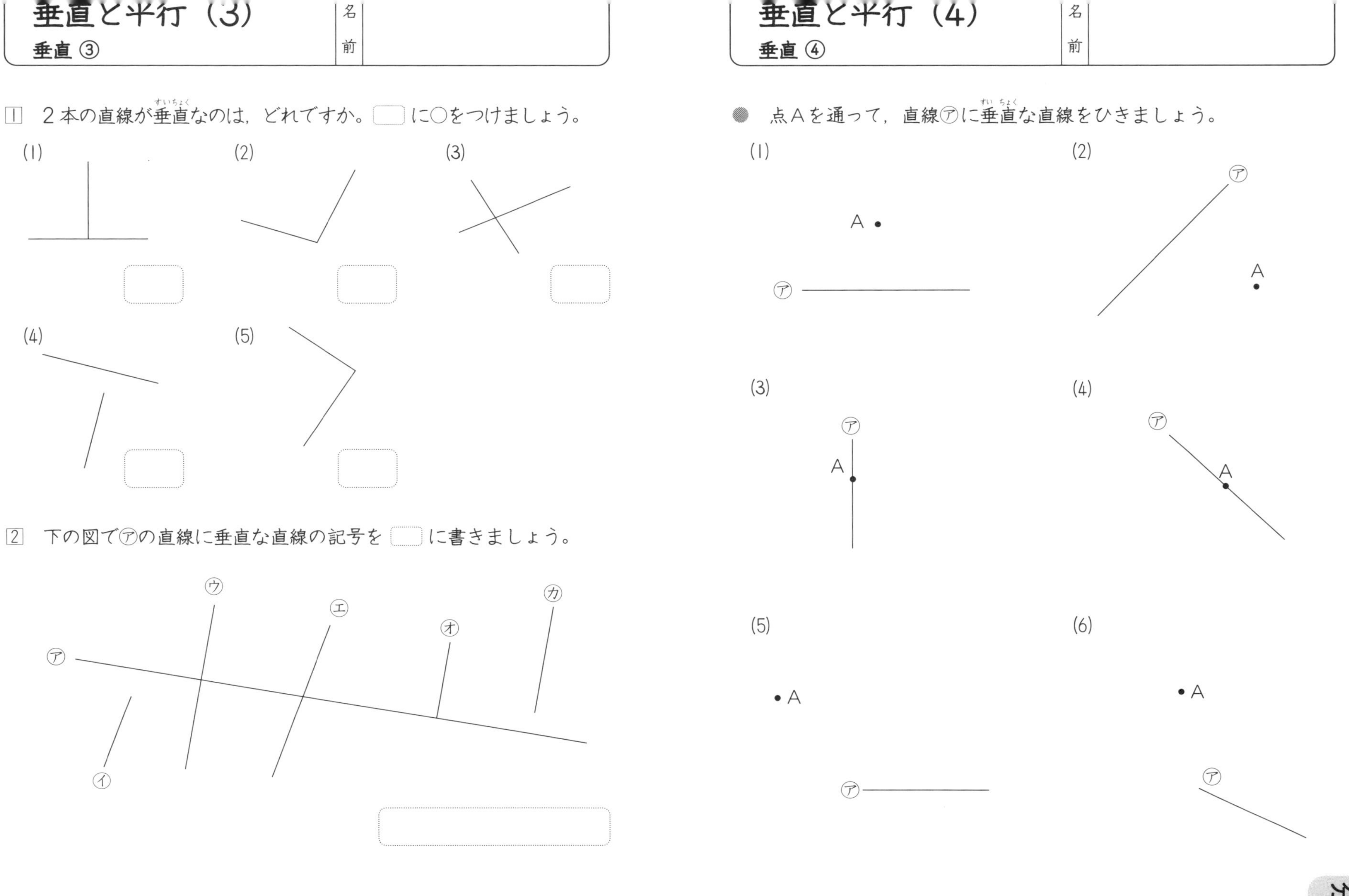
垂直と平行（3）
垂直 ③
名前
1 ２本の直線が垂直なのは，どれですか。□に○をつけましょう。
(1)
(2)
(3)
(4)
(5)
2 下の図で㋐の直線に垂直な直線の記号を□に書きましょう。
㋐
㋑
㋒
㋓
㋔
㋕
垂直と平行（4）
垂直 ④
名前
● 点Ａを通って，直線㋐に垂直な直線をひきましょう。
(1)
(2)
(3)
(4)
(5)
(6)
A
㋐
5分

月　日

垂直と平行（5）

平行 ①

名前

1　㋐と㋑の２本の直線をのばしても交わらないのは，あといのどちらですか。□に○をしましょう。

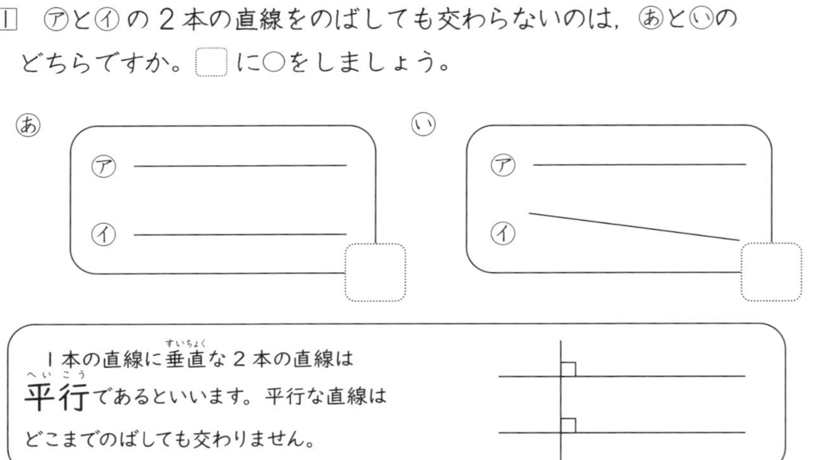

１本の直線に垂直（すいちょく）な２本の直線は平行（へいこう）であるといいます。平行な直線はどこまでのばしても交わりません。

2　２本の直線が平行になっているのはどれですか。□に○をしましょう。

(1)　(2)　(3)　(4)

一方の直線をのばしてみたらわかるね。

月　日

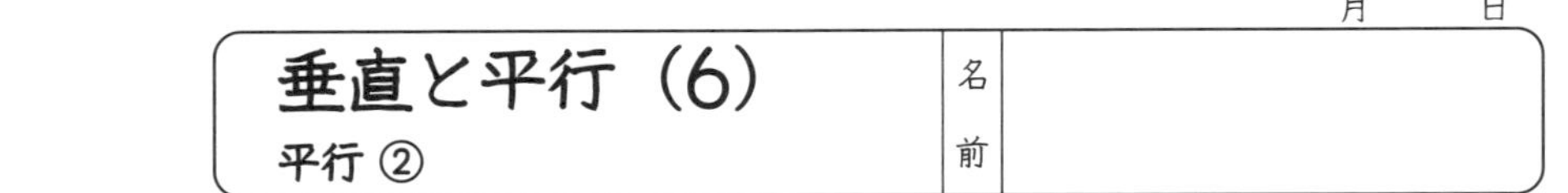

垂直と平行（6）

平行 ②

名前

1　下の図の直線あと直線いは平行です。
直線ウエ，直線オカは何 cm ですか。

あ　ア　ウ　オ
4cm
い　イ　エ　カ

直線ウエ □ cm

直線オカ □ cm

2　下の図で直線㋐，㋑，㋒は平行です。あ，いの角度はそれぞれ何度ですか。

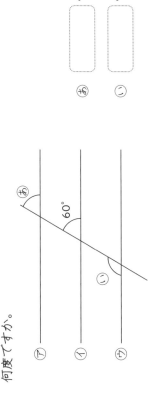

60°

あ □°

い □°

3　下の図で直線㋐，㋑，㋒は平行です。あ，い，うの角度はそれぞれ何度ですか。

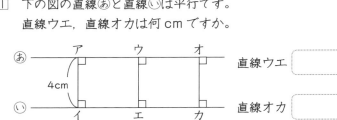

あ □°

い □°

う □°

垂直と平行（7）

平行 ③

名前

1 ｛ ｝の中の正しい方のことばを〇で囲(かこ)みましょう。

(1) 図１のように，直線㋐に直線あいが ｛垂直(すいちょく)／平行｝ に交わっているとき，直線あいは ｛垂直／平行｝ であるといいます。

＜図１＞

(2) 図２のように，直線あと直線いが平行なとき，ほかの直線とできる角は ｛等しい。／等しくない。｝

＜図２＞

(3) 図３のように，直線あと直線いが平行なとき，アイとウエの長さは ｛等しい。／等しくない。｝

＜図３＞

(4) 平行な直線あといをのばしていくと，｛いずれ交わる。／どこまでも交わらない。｝

2 平行な直線はどれですか。４つ選(えら)んで □ に〇をつけましょう。

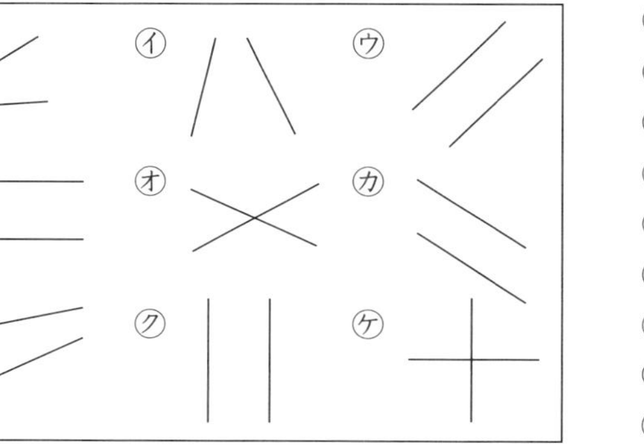

㋐ □
㋑ □
㋒ □
㋓ □
㋔ □
㋕ □
㋖ □
㋗ □
㋘ □

垂直と平行（8）

平行 ④

名前

● 下の図で平行な直線は，どれとどれですか。

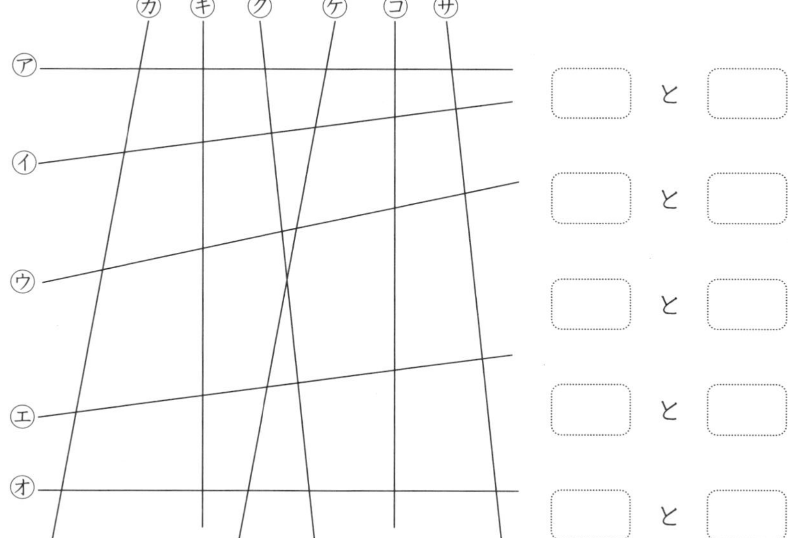

□ と □

□ と □

□ と □

□ と □

□ と □

5分

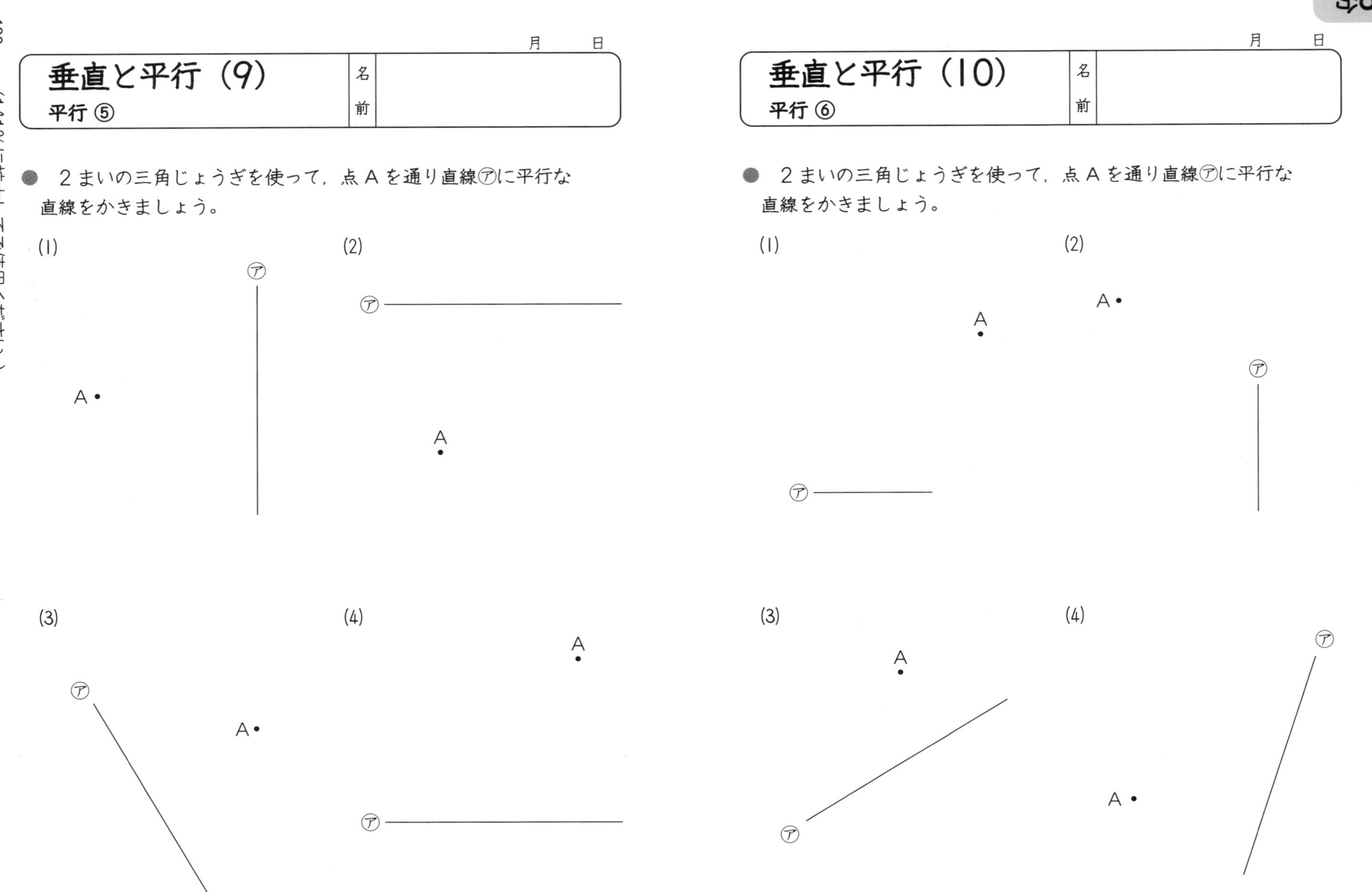

月　日

垂直と平行（9）

平行 ⑤

名前

● 2まいの三角じょうぎを使って，点Aを通り直線㋐に平行な直線をかきましょう。

(1)

(2)

(3)

(4)

月　日

垂直と平行（10）

平行 ⑥

名前

● 2まいの三角じょうぎを使って，点Aを通り直線㋐に平行な直線をかきましょう。

(1)

(2)

(3)

(4)

（141％に拡大してご使用ください。）

垂直と平行（11）

名前

垂直・平行 ①

1 右の図で直線の交わり方を調べましょう。

(1) 垂直(すいちょく)な直線はどれとどれですか。

□ と □
□ と □
□ と □

(2) 平行な直線はどれとどれですか。

□ と □
□ と □

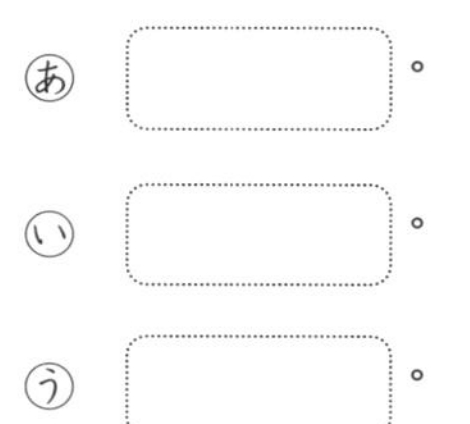
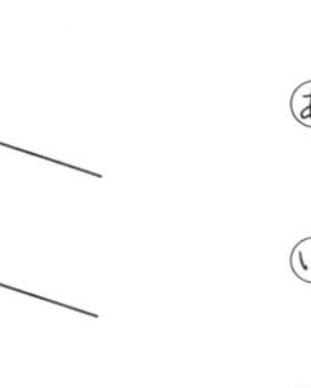
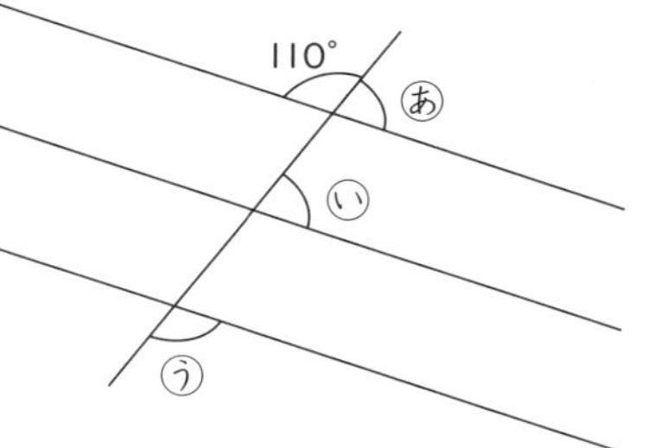

2 右の図に次の直線をひきましょう。

(1) 点Aを通って，直線㋐に垂直な直線

(2) 点Aを通って，直線㋐に平行な直線

(3) 点Bを通って，直線㋑に垂直な直線

(4) 点Bを通って，直線㋑に平行な直線

垂直と平行（12）

名前

垂直・平行 ②

1 ㋐，㋑，㋒の直線はすべて平行です。
あ，い，うの角度はそれぞれ何度ですか。

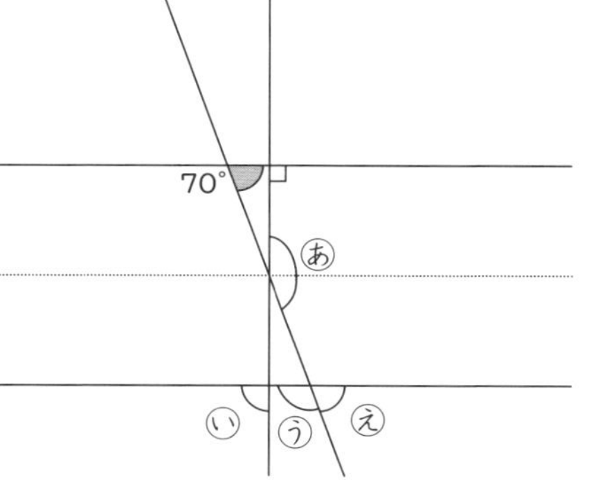

あ □°
い □°
う □°

2 下の図を見て答えましょう。
あ～えの角度はそれぞれ何度ですか。

あ □°
い □°
う □°
え □°

5分

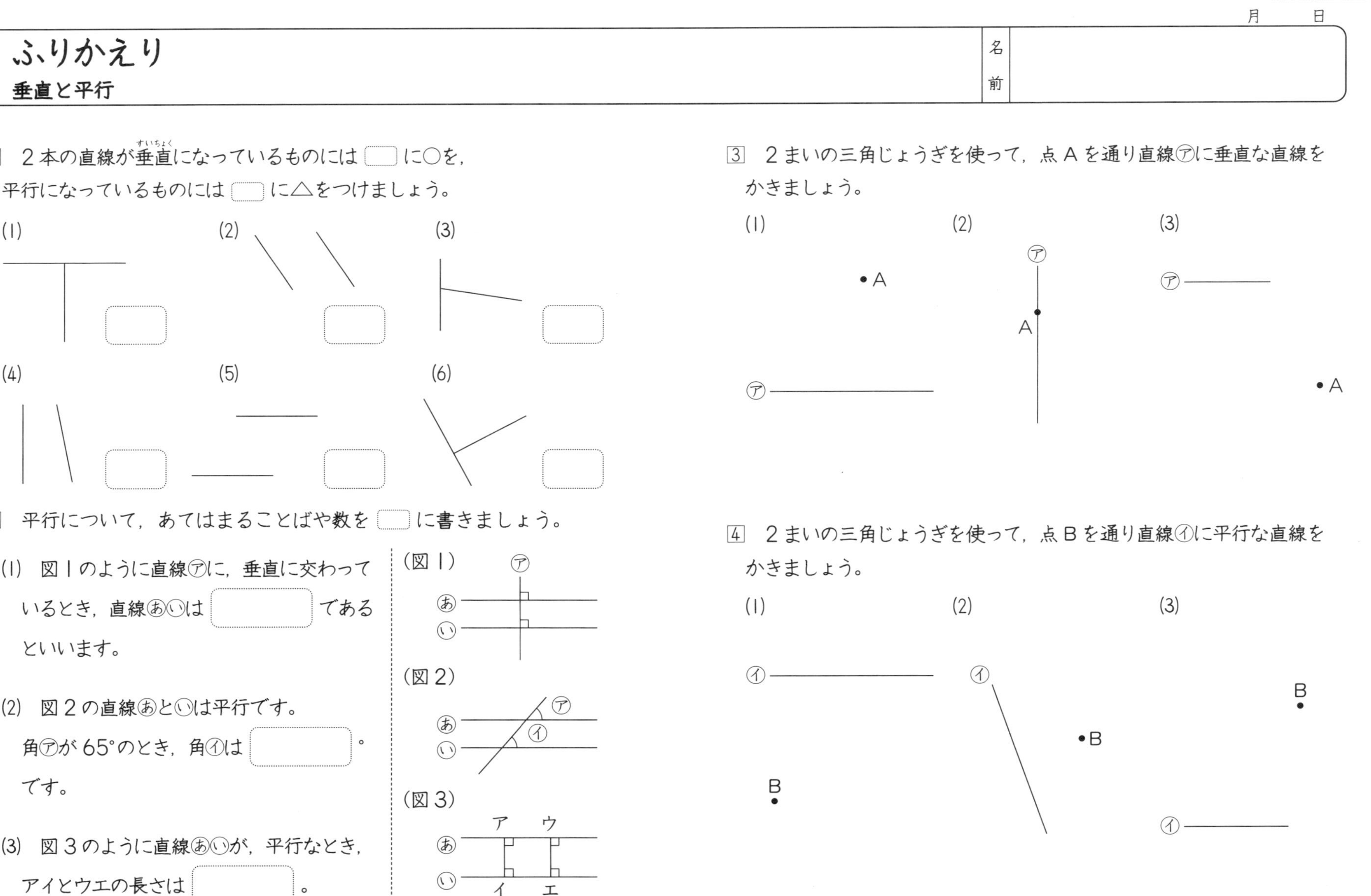

10分 ふりかえり

月　日

ふりかえり
垂直と平行

名前

1　2本の直線が垂直(すいちょく)になっているものには □ に○を，平行になっているものには □ に△をつけましょう。

(1)　(2)　(3)

(4)　(5)　(6)

2　平行について，あてはまることばや数を □ に書きましょう。

(1)　図1のように直線㋐に，垂直に交わっているとき，直線あいは □ であるといいます。

(2)　図2の直線あといは平行です。角㋐が65°のとき，角㋑は □ °です。

(3)　図3のように直線あいが，平行なとき，アイとウエの長さは □ 。

3　2まいの三角じょうぎを使って，点Aを通り直線㋐に垂直な直線をかきましょう。

(1)　(2)　(3)

4　2まいの三角じょうぎを使って，点Bを通り直線㋑に平行な直線をかきましょう。

(1)　(2)　(3)

(141%に拡大してご使用ください。)

月　日

テスト

垂直と平行（テスト）

名前

【知識・技能】

] ［　］にあてはまることばや数を下の［　］から選んで書きましょう。(5×6)

(1) 図①のように，２本の直線が交わっている角度が［　　］のとき，この２本の直線は［　　］であるといいます。

(2) 図②のように，１本の直線に２本の直線が垂直に交わっているとき，２本の直線は［　　］であるといいます。

(3) 図③のように，２本の直線が平行なとき，２本の直線の幅はどこも［　　］です。

(4) 図④のように，１本の直線に等しい角度で交わっている２本の直線は［　　］であるといいます。

角度㋐は［　　］度です。

図①

図②

図③

図④

30°

㋐

平行
垂直
直角
等しい
30
60

] 下の図で点Ａを通って直線㋐に垂直な直線をかきましょう。(10)

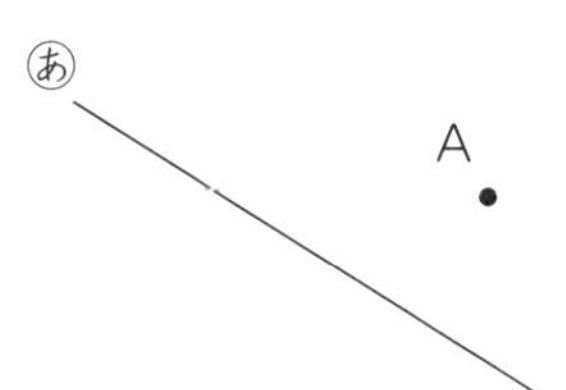

] 下の図で点Ｂを通って直線㋑に平行な直線をかきましょう。(10)

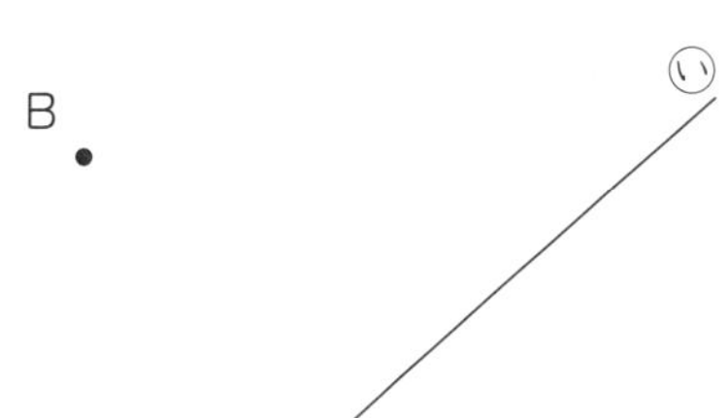

【思考・判断・表現】

4 下の図を見て答えましょう。(5×6)

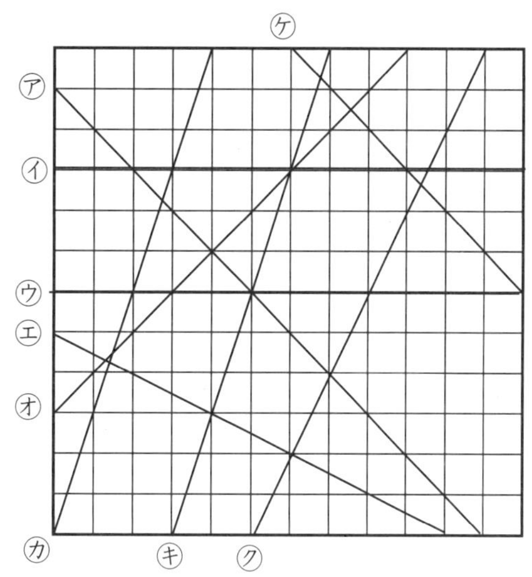

(1) 垂直な直線は，どれとどれですか。

［　と　］［　と　］［　と　］

(2) 平行な直線は，どれとどれですか。

［　と　］［　と　］［　と　］

5 直線ア，イ，ウは平行です。直線エ，オも平行です。①～④の角度はそれぞれ何度ですか。(5×4)

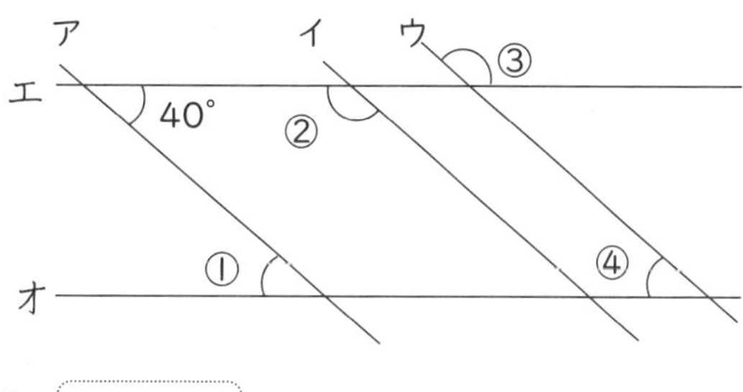

① ［　　］

② ［　　］

③ ［　　］

④ ［　　］

月　　日

算数あそび

垂直と平行 ①

名前	

● 垂直(すいちょく)に交わっているテープと，平行になっているテープに色をぬりましょう。

月　　日

算数あそび

垂直と平行 ②

名前

● 垂直(すいちょく)な直線と平行な直線を使って，めいろを作りましょう。

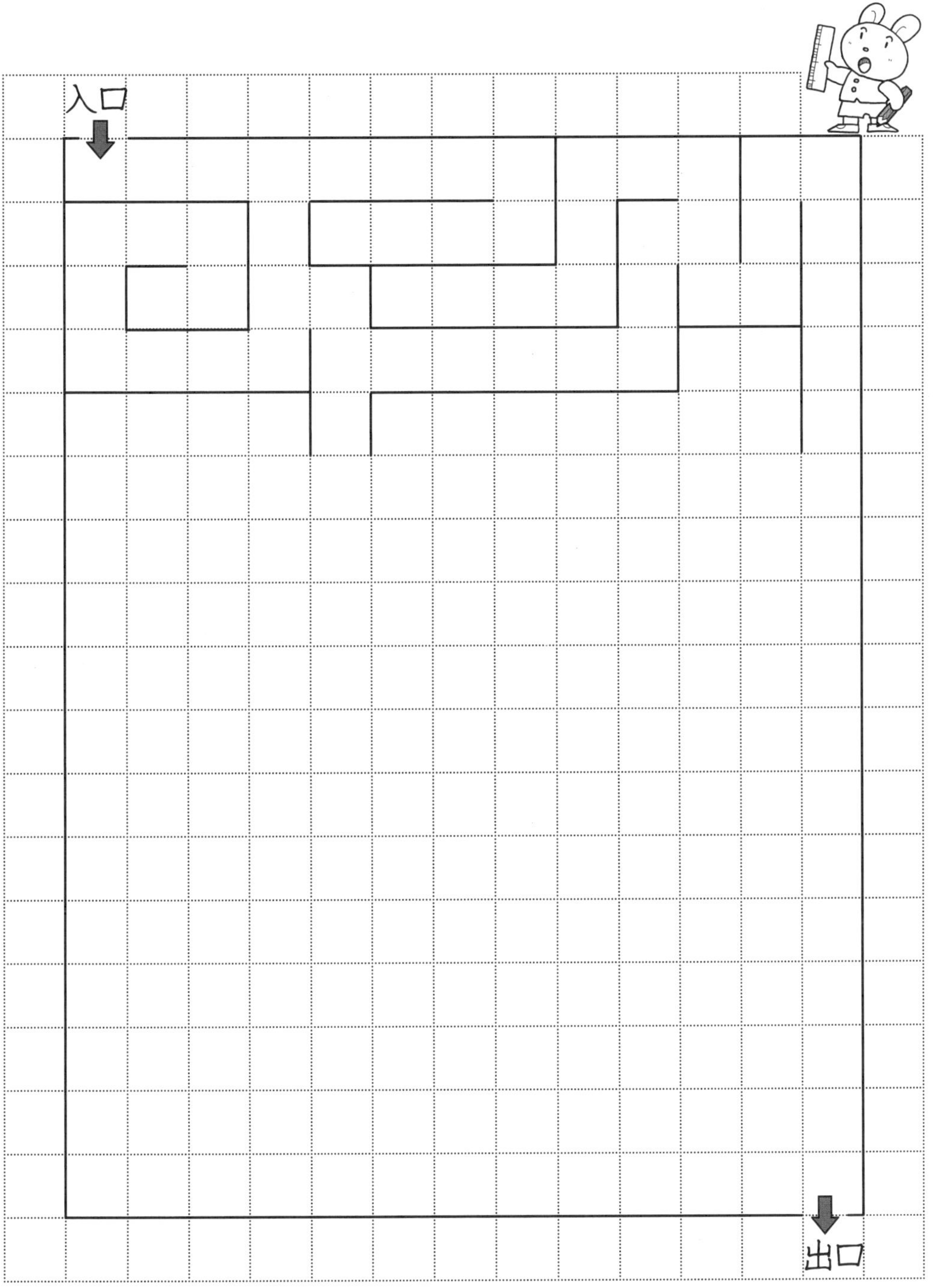

四角形（1）

月　　日　　名前

台形 ①

1　向かい合った1組の辺（へん）が平行な四角形に，
色をぬりましょう。

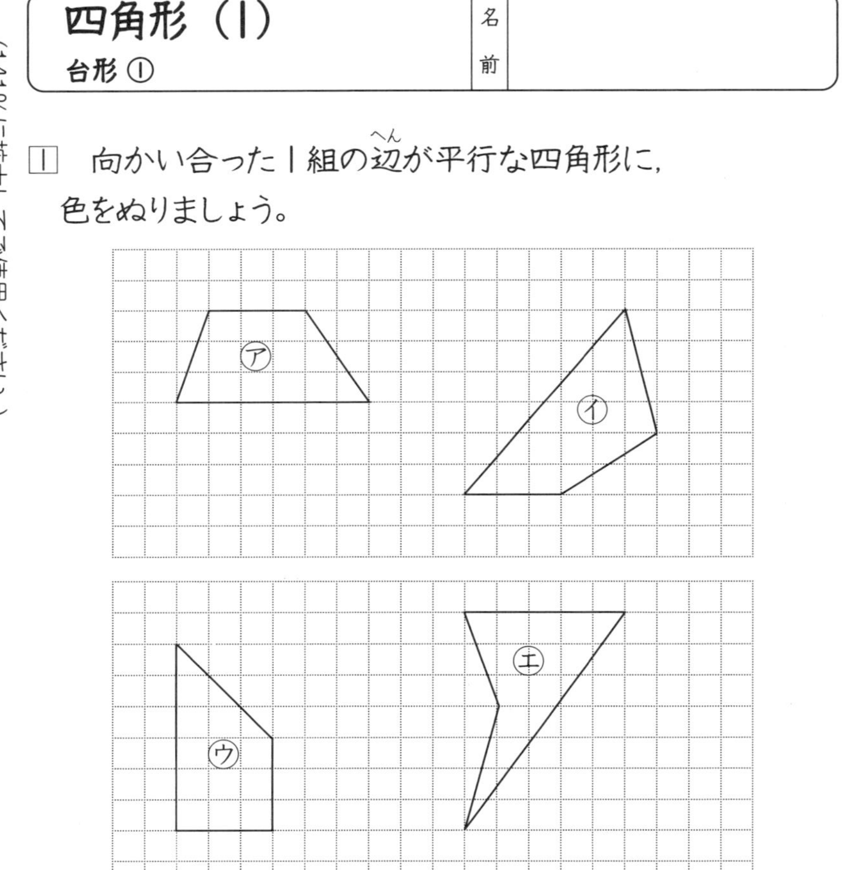

2　次の文は，台形について説明（せつめい）した文です。
{　} の中の正しい方のことばを◯で囲（かこ）みましょう。

向かい合った {1組／2組} の辺が {垂直（すいちょく）／平行} な四角形。

四角形（2）

月　　日　　名前

台形 ②

1　下の㋐と㋑の直線は平行です。
これを使って，台形を2つかきましょう。

㋐ ―――――――――――――――

㋑ ―――――――――――――――

2　下の図と同じ台形をかきましょう。

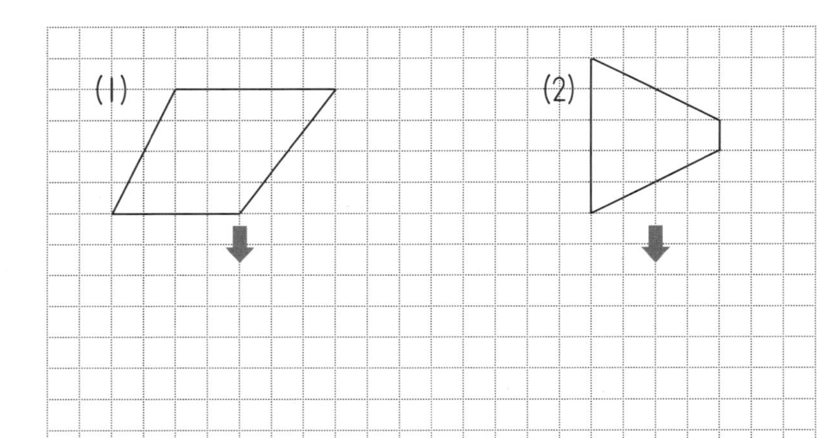

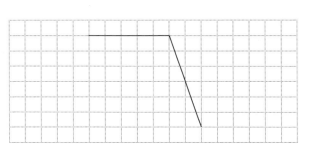

四角形（3）

平行四辺形 ①

名前

1 平行四辺形の説明として，正しい方のことばを〇で囲みましょう。

(1) 向かい合った {1組 / 2組} の辺が {垂直 / 平行} な四角形。

(2) {となり合った / 向かい合った} 辺の長さは等しい。

(3) {となり合った / 向かい合った} 角の大きさは等しい。

(4) となり合った２つの角度をたすと {90° / 180°} です。

2 下の平行四辺形の角度や辺の長さを求めましょう。

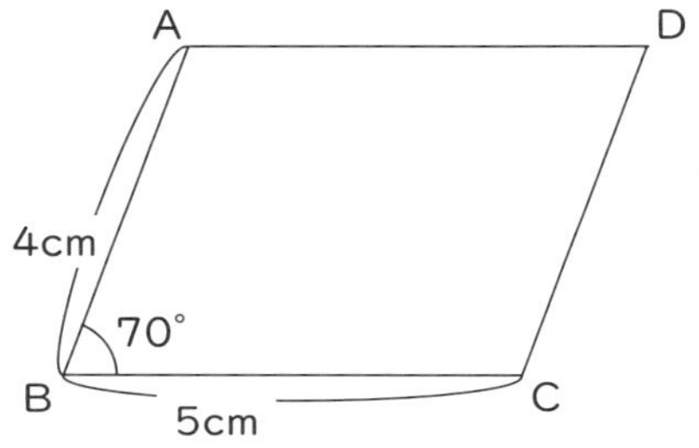

(1) 角A

(2) 角C

(3) 角D

(4) 辺AD

(5) 辺DC

四角形（4）

平行四辺形 ②

名前

1 次の図は，平行四辺形の２つの辺です。平行四辺形の続きをかきましょう。

(1)

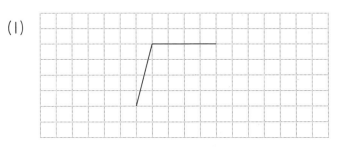

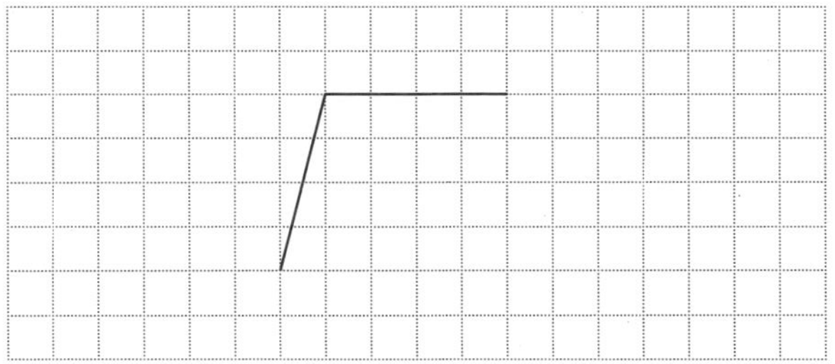

(2)

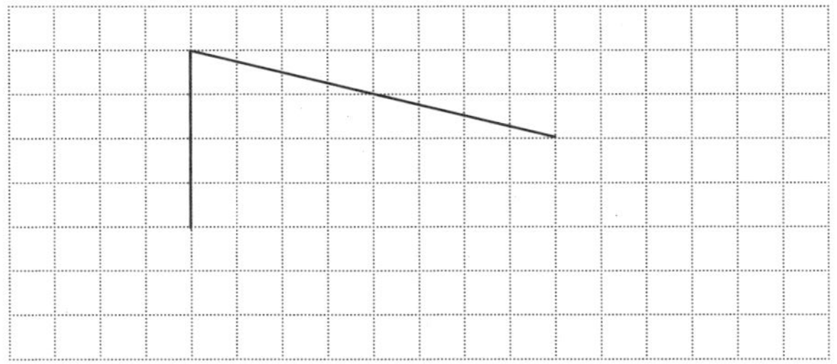

(3)

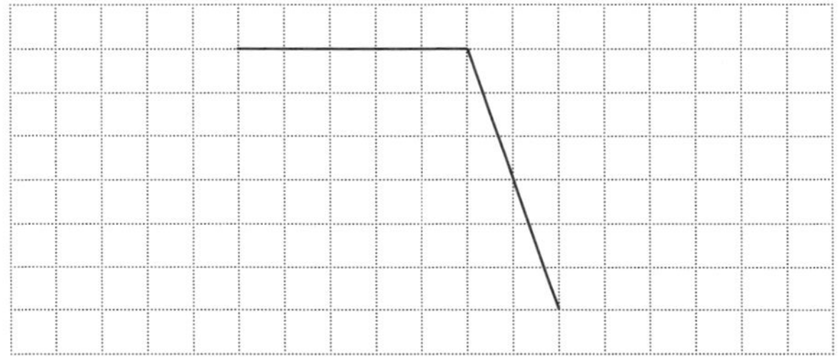

3分

月　　日

四角形（5）

台形と平行四辺形 ①

名前

● 下の㋐～㋕の図形を見て，答えましょう。

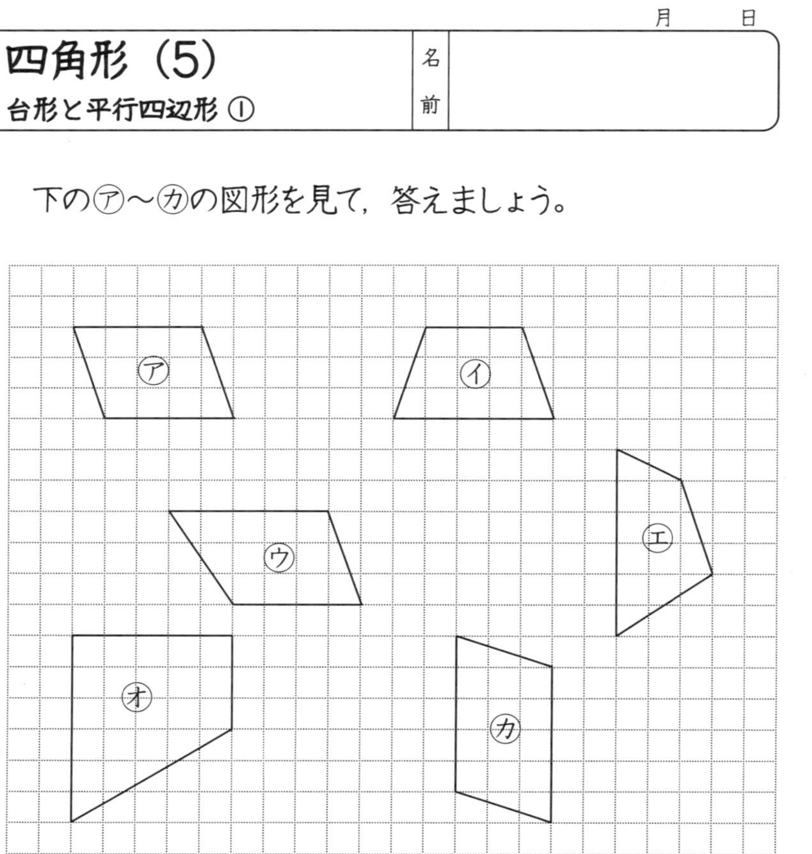

(1) 台形はどれですか。記号をすべて書きましょう。

(2) 平行四辺形（へいこうしへんけい）はどれですか。記号をすべて書きましょう。

月　　日

四角形（6）

台形と平行四辺形 ②

名前

● 下の図のような台形や平行四辺形（へいこうしへんけい）をかきましょう。

(1)

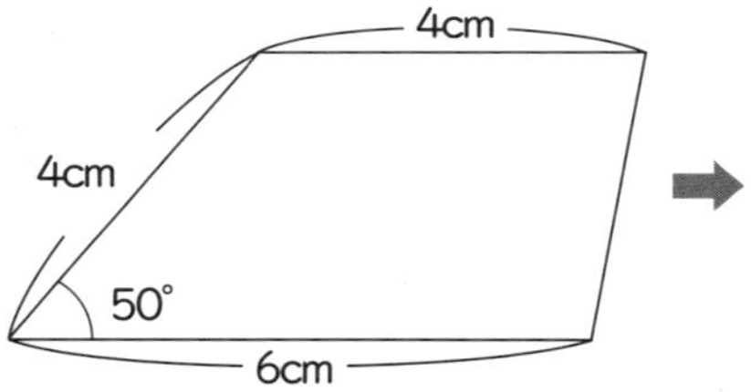

4cm
4cm
50°
6cm

(2)

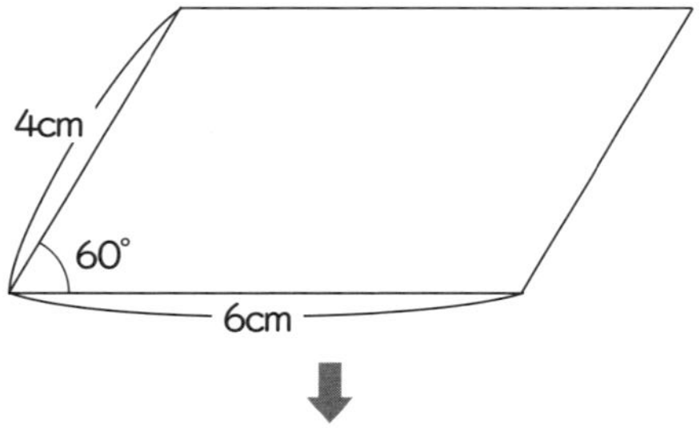

4cm
60°
6cm

月　　日

四角形（7）

台形と平行四辺形 ③

名前

1 次の台形や平行四辺形をかきましょう。

(1)

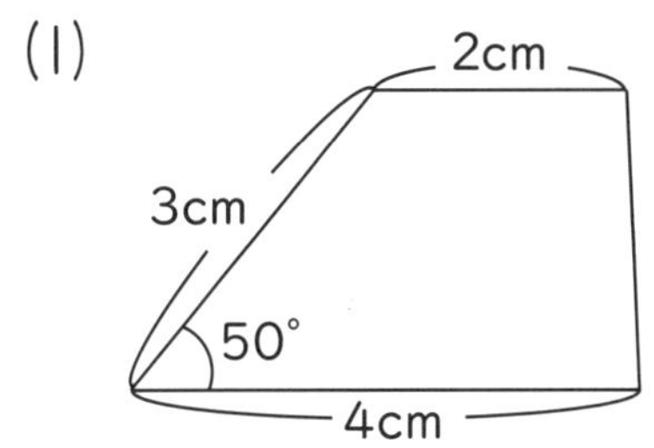

(2)

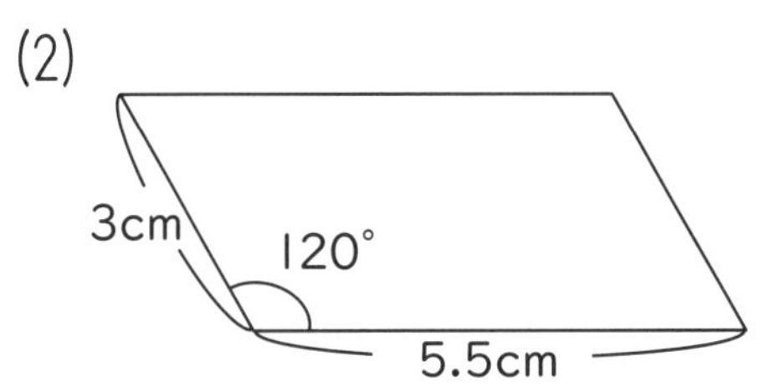

(3) 辺の長さが 4cm と 5cm で，その間の 1 つの角が 45° の平行四辺形

2 必要な長さと角度をはかって，同じ平行四辺形をかきましょう。また，はかった長さや角度を図に書きましょう。

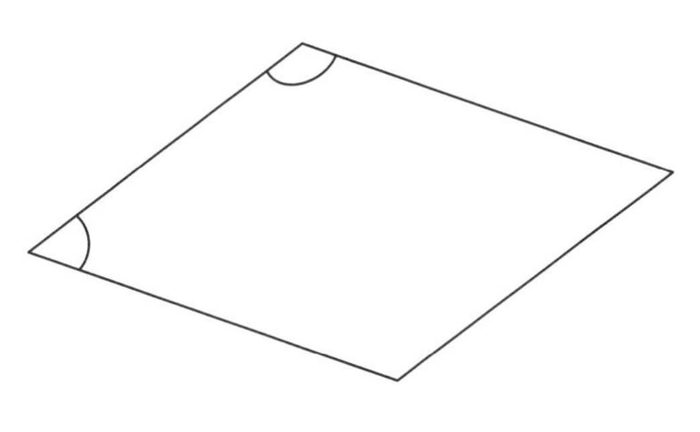

月　日

四角形（8）
ひし形 ①

名前

1　ひし形の説明（せつめい）として正しい方のことばを◯で囲（かこ）みましょう。

(1)　向かい合った辺（へん）は，{ 垂直（すいちょく） / 平行 } である。

(2)　4つの { 角の大きさ / 辺の長さ } は，等しい。

(3)　{ 向かい合った / となり合った } 角の大きさは，等しい。

2　次のひし形の角度や辺の長さを書きましょう。

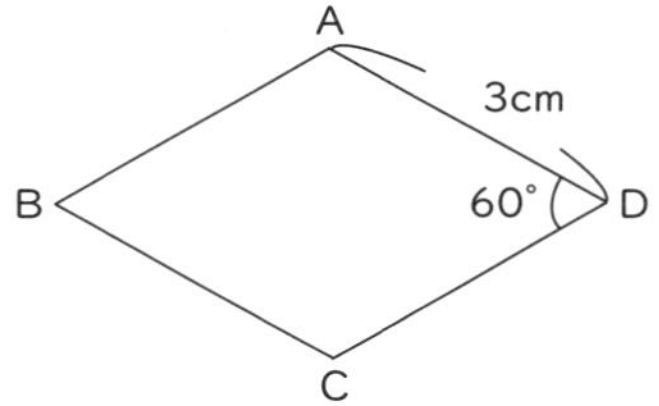

A　B　C　D　3cm　60°

(1)　角A

(2)　角B

(3)　辺AB

(4)　辺BC

3　ひし形はどれですか。記号をすべて書きましょう。

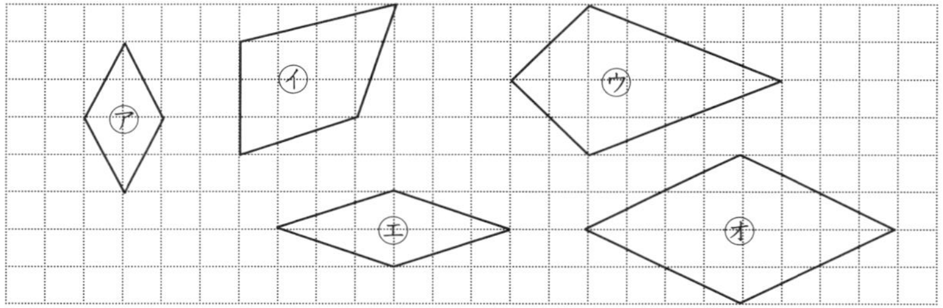

㋐　㋑　㋒　㋓　㋔

月　日

四角形（9）
ひし形 ②

名前

●　下の図と同じひし形をかきましょう。

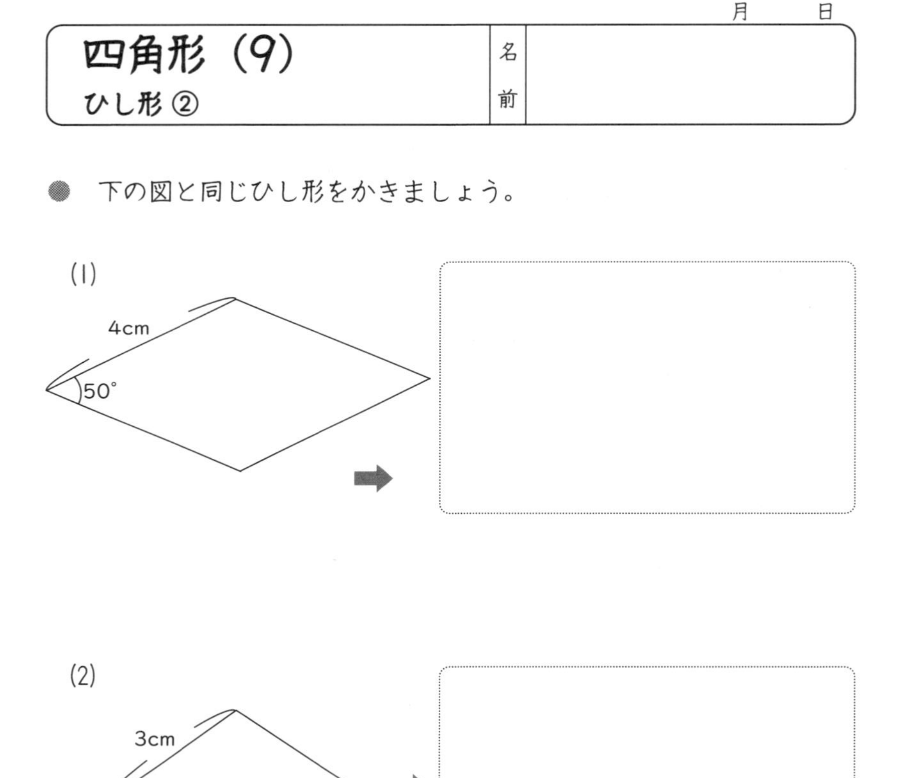

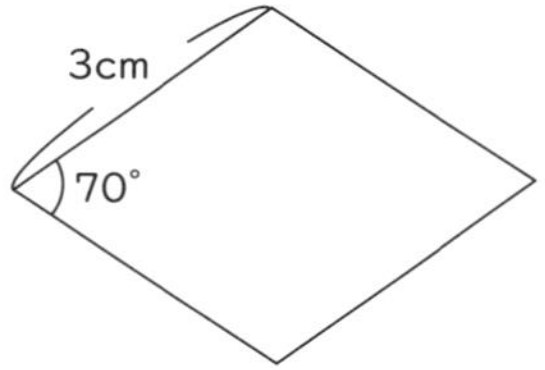

5分

四角形（10）

四角形の対角線 ①

名前

● 次の四角形の対角線について調べましょう。

台形　平行四辺形　ひし形

長方形　正方形

(1) 上の四角形に対角線をひきましょう。

(2) 2本の対角線が垂直に交わる四角形はどれですか。

(3) 2本の対角線の長さが等しい四角形はどれですか。

(4) 2本の対角線が交わった点で，それぞれの対角線が2等分される四角形はどれですか。

四角形（11）

四角形の対角線 ②

名前

● 次の四角形の対角線について調べて，表にまとめましょう。

台形　平行四辺形　長方形　ひし形

正方形　四角形　たこ形

対角線をかいてみよう。

表のあてはまるところに○を入れましょう。

	台形	平行四辺形	長方形	ひし形	正方形	四角形	たこ形
2本の対角線の長さが等しい。							
2本の対角線が垂直に交わる。							
対角線が交わった点で，2本の対角線が2等分されている。							
対角線が交わった点から4つの頂点までの長さが等しい。							

5分

(141%に拡大してご使用ください。)

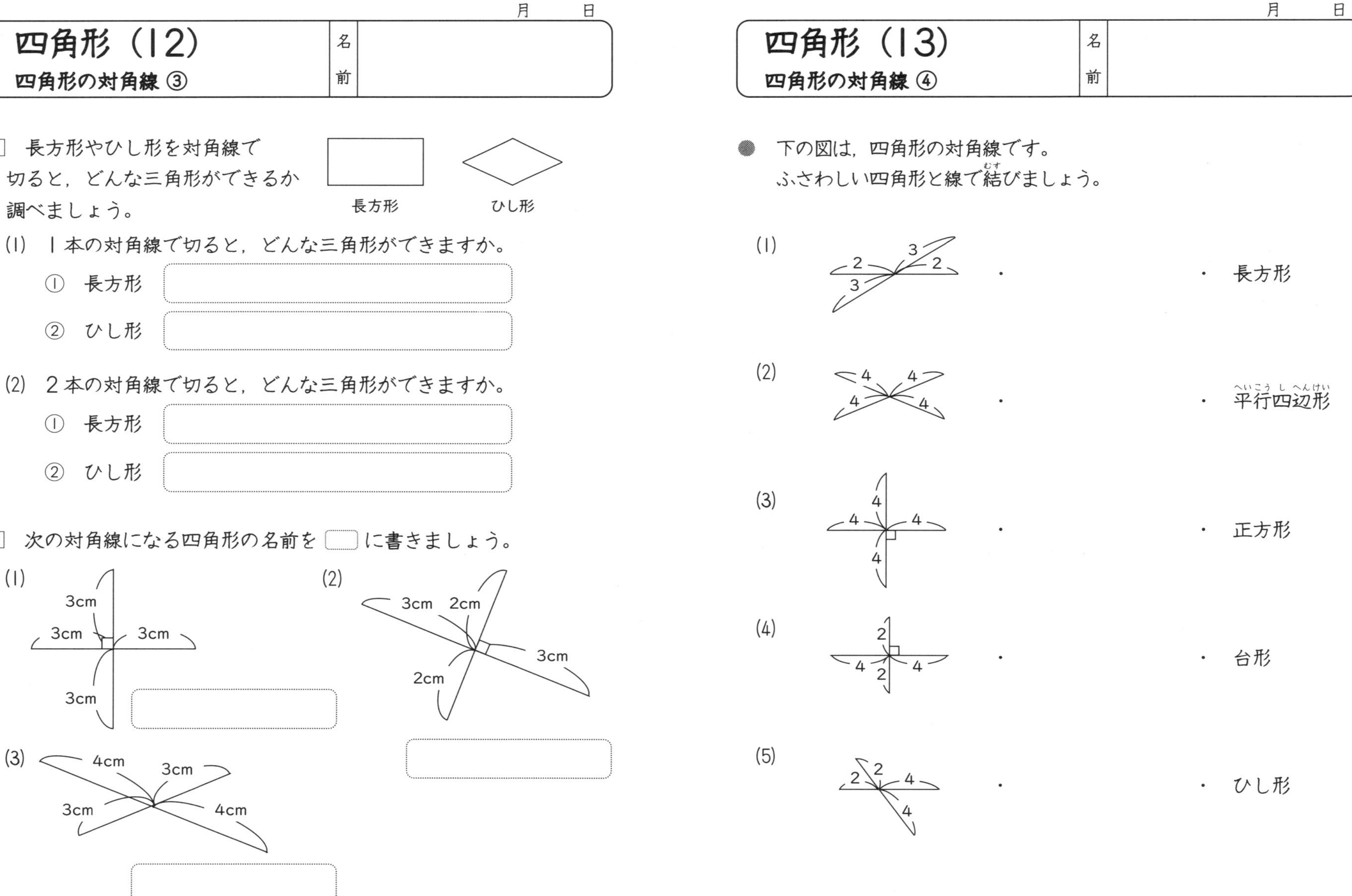

月　日

四角形（12）

四角形の対角線 ③

名前

1 長方形やひし形を対角線で切ると，どんな三角形ができるか調べましょう。

長方形　ひし形

(1) 1本の対角線で切ると，どんな三角形ができますか。

① 長方形

② ひし形

(2) 2本の対角線で切ると，どんな三角形ができますか。

① 長方形

② ひし形

2 次の対角線になる四角形の名前を □ に書きましょう。

(1)

(2)

(3)

月　日

四角形（13）

四角形の対角線 ④

名前

● 下の図は，四角形の対角線です。
ふさわしい四角形と線で結（むす）びましょう。

(1)

・　・ 長方形

(2)

・　・ 平行四辺形（へいこうしへんけい）

(3)

・　・ 正方形

(4)

・　・ 台形

(5)

・　・ ひし形

（141%に拡大してご使用ください。）

ふりかえり
四角形

名前

1 次の図に対角線をひいて，(1)～(6) にあてはまる四角形を書きましょう。

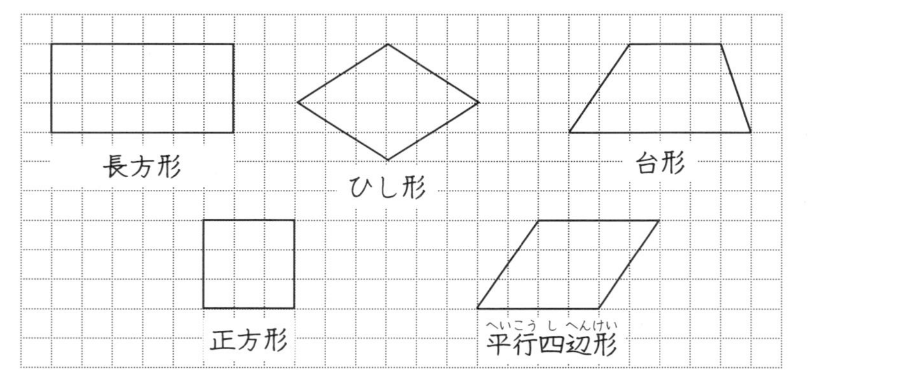

(1) 向かい合った１組の辺だけが平行な四角形

(2) 向かい合った２組の辺が平行で，となり合った辺の長さは同じではない四角形

(3) ４つの辺の長さが等しい四角形

(4) ２本の対角線の長さが等しい四角形

(5) ２本の対角線が垂直（すいちょく）に交わる四角形

(6) ２本の対角線が交わった点で，それぞれの対角線が２等分される四角形

2 下の平行四辺形の角度や辺の長さを求めましょう。

A　D
3cm　50°
B　5cm　C

(1) 角 A

(2) 角 D

(3) 辺 AD

(4) 辺 CD

3 下の図と同じ四角形をかきましょう。

(1) ひし形

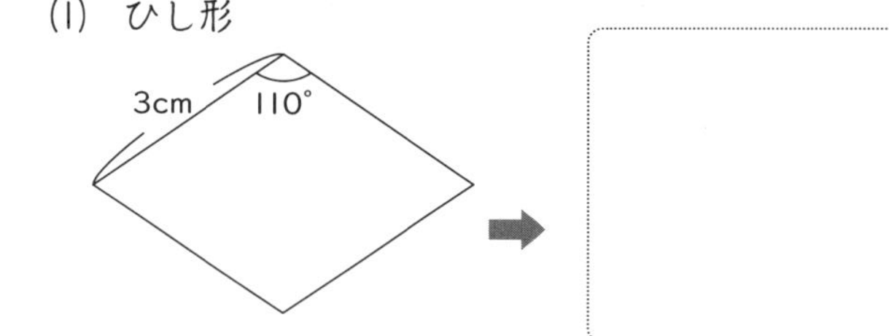

(2) 平行四辺形

5cm
70°
3cm

月

四角形（テスト）

名前

【知識・技能】

1 (1)～(3)にあてはまる四角形を □ から全部選んで記号を □ に書きましょう。(完答5×3)

(1) 4つの辺の長さがすべて等しい四角形 □ □

(2) 向かい合った2組の辺が平行な四角形 □ □ □ □

(3) 向かい合った1組の辺だけが平行な四角形 □

ア 台形　イ 平行四辺形　ウ ひし形　エ 長方形　オ 正方形

2 次の文で正しいものを2つ選んで○をつけましょう。(5×2)

(1) □ ひし形の4つの角はすべて等しい。

(2) □ ひし形の向かい合った角の大きさは等しい。

(3) □ 平行四辺形の4つの辺の長さは等しい。

(4) □ 平行四辺形の向かい合った2組の辺はどちらも平行です。

(5) □ 台形は向かい合った1組の角の大きさが等しい。

3 次の平行四辺形について答えましょう。(5×4)

ア　エ　3.5cm　45°　135°　イ　4.5cm　ウ

(1) 辺ウエに平行な辺はどれですか。 □

(2) 辺アエは何cmですか。 □

(3) 角アと角エの角の大きさは何度ですか。

角ア □　角エ □

4 3にかいてある平行四辺形を下にかきましょう。(5)

4.5cm

【思考・判断・表現】

5 次の(1)～(4)は四角形の対角線です。何という四角形の対角線ですか。□ に名前を書きましょう。(5×4)

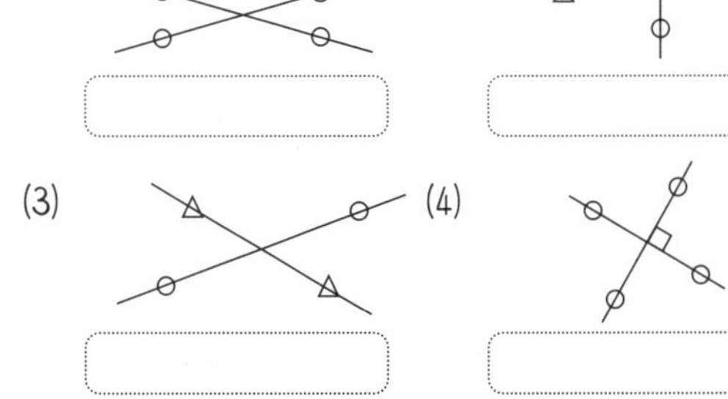

(3)　(4)

6 長方形やひし形を対角線で切ると，どんな三角形ができますか。(5×4)

長方形　ひし形

(1) 1本の対角線で切るとどんな三角形ができますか。

長方形 □

ひし形 □

(2) 2本の対角線で切るとどんな三角形ができますか。

長方形 □

ひし形 □

7 平行四辺形とひし形について説明していま[す。]それぞれまちがいが1つずつあります。まちがいに線をひいて正しく書き直しましょ[う。](5

(1) 平行四辺形の向かい合った2組の辺は平行で，長さは等しいです。

向かい合った角の大きさも等しく，とな[り]あった2つの角を合わせると100°になります。

(2) ひし形の4つの辺の長さは等しく，向か[い]合った辺は垂直になっています。

向かい合った角の大きさは等しいです。

　(141%に拡大してご使用ください。)

月　　日

算数あそび

四角形 ①

名前

● 平行四辺形に色をぬりましょう。

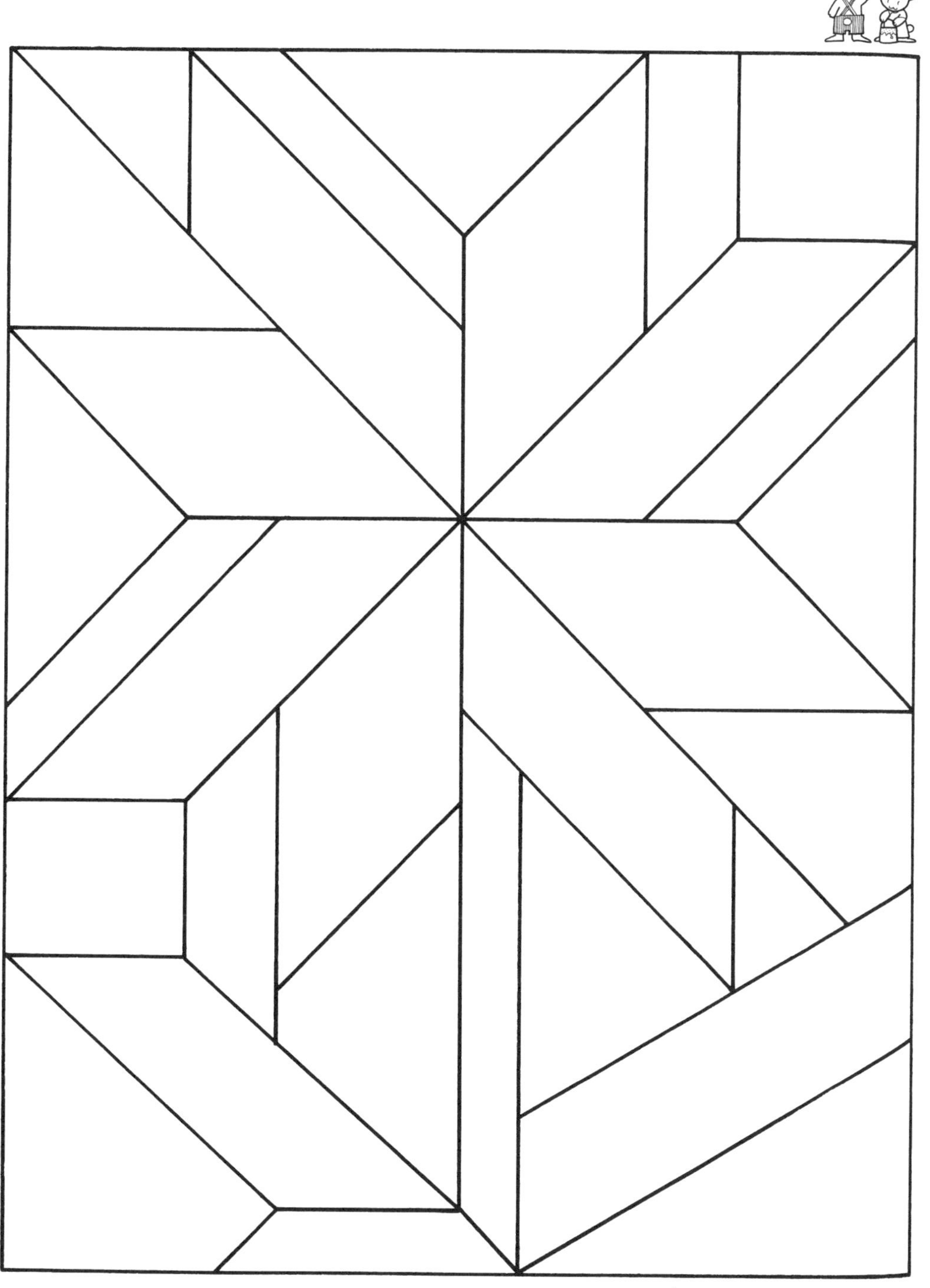

月　　日

算数あそび

四角形 ②

名前

● 台形に色をぬりましょう。

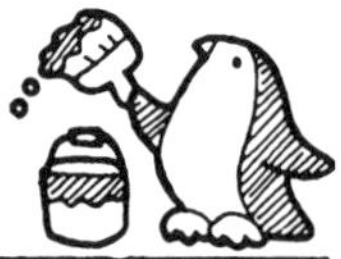

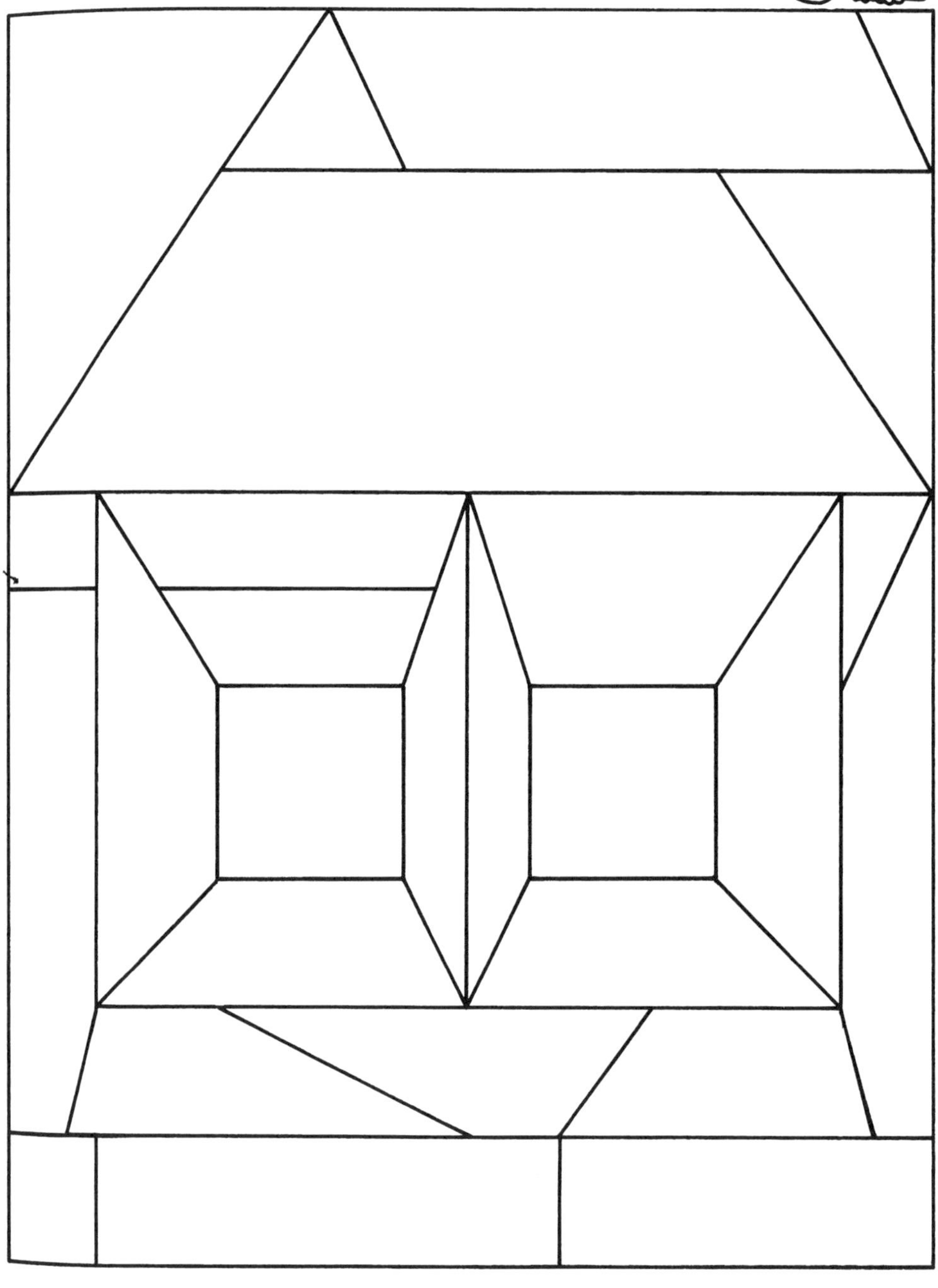

分数（1）

名前

● 下のテープの色のついた長さを分数で表しましょう。

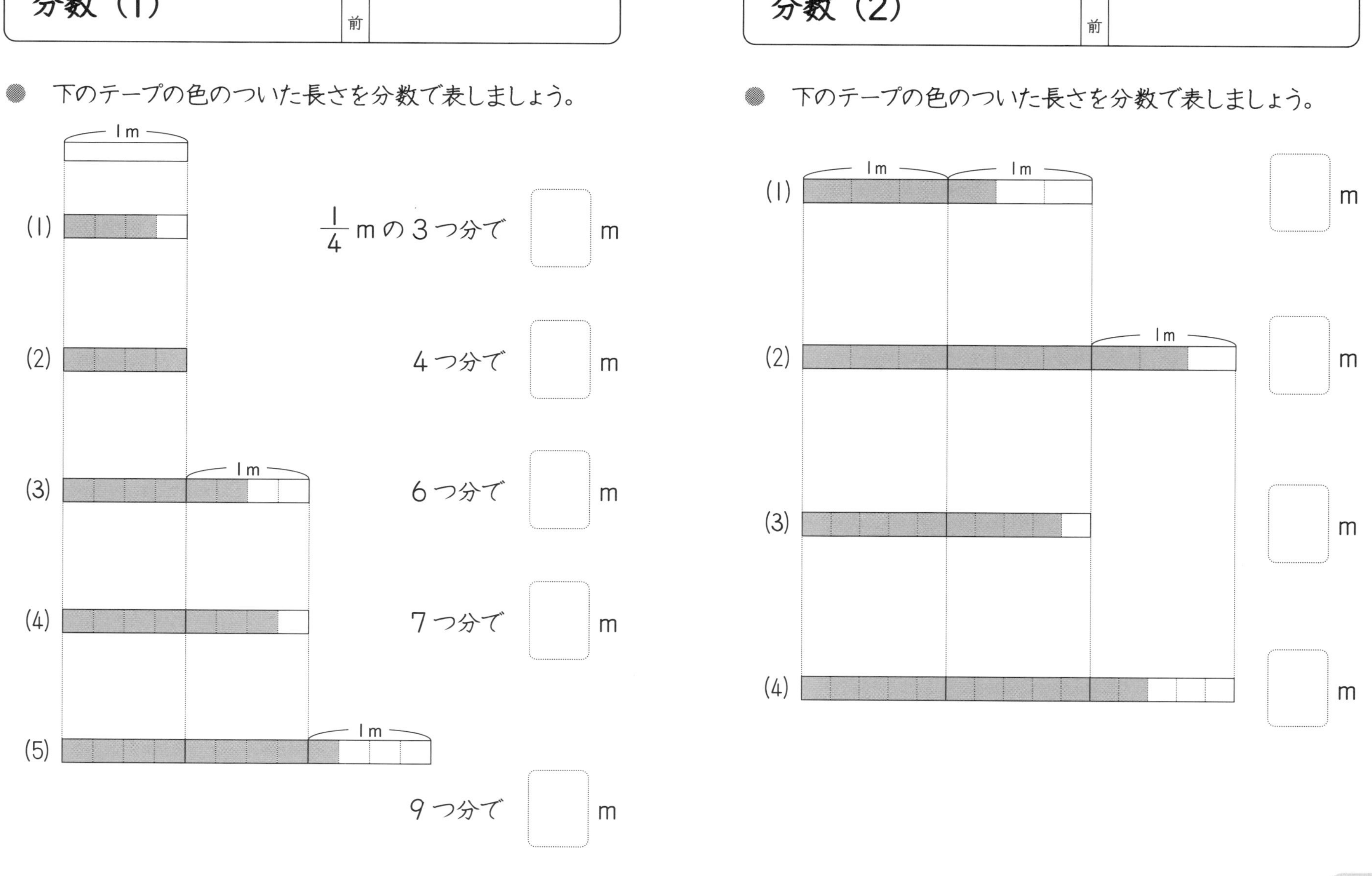

(1) $\frac{1}{4}$ m の 3 つ分で ［　　］ m

(2) 4 つ分で ［　　］ m

(3) 6 つ分で ［　　］ m

(4) 7 つ分で ［　　］ m

(5) 9 つ分で ［　　］ m

分数（2）

名前

● 下のテープの色のついた長さを分数で表しましょう。

(1) ［　　］ m

(2) ［　　］ m

(3) ［　　］ m

(4) ［　　］ m

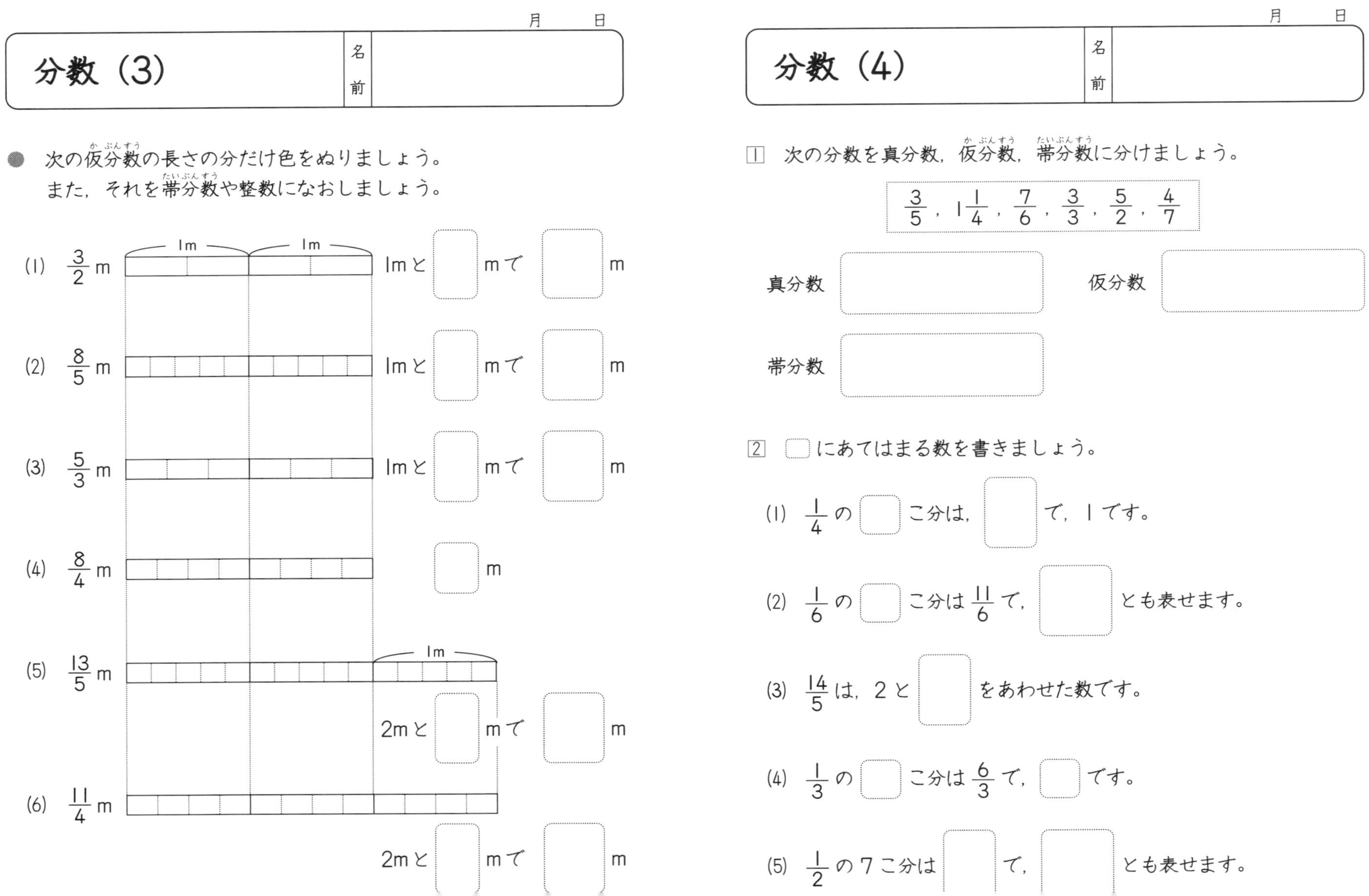

分数（3）

名前　　　　月　　日

● 次の仮分数の長さの分だけ色をぬりましょう。
また，それを帯分数や整数になおしましょう。

(1) $\frac{3}{2}$ m　1mと □ mで □ m

(2) $\frac{8}{5}$ m　1mと □ mで □ m

(3) $\frac{5}{3}$ m　1mと □ mで □ m

(4) $\frac{8}{4}$ m　□ m

(5) $\frac{13}{5}$ m　2mと □ mで □ m

(6) $\frac{11}{4}$ m　2mと □ mで □ m

分数（4）

名前　　　　月　　日

1 次の分数を真分数，仮分数，帯分数に分けましょう。

$\frac{3}{5}$，$1\frac{1}{4}$，$\frac{7}{6}$，$\frac{3}{3}$，$\frac{5}{2}$，$\frac{4}{7}$

真分数 □　　仮分数 □

帯分数 □

2 □にあてはまる数を書きましょう。

(1) $\frac{1}{4}$ の □ こ分は，□ で，1です。

(2) $\frac{1}{6}$ の □ こ分は $\frac{11}{6}$ で，□ とも表せます。

(3) $\frac{14}{5}$ は，2と □ をあわせた数です。

(4) $\frac{1}{3}$ の □ こ分は $\frac{6}{3}$ で，□ です。

(5) $\frac{1}{2}$ の7こ分は □ で，□ とも表せます。

分数（5）

名前

1 $\frac{9}{4}$を帯分数になおします。□にあてはまる数を書きましょう。

$9 \div 4 =$ □ あまり □　　$\frac{9}{4} =$ □$\frac{□}{4}$

2 次の仮分数を，帯分数か整数で表しましょう。

(1) $\frac{8}{3}$ □　(2) $\frac{6}{2}$ □　(3) $\frac{12}{5}$ □

(4) $\frac{16}{4}$ □　(5) $\frac{19}{6}$ □　(6) $\frac{15}{7}$ □

3 上の□には真分数か仮分数，下の□には帯分数を書きましょう。

(1)

0　$\frac{1}{4}$ □ □ □ □ □ □ □ □ □ □ □

0　1　2　3

(2)

0　1　2　3　4

分数（6）

名前

1 $2\frac{3}{4}$を仮分数になおします。□にあてはまる数を書きましょう。

$4 \times 2 + 3 =$ □　　$2\frac{3}{4} = \frac{□}{4}$

2 次の帯分数を仮分数になおしましょう。

(1) $1\frac{1}{4}$ □　(2) $2\frac{2}{5}$ □

(3) $1\frac{2}{3}$ □　(4) $3\frac{3}{4}$ □

(5) $1\frac{2}{7}$ □　(6) $1\frac{5}{6}$ □

3 次の分数の大小を，不等号で表しましょう。

(1) $1\frac{1}{5}$ □ $\frac{7}{5}$　(2) $\frac{13}{3}$ □ $3\frac{1}{3}$

5分

（141%に拡大してご使用ください。）

10分

月　日

分数（7）

名前

● 下の数直線を見て答えましょう。

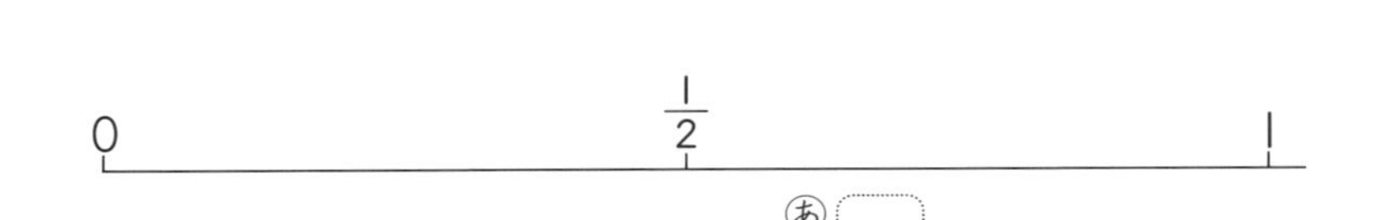

(1) 左の数直線のあ〜この□にあてはまる分数を書きましょう。

(2) 下の分数と大きさの等しい分数をすべて書きましょう。

① $\frac{1}{2}$ = □ = □ = □ = □

② $\frac{1}{3}$ = □ = □　③ $\frac{2}{3}$ = □ = □

④ $\frac{3}{4}$ = □　⑤ $\frac{1}{5}$ = □

⑥ $\frac{4}{5}$ = □　⑦ $\frac{2}{8}$ = □

⑧ $\frac{4}{10}$ = □　⑨ $\frac{6}{10}$ = □

(3) 左の数直線を見て，分数の大きさをくらべます。
□にあてはまる不等号（ふとうごう）を書きましょう。

① $\frac{1}{4}$ □ $\frac{1}{5}$　② $\frac{2}{6}$ □ $\frac{2}{8}$

③ $\frac{4}{8}$ □ $\frac{4}{10}$

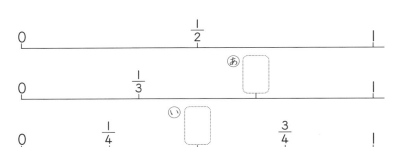

（141％に拡大してご使用ください。）

分数（8）

分数のたし算 ①

名前

● 計算をしましょう。

① $\frac{4}{5}+\frac{7}{5}$　② $\frac{5}{6}+\frac{5}{6}$

③ $\frac{4}{3}+\frac{7}{3}$　④ $\frac{3}{7}+\frac{6}{7}$

⑤ $\frac{5}{4}+\frac{2}{4}$　⑥ $\frac{5}{8}+\frac{7}{8}$

⑦ $\frac{9}{10}+\frac{4}{10}$　⑧ $\frac{7}{6}+\frac{10}{6}$

分数（9）

分数のたし算 ②

名前

● 計算をしましょう。

① $\frac{5}{7}+\frac{4}{7}$　② $\frac{13}{10}+\frac{2}{10}$

③ $\frac{4}{5}+\frac{3}{5}$　④ $\frac{6}{8}+\frac{3}{8}$

⑤ $\frac{7}{4}+\frac{6}{4}$　⑥ $\frac{1}{7}+\frac{8}{7}$

⑦ $\frac{4}{3}+\frac{4}{3}$　⑧ $\frac{7}{9}+\frac{8}{9}$

（141%に拡大してご使用ください。）

分数（10）

分数のたし算③

月　日　名前

● 計算をしましょう。

① $\frac{2}{3}+\frac{5}{3}$　② $\frac{1}{6}+\frac{4}{6}$

③ $\frac{1}{5}+\frac{3}{5}$　④ $\frac{2}{7}+\frac{6}{7}$

⑤ $\frac{8}{6}+\frac{11}{6}$　⑥ $\frac{9}{8}+\frac{10}{8}$

⑦ $\frac{7}{11}+\frac{3}{11}$　⑧ $\frac{11}{10}+\frac{6}{10}$

分数（11）

分数のたし算④

月　日　名前

● 計算をしましょう。

① $\frac{10}{7}+\frac{2}{7}$　② $\frac{3}{4}+\frac{2}{4}$

③ $\frac{9}{5}+\frac{8}{5}$　④ $\frac{5}{8}+\frac{7}{8}$

⑤ $\frac{4}{6}+\frac{3}{6}$　⑥ $\frac{2}{9}+\frac{5}{9}$

⑦ $\frac{13}{12}+\frac{14}{12}$　⑧ $\frac{4}{10}+\frac{13}{10}$

（141%に拡大してご使用ください。）

分数（12）

分数のひき算 ①

名前

● 計算をしましょう。

① $\frac{7}{4} - \frac{2}{4}$

② $\frac{3}{6} - \frac{1}{6}$

③ $\frac{7}{9} - \frac{2}{9}$

④ $\frac{9}{5} - \frac{7}{5}$

⑤ $\frac{4}{7} - \frac{2}{7}$

⑥ $\frac{14}{12} - \frac{5}{12}$

⑦ $\frac{13}{10} - \frac{12}{10}$

⑧ $\frac{7}{8} - \frac{4}{8}$

分数（13）

分数のひき算 ②

名前

● 計算をしましょう。

① $\frac{5}{6} - \frac{4}{6}$

② $\frac{13}{8} - \frac{10}{8}$

③ $\frac{2}{3} - \frac{1}{3}$

④ $\frac{4}{5} - \frac{1}{5}$

⑤ $\frac{12}{7} - \frac{3}{7}$

⑥ $\frac{15}{11} - \frac{12}{11}$

⑦ $\frac{6}{10} - \frac{4}{10}$

⑧ $\frac{10}{9} - \frac{2}{9}$

月　日

分数（14）

分数のひき算③

名前

● 計算をしましょう。

① $\frac{3}{4} - \frac{1}{4}$　② $\frac{9}{8} - \frac{5}{8}$

③ $\frac{13}{7} - \frac{9}{7}$　④ $\frac{10}{11} - \frac{2}{11}$

⑤ $\frac{5}{9} - \frac{1}{9}$　⑥ $\frac{3}{5} - \frac{2}{5}$

⑦ $\frac{17}{12} - \frac{14}{12}$　⑧ $\frac{13}{10} - \frac{6}{10}$

月　日

分数（15）

分数のひき算④

名前

● 計算をしましょう。

① $\frac{5}{8} - \frac{3}{8}$　② $\frac{8}{3} - \frac{4}{3}$

③ $\frac{7}{5} - \frac{3}{5}$　④ $\frac{14}{9} - \frac{10}{9}$

⑤ $\frac{8}{10} - \frac{3}{10}$　⑥ $\frac{11}{6} - \frac{1}{6}$

⑦ $\frac{6}{7} - \frac{3}{7}$　⑧ $\frac{8}{12} - \frac{3}{12}$

（141％に拡大してご使用ください。）

分数（16）

分数のたし算⑤

名前

● 計算をしましょう。

① $\frac{2}{5}+\frac{1}{5}$　　② $\frac{5}{3}+\frac{8}{3}$

③ $\frac{3}{7}+\frac{4}{7}$　　④ $\frac{4}{9}+\frac{3}{9}$

⑤ $\frac{8}{6}+\frac{7}{6}$　　⑥ $\frac{3}{8}+\frac{2}{8}$

⑦ $\frac{3}{7}+\frac{8}{7}$　　⑧ $\frac{3}{10}+\frac{6}{10}$

⑨ $\frac{11}{9}+\frac{4}{9}$　　⑩ $\frac{9}{8}+\frac{12}{8}$

⑪ $\frac{7}{12}+\frac{4}{12}$　　⑫ $\frac{8}{11}+\frac{12}{11}$

分数（17）

分数のたし算⑥

名前

● 計算をしましょう。

① $\frac{1}{3}+\frac{1}{3}$　　② $\frac{2}{6}+\frac{3}{6}$

③ $\frac{7}{5}+\frac{6}{5}$　　④ $\frac{8}{6}+\frac{3}{6}$

⑤ $\frac{2}{9}+\frac{5}{9}$　　⑥ $\frac{13}{12}+\frac{4}{12}$

⑦ $\frac{11}{7}+\frac{9}{7}$　　⑧ $\frac{7}{10}+\frac{9}{10}$

⑨ $\frac{8}{11}+\frac{6}{11}$　　⑩ $\frac{6}{8}+\frac{11}{8}$

⑪ $\frac{1}{12}+\frac{11}{12}$　　⑫ $\frac{10}{9}+\frac{17}{9}$

5分

（141%に拡大してご使用ください。）

分数（18）

分数のたし算 ⑦

名前　　　　月　　日

● 計算をしましょう。

① $\frac{3}{4}+\frac{3}{4}$　② $\frac{6}{5}+\frac{8}{5}$

③ $\frac{5}{6}+\frac{7}{6}$　④ $\frac{3}{9}+\frac{5}{9}$

⑤ $\frac{10}{7}+\frac{8}{7}$　⑥ $\frac{8}{10}+\frac{3}{10}$

⑦ $\frac{14}{11}+\frac{2}{11}$　⑧ $\frac{4}{5}+\frac{4}{5}$

⑨ $\frac{1}{12}+\frac{10}{12}$　⑩ $\frac{11}{9}+\frac{13}{9}$

⑪ $\frac{4}{8}+\frac{5}{8}$　⑫ $\frac{5}{10}+\frac{11}{10}$

分数（19）

分数のたし算 ⑧

名前　　　　月　　日

● 計算をしましょう。

① $\frac{1}{4}+\frac{1}{4}$　② $\frac{9}{7}+\frac{4}{7}$

③ $\frac{1}{5}+\frac{2}{5}$　④ $\frac{7}{6}+\frac{9}{6}$

⑤ $\frac{3}{8}+\frac{2}{8}$　⑥ $\frac{6}{4}+\frac{5}{4}$

⑦ $\frac{7}{10}+\frac{4}{10}$　⑧ $\frac{8}{6}+\frac{1}{6}$

⑨ $\frac{7}{9}+\frac{10}{9}$　⑩ $\frac{11}{8}+\frac{11}{8}$

⑪ $\frac{1}{11}+\frac{3}{11}$　⑫ $\frac{9}{12}+\frac{2}{12}$

（141%に拡大してご使用ください。）

分数（20）

分数のひき算 ⑤

名前

● 計算をしましょう。

① $\frac{8}{5} - \frac{2}{5}$　② $\frac{3}{4} - \frac{2}{4}$

③ $\frac{5}{7} - \frac{3}{7}$　④ $\frac{8}{6} - \frac{7}{6}$

⑤ $\frac{8}{9} - \frac{3}{9}$　⑥ $\frac{7}{3} - \frac{2}{3}$

⑦ $\frac{11}{8} - \frac{9}{8}$　⑧ $\frac{5}{6} - \frac{2}{6}$

⑨ $\frac{6}{8} - \frac{1}{8}$　⑩ $\frac{14}{11} - \frac{7}{11}$

⑪ $\frac{16}{10} - \frac{13}{10}$　⑫ $\frac{9}{12} - \frac{4}{12}$

分数（21）

分数のひき算 ⑥

名前

● 計算をしましょう。

① $\frac{4}{5} - \frac{2}{5}$　② $\frac{7}{6} - \frac{5}{6}$

③ $\frac{11}{4} - \frac{6}{4}$　④ $\frac{4}{7} - \frac{3}{7}$

⑤ $\frac{9}{11} - \frac{3}{11}$　⑥ $\frac{10}{6} - \frac{7}{6}$

⑦ $\frac{11}{8} - \frac{3}{8}$　⑧ $\frac{11}{12} - \frac{2}{12}$

⑨ $\frac{7}{9} - \frac{3}{9}$　⑩ $\frac{19}{12} - \frac{13}{12}$

⑪ $\frac{9}{10} - \frac{7}{10}$　⑫ $\frac{12}{11} - \frac{8}{11}$

（141％に拡大してご使用ください。）

分数 (22)
分数のひき算 ⑦

名前　　　　月　日

● 計算をしましょう。

① $\frac{2}{4}-\frac{1}{4}$　② $\frac{11}{7}-\frac{8}{7}$

③ $\frac{4}{6}-\frac{1}{6}$　④ $\frac{13}{9}-\frac{5}{9}$

⑤ $\frac{11}{10}-\frac{3}{10}$　⑥ $\frac{6}{7}-\frac{5}{7}$

⑦ $\frac{7}{9}-\frac{4}{9}$　⑧ $\frac{13}{12}-\frac{7}{12}$

⑨ $\frac{17}{10}-\frac{14}{10}$　⑩ $\frac{8}{11}-\frac{6}{11}$

⑪ $\frac{10}{12}-\frac{5}{12}$　⑫ $\frac{17}{9}-\frac{12}{9}$

分数 (23)
分数のひき算 ⑧

名前　　　　月　日

● 計算をしましょう。

① $1-\frac{1}{4}$　② $2-\frac{2}{3}$

③ $1-\frac{3}{5}$　④ $3-\frac{1}{7}$

⑤ $2-\frac{3}{4}$　⑥ $1-\frac{5}{8}$

⑦ $2-\frac{5}{6}$　⑧ $3-\frac{1}{3}$

⑨ $2-\frac{4}{7}$　⑩ $1-\frac{6}{11}$

⑪ $2-\frac{5}{9}$　⑫ $3-\frac{11}{12}$

(141%に拡大してご使用ください。)

分数（24）
帯分数のあるたし算 ①

名前

● 計算をしましょう。

① $1\frac{2}{10}+\frac{7}{10}$

② $2\frac{1}{3}+1\frac{2}{3}$

③ $\frac{7}{4}+1\frac{3}{4}$

④ $2\frac{3}{5}+\frac{6}{5}$

⑤ $\frac{9}{7}+1\frac{1}{7}$

⑥ $1\frac{5}{6}+1\frac{3}{6}$

分数（25）
帯分数のあるたし算 ②

名前

● 計算をしましょう。

① $\frac{1}{3}+2\frac{2}{3}$

② $1\frac{1}{4}+1\frac{2}{4}$

③ $\frac{7}{6}+1\frac{1}{6}$

④ $1\frac{4}{5}+\frac{9}{5}$

⑤ $1\frac{2}{7}+2\frac{3}{7}$

⑥ $2\frac{4}{9}+\frac{1}{9}$

分数 (26)

帯分数のあるひき算 ①

名前　　　　月　　日

● 計算をしましょう。

① $2\frac{1}{5} - \frac{7}{5}$

② $1\frac{3}{4} - 1\frac{2}{4}$

③ $2\frac{5}{6} - \frac{3}{6}$

④ $2\frac{1}{7} - \frac{5}{7}$

⑤ $\frac{15}{8} - 1\frac{3}{8}$

⑥ $1\frac{7}{9} - 1\frac{2}{9}$

分数 (27)

帯分数のあるひき算 ②

名前　　　　月　　日

● 計算をしましょう。

① $1\frac{1}{3} - \frac{2}{3}$

② $\frac{10}{6} - 1\frac{2}{6}$

③ $1\frac{3}{5} - 1\frac{1}{5}$

④ $2\frac{2}{7} - 1\frac{4}{7}$

⑤ $1\frac{6}{8} - \frac{7}{8}$

⑥ $1\frac{6}{7} - \frac{10}{7}$

(141%に拡大してご使用ください。)

分数（28）
帯分数のあるたし算 ③

名前

● 計算をしましょう。

① $1\frac{2}{3}+1\frac{2}{3}$　　② $\frac{7}{5}+1\frac{2}{5}$

③ $2\frac{1}{4}+\frac{6}{4}$　　④ $2\frac{1}{6}+1\frac{4}{6}$

⑤ $\frac{4}{8}+1\frac{5}{8}$　　⑥ $1\frac{3}{7}+\frac{8}{7}$

⑦ $\frac{6}{4}+1\frac{3}{4}$　　⑧ $2\frac{1}{5}+\frac{4}{5}$

⑨ $1\frac{3}{8}+1\frac{6}{8}$　　⑩ $\frac{3}{9}+1\frac{8}{9}$

分数（29）
帯分数のあるたし算 ④

名前

● 計算をしましょう。

① $\frac{3}{4}+1\frac{3}{4}$　　② $2\frac{1}{3}+\frac{1}{3}$

③ $\frac{9}{7}+1\frac{2}{7}$　　④ $2\frac{3}{5}+1\frac{1}{5}$

⑤ $\frac{4}{6}+2\frac{3}{6}$　　⑥ $1\frac{5}{7}+1\frac{6}{7}$

⑦ $2\frac{1}{5}+\frac{6}{5}$　　⑧ $1\frac{7}{8}+\frac{6}{8}$

⑨ $1\frac{7}{9}+1\frac{3}{9}$　　⑩ $2\frac{4}{7}+\frac{11}{7}$

5分

月　日

分数（30）

帯分数のあるひき算 ③

名前

● 計算をしましょう。

① $2\frac{2}{3} - 1\frac{1}{3}$　　② $1\frac{2}{4} - \frac{5}{4}$

③ $\frac{9}{5} - 1\frac{2}{5}$　　④ $1\frac{5}{6} - 1\frac{1}{6}$

⑤ $1\frac{6}{7} - \frac{2}{7}$　　⑥ $1\frac{3}{4} - \frac{1}{4}$

⑦ $2\frac{1}{6} - \frac{11}{6}$　　⑧ $2\frac{5}{8} - 1\frac{2}{8}$

⑨ $\frac{17}{7} - 2\frac{1}{7}$　　⑩ $1\frac{6}{9} - \frac{1}{9}$

月　日

分数（31）

帯分数のあるひき算 ④

名前

● 計算をしましょう。

① $2\frac{1}{3} - \frac{2}{3}$　　② $2\frac{1}{4} - 1\frac{3}{4}$

③ $1\frac{5}{6} - \frac{7}{6}$　　④ $1\frac{3}{5} - \frac{2}{5}$

⑤ $\frac{16}{9} - 1\frac{3}{9}$　　⑥ $1\frac{6}{7} - 1\frac{3}{7}$

⑦ $1\frac{5}{8} - \frac{3}{8}$　　⑧ $1\frac{2}{3} - \frac{4}{3}$

⑨ $\frac{9}{4} - 1\frac{3}{4}$　　⑩ $2\frac{2}{9} - 1\frac{4}{9}$

分数（32）

分数のたし算 ⑨

名前

● 計算をしましょう。

① $\frac{3}{7}+\frac{5}{7}$　② $\frac{7}{3}+\frac{7}{3}$　③ $\frac{3}{4}+\frac{1}{4}$

④ $\frac{3}{2}+\frac{3}{2}$　⑤ $\frac{1}{8}+\frac{4}{8}$　⑥ $1\frac{2}{5}+1\frac{4}{5}$

⑦ $\frac{7}{10}+\frac{11}{10}$　⑧ $\frac{10}{9}+\frac{13}{9}$　⑨ $\frac{12}{11}+\frac{7}{11}$

⑩ $\frac{9}{4}+\frac{5}{4}$　⑪ $\frac{8}{3}+\frac{2}{3}$　⑫ $1\frac{3}{6}+\frac{8}{6}$

⑬ $\frac{16}{12}+\frac{4}{12}$　⑭ $1\frac{5}{8}+2\frac{1}{8}$　⑮ $\frac{6}{9}+\frac{13}{9}$

⑯ $\frac{14}{10}+\frac{12}{10}$　⑰ $\frac{5}{6}+\frac{5}{6}$　⑱ $\frac{13}{5}+\frac{7}{5}$

⑲ $\frac{8}{7}+2\frac{1}{7}$　⑳ $\frac{2}{11}+\frac{15}{11}$

分数（33）

分数のひき算 ⑨

名前

● 計算をしましょう。

① $\frac{5}{6}-\frac{1}{6}$　② $1\frac{2}{3}-\frac{1}{3}$　③ $\frac{7}{4}-\frac{2}{4}$

④ $\frac{13}{7}-\frac{9}{7}$　⑤ $\frac{15}{10}-\frac{7}{10}$　⑥ $\frac{11}{8}-\frac{5}{8}$

⑦ $1-\frac{2}{9}$　⑧ $\frac{10}{3}-\frac{2}{3}$　⑨ $2\frac{1}{5}-\frac{4}{5}$

⑩ $\frac{7}{2}-\frac{1}{2}$　⑪ $\frac{16}{11}-\frac{14}{11}$　⑫ $\frac{11}{4}-\frac{1}{4}$

⑬ $1\frac{1}{6}-\frac{4}{6}$　⑭ $\frac{11}{12}-\frac{6}{12}$　⑮ $\frac{17}{10}-\frac{13}{10}$

⑯ $\frac{13}{5}-\frac{4}{5}$　⑰ $\frac{15}{8}-\frac{12}{8}$　⑱ $\frac{19}{7}-\frac{5}{7}$

⑲ $2\frac{1}{9}-\frac{6}{9}$　⑳ $3-\frac{7}{11}$

10分

（141%に拡大してご使用ください。）

月　日

分数（34）

分数のたし算 ⑩

名前

● 計算をしましょう。

① $\frac{2}{4}+\frac{3}{4}$	② $\frac{4}{3}+\frac{7}{3}$	③ $\frac{10}{7}+\frac{6}{7}$
④ $\frac{4}{5}+\frac{12}{5}$	⑤ $\frac{6}{8}+\frac{7}{8}$	⑥ $\frac{13}{4}+\frac{5}{4}$
⑦ $\frac{9}{7}+\frac{13}{7}$	⑧ $\frac{9}{10}+\frac{5}{10}$	⑨ $1\frac{5}{6}+1\frac{3}{6}$
⑩ $2\frac{3}{8}+\frac{10}{8}$	⑪ $\frac{19}{12}+\frac{7}{12}$	⑫ $\frac{8}{5}+\frac{7}{5}$
⑬ $1\frac{3}{4}+2\frac{2}{4}$	⑭ $\frac{5}{6}+\frac{11}{6}$	⑮ $\frac{13}{9}+\frac{11}{9}$
⑯ $\frac{4}{12}+\frac{6}{12}$	⑰ $\frac{5}{3}+2\frac{1}{3}$	⑱ $\frac{17}{10}+\frac{12}{10}$
⑲ $\frac{15}{11}+\frac{3}{11}$	⑳ $\frac{2}{7}+\frac{16}{7}$	

月　日

分数（35）

分数のひき算 ⑩

名前

● 計算をしましょう。

① $\frac{12}{5}-\frac{9}{5}$	② $\frac{4}{6}-\frac{1}{6}$	③ $2\frac{2}{3}-\frac{1}{3}$
④ $\frac{7}{9}-\frac{1}{9}$	⑤ $2-\frac{5}{8}$	⑥ $\frac{17}{7}-\frac{3}{7}$
⑦ $\frac{19}{11}-\frac{4}{11}$	⑧ $2\frac{1}{4}-\frac{2}{4}$	⑨ $\frac{18}{12}-\frac{11}{12}$
⑩ $\frac{7}{3}-\frac{5}{3}$	⑪ $\frac{14}{6}-\frac{9}{6}$	⑫ $1-\frac{7}{10}$
⑬ $1\frac{5}{9}-\frac{3}{9}$	⑭ $\frac{6}{7}-\frac{3}{7}$	⑮ $\frac{15}{8}-\frac{12}{8}$
⑯ $\frac{13}{4}-\frac{1}{4}$	⑰ $\frac{10}{12}-\frac{3}{12}$	⑱ $\frac{17}{5}-\frac{4}{5}$
⑲ $\frac{21}{10}-\frac{8}{10}$	⑳ $2\frac{1}{8}-\frac{3}{8}$	

（141%に拡大してご使用ください。）

分数（36）
分数のたし算 ⑪

名前

● 計算をしましょう。

① $\frac{3}{4}+\frac{2}{4}$　② $\frac{2}{3}+2$　③ $\frac{3}{5}+\frac{12}{5}$

④ $\frac{13}{9}+\frac{17}{9}$　⑤ $\frac{13}{7}+\frac{4}{7}$　⑥ $\frac{13}{6}+\frac{8}{6}$

⑦ $\frac{7}{10}+\frac{6}{10}$　⑧ $\frac{5}{4}+1\frac{2}{4}$　⑨ $2\frac{1}{3}+1\frac{2}{3}$

⑩ $\frac{14}{11}+\frac{7}{11}$　⑪ $\frac{5}{12}+\frac{7}{12}$　⑫ $\frac{13}{8}+\frac{9}{8}$

⑬ $\frac{5}{8}+\frac{12}{8}$　⑭ $\frac{9}{6}+\frac{10}{6}$　⑮ $1\frac{5}{9}+2\frac{2}{9}$

⑯ $\frac{5}{7}+\frac{6}{7}$　⑰ $1\frac{1}{5}+\frac{7}{5}$　⑱ $\frac{16}{10}+\frac{6}{10}$

⑲ $\frac{13}{12}+\frac{14}{12}$　⑳ $1+\frac{5}{11}$

分数（37）
分数のひき算 ⑪

名前

● 計算をしましょう。

① $\frac{7}{8}-\frac{2}{8}$　② $2\frac{1}{6}-\frac{4}{6}$　③ $\frac{13}{4}-\frac{5}{4}$

④ $1-\frac{1}{3}$　⑤ $\frac{20}{9}-\frac{15}{9}$　⑥ $2\frac{5}{7}-\frac{4}{7}$

⑦ $\frac{19}{10}-\frac{6}{10}$　⑧ $\frac{18}{5}-\frac{4}{5}$　⑨ $\frac{9}{12}-\frac{4}{12}$

⑩ $\frac{11}{7}-\frac{4}{7}$　⑪ $\frac{11}{6}-\frac{3}{6}$　⑫ $\frac{10}{3}-\frac{1}{3}$

⑬ $\frac{23}{11}-\frac{17}{11}$　⑭ $3\frac{5}{8}-\frac{7}{8}$　⑮ $\frac{16}{9}-\frac{5}{9}$

⑯ $\frac{15}{4}-\frac{1}{4}$　⑰ $3-\frac{3}{7}$　⑱ $\frac{18}{10}-\frac{11}{10}$

⑲ $\frac{17}{12}-\frac{5}{12}$　⑳ $1\frac{7}{11}-\frac{8}{11}$

10分

（141%に拡大してご使用ください。）

月　日

分数（38）

たし算かな・ひき算かな ①

名前

1　りくさんは，きのうくりを$\frac{3}{7}$kg もらいました。また，$\frac{2}{7}$kg もらいました。くりはあわせて何 kg になりましたか。

式

答え

2　生クリームが $2\frac{1}{3}$dL あります。おかしに使ったので，$\frac{2}{3}$dL 残っています。生クリームは何 dL 使いましたか。

式

答え

3　赤いリボンが$\frac{10}{6}$m あります。黄色いリボンは，赤いリボンより$\frac{5}{6}$m 長いです。黄色いリボンは何 m ありますか。

式

答え

4　太いひもが$\frac{5}{8}$m，細いひもが$\frac{13}{8}$m あります。どちらのひもが何 m 長いですか。

式

答え

月　日

分数（39）

たし算かな・ひき算かな ②

名前

1　ポットにお茶が 2L 入っています。水とうには$\frac{2}{4}$L 入っています。どちらのお茶が何 L 多いですか。

式

答え

2　ジュースを$\frac{2}{9}$L 飲みました。残りは $1\frac{4}{9}$ L です。はじめにジュースは何 L ありましたか。

式

答え

3　テープが $3\frac{1}{5}$m ありました。工作でテープを使ったので，$\frac{4}{5}$m 残っています。使ったのは何 m ですか。

式

答え

4　まいさんは，家を出て$\frac{3}{10}$km 歩きました。あと$\frac{5}{10}$km 歩くと駅に着きます。家から駅まで何 km ですか。

式

答え

ふりかえり
分数

名前

1 次の仮分数の長さの分だけ色をぬり，それを帯分数か整数になおしましょう。

(1) $\frac{5}{4}$ m　□ m

(2) $\frac{10}{5}$ m　□ m

2 次の仮分数を，帯分数か整数で表しましょう。

(1) $\frac{8}{3}$ □　(2) $\frac{17}{8}$ □　(3) $\frac{20}{5}$ □

3 次の帯分数を仮分数になおしましょう。

(1) $1\frac{1}{5}$ □　(2) $1\frac{3}{4}$ □　(3) $2\frac{5}{7}$ □

4 次の分数の大小を，不等号で表しましょう。

(1) $\frac{8}{3}$ □ $3\frac{1}{3}$　(2) $1\frac{4}{6}$ □ $\frac{7}{6}$

5 下の数直線を見て，分数の大きさをくらべます。□にあてはまる不等号を書きましょう。

0　$\frac{1}{2}$　1

0　$\frac{1}{3}$　1

0　$\frac{1}{4}$　1

(1) $\frac{1}{2}$ □ $\frac{1}{3}$

(2) $\frac{2}{4}$ □ $\frac{2}{3}$

6 計算をしましょう。

(1) $\frac{9}{7}+\frac{4}{7}$　(2) $\frac{2}{5}+\frac{3}{5}$

(3) $\frac{11}{8}+\frac{9}{8}$　(4) $1\frac{2}{4}+2\frac{3}{4}$

(5) $3\frac{3}{6}+\frac{7}{6}$　(6) $\frac{7}{9}-\frac{3}{9}$

(7) $\frac{14}{10}-\frac{3}{10}$　(8) $\frac{18}{7}-\frac{11}{7}$

(9) $3-\frac{2}{3}$　(10) $3\frac{3}{8}-\frac{7}{8}$

7 箱にじゃがいもが $2\frac{4}{9}$ kg入っています。
そこへ $\frac{7}{9}$ kgのじゃがいもを入れると，全部で何kgになりますか。

式

答え

8 家から駅まで $\frac{8}{5}$ km，駅から公園まで $2\frac{3}{5}$ kmあります。
ちがいは何kmですか。

式

答え

10分 ふりかえり

（141％に拡大してご使用ください。）

月

分数（テスト）

名前

【知識・技能】

1 □にあてはまる数を書きましょう。（完答5×2）

(1) $\frac{1}{4}$の□こ分は$\frac{8}{4}$で□です。

(2) $\frac{1}{5}$の11こ分は仮分数で表すと□で帯分数にすると□です。

2 矢印の数を帯分数と仮分数で表しましょう。（5×4）

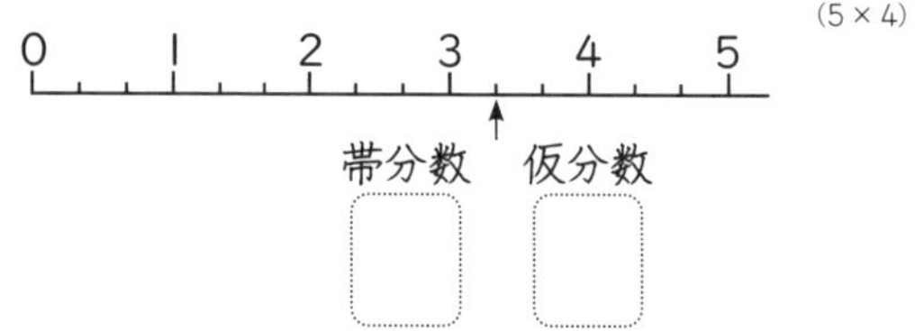

帯分数 □　仮分数 □

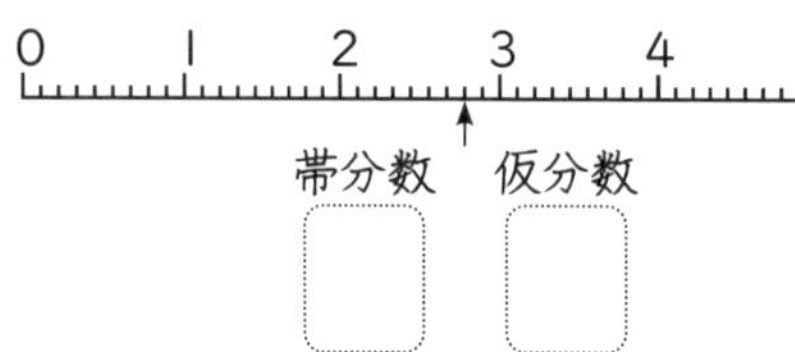

帯分数 □　仮分数 □

3 次の帯分数は仮分数に，仮分数は帯分数にしましょう。（5×4）

(1) $2\frac{3}{5}$ □

(2) $5\frac{3}{4}$ □

(3) $\frac{7}{2}$ □

(4) $\frac{41}{9}$ □

【思考・判断・表現】

4 Aのリボンは$1\frac{4}{5}$mあります。
Bのリボンは1mあります。（5×4）

(1) つなぐと何mになりますか。
（のりしろは考えないことにします。）

式

答え

(2) A，Bのリボンの長さのちがいは何mですか。

式

答え

5 牛にゅうが$5\frac{1}{3}$dLありましたが，$1\frac{2}{3}$dL飲みました。何dL残っていますか。（5×2）

式

答え

6 図をみて答えましょう。

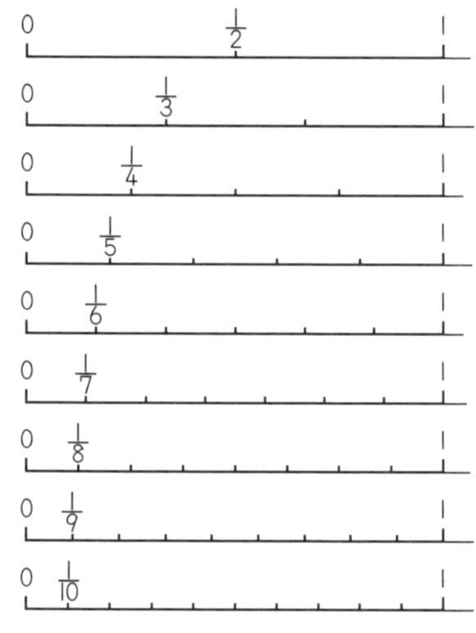

(1) 次の分数を大きい順に並べて書きましょう

$\frac{1}{2}$　$\frac{1}{5}$　$\frac{1}{3}$　$\frac{1}{6}$　$\frac{1}{4}$

□ > □ > □ > □ > □

(2) 次の分数と同じ大きさの分数をすべて書きましょう。（5×2）

$\frac{2}{3}$ = □ = □

　（141％に拡大してご使用ください。）

月　　日

算数あそび

分数のたし算

名前

● 答えの小さい方へ進み，ゴールまで行きましょう。

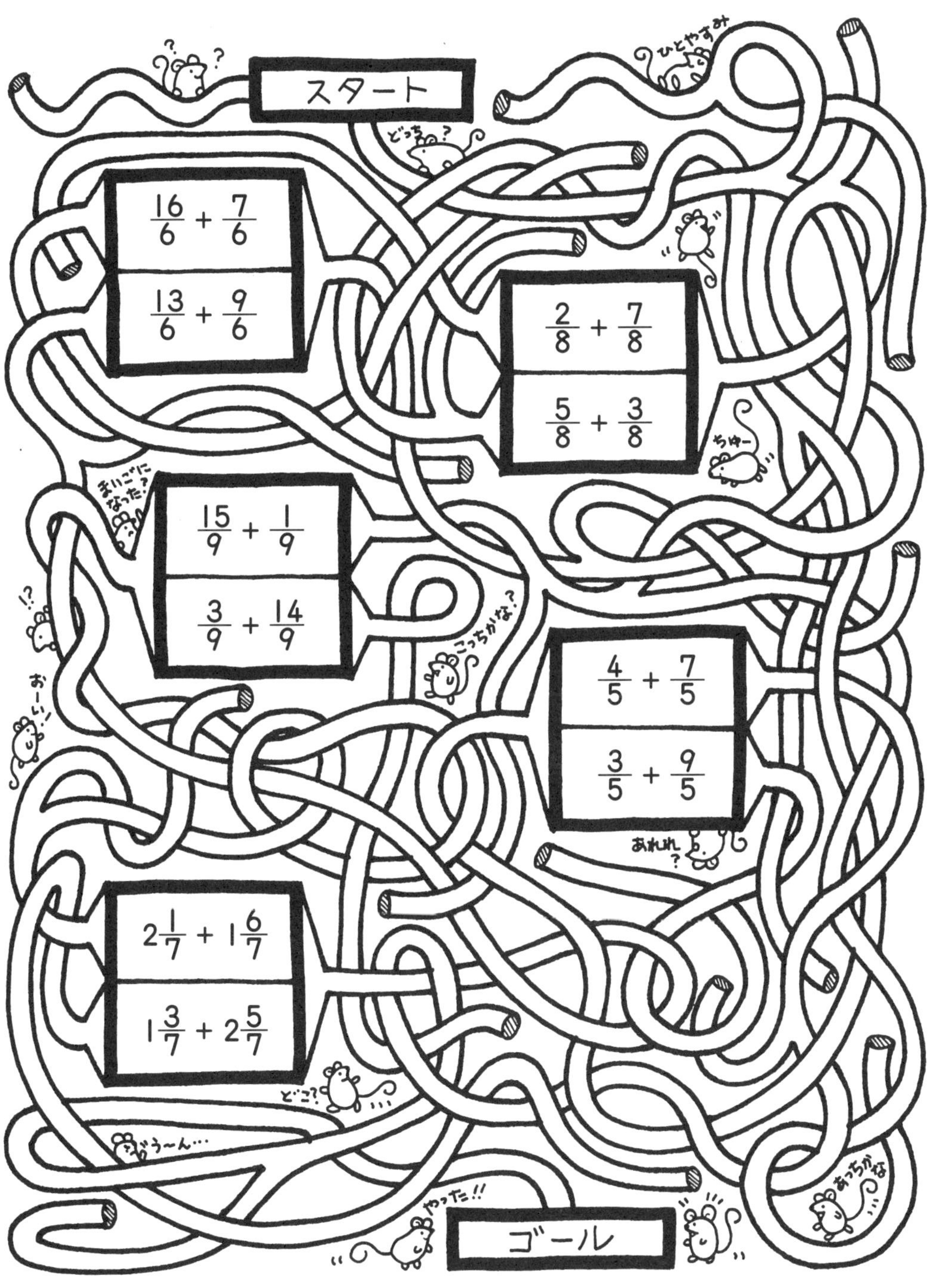

月　　日

算数あそび

分数のひき算

名前

● 次の計算をして，あみだくじをしましょう。答えをたどりついた □ に書きましょう。

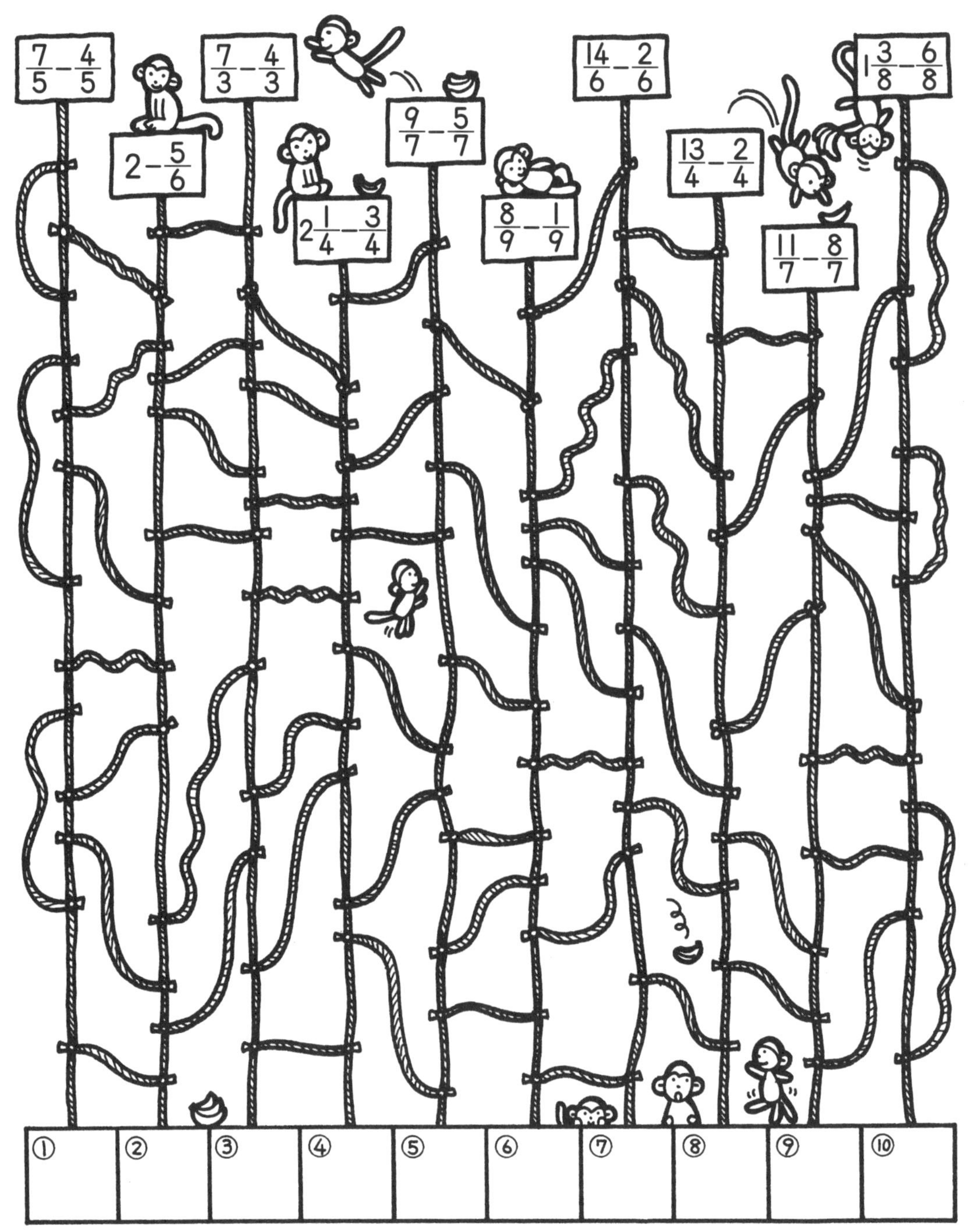

変わり方調べ（1）

名前

● 次のあ～うのともなって変わる量は，下のア～ウのどの関係になっていますか。ア～ウの記号で答えましょう。

あ　1ふくろ100円のおかしを買うときの，ふくろの数と代金

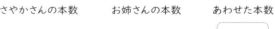

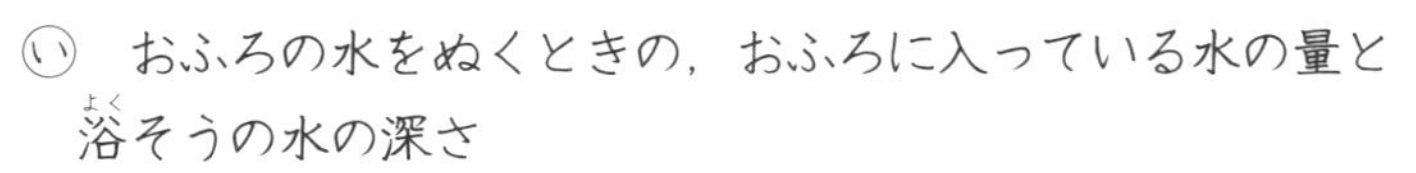

い　おふろの水をぬくときの，おふろに入っている水の量と浴そうの水の深さ

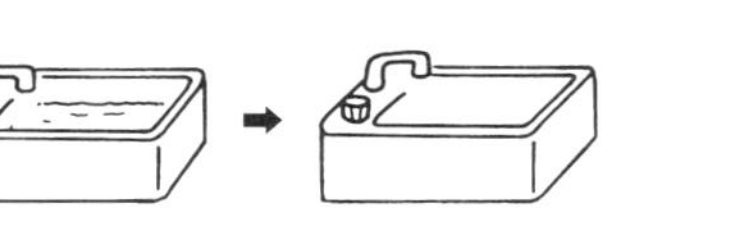

う　12まいのカードで長方形を作ったときの，たてのまい数と横のまい数

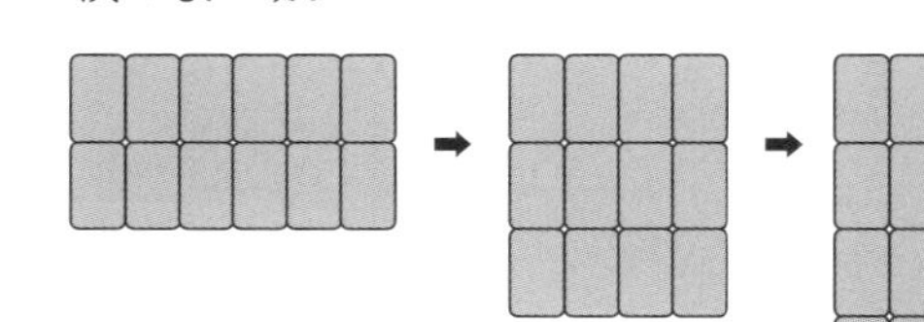

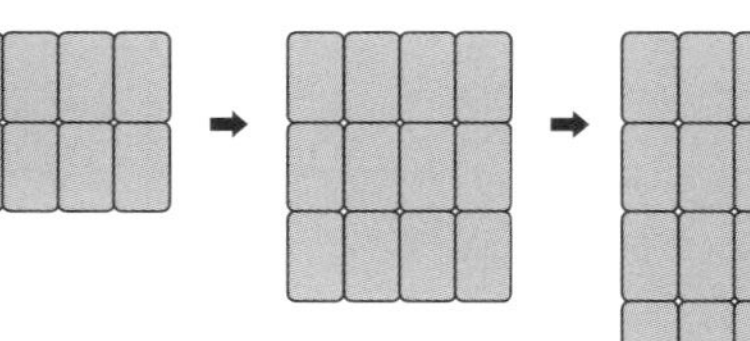

ア　一方がふえると，もう一方の数量もふえる。
イ　一方がふえると，もう一方の数量はへる。
ウ　一方がへると，もう一方の数量もへる。

変わり方調べ（2）

名前

● 10本のえん筆をさやかさんとお姉さんが2人で分けます。2人のえん筆の本数の関係を調べましょう。

(1)　さやかさんとお姉さんのえん筆の本数を表にまとめましょう。

さやかさんのえん筆（本）	1	2	3	4	5	6	7
お姉さんのえん筆（本）	9						

(2)　さやかさんのえん筆の本数が1本ふえると，お姉さんのえん筆の本数はどうなりますか。

(3)　さやかさんのえん筆の本数を□本，お姉さんのえん筆の本数を○本として，□と○の関係を式に表しましょう。

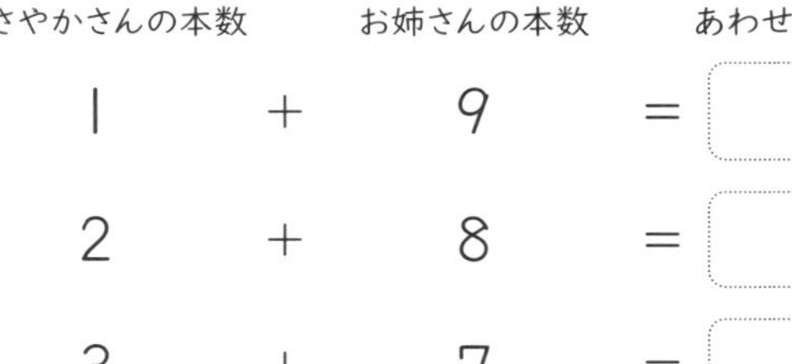

さやかさんの本数		お姉さんの本数		あわせた本数
1	＋	9	＝	
2	＋	8	＝	
3	＋	7	＝	
⋮		⋮		
□	＋	○	＝	

3分

変わり方調べ（3）

名前　　　　月　　日

● 1辺が1cmの正三角形の紙を，下のように1列にならべていきます。正三角形の数とまわりの長さの関係を調べましょう。

1cm　1こ　2こ　3こ　4こ

(1) 正三角形の数とまわりの長さを表にまとめましょう。

正三角形の数（こ）	1	2	3	4	5	6	7	8
まわりの長さ（cm）								

(2) 正三角形の数が1こふえると，まわりの長さは何cmふえますか。

(3) 正三角形の数を□こ，まわりの長さを○cmとして，□と○の関係を式に表しましょう。

正三角形の数　　まわりの長さ

1 ＋ 2 ＝

2 ＋ 2 ＝

3 ＋ 2 ＝

⋮　　⋮

□ ＋ 　 ＝

(4) 正三角形の数が12このとき，まわりの長さは何cmですか。

(5) まわりの長さが20cmになるのは，正三角形を何こならべたときですか。

変わり方調べ（4）

名前　　　　月　　日

1 右のように，つくえを1列にならべて，そのまわりに人がすわります。
つくえの数とすわれる人数の関係を調べましょう。

(1) つくえの数とすわれる人数を表にまとめましょう。

つくえの数（台）	1	2	3	4	5	6
すわれる人数（人）						

(2) つくえの数が1台ふえると，すわれる人数は何人ふえますか。

(3) つくえの数が8台のとき，すわれる人数は何人ですか。

2 1辺が1cmの正方形を下の図のように1だん，2だんとならべていきます。まわりの長さを調べましょう。

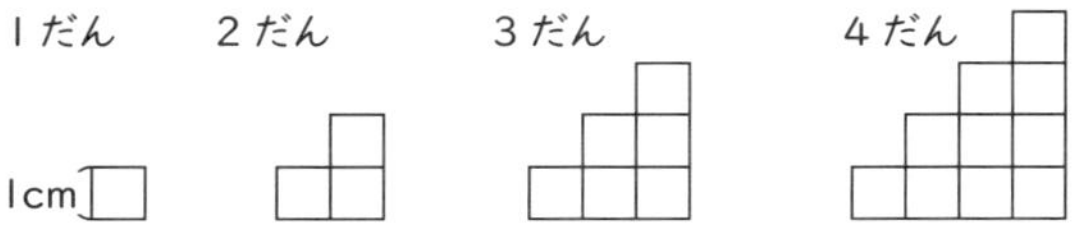

1だん　2だん　3だん　4だん

1cm

(1) だんの数とまわりの長さを下の表にまとめましょう。

だんの数（だん）	1	2	3	4	5	6	7	8
まわりの長さ（cm）								

(2) だんの数を□，まわりの長さを○として，関係を式に表しましょう。

□ × 　 ＝

(3) だんの数□が12だんのとき，まわりの長さは何cmですか。

cm

変わり方調べ（5）

名前

● たて5cmで，横の長さを1cm，2cm，3cm，…と下の図のようにのばすと，面積はどうなりますか。

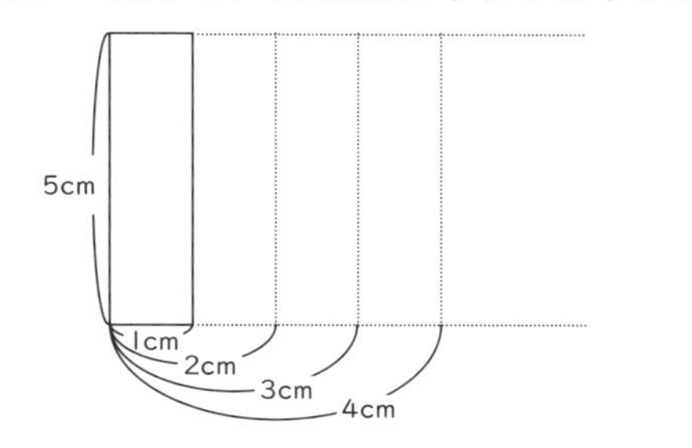

横の長さと面積を表にまとめました。

横の長さ（cm）	1	2	3	4	5	……□
面積（cm^2）	5	10	15	20	25	……○

(1) 横の長さを□cm，面積を○cm^2として，□と○の関係を式に表しましょう。

(2) 横の長さと面積の関係を折れ線グラフにかきましょう。

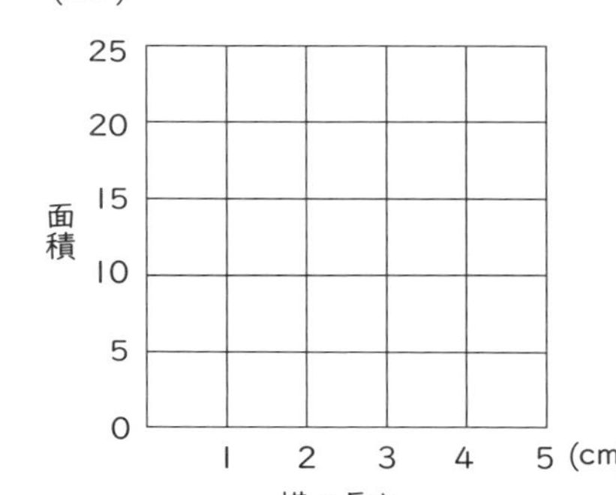

変わり方調べ（6）

名前

● 下の表は，浴そうに水を入れていったときの時間と，水の深さを表したものです。表を完成させて時間と水の深さの関係を調べましょう。

時間（分）	0	1	2	3	4	5	6	7	8
水の深さ（cm）	0	3	6	9					

(1) 時間を□分，水の深さを○cmとして，□と○の関係を式に表しましょう。

表をたてに見ると，どんな関係になっているかな。

(2) 時間と水の深さの関係を，折れ線グラフに表しましょう。

グラフにすると，変わり方がわかりやすいね。

10分

(141%に拡大してご使用ください。)

月　日

ふりかえり
変わり方調べ

名前

1　1辺が1cmの正方形を下のように1だん，2だん，…とならべて正方形を作ります。だんの数と正方形のまわりの長さの関係を調べましょう。

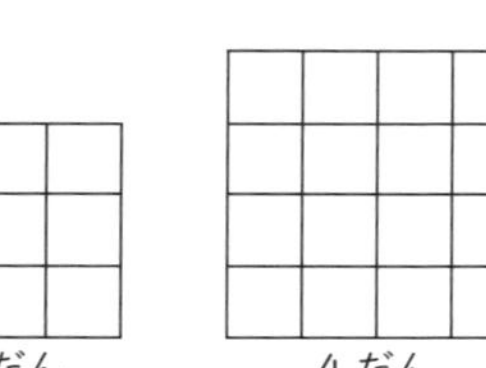

(1)　だんの数と正方形のまわりの長さを表にまとめましょう。

だんの数（だん）	1	2	3	4	5	6	7	8
まわりの長さ（cm）	4							

(2)　だんの数が1だんふえると，まわりの長さは何cmずつふえますか。　□cm

(3)　だんの数を□だん，まわりの長さを○cmとして，□と○の関係を式に表しましょう。

だんの数				まわりの長さ
1	×	4	=	4
2	×	4	=	8
3	×	□	=	□
⋮		⋮		
□	×	□	=	□

(4)　だんの数が12だんのとき，まわりの長さは何cmですか。　□cm

(5)　まわりの長さが60cmになるのは，だんの数が何だんのときですか。　□だん

2　次のあ～うのともなって変わる量は，下のア～ウのどの関係になっていますか。ア～ウの記号で答えましょう。

あ　20cmのひもで，長方形を作ったときのたての長さと横の長さ　□

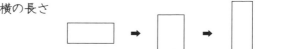

い　1本のリボンをはさみで切る回数とできるリボンの数　□

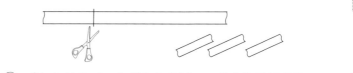

う　2L入りのペットボトルのジュースを飲むときのペットボトルに残っているジュースの量と底からの高さ　□

ア　一方がふえると，もう一方の数量もふえる。
イ　一方がふえると，もう一方の数量はへる。
ウ　一方がへると，もう一方の数量もへる。

変わり方調べ（テスト）

名前

月　日

テスト

【知識・技能】

1 12まいの折り紙をかほさんとゆうごさんとで分けます。2人の折り紙のまい数を調べましょう。

(1) かほさんとゆうごさんの折り紙のまい数を表にまとめましょう。(5×3)

かほさんのまい数（まい）	1	2	3	4	5	6	7	8	9	10	11
ゆうごさんのまい数（まい）	11	10	9		7			4		2	1

(2) かほさんの折り紙が1まいふえると，ゆうごさんの折り紙はどうなりますか。

(3) かほさんの折り紙のまい数を□，ゆうごさんの折り紙のまい数を○として，□と○の関係を式に表します。

□にあてはまる数を書きましょう。

□ ＋ ○ ＝ □

2 長さ1cmのひごを図のように三角形にならべます。

(1) 三角形が1こ，2このときのまわりの長さは，それぞれ何cmですか。(5×2)

・三角形が1こ □ cm

・三角形が2こ □ cm

(2) 三角形のこ数とまわりの長さの関係を表にしましょう。(5)

三角形の数（こ）	1	2	3	4	5	6
まわりの長さ（cm）						

三角形のこ数を□，まわりの長さを○にして式に表すと次のようになります

□ ＋ 2 ＝ □

(3) 上の式を使って，三角形のこ数が9こ，12このときの，まわりの長さを求めましょう。(5×4)

・三角形9こ

式

答え

・三角形12こ

式

答え

【思考・判断・表現】

3 1辺が4cmの正方形を下の図のようにならべます。(5×6)

(1) だんの数と高さの関係を表にまとめましょう。

だんの数（だん）	1	2	3	4	5	6
高さ　(cm)						

(2) だんの数を□，高さを○にして式に表します。

□にあてはまる数と記号を書きましょう。

□ □ □ ＝ ○

(3) 上の式を使って，だんの数が15だんの高さを求めましょう。

式

答え

(4) 上の式を使って，高さが80cmになるだんの数を求めましょう。

式

答え

4 たての長さを5cmと決めて，横の長さを変えて長方形を作ります。

面積はどう変わるでしょうか。

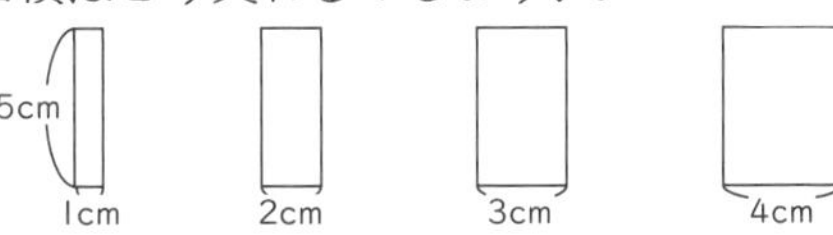

横の長さと面積の関係を表にまとめました。

横の長さ (cm)	1	2	3	4	5	6
面　積　(cm^2)	5	10	15	20	25	30

(1) 横の長さを□cm，面積を○cm^2として，□と○の関係を式に表すと，㋐～㋒のどれになりますか。記号を□に書きましょう。(10)

㋐ 5＋□ ＝ ○

㋑ □×○ ＝ 5

㋒ 5×□ ＝ ○

(2) 面積が150cm^2になるのは，横の長さが何cmのときですか。(5×2)

式

答え

（141%に拡大してご使用ください。）

面積（1）

月　日

名前

1　下の㋐と㋑はどちらが広いですか。面積(めんせき)をくらべましょう。

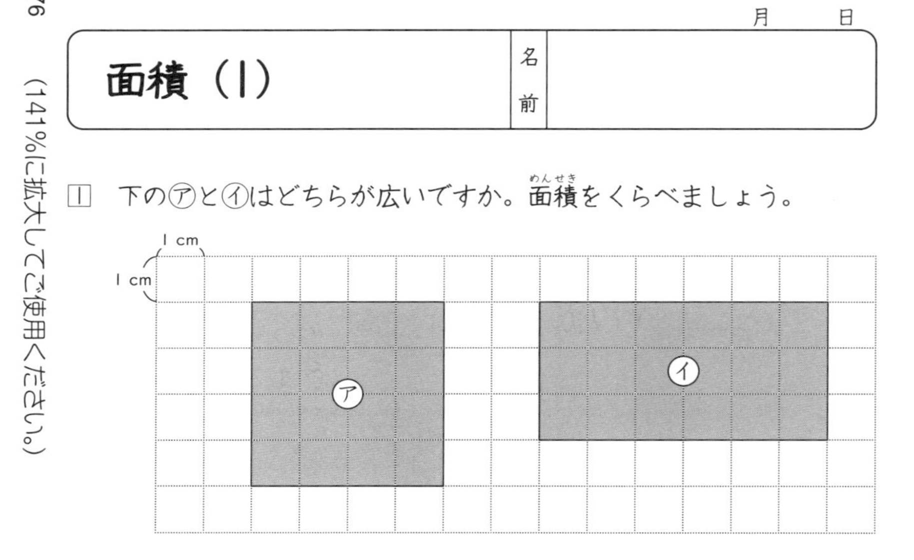

㋐　1 cm² の正方形が［　］こ分で［　］cm²

㋑　1 cm² の正方形が［　］こ分で［　］cm²

答え［　］の方が広い。

2　練習しましょう。

1cm²　2cm²　3cm²

面積（2）

3分

月　日

名前

● 下の㋐〜㋓の面積(めんせき)は，何 cm² ですか。

1 cm
1 cm

㋐［　］　㋑［　］

㋒［　］　㋓［　］

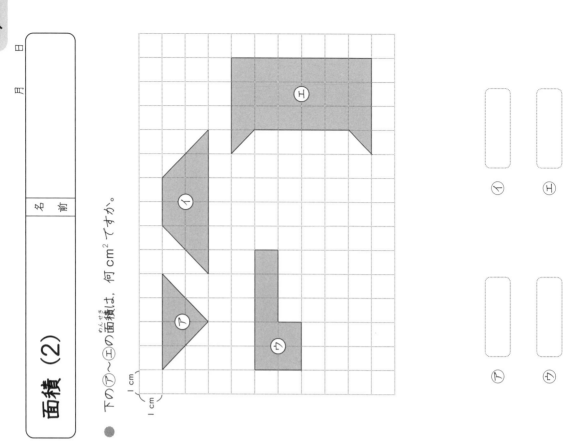

面積（3）

名前

1 ㋐，㋑，㋒，㋓の広さをくらべましょう。

(1) １辺が１cmの正方形がそれぞれ何こありますか。

㋐ こ　㋑ こ

㋒ こ　㋓ こ

(2) 広い順に記号を書きましょう。

→ → →

(3) ㋐，㋑，㋒，㋓の面積を cm^2 を使って書きましょう。

㋐ 　㋑ 　㋒ 　㋓

2 次の面積を求めましょう。

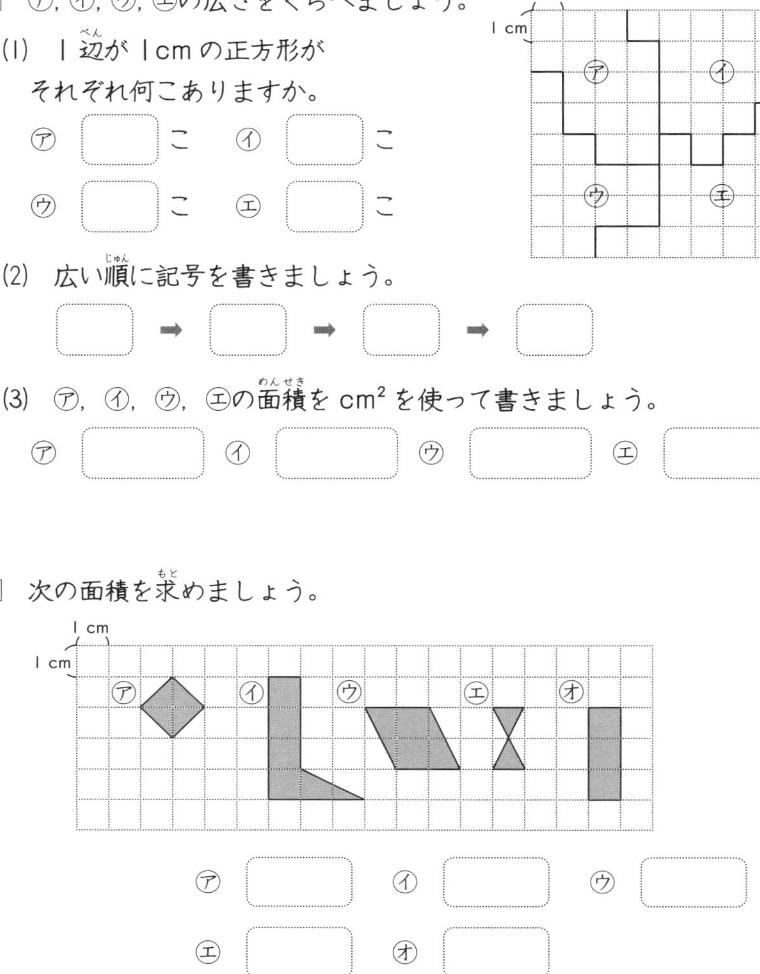

㋐ 　㋑ 　㋒

㋓ 　㋔

面積（4）

名前

● 下の方がんに $12cm^2$ になる図形を６つかきましょう。

1 cm
1 cm

3分

(141%に拡大してご使用ください。)

(141%に拡大してご使用ください。)

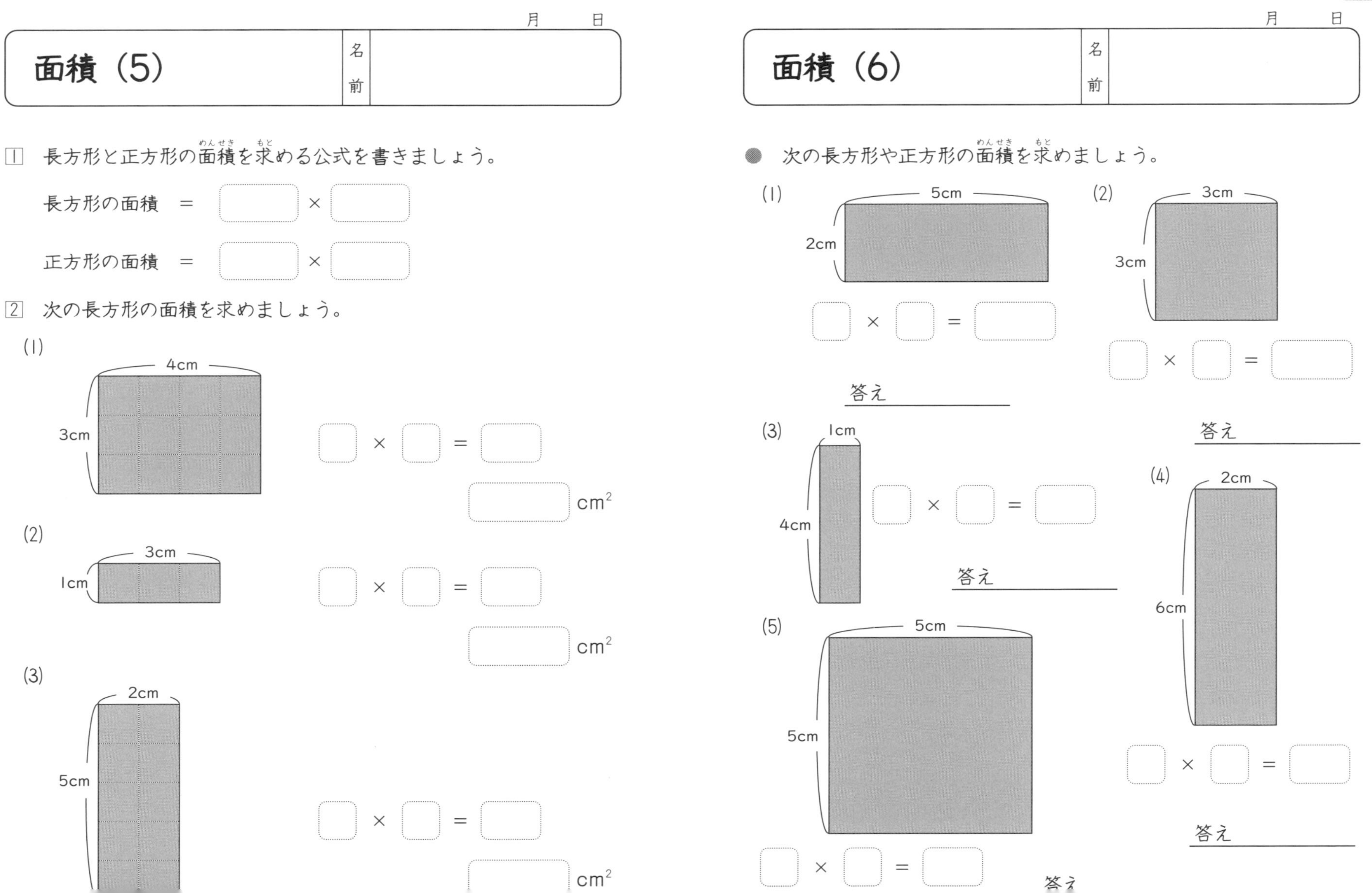

月　日

面積（5）

名前

1 長方形と正方形の面積(めんせき)を求(もと)める公式を書きましょう。

長方形の面積 ＝ □ × □

正方形の面積 ＝ □ × □

2 次の長方形の面積を求めましょう。

(1)

□ × □ ＝ □

□ cm^2

(2)

□ × □ ＝ □

□ cm^2

(3)

□ × □ ＝ □

□ cm^2

月　日

面積（6）

名前

● 次の長方形や正方形の面積(めんせき)を求(もと)めましょう。

(1)

□ × □ ＝ □

答え

(2)

□ × □ ＝ □

答え

(3)

□ × □ ＝ □

答え

(4)

□ × □ ＝ □

答え

(5)

□ × □ ＝ □

答え

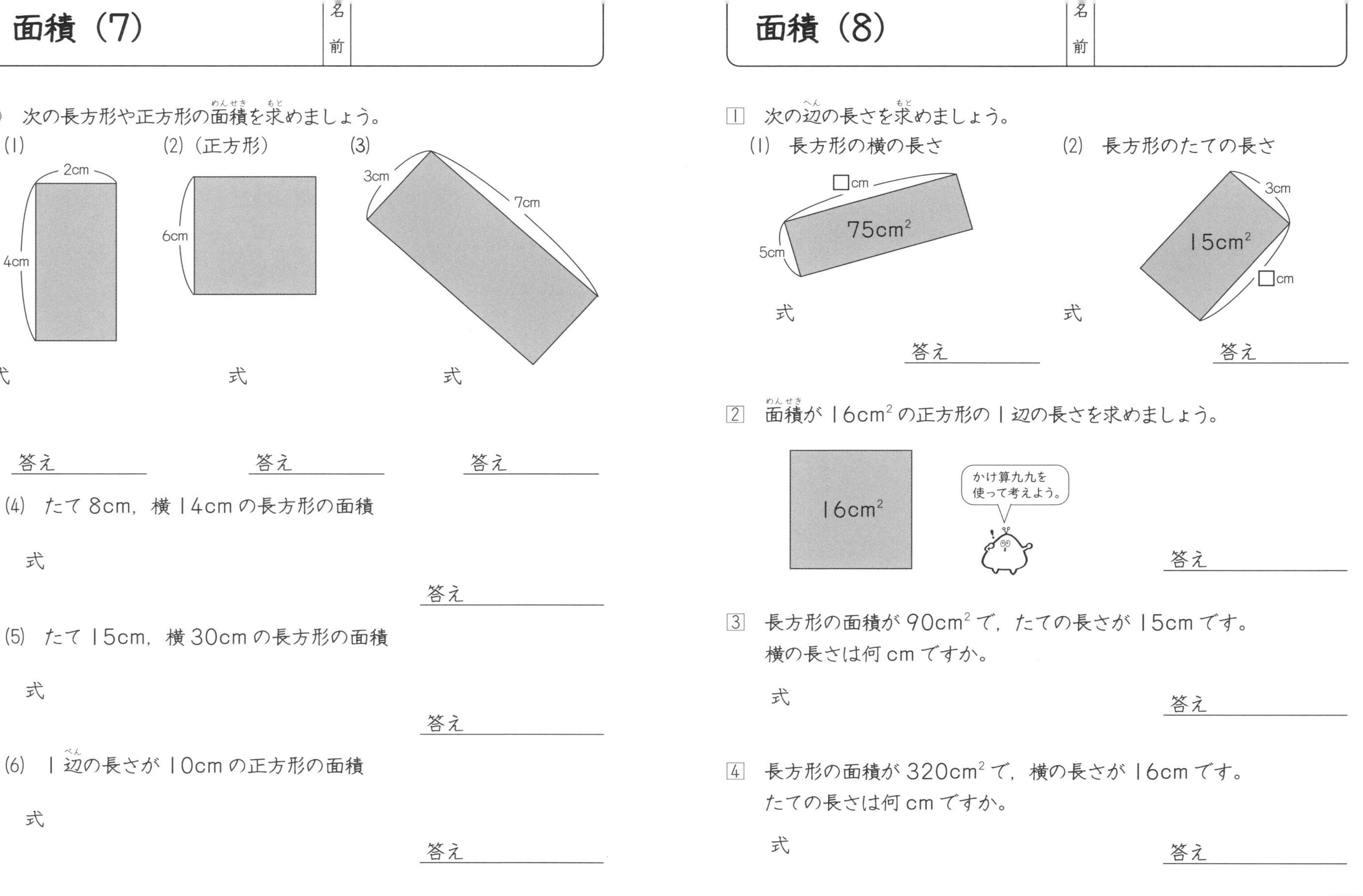

面積（7）

名前

● 次の長方形や正方形の面積を求めましょう。

(1)

2cm

4cm

式

答え

(2)（正方形）

6cm

式

答え

(3)

3cm

7cm

式

答え

(4) たて 8cm，横 14cm の長方形の面積

式

答え

(5) たて 15cm，横 30cm の長方形の面積

式

答え

(6) 1辺の長さが 10cm の正方形の面積

式

答え

面積（8）

名前

1 次の辺の長さを求めましょう。

(1) 長方形の横の長さ

□cm

$75cm^2$

5cm

式

答え

(2) 長方形のたての長さ

3cm

$15cm^2$

□cm

式

答え

2 面積が $16cm^2$ の正方形の1辺の長さを求めましょう。

$16cm^2$

答え

3 長方形の面積が $90cm^2$ で，たての長さが 15cm です。
横の長さは何 cm ですか。

式

答え

4 長方形の面積が $320cm^2$ で，横の長さが 16cm です。
たての長さは何 cm ですか。

式

答え

5分

（141%に拡大してご使用ください。）

月　　日

面積（9）

名前

● 下の長方形や正方形の長さをはかり，面積を求めましょう。

(1)

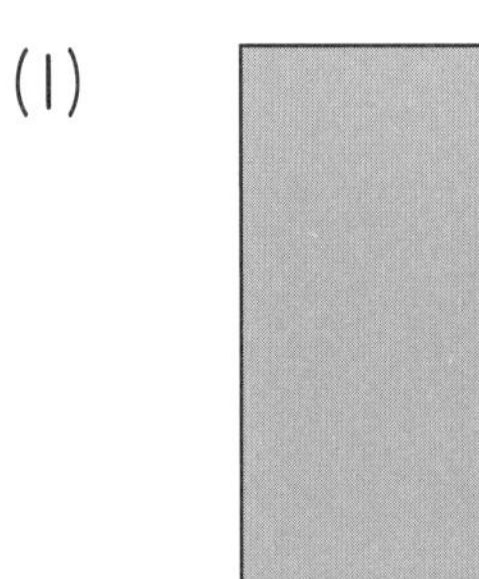

式

答え

(2)

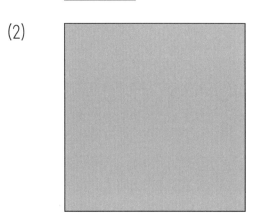

式

答え

(3)

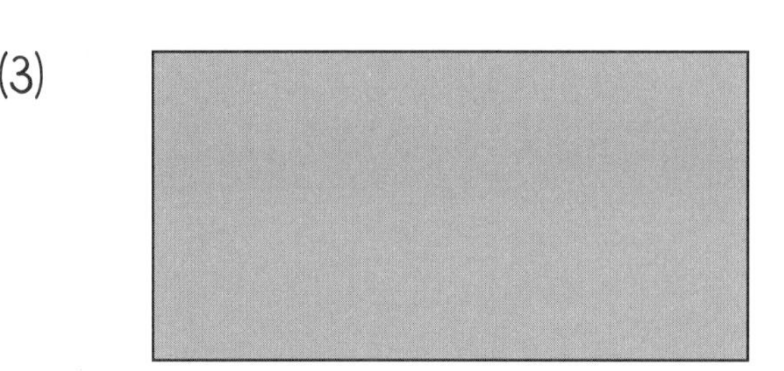

式

答え

(4)

式

答え

月　日

面積（10）

名前

● 下の長方形や正方形の長さをはかり，面積を求めましょう。

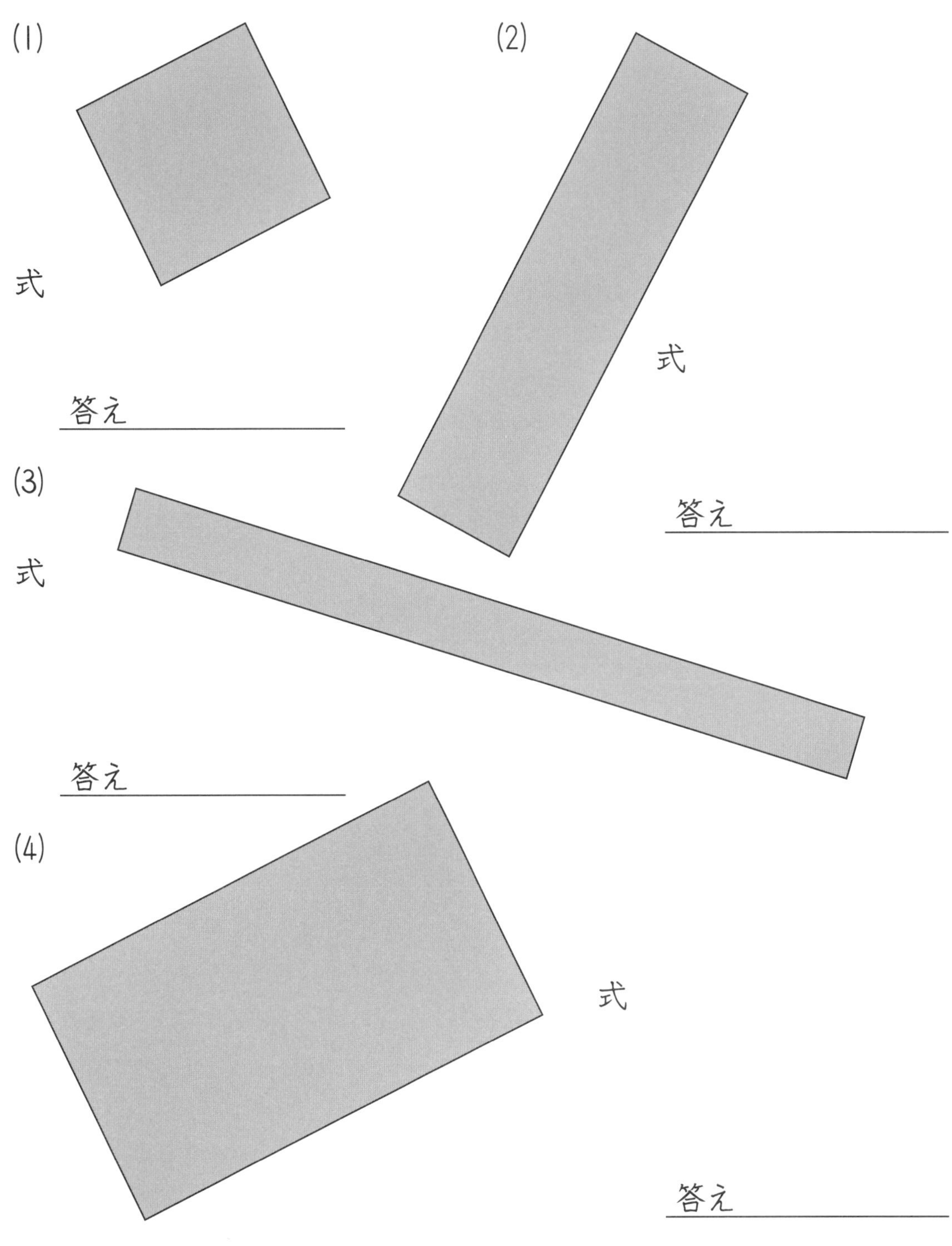

(1)

式

答え

(2)

式

答え

(3)

式

答え

(4)

式

答え

月　日

面積（11）

名前

1 右のような形の面積を㋐と㋑の２つの方法で求めましょう。

㋐ ２つの正方形に分けて面積を求めてからたす。

式

答え

㋑ ㋒があると考えて，長方形の面積から㋒の面積をひく。

式

答え

2 次の図形の面積を求めましょう。

式

答え

月　日

面積（12）

名前

● 次の図形の面積をくふうして求めましょう。

(1)

式

答え

(2)

式

答え

(3)

式

答え

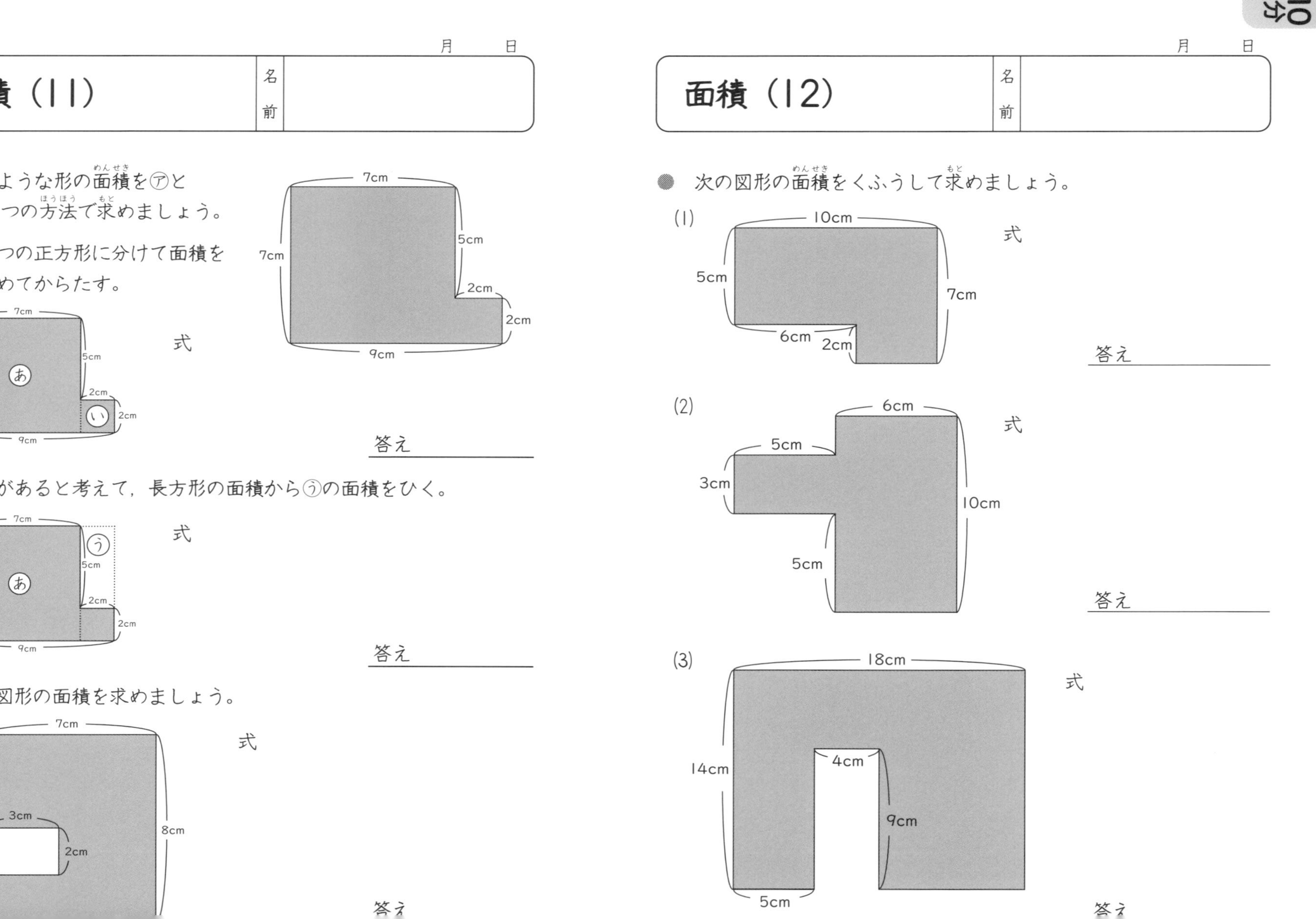

（141%に拡大してご使用ください。）

面積（13）

名前

1 右の図の面積を求めました。
あかねさんと，ともやさんと，あおとさんの考えた式はどれでしょうか。線で結びましょう。

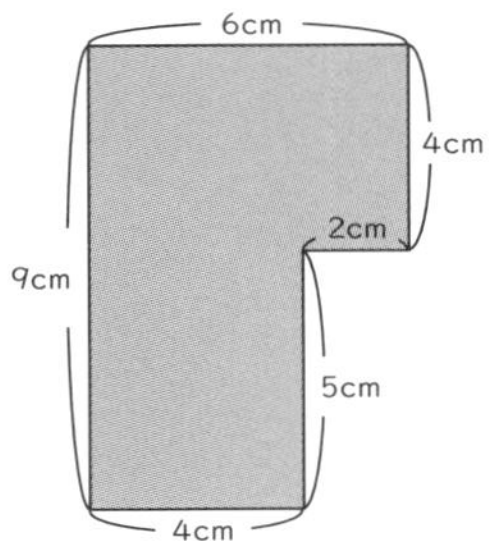

6cm
4cm
2cm
9cm
5cm
4cm

あかねさん 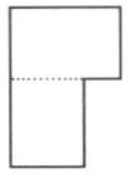　図のように，上下２つの長方形に分けて求めた面積を合わせました。

ともやさん　図のように，左右２つの長方形に分けて求めた面積を合わせました。

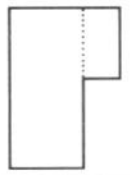

あおとさん　大きな長方形として考えてから，欠けている長方形の部分の面積をひきました。

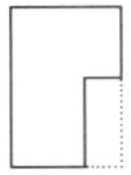

- 9×6−5×2
- 4×6+5×4
- 9×4+4×2

2 １辺が15cmの正方形の色紙を下のようにつなぎました。
面積をくふうして求めましょう。

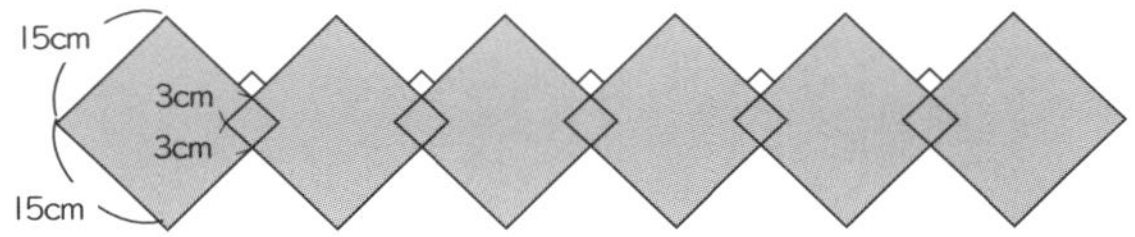

15cm
3cm
3cm
15cm

式

答え

面積（14）

名前

● 右のような図形の面積を求めます。
面積の求め方を考えた左の図にあてはまる式を線で結び，□にあてはまる数を書きましょう。

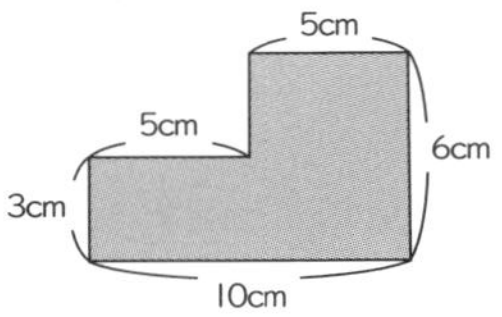

5cm
5cm
6cm
3cm
10cm

ア

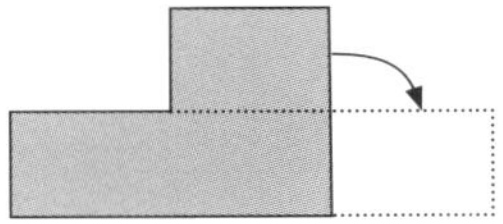

イ

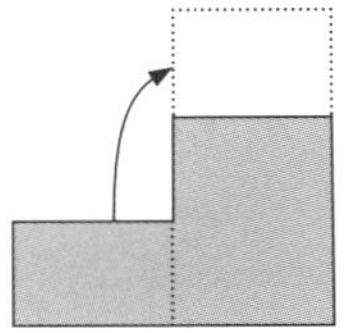

ウ

- （□＋□）×５
- ３×（□＋□）
- □×□−□×□

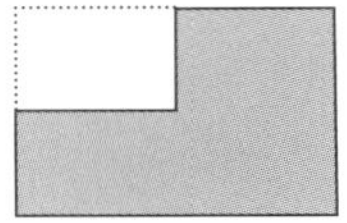

面積（15）

名前　　　　月　　日

1 次の面積を求めましょう。

(1)

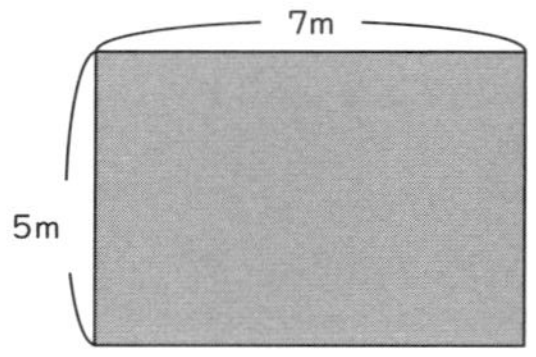

7m, 5m

式

答え

(2)

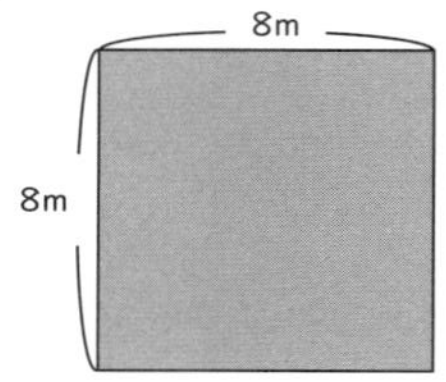

8m, 8m

式

答え

(3)

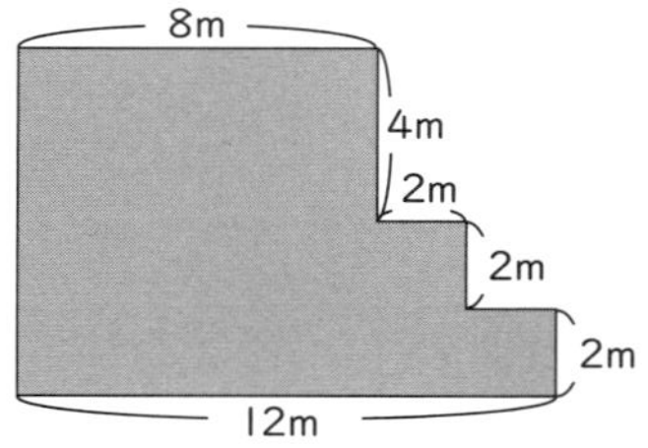

8m, 4m, 2m, 2m, 2m, 12m

式

答え

(4) たて 6m，横 8m の長方形の畑の面積

式

答え

2 練習しましょう。

$1m^2$　$2m^2$　$3m^2$

面積（16）

名前　　　　月　　日

1 □にあてはまる数を書きましょう。

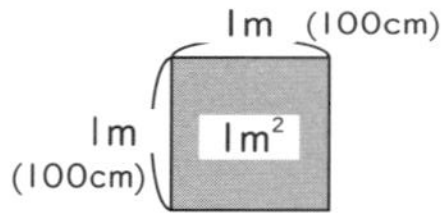

(1) $1m^2$ ＝ □ cm^2

(2) $6m^2$ ＝ □ cm^2

(3) $30000cm^2$ ＝ □ m^2

1m (100cm), 1m (100cm), $1m^2$

$1m \times 1m = 1m^2$

$100cm \times 100cm = 10000cm^2$

2 下の長方形の面積を cm^2 と m^2 の両方で答えましょう。

(1)

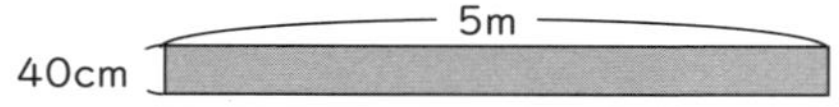

5m, 40cm

式

答え □ cm^2，□ m^2

(2)

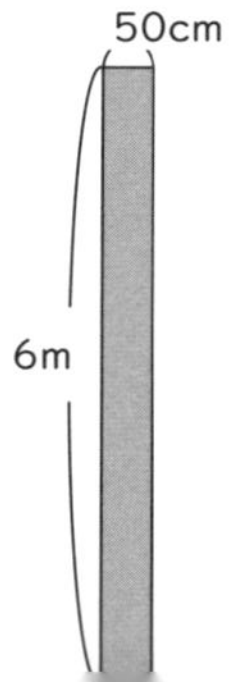

50cm, 6m

式

答え □ cm^2，□ m^2

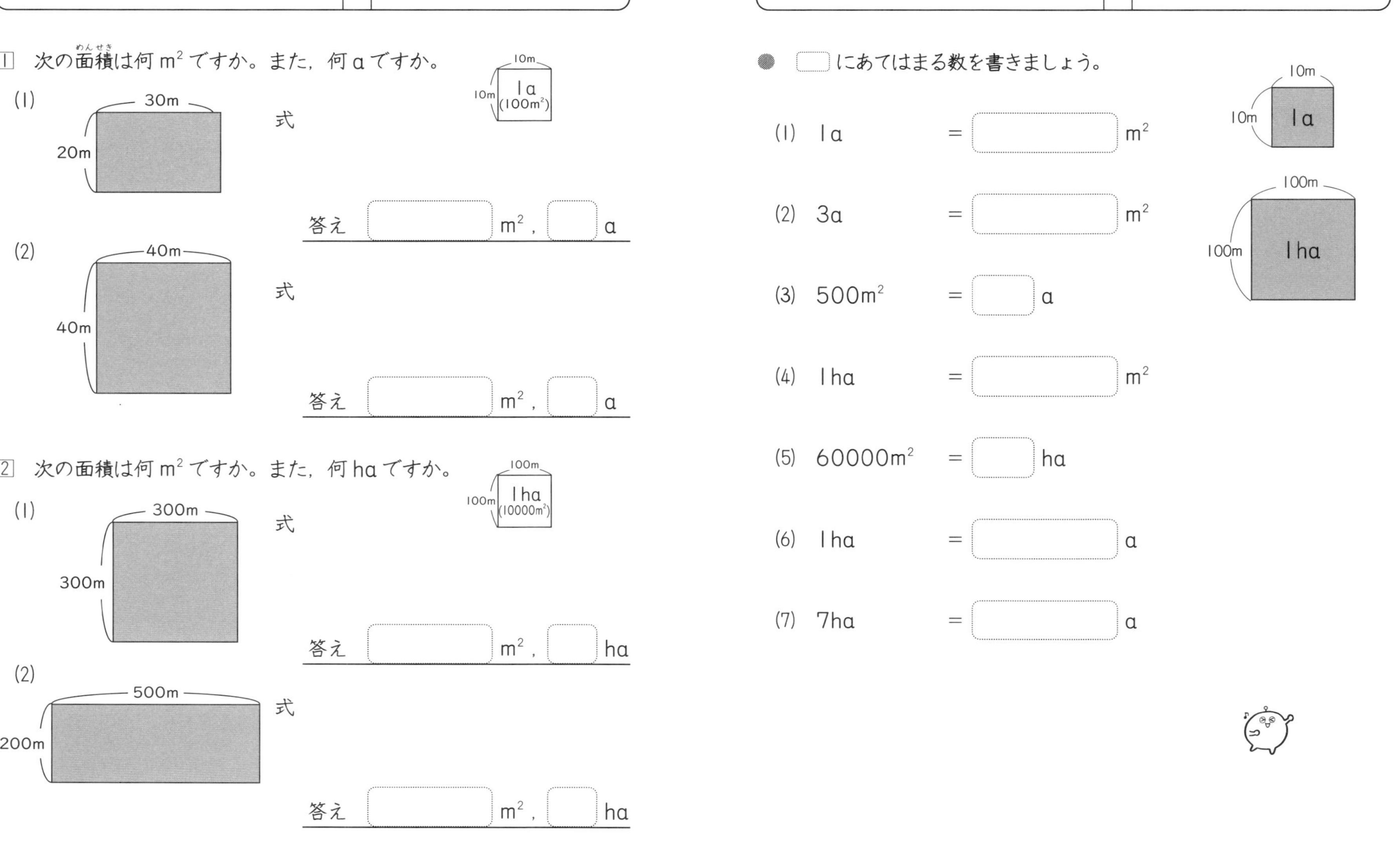

面積（17）

名前

1 次の面積は何 m^2 ですか。また，何 a ですか。

(1)

式

答え　　　m^2，　　　a

(2)

式

答え　　　m^2，　　　a

2 次の面積は何 m^2 ですか。また，何 ha ですか。

(1)

式

答え　　　m^2，　　　ha

(2)

式

答え　　　m^2，　　　ha

面積（18）

名前

● □にあてはまる数を書きましょう。

(1) 1a ＝ □ m^2

(2) 3a ＝ □ m^2

(3) $500m^2$ ＝ □ a

(4) 1ha ＝ □ m^2

(5) $60000m^2$ ＝ □ ha

(6) 1ha ＝ □ a

(7) 7ha ＝ □ a

5分

（141％に拡大してご使用ください。）

面積（19）

月　日　名前

1 たて 2km，横 4km の長方形の土地があります。
この土地の面積を求めましょう。

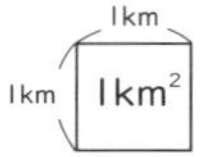

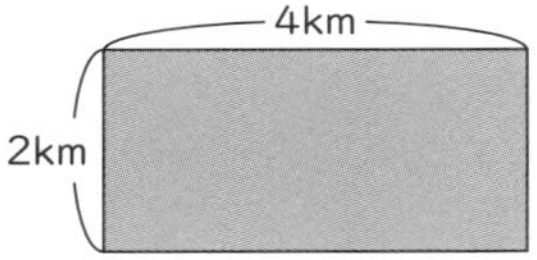

4km
2km
1km 1km $1km^2$

式

答え

2 □にあてはまる数を書きましょう。

(1) $1km^2$ = □ m^2

(2) $3km^2$ = □ m^2

(3) $4000000m^2$ = □ km^2

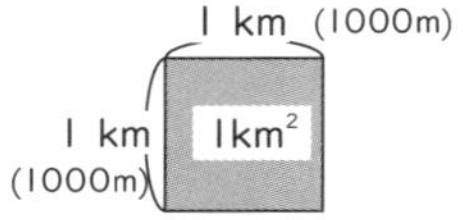

1 km (1000m)
$1km^2$
$1km \times 1km = 1km^2$
$1000m \times 1000m = 1000000m^2$

3 次の□にあてはまる面積の単位を下の□から選んで書きましょう。

(1) はがきの面積 ……………… 約 150 □

(2) 球場の面積 ……………… 約 130 万 □

(3) サッカーコートの面積 ……………… 約 4000 □

(4) 東京都の面積 ……………… 約 2200 □

cm^2 ・ m^2 ・ a ・ km^2

面積（20）

月　日　名前

● □にあてはまる数や面積の単位を書きましょう。

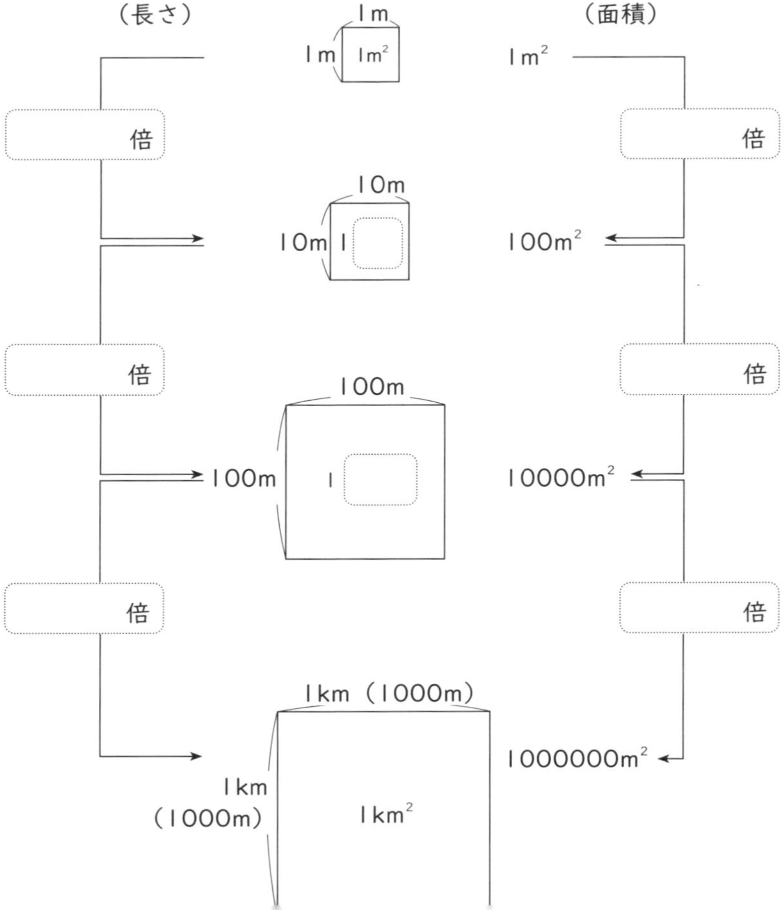

（長さ）　（面積）

1m　1m　$1m^2$　$1m^2$

□倍　□倍

10m　10m　1 □　$100m^2$

□倍　□倍

100m　100m　1 □　$10000m^2$

□倍　□倍

1km (1000m)　1km (1000m)　$1km^2$　$1000000m^2$

（141%に拡大してご使用ください。）

ふりかえり
面積

名前

1 次の面積を求めましょう。

(1) 8cm 5cm

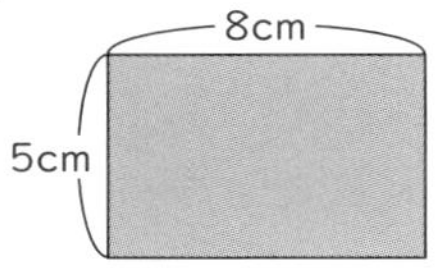

式

答え

(2) 正方形 4cm 4cm

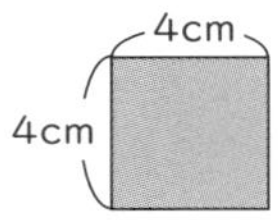

式

答え

2 □にあてはまる数を書きましょう。

(1) $1m^2$ = □ cm^2

(2) 1a = □ m^2

(3) 1ha = □ m^2

(4) $1km^2$ = □ m^2

3 右の図のような長方形の土地の面積を求めましょう。 2km 6km

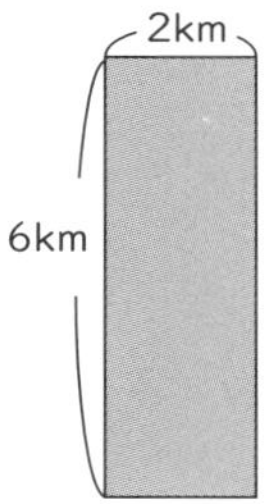

式

答え

4 次の長方形のたての長さを求めましょう。 6m □m $30m^2$

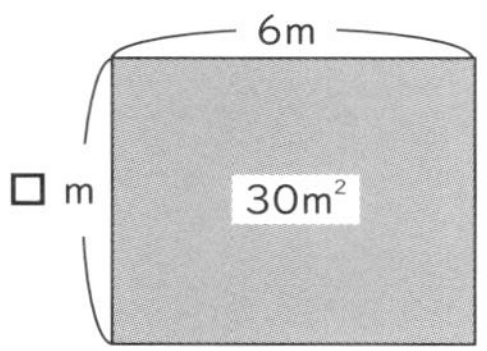

式

答え

5 たて 200m，横 100m の畑があります。 100m 200m

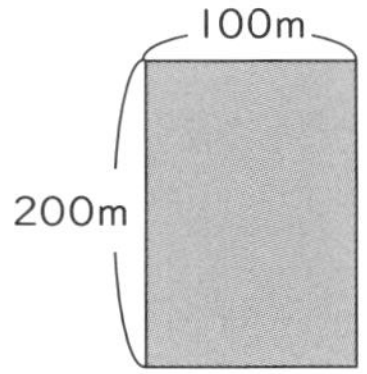

(1) この畑の面積は，何 m^2 ですか。

式

答え

(2) この畑の面積は，何 a ですか。

答え

(3) この畑の面積は，何 ha ですか。

答え

6 次の面積を求めましょう。

(1) 3cm 3cm 3cm 3cm 3cm 9cm 9cm

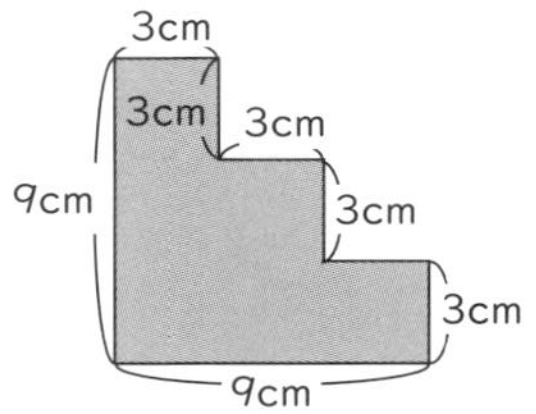

式

答え

(2) 4m 2m 2m 4m 10m 10m

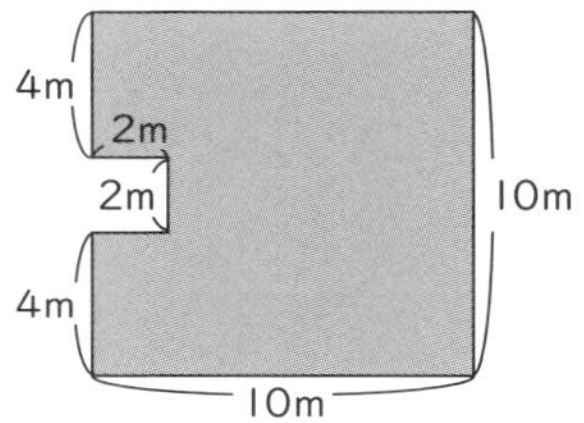

式

答え

10分 ふりかえり

月

面積（テスト）

名前

【知識・技能】

1　面積を求めましょう。(5×6)

(1)

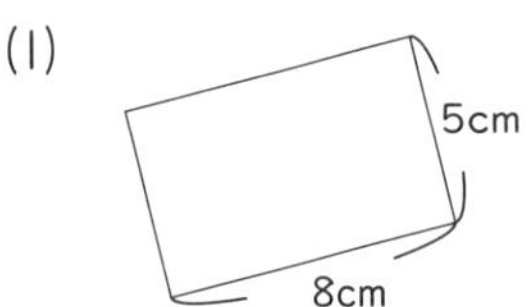

式

答え

(2)　1辺が3mの正方形

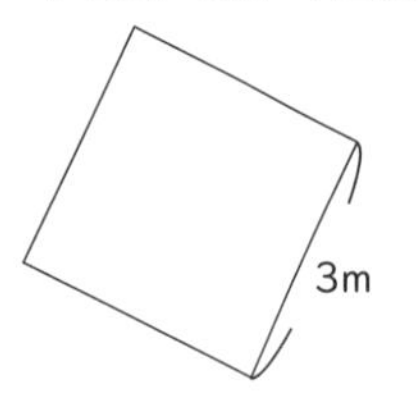

式

答え

(3)

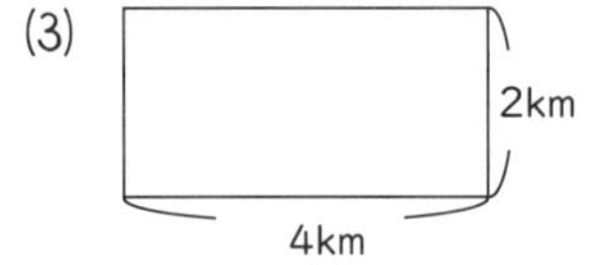

式

答え

2　次の面積は，どの単位で表すといいですか。
cm², m², km²の中から選んで□に書きましょう。(5×2)

(1)　ノートの面積　……　450 □

(2)　教室の面積　……　56 □

3　□にあてはまる数を書きましょう。(5×2)

(1)　1m²　＝　□ cm²

(2)　1a　＝　□ m²

【思考・判断・表現】

4　色がついた部分の面積を求めましょう。(5×

(1)

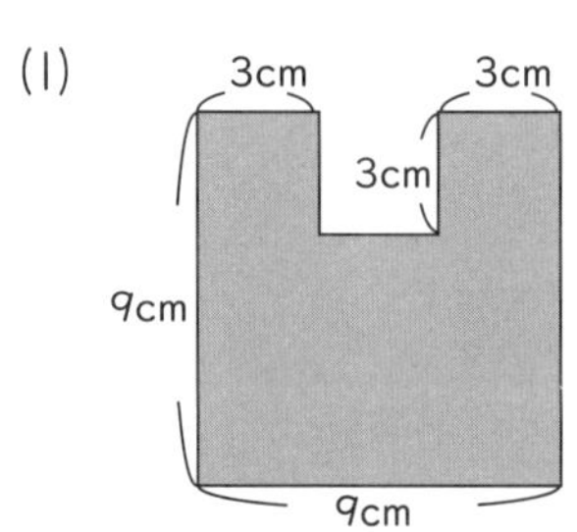

式

答え

(2)

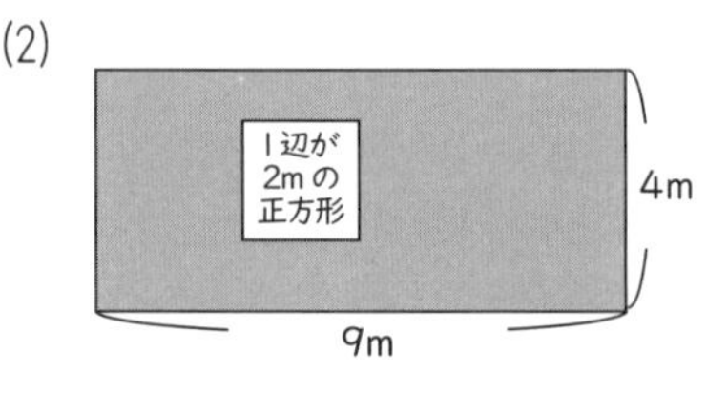

式

答え

5　下の図の面積を求めました。
かずきさん，ひなたさん，りくさんの考えた式はどれでしょうか。
線で結びましょう。(10×3)

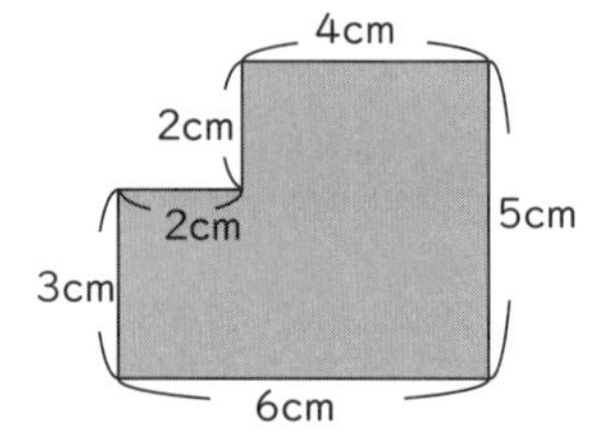

かずきさん 図のように 左右２つに分けて 求めた面積を 合わせました。	•	• 3×2＋5×
ひなたさん 大きい長方形の面積 から，欠けている 正方形の面積を ひきました。	•	• 2×4＋3×
りくさん 図のように 上下２つに分けて 求めた面積を 合わせました。	•	• 5×6－2

　(141%に拡大してご使用ください。)

月　　日

算数あそび

面積

名前

● 面積が 12cm²，20cm²，30cm² の形に色をぬりましょう。

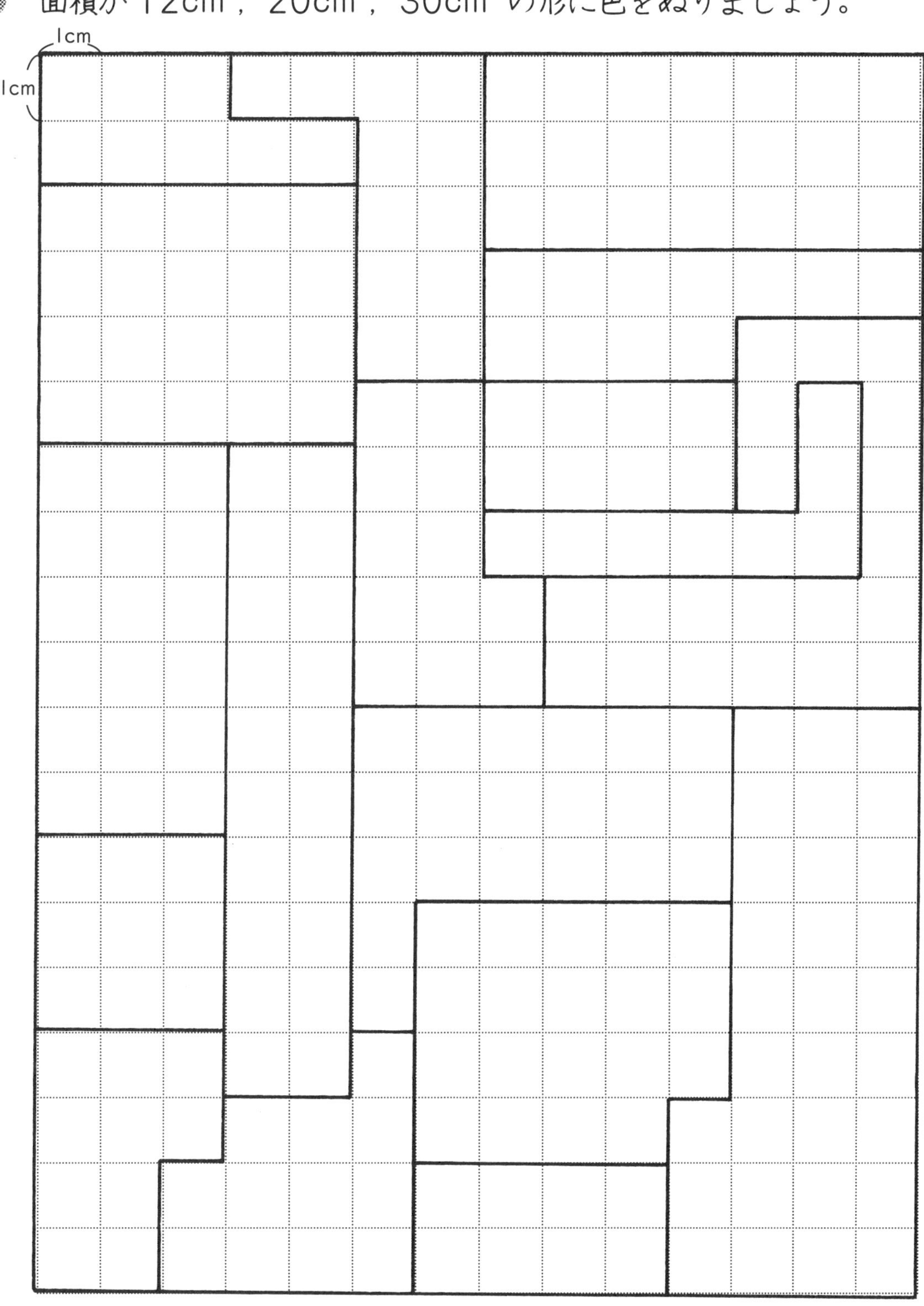

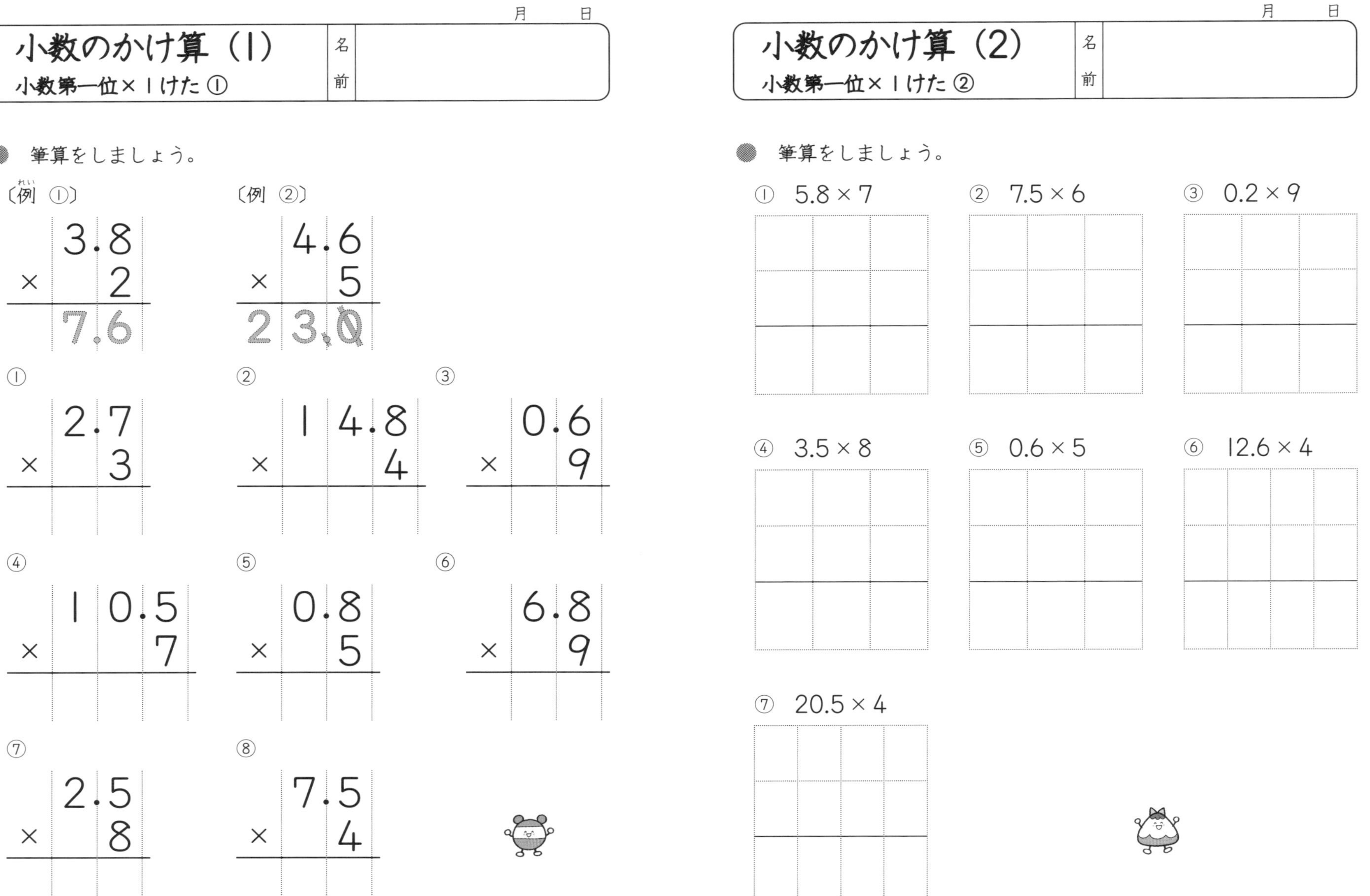

小数のかけ算（1）

小数第一位×１けた①

名前　　　　月　　日

● 筆算をしましょう。

〔例①〕

$$\begin{array}{r} 3.8 \\ \times \quad 2 \\ \hline 7.6 \end{array}$$

〔例②〕

$$\begin{array}{r} 4.6 \\ \times \quad 5 \\ \hline 23.0 \end{array}$$

① $\begin{array}{r} 2.7 \\ \times \quad 3 \\ \hline \end{array}$

② $\begin{array}{r} 14.8 \\ \times \quad 4 \\ \hline \end{array}$

③ $\begin{array}{r} 0.6 \\ \times \quad 9 \\ \hline \end{array}$

④ $\begin{array}{r} 10.5 \\ \times \quad 7 \\ \hline \end{array}$

⑤ $\begin{array}{r} 0.8 \\ \times \quad 5 \\ \hline \end{array}$

⑥ $\begin{array}{r} 6.8 \\ \times \quad 9 \\ \hline \end{array}$

⑦ $\begin{array}{r} 2.5 \\ \times \quad 8 \\ \hline \end{array}$

⑧ $\begin{array}{r} 7.5 \\ \times \quad 4 \\ \hline \end{array}$

小数のかけ算（2）

小数第一位×１けた②

名前　　　　月　　日

● 筆算をしましょう。

① 5.8 × 7

② 7.5 × 6

③ 0.2 × 9

④ 3.5 × 8

⑤ 0.6 × 5

⑥ 12.6 × 4

⑦ 20.5 × 4

小数のかけ算（3）
小数第一位×１けた③

名前

● 筆算をしましょう。

① 2.5 × 5

② 3.7 × 6

③ 11.2 × 5

④ 0.9 × 8

⑤ 10.9 × 6

⑥ 16.7 × 3

⑦ 0.4 × 5

⑧ 2.5 × 4

⑨ 8.1 × 9

⑩ 10.7 × 3

⑪ 17.4 × 5

⑫ 9.6 × 4

小数のかけ算（4）
小数第一位×１けた④

名前

● 筆算をしましょう。

① 8.6 × 3　② 7.9 × 2　③ 0.4 × 8　④ 6.5 × 6

⑤ 0.6 × 5　⑥ 10.5 × 4　⑦ 13.6 × 3　⑧ 22.5 × 4

⑨ 3.8 × 9　⑩ 4.3 × 4

5分

（141%に拡大してご使用ください。）

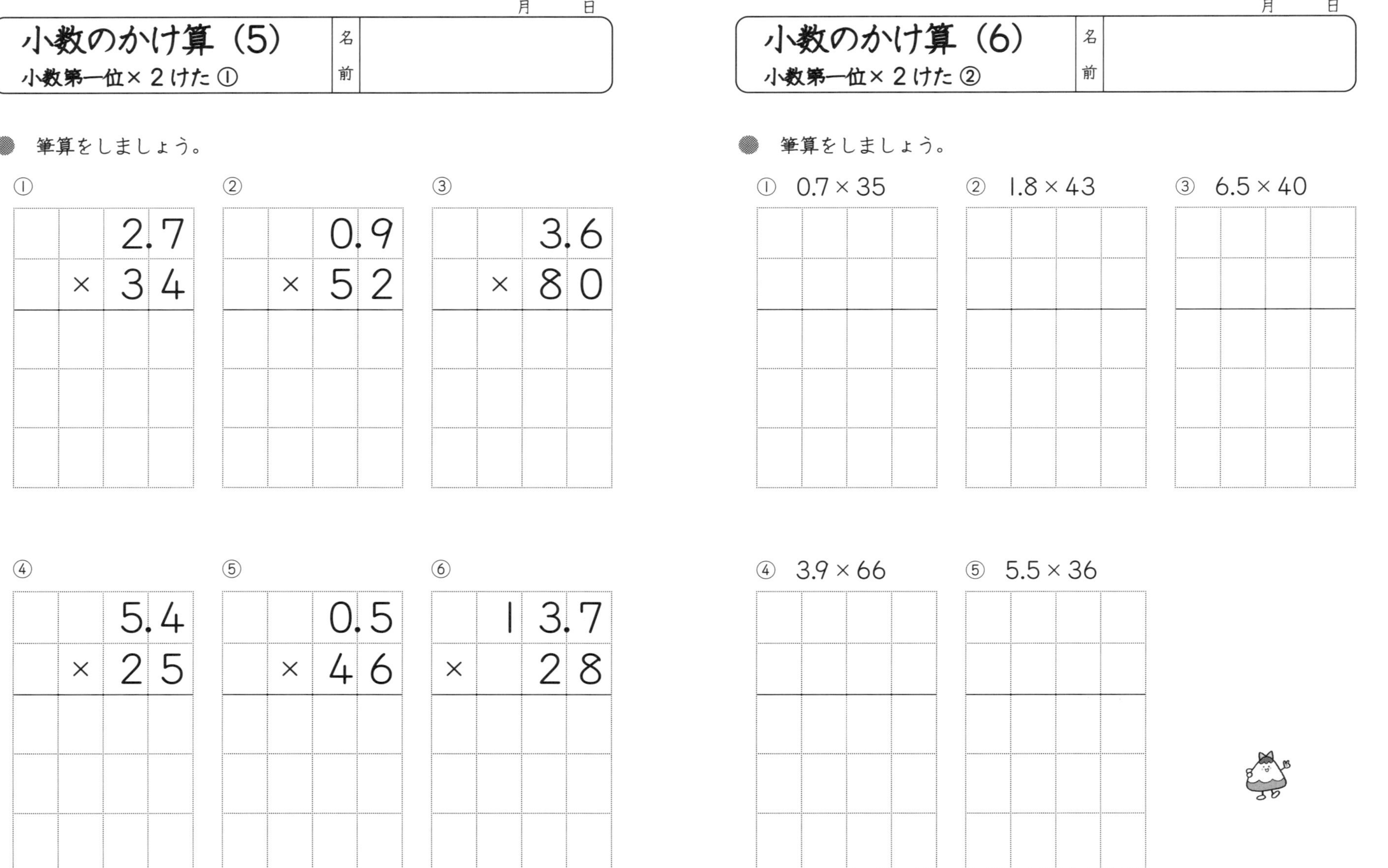

小数のかけ算（5）

小数第一位×２けた①

名前　　　　月　　日

● 筆算をしましょう。

①

		2.	7
	×	3	4

②

		0.	9
	×	5	2

③

		3.	6
	×	8	0

④

		5.	4
	×	2	5

⑤

		0.	5
	×	4	6

⑥

	1	3.	7
×		2	8

小数のかけ算（6）

小数第一位×２けた②

名前　　　　月　　日

● 筆算をしましょう。

① 0.7 × 35　② 1.8 × 43　③ 6.5 × 40

④ 3.9 × 66　⑤ 5.5 × 36

（141％に拡大してご使用ください。）

小数のかけ算（7）

小数第一位×２けた③

名前

筆算をしましょう。

① 4.8 × 16

② 7.2 × 35

③ 0.8 × 55

④ 10.5 × 24

⑤ 11.2 × 56

⑥ 9.4 × 70

⑦ 0.9 × 82

⑧ 16.8 × 41

⑨ 0.5 × 28

⑩ 10.8 × 42

小数のかけ算（8）

小数第一位×２けた④

名前

筆算をしましょう。

① 8.2 × 54

② 0.6 × 74

③ 10.8 × 28

④ 0.8 × 95

⑤ 10.5 × 76

⑥ 13.3 × 44

5分

（141%に拡大してご使用ください。）

10分

小数のかけ算 (9)

小数第一位× 1 けた・2 けた ①

名前　　　　月　　日

● 筆算をしましょう。

① 1.6 × 9　② 18.4 × 6　③ 5.8 × 7　④ 0.9 × 5

⑤ 10.5 × 6　⑥ 16.8 × 7　⑦ 7.5 × 8　⑧ 12.5 × 8

⑨ 5.4 × 12　⑩ 4.9 × 36　⑪ 7.5 × 20　⑫ 10.8 × 25

⑬ 16.9 × 22　⑭ 0.9 × 34　⑮ 11.6 × 15　⑯ 0.6 × 78

小数のかけ算 (10)

小数第一位× 1 けた・2 けた ②

名前　　　　月　　日

● 筆算をしましょう。

① 2.9 × 5　② 8.5 × 8　③ 0.4 × 9　④ 18.2 × 5

⑤ 2.3 × 8　⑥ 10.1 × 9　⑦ 14.5 × 4　⑧ 8.5 × 6

⑨ 0.9 × 54　⑩ 4.2 × 26　⑪ 11.5 × 36　⑫ 10.2 × 41

⑬ 0.4 × 75　⑭ 2.9 × 19　⑮ 3.3 × 60　⑯ 4.6 × 81

(141%に拡大してご使用ください。)

ふりかえり
小数のかけ算 ①

名前

● 筆算をしましょう。

① 9.6 × 5
② 7.2 × 6
③ 0.8 × 3
④ 14.9 × 5
⑤ 30.6 × 5
⑥ 10.4 × 7
⑦ 7.4 × 9
⑧ 0.4 × 5
⑨ 4.6 × 2
⑩ 21.5 × 6
⑪ 1.9 × 30
⑫ 4.6 × 25
⑬ 3.8 × 14
⑭ 0.6 × 17
⑮ 0.5 × 84
⑯ 16.9 × 25
⑰ 11.6 × 15
⑱ 7.2 × 27
⑲ 20.5 × 16
⑳ 0.8 × 74

(141%に拡大してご使用ください。)

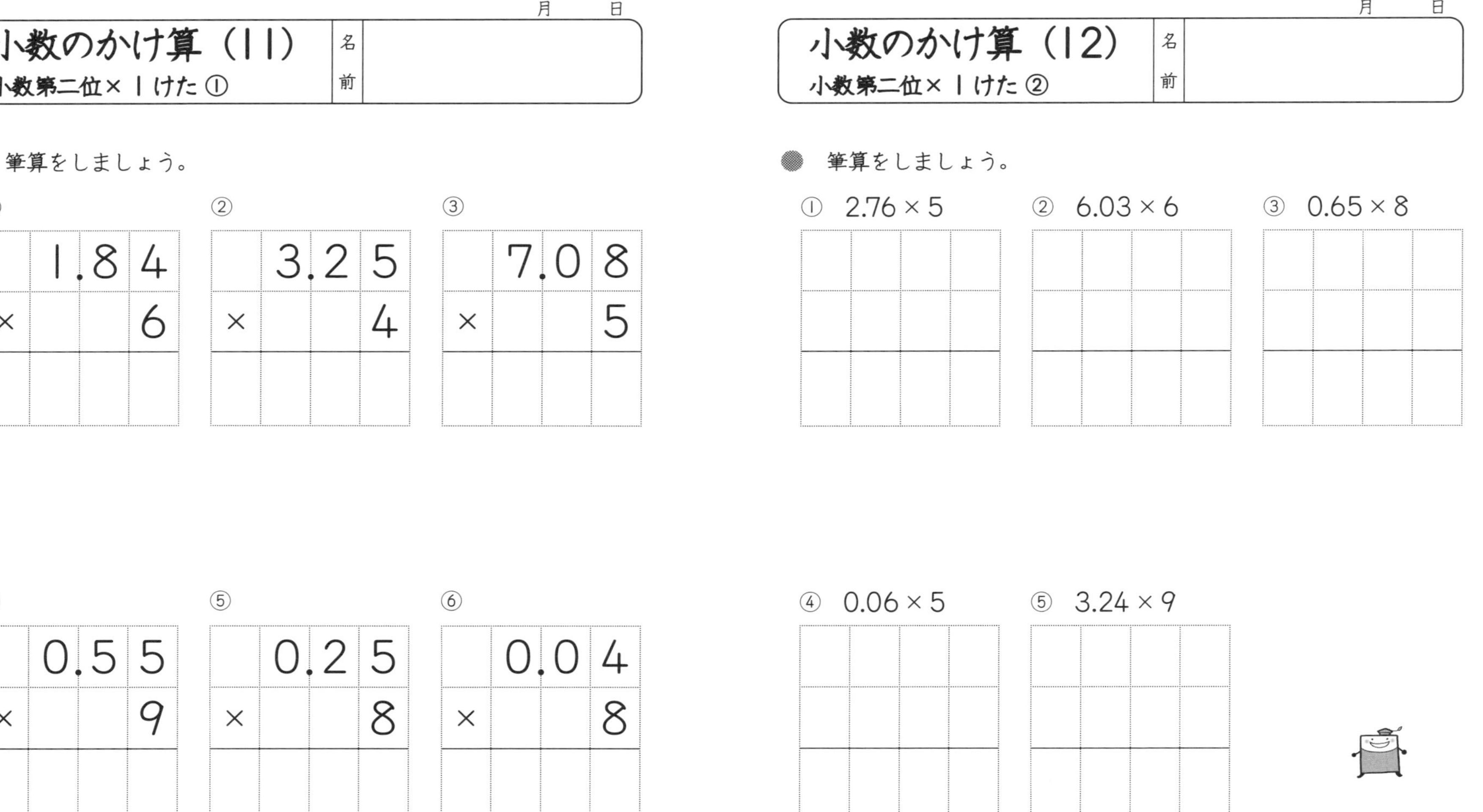

月　日

小数のかけ算（11）

小数第二位×１けた①

名前

● 筆算をしましょう。

① 1.84 × 6

② 3.25 × 4

③ 7.08 × 5

④ 0.55 × 9

⑤ 0.25 × 8

⑥ 0.04 × 8

月　日

小数のかけ算（12）

小数第二位×１けた②

名前

● 筆算をしましょう。

① 2.76 × 5

② 6.03 × 6

③ 0.65 × 8

④ 0.06 × 5

⑤ 3.24 × 9

（141％に拡大してご使用ください。）

小数のかけ算（13）

小数第二位×１けた ③

名前

● 筆算をしましょう。

①
	3.	3	5
×			6

②
	7.	6	2
×			7

③
	2.	0	4
×			5

④
	0.	0	2
×			8

⑤
	0.	0	4
×			5

⑥
	2.	7	5
×			4

⑦
	0.	3	8
×			5

⑧
	0.	7	6
×			3

⑨
	6.	0	5
×			9

小数のかけ算（14）

小数第二位×１けた ④

名前

● 筆算をしましょう。

① 0.35 × 4

② 3.25 × 8

③ 4.08 × 9

④ 2.86 × 5

⑤ 9.08 × 5

⑥ 0.75 × 4

⑦ 0.79 × 8

⑧ 1.46 × 7

5分

（141%に拡大してご使用ください。）

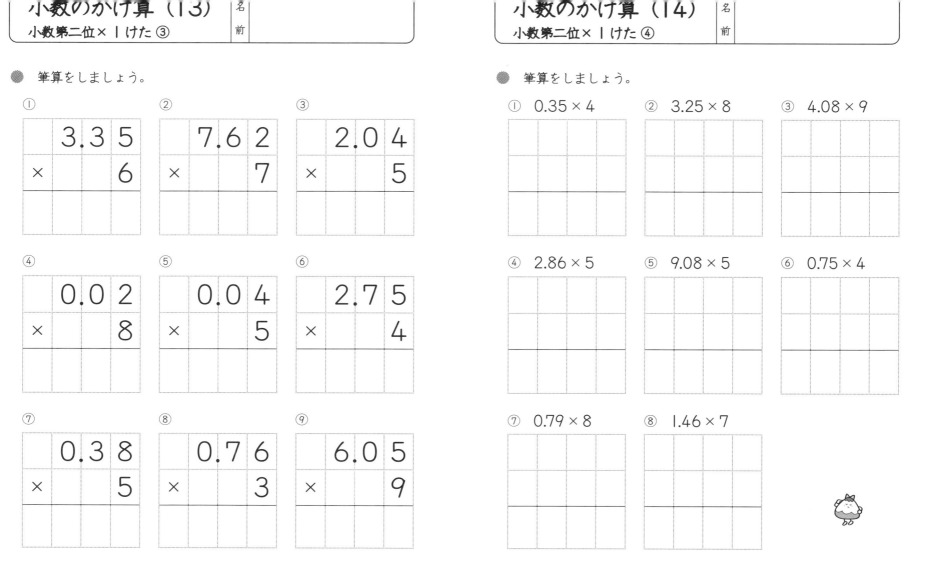

月　日

小数のかけ算（15）

小数第二位×２けた①

名前

● 筆算をしましょう。

① 2.37×14

② 9.08×22

③ 0.25×32

④ 3.67×40

⑤ 6.24×25

月　日

小数のかけ算（16）

小数第二位×２けた②

名前

● 筆算をしましょう。

① 0.98×61

② 4.06×55

③ 5.14×15

④ 6.65×80

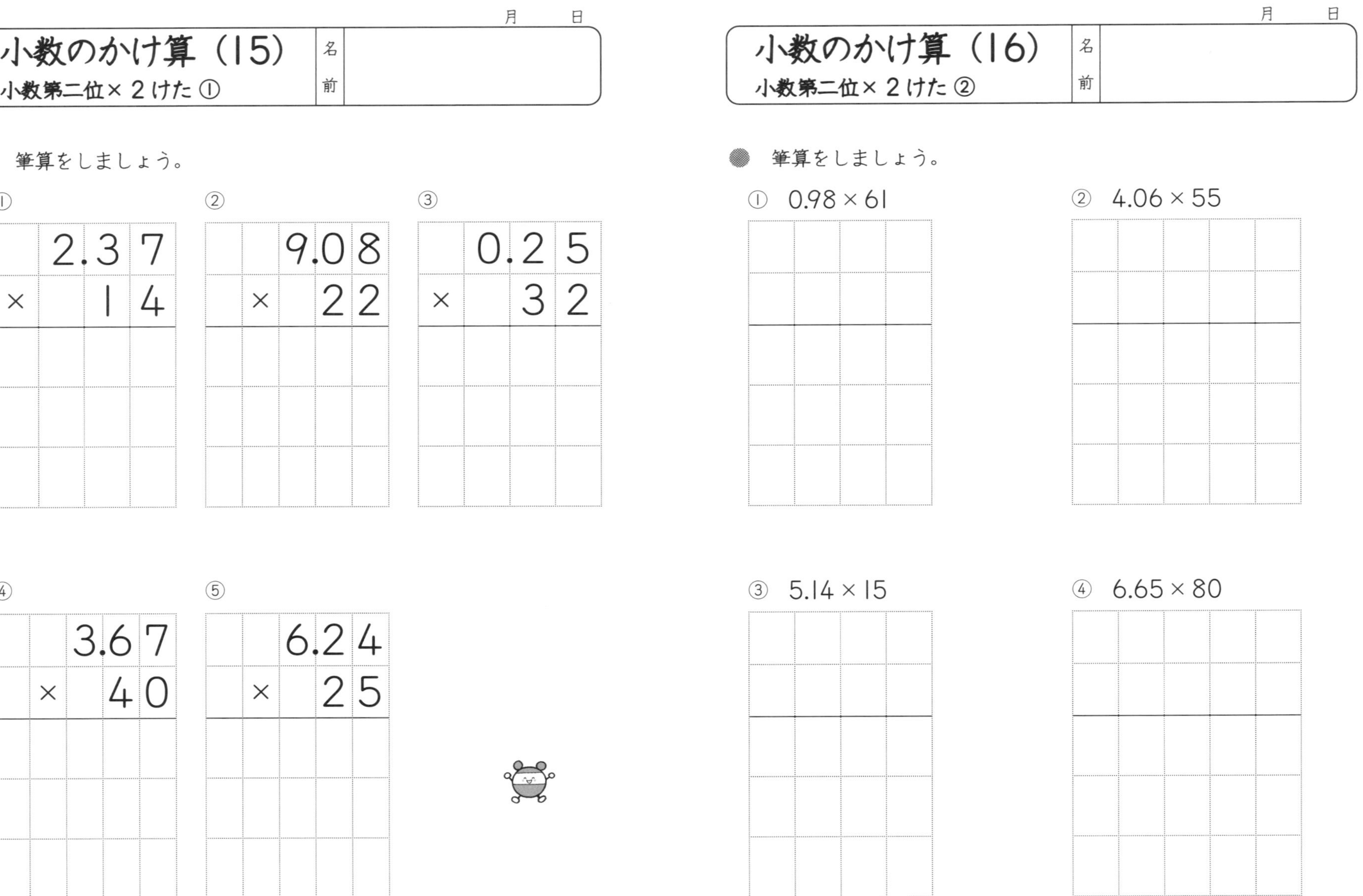

　（141％に拡大してご使用ください。）

小数のかけ算（17）

小数第二位×２けた③

名前

● 筆算をしましょう。

① 3.25 × 24

② 9.06 × 19

③ 0.65 × 29

④ 4.86 × 37

⑤ 3.26 × 50

⑥ 0.95 × 14

⑦ 7.16 × 35

⑧ 5.05 × 16

小数のかけ算（18）

小数第二位×２けた④

名前

● 筆算をしましょう。

① 8.08 × 45

② 3.67 × 29

③ 3.04 × 25

④ 8.38 × 15

⑤ 4.33 × 80

⑥ 0.12 × 25

5分

（141％に拡大してご使用ください。）

10分

小数のかけ算（19）

小数第二位×１けた・２けた①

名前　　　　　　月　　日

● 筆算をしましょう。

① 2.73 × 9

② 6.03 × 8

③ 7.06 × 5

④ 0.75 × 8

⑤ 0.04 × 5

⑥ 1.86 × 5

⑦ 2.25 × 4

⑧ 0.27 × 7

⑨ 7.32 × 45

⑩ 3.25 × 36

⑪ 5.08 × 25

⑫ 0.93 × 84

⑬ 4.64 × 20

⑭ 8.46 × 50

⑮ 6.29 × 19

⑯ 2.04 × 37

小数のかけ算（20）

小数第二位×１けた・２けた②

名前　　　　　　月　　日

● 筆算をしましょう。

① 3.65 × 6　② 4.25 × 8　③ 0.87 × 9　④ 0.14 × 5

⑤ 0.07 × 6　⑥ 1.69 × 4　⑦ 8.02 × 3　⑧ 9.05 × 8

⑨ 6.53 × 14　⑩ 8.04 × 24　⑪ 3.06 × 15　⑫ 0.94 × 25

⑬ 0.28 × 25　⑭ 7.18 × 55　⑮ 1.25 × 32　⑯ 9.04 × 25

（141％に拡大してご使用ください。）

ふりかえり
小数のかけ算 ②

名前

● 筆算をしましょう。

① 2.76 × 2
② 3.85 × 4
③ 5.75 × 4
④ 8.02 × 9
⑤ 6.05 × 4
⑥ 0.73 × 9
⑦ 0.42 × 5

⑧ 0.25 × 8
⑨ 0.02 × 5
⑩ 0.97 × 6
⑪ 3.87 × 39
⑫ 4.45 × 16
⑬ 5.16 × 25
⑭ 6.09 × 38

⑮ 2.06 × 45
⑯ 0.87 × 19
⑰ 0.96 × 15
⑱ 0.36 × 25
⑲ 2.84 × 70
⑳ 9.15 × 40

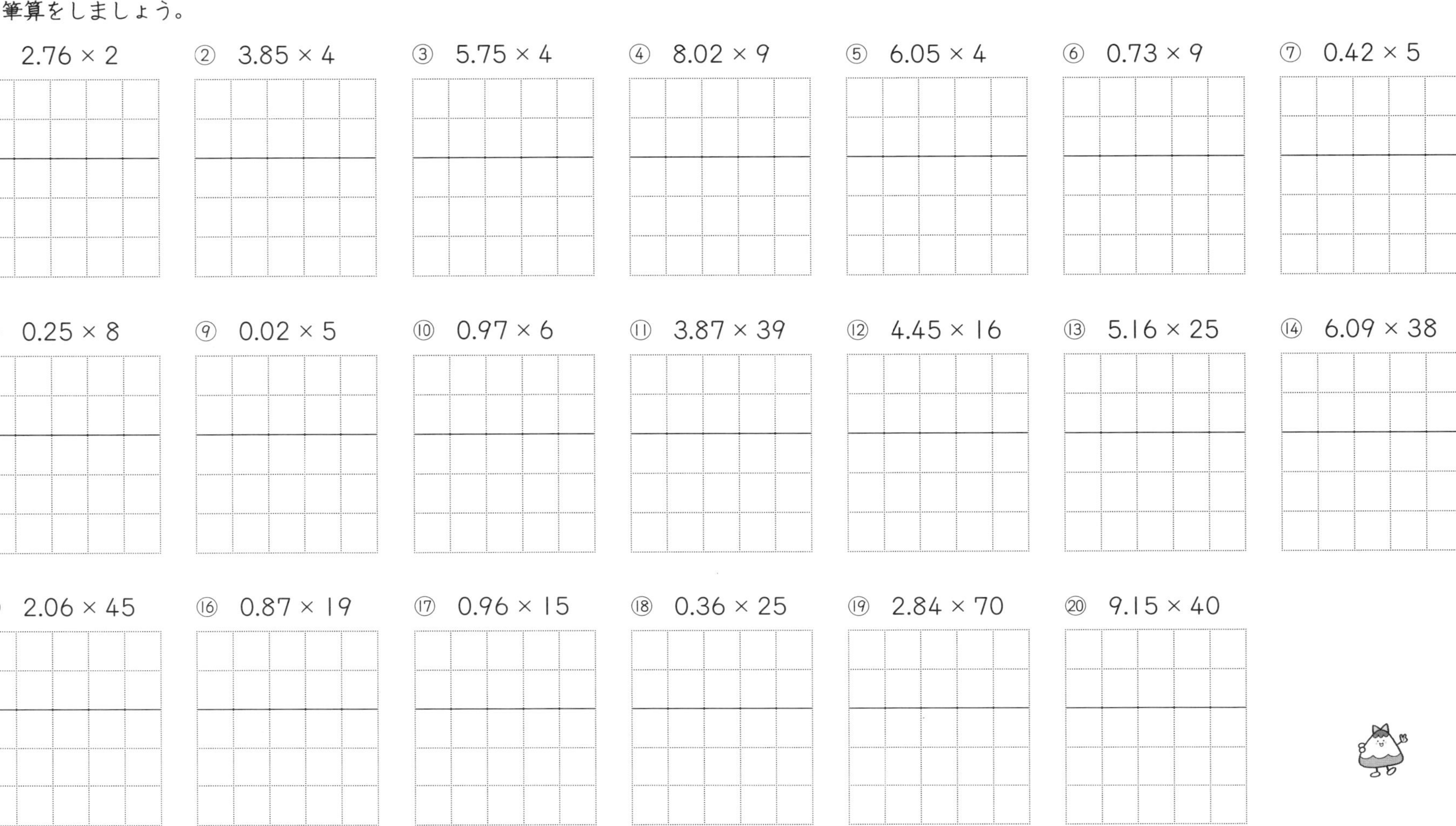

(141%に拡大してご使用ください。)

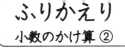

【10分】

月　　日

小数のかけ算（21）

文章題①

名前

1 0.65L入りのお茶のペットボトルが８本あります。
全部で何Lですか。

式

答え

2 1.8mのなわが14本あります。
あわせて何mですか。

式

答え

3 1ふくろ2.2kgの塩（しお）を５ふくろ買うと，何kgになりますか。

式

答え

4 4.36kmの道のりを15回歩くと，何km歩いたことになりますか。

式

答え

月　　日

小数のかけ算（22）

文章題②

名前

1 1さつ1.5kgの図かんが６さつあります。
全部で何kgになりますか。

式

答え

2 1.25Lの水を８回入れると，バケツがいっぱいになりました。
バケツには何L入りましたか。

式

答え

3 テープを1.32mずつ切ると，ちょうど44本でした。
はじめに何mありましたか。

式

答え

4 米を17人で分けると，ちょうど1人1.12kgで分けられました。
米は何kgありましたか。

式

答え

月　　日

算数あそび
小数のかけ算 ①

名前

● 次の計算をして，答えの小さい方へ進み，ゴールまで行きましょう。

月　日

算数あそび
小数のかけ算 ②

名前

● 次の計算をして，答えの大きい方へ進み，ゴールまで行きましょう。

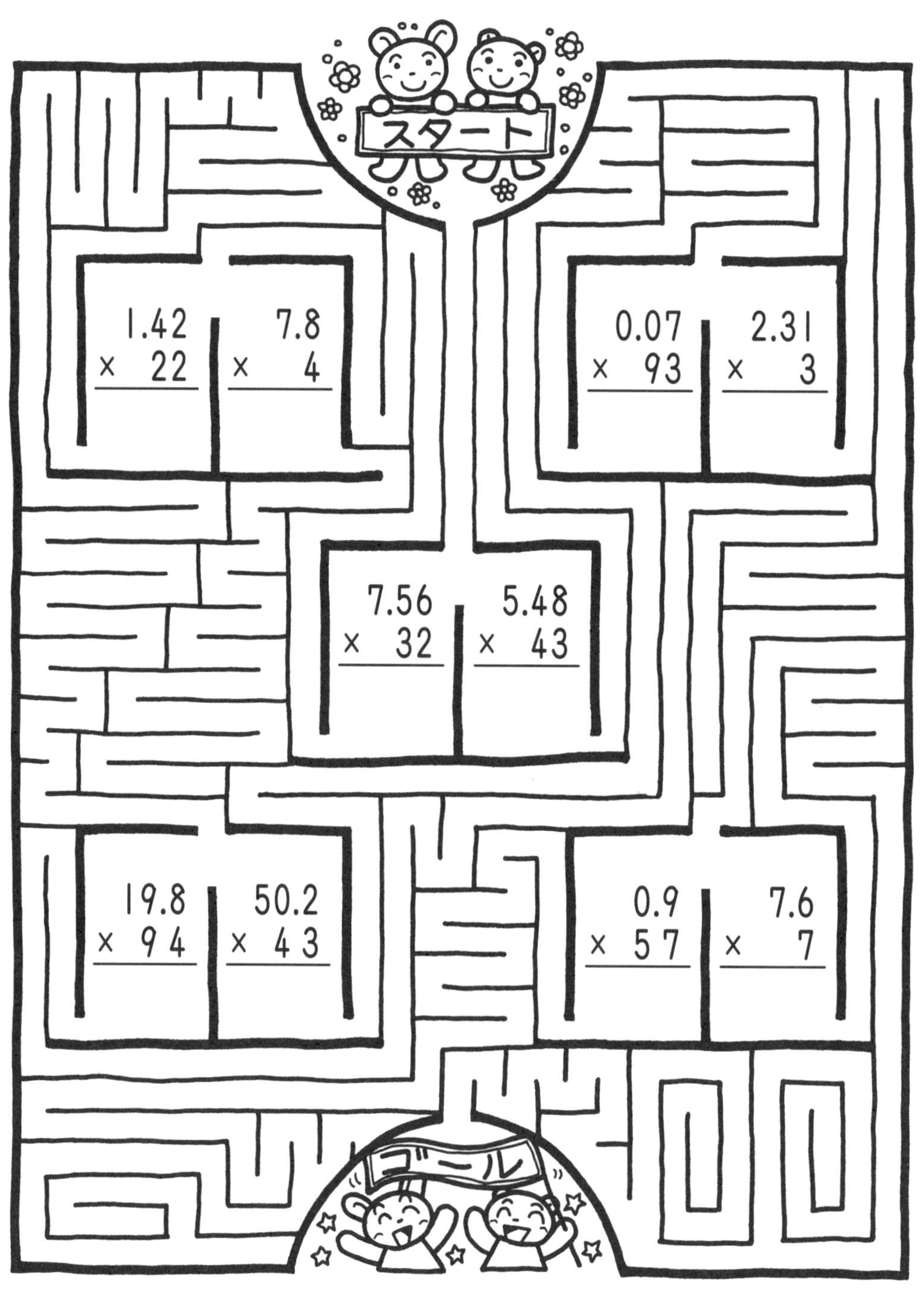

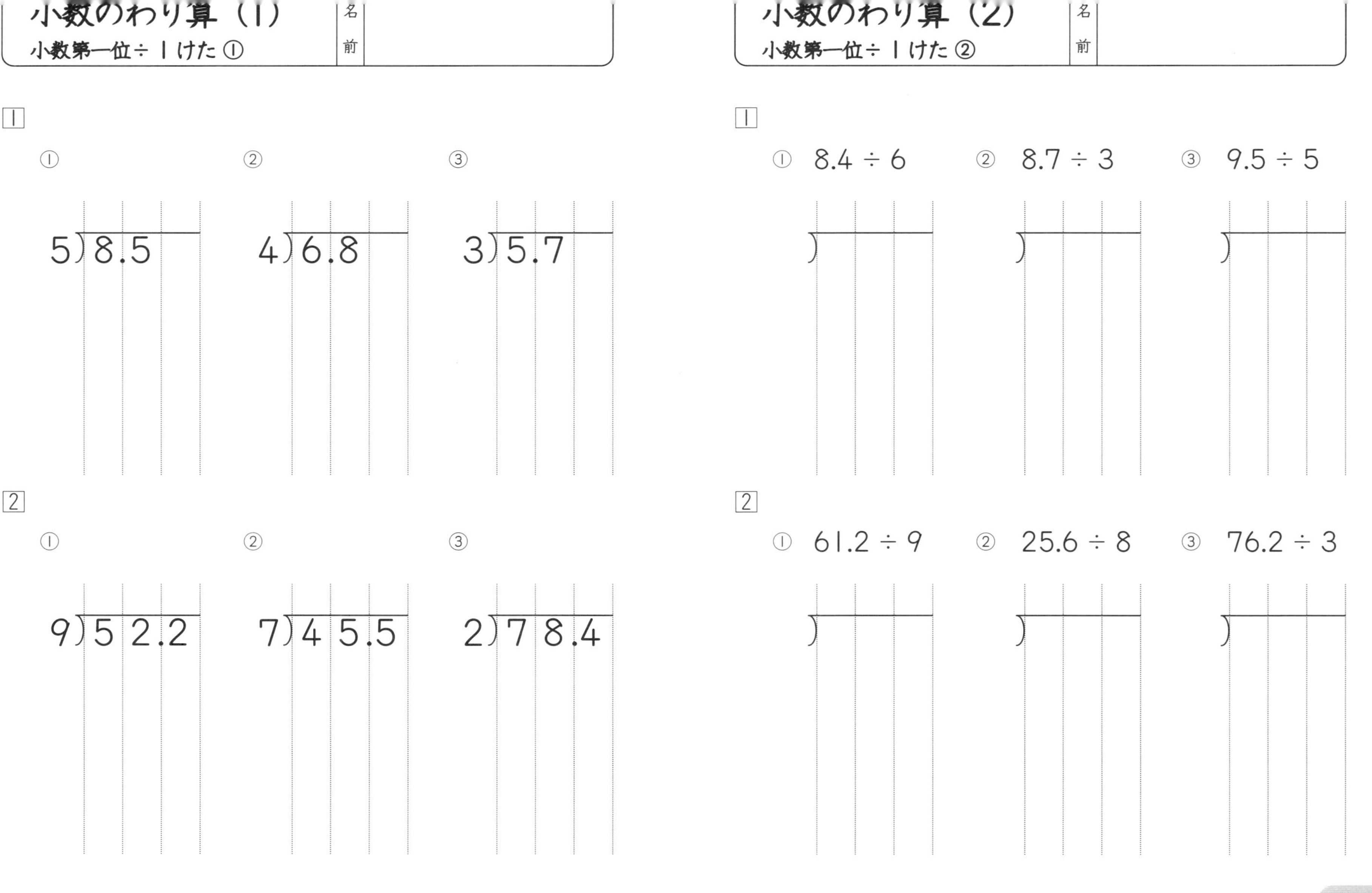

小数のわり算（1）

小数第一位÷1けた ①

名前

1

① 5)8.5 ② 4)6.8 ③ 3)5.7

2

① 9)52.2 ② 7)45.5 ③ 2)78.4

小数のわり算（2）

小数第一位÷1けた ②

名前

1

① 8.4 ÷ 6 ② 8.7 ÷ 3 ③ 9.5 ÷ 5

2

① 61.2 ÷ 9 ② 25.6 ÷ 8 ③ 76.2 ÷ 3

（141%に拡大してご使用ください。）

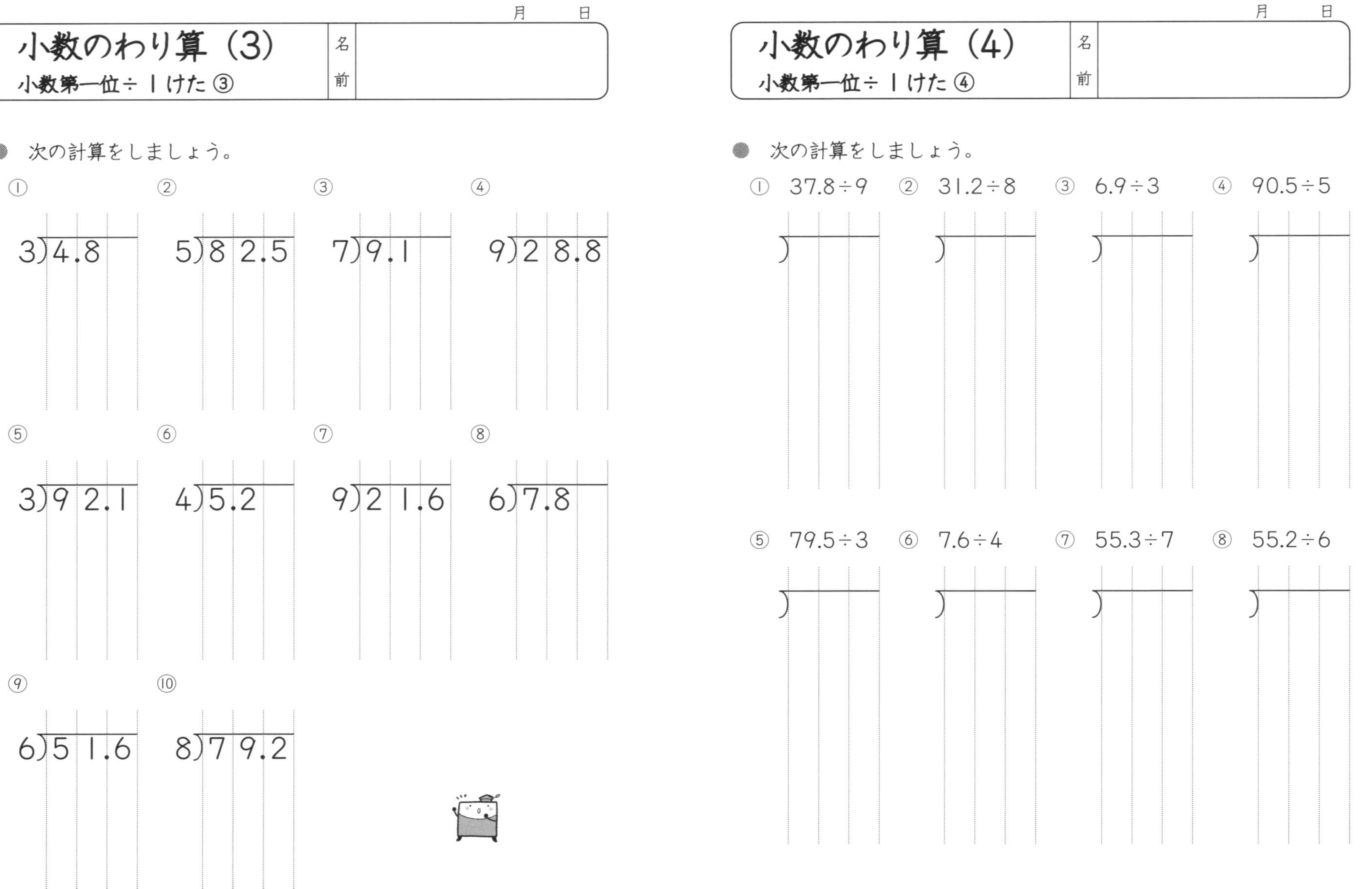

月　日

小数のわり算（3）

小数第一位÷１けた③

名前

● 次の計算をしましょう。

① 3)4.8

② 5)82.5

③ 7)9.1

④ 9)28.8

⑤ 3)92.1

⑥ 4)5.2

⑦ 9)21.6

⑧ 6)7.8

⑨ 6)51.6

⑩ 8)79.2

月　日

小数のわり算（4）

小数第一位÷１けた④

名前

● 次の計算をしましょう。

① 37.8÷9

② 31.2÷8

③ 6.9÷3

④ 90.5÷5

⑤ 79.5÷3

⑥ 7.6÷4

⑦ 55.3÷7

⑧ 55.2÷6

（141%に拡大してご使用ください。）

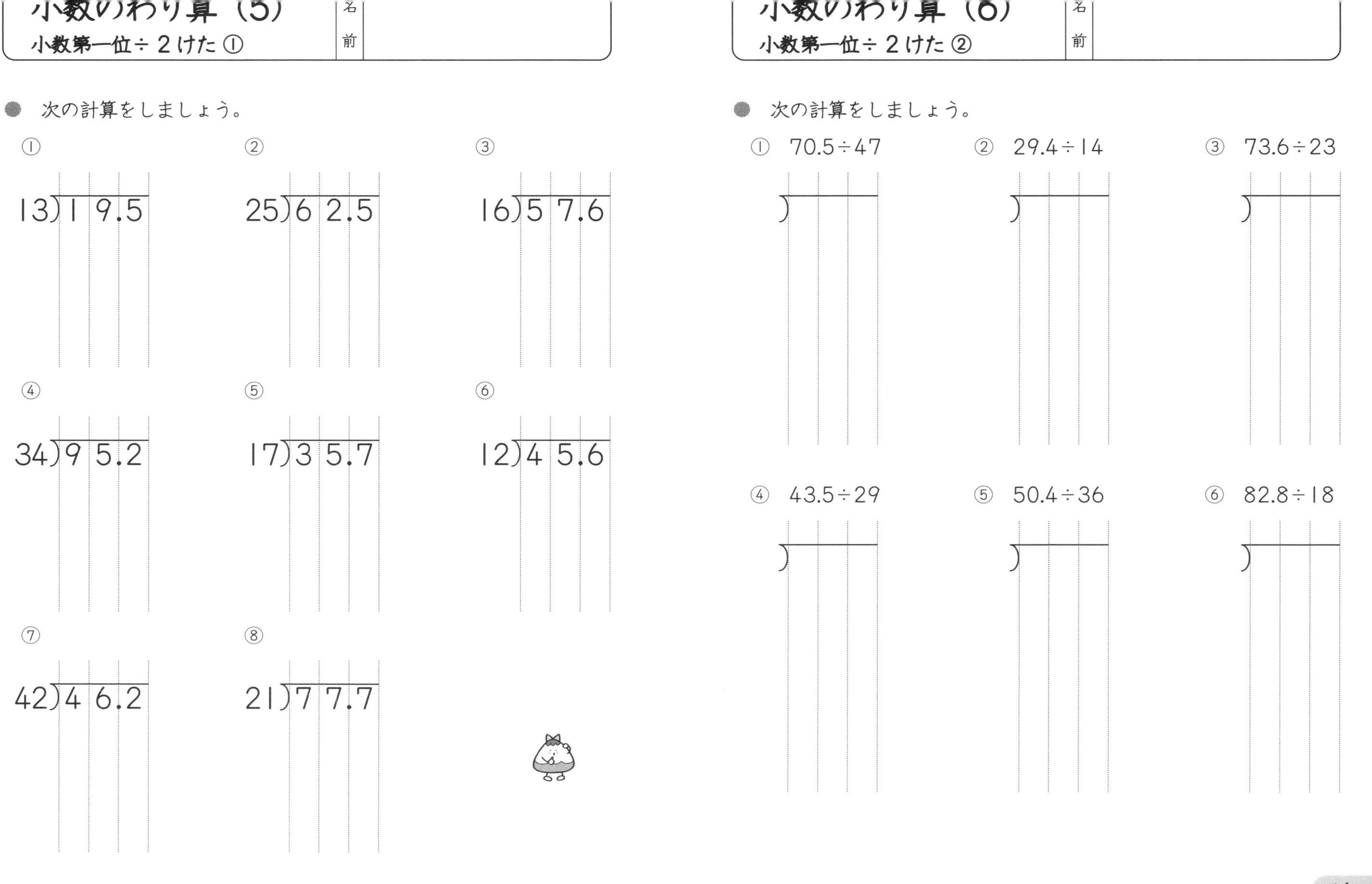

小数のわり算（5）
小数第一位÷２けた①

名前

● 次の計算をしましょう。

① 13)19.5

② 25)62.5

③ 16)57.6

④ 34)95.2

⑤ 17)35.7

⑥ 12)45.6

⑦ 42)46.2

⑧ 21)77.7

小数のわり算（6）
小数第一位÷２けた②

名前

● 次の計算をしましょう。

① 70.5÷47

② 29.4÷14

③ 73.6÷23

④ 43.5÷29

⑤ 50.4÷36

⑥ 82.8÷18

5分

（141%に拡大してご使用ください。）

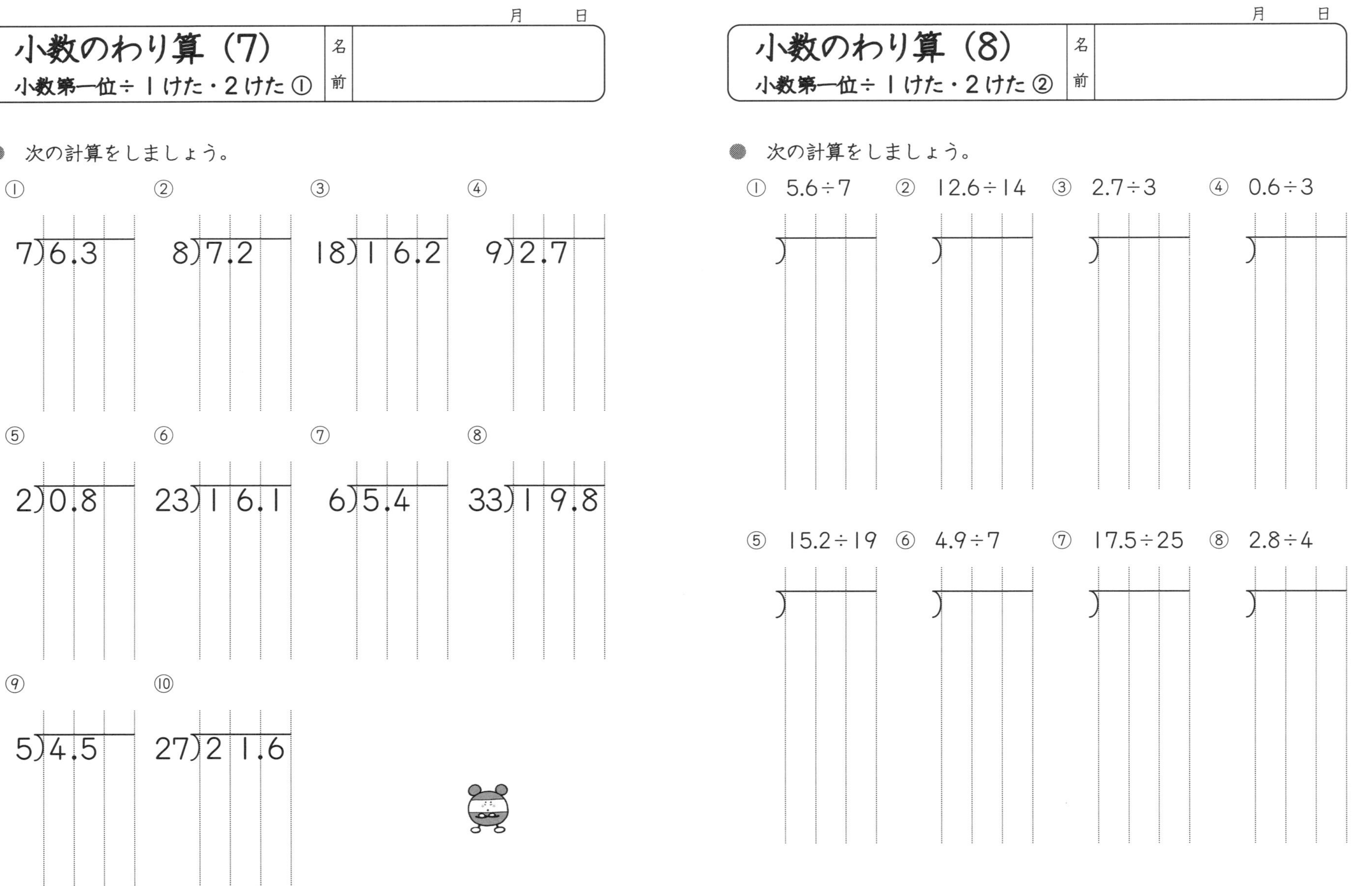

5分

小数のわり算（7）

小数第一位÷１けた・２けた①

月　日　名前

● 次の計算をしましょう。

① 7)6.3
② 8)7.2
③ 18)16.2
④ 9)2.7
⑤ 2)0.8
⑥ 23)16.1
⑦ 6)5.4
⑧ 33)19.8
⑨ 5)4.5
⑩ 27)21.6

小数のわり算（8）

小数第一位÷１けた・２けた②

月　日　名前

● 次の計算をしましょう。

① 5.6÷7
② 12.6÷14
③ 2.7÷3
④ 0.6÷3
⑤ 15.2÷19
⑥ 4.9÷7
⑦ 17.5÷25
⑧ 2.8÷4

（141%に拡大してご使用ください。）

小数のわり算（9）

小数第二位÷１けた ①

名前

● 次の計算をしましょう。

① 5)7.35

② 3)3.15

③ 7)44.24

④ 8)48.64

⑤ 4)92.48

⑥ 2)46.18

小数のわり算（10）

小数第二位÷１けた ②

名前

● 次の計算をしましょう。

① 60.54 ÷ 6

② 7.25 ÷ 5

③ 8.04 ÷ 4

④ 23.04 ÷ 9

⑤ 42.21 ÷ 7

⑥ 96.08 ÷ 8

3分

（141%に拡大してご使用ください。）

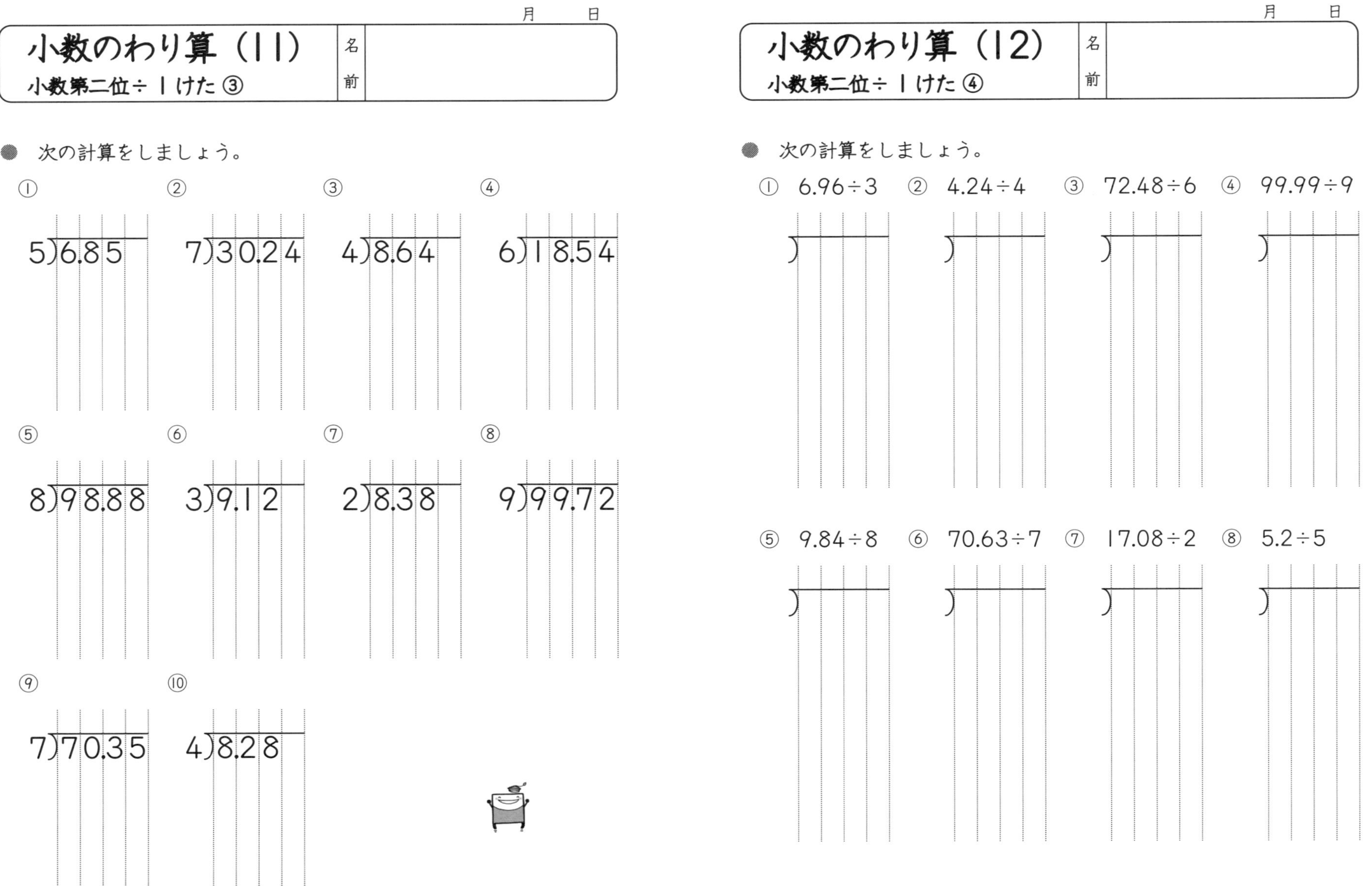

月　日

小数のわり算（11）

小数第二位÷１けた③

名前

● 次の計算をしましょう。

① 5)6.85　② 7)30.24　③ 4)8.64　④ 6)18.54

⑤ 8)98.88　⑥ 3)9.12　⑦ 2)8.38　⑧ 9)99.72

⑨ 7)70.35　⑩ 4)8.28

月　日

小数のわり算（12）

小数第二位÷１けた④

名前

● 次の計算をしましょう。

① 6.96÷3　② 4.24÷4　③ 72.48÷6　④ 99.99÷9

⑤ 9.84÷8　⑥ 70.63÷7　⑦ 17.08÷2　⑧ 5.2÷5

 （141%に拡大してご使用ください。）

小数のわり算（13）

小数第二位÷２けた①

名前

● 次の計算をしましょう。

① 31)50.53

② 28)60.48

③ 32)96.64

④ 26)79.04

⑤ 34)70.04

⑥ 18)57.78

小数のわり算（14）

小数第二位÷２けた②

名前

● 次の計算をしましょう。

① 30.75 ÷ 25

② 78.48 ÷ 36

③ 34.85 ÷ 17

④ 82.08 ÷ 27

⑤ 40.08 ÷ 12

3分

（141%に拡大してご使用ください。）

小数のわり算（15）

小数第二位÷２けた ③

名前　　　　月　　日

● 次の計算をしましょう。

① 12)39.12　② 14)21.84　③ 27)82.62　④ 19)21.09

⑤ 24)37.44　⑥ 26)40.04　⑦ 19)20.52　⑧ 16)33.12

⑨ 26)27.04　⑩ 17)20.06

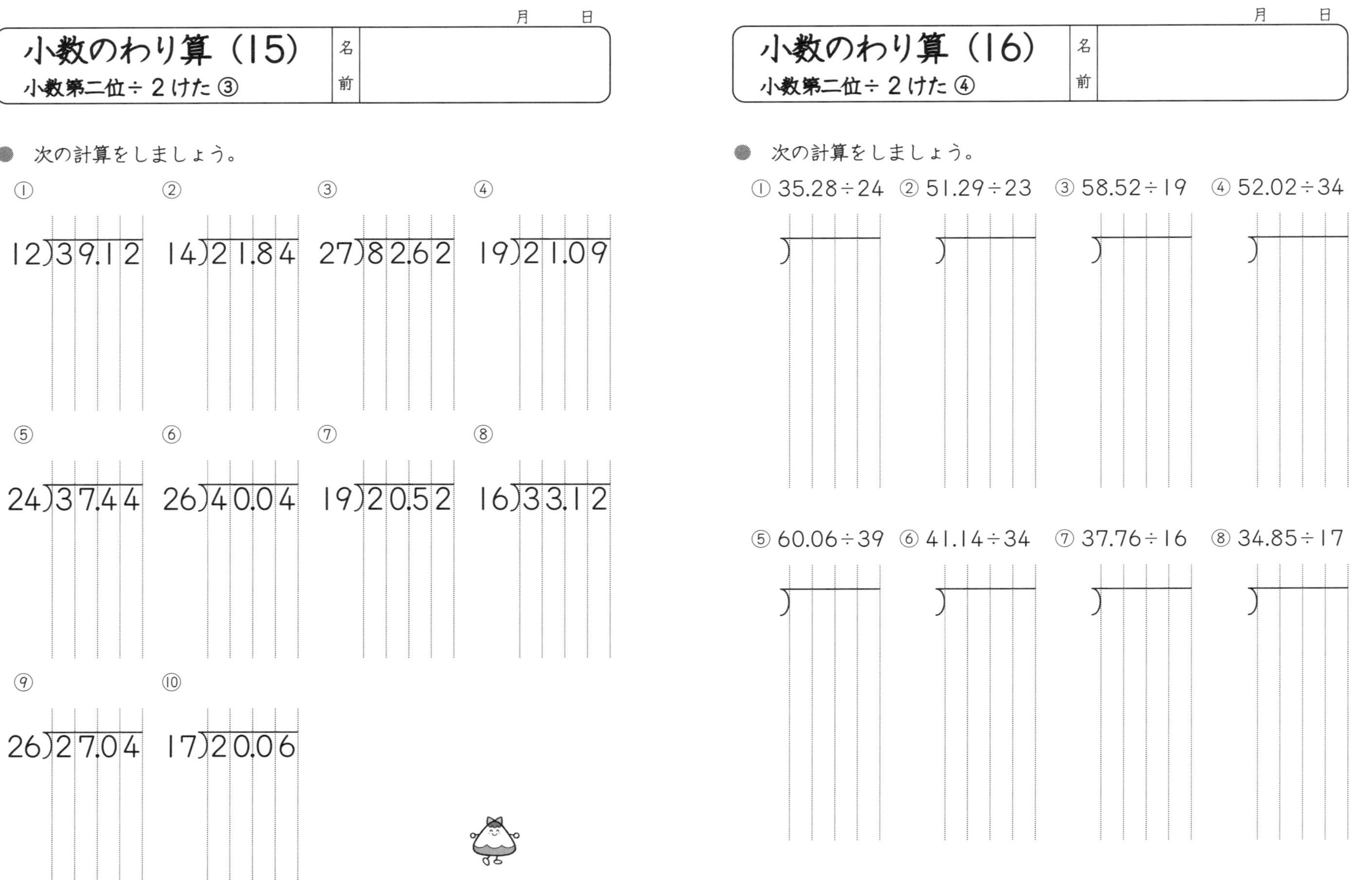

小数のわり算（16）

小数第二位÷２けた ④

名前　　　　月　　日

● 次の計算をしましょう。

① 35.28÷24　② 51.29÷23　③ 58.52÷19　④ 52.02÷34

⑤ 60.06÷39　⑥ 41.14÷34　⑦ 37.76÷16　⑧ 34.85÷17

（141%に拡大してご使用ください。）

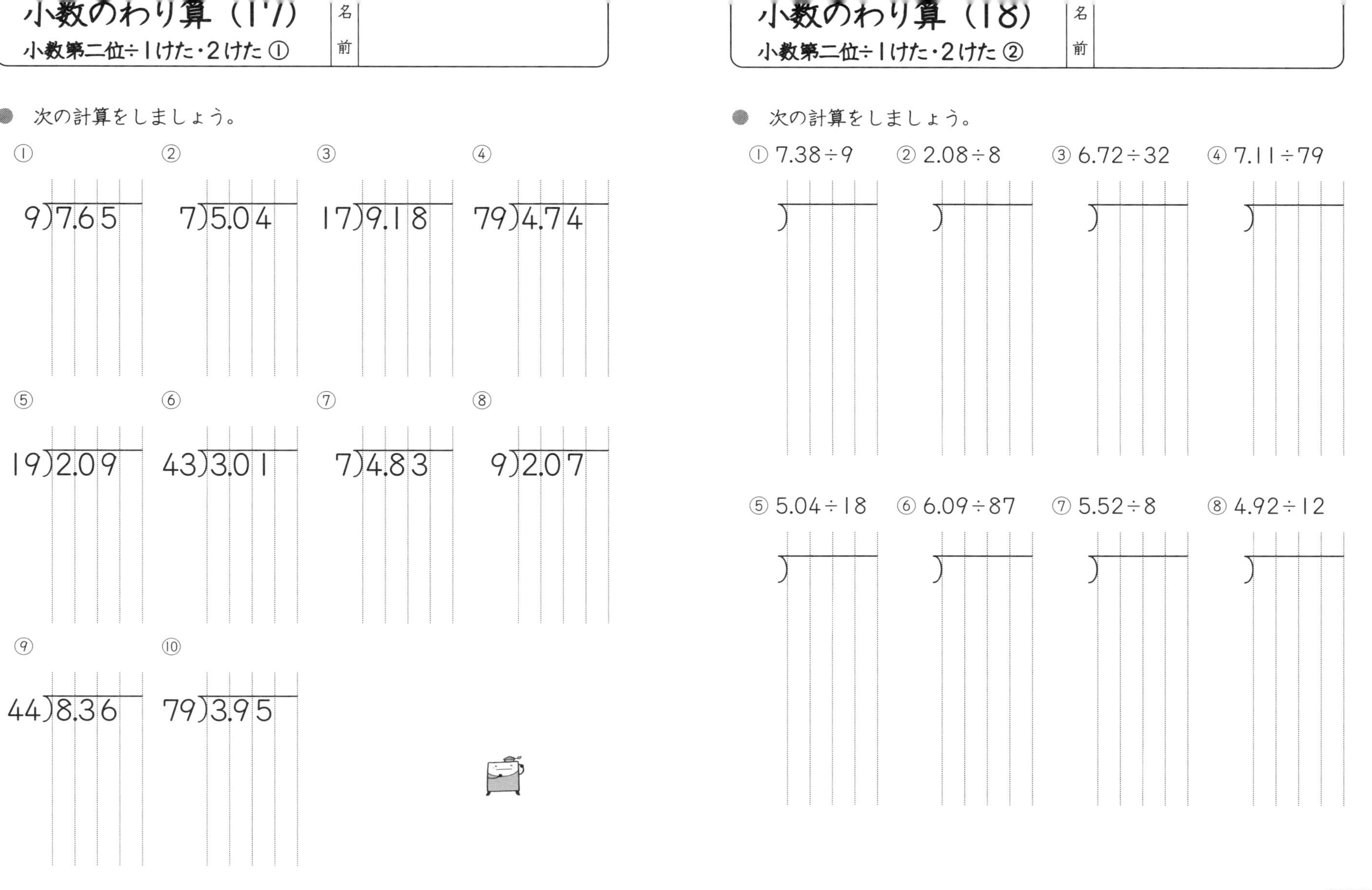

小数のわり算（17）
小数第二位÷1けた・2けた ①

名前

● 次の計算をしましょう。

① 9)7.65
② 7)5.04
③ 17)9.18
④ 79)4.74
⑤ 19)2.09
⑥ 43)3.01
⑦ 7)4.83
⑧ 9)2.07
⑨ 44)8.36
⑩ 79)3.95

小数のわり算（18）
小数第二位÷1けた・2けた ②

名前

● 次の計算をしましょう。

① 7.38÷9
② 2.08÷8
③ 6.72÷32
④ 7.11÷79
⑤ 5.04÷18
⑥ 6.09÷87
⑦ 5.52÷8
⑧ 4.92÷12

5分

（141%に拡大してご使用ください。）

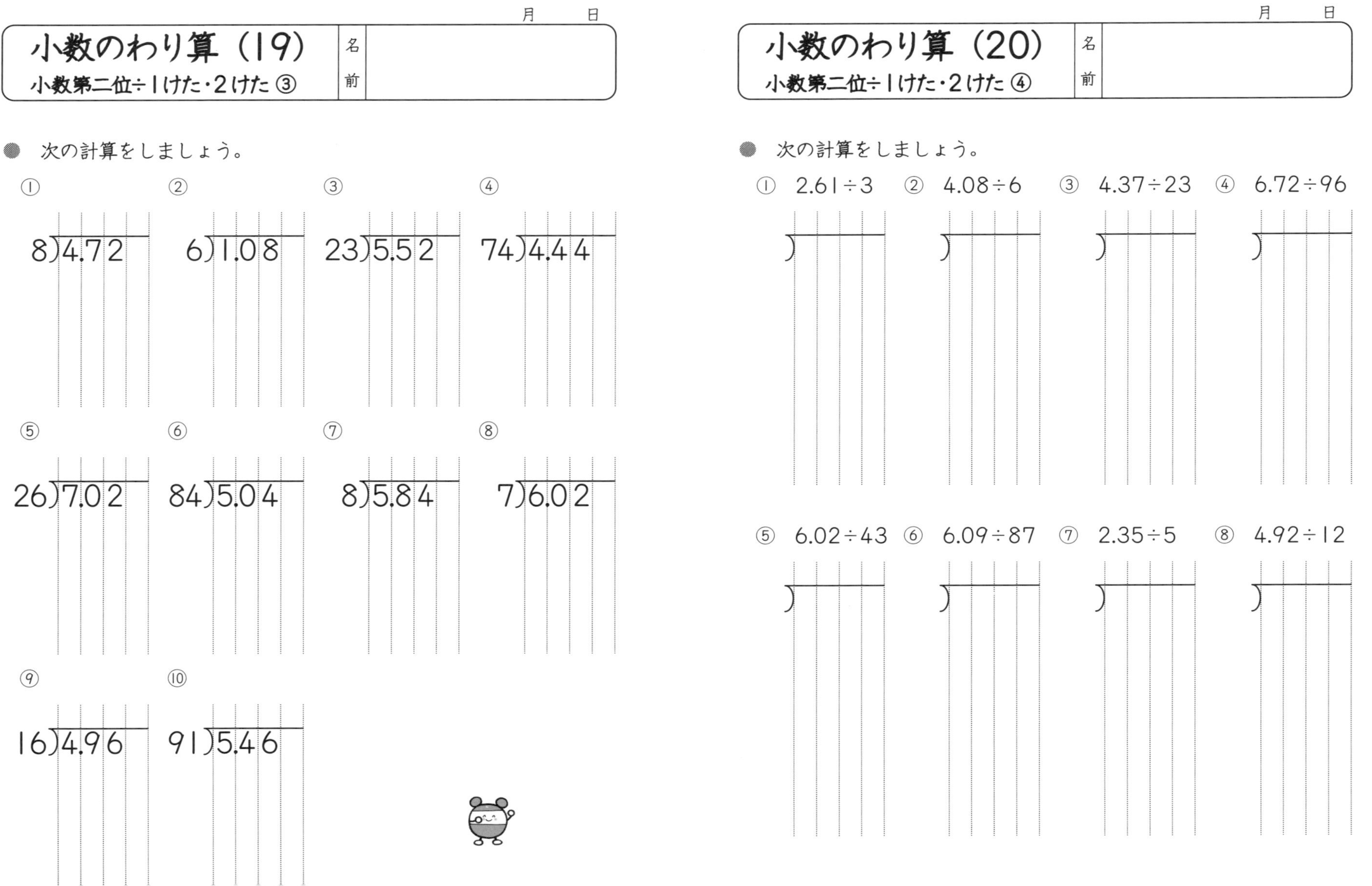

小数のわり算（19）

小数第二位÷1けた・2けた ③

月　日　名前

● 次の計算をしましょう。

① 8)4.72

② 6)1.08

③ 23)5.52

④ 74)4.44

⑤ 26)7.02

⑥ 84)5.04

⑦ 8)5.84

⑧ 7)6.02

⑨ 16)4.96

⑩ 91)5.46

小数のわり算（20）

小数第二位÷1けた・2けた ④

月　日　名前

● 次の計算をしましょう。

① 2.61÷3

② 4.08÷6

③ 4.37÷23

④ 6.72÷96

⑤ 6.02÷43

⑥ 6.09÷87

⑦ 2.35÷5

⑧ 4.92÷12

（141%に拡大してご使用ください。）

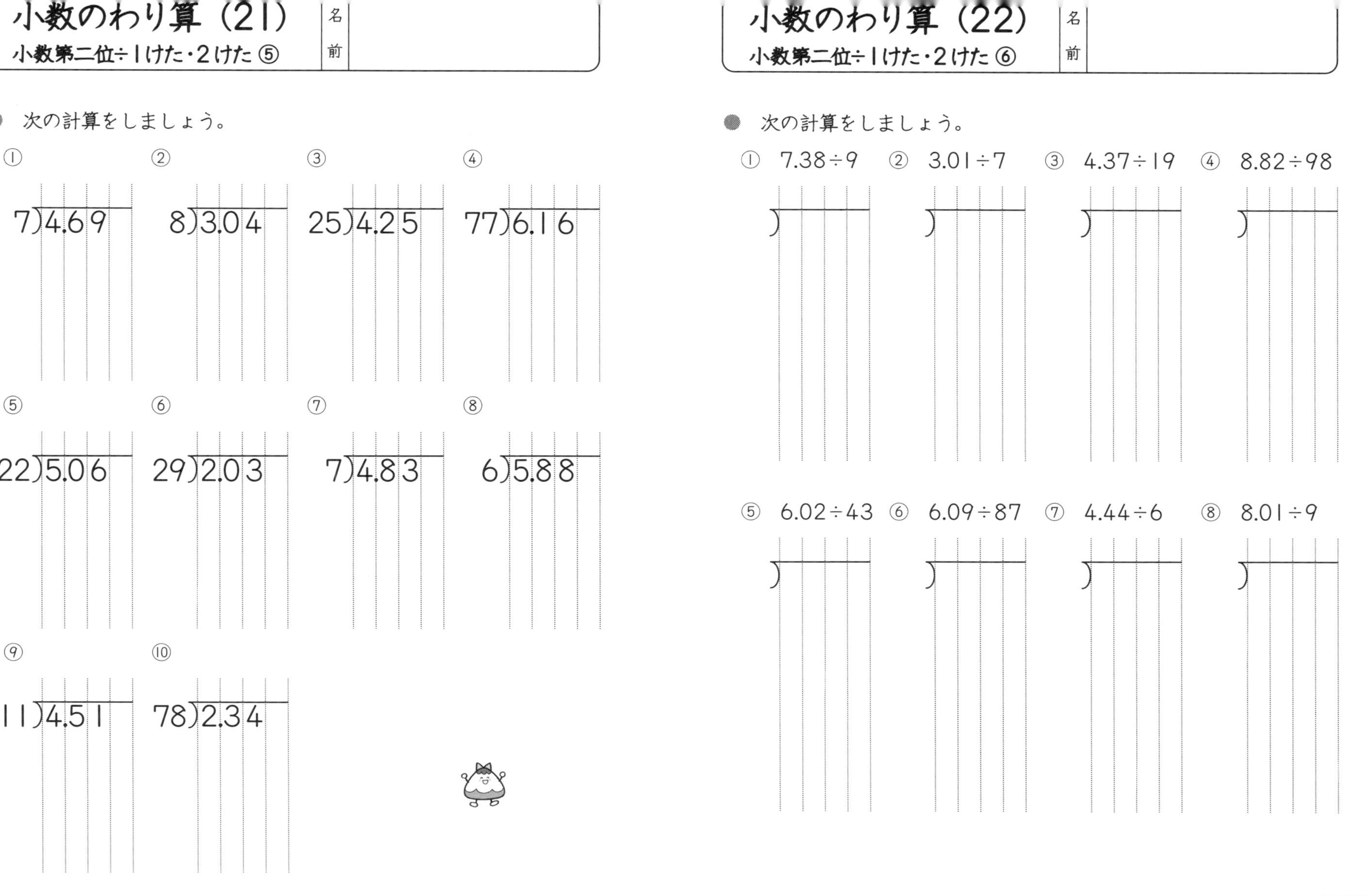

小数のわり算（21）

小数第二位÷1けた・2けた⑤

名前

● 次の計算をしましょう。

① 7)4.69

② 8)3.04

③ 25)4.25

④ 77)6.16

⑤ 22)5.06

⑥ 29)2.03

⑦ 7)4.83

⑧ 6)5.88

⑨ 11)4.51

⑩ 78)2.34

小数のわり算（22）

小数第二位÷1けた・2けた⑥

名前

● 次の計算をしましょう。

① 7.38÷9

② 3.01÷7

③ 4.37÷19

④ 8.82÷98

⑤ 6.02÷43

⑥ 6.09÷87

⑦ 4.44÷6

⑧ 8.01÷9

（141%に拡大してご使用ください。）

月　日

小数のわり算（23）

小数第二位・三位÷1けた・2けた ①

名前

● 次の計算をしましょう。

① 5)0.85

② 8)0.72

③ 27)0.81

④ 5)0.855

⑤ 4)0.272

⑥ 34)0.918

⑦ 84)0.336

⑧ 4)0.96

⑨ 6)0.54

⑩ 34)0.68

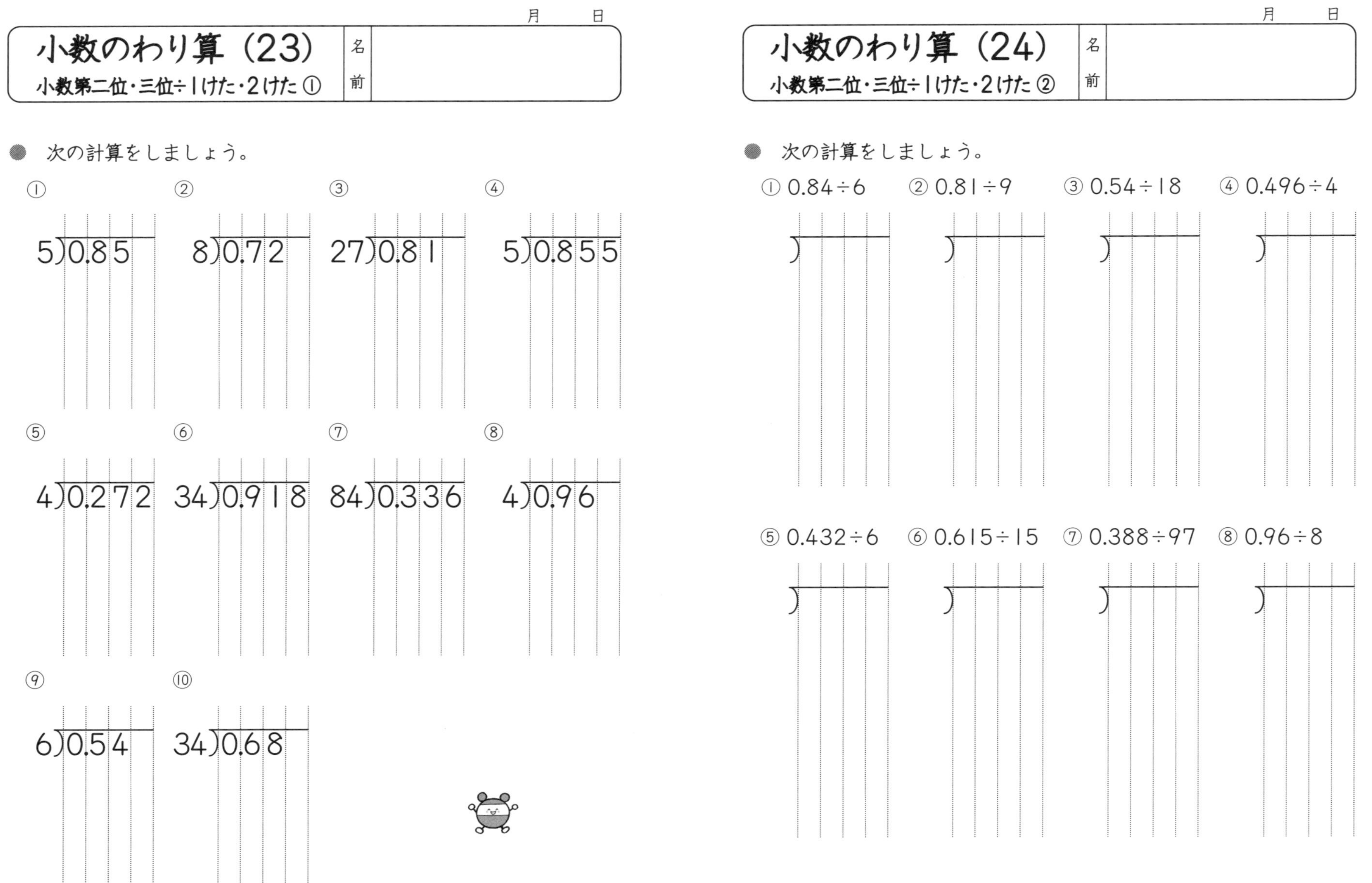

月　日

小数のわり算（24）

小数第二位・三位÷1けた・2けた ②

名前

● 次の計算をしましょう。

① 0.84÷6

② 0.81÷9

③ 0.54÷18

④ 0.496÷4

⑤ 0.432÷6

⑥ 0.615÷15

⑦ 0.388÷97

⑧ 0.96÷8

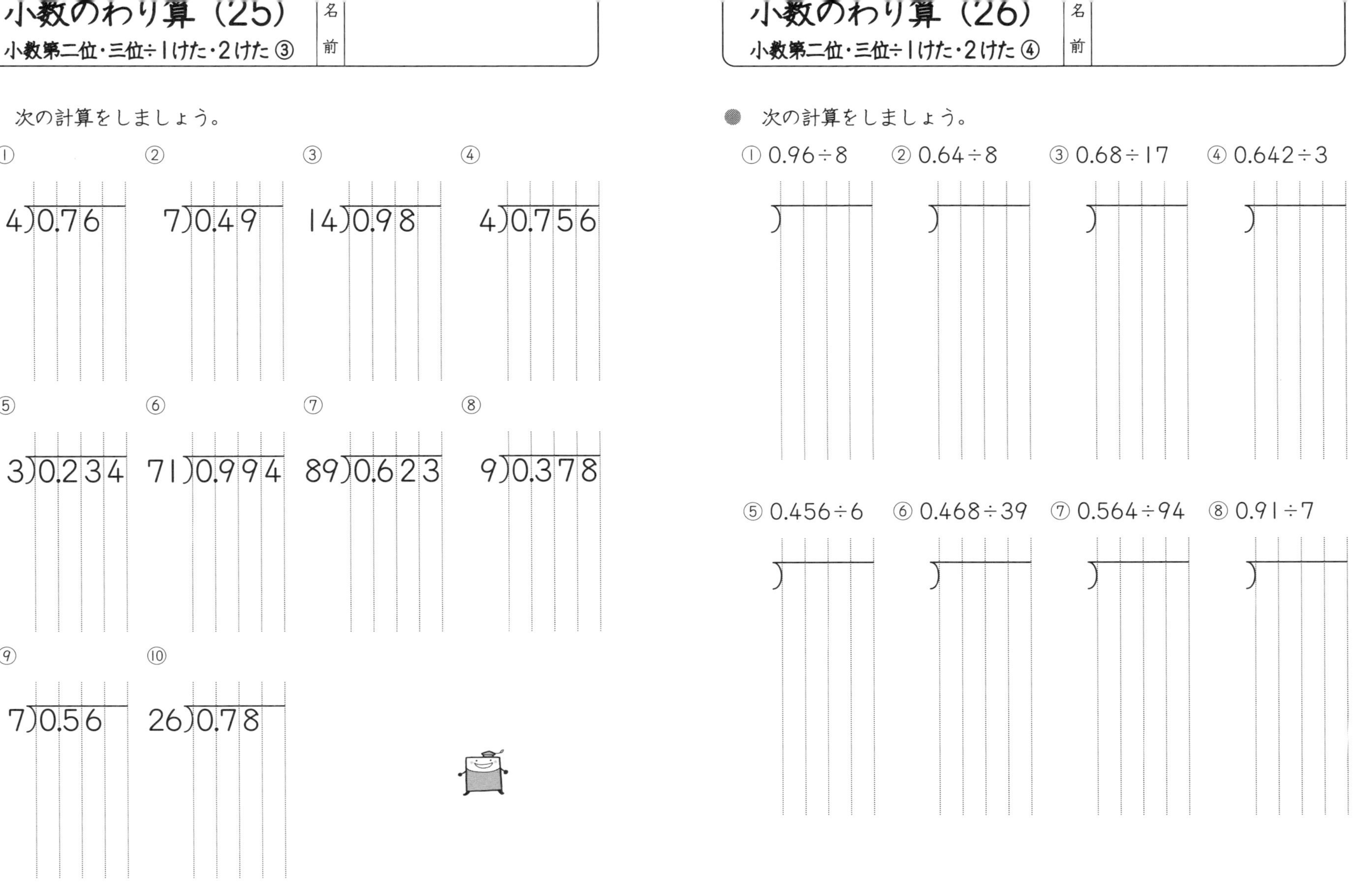

小数のわり算（25）

小数第二位・三位÷1けた・2けた③

名前

● 次の計算をしましょう。

① 4)0.76

② 7)0.49

③ 14)0.98

④ 4)0.756

⑤ 3)0.234

⑥ 71)0.994

⑦ 89)0.623

⑧ 9)0.378

⑨ 7)0.56

⑩ 26)0.78

小数のわり算（26）

小数第二位・三位÷1けた・2けた④

名前

● 次の計算をしましょう。

① 0.96÷8

② 0.64÷8

③ 0.68÷17

④ 0.642÷3

⑤ 0.456÷6

⑥ 0.468÷39

⑦ 0.564÷94

⑧ 0.91÷7

5分

（141％に拡大してご使用ください。）

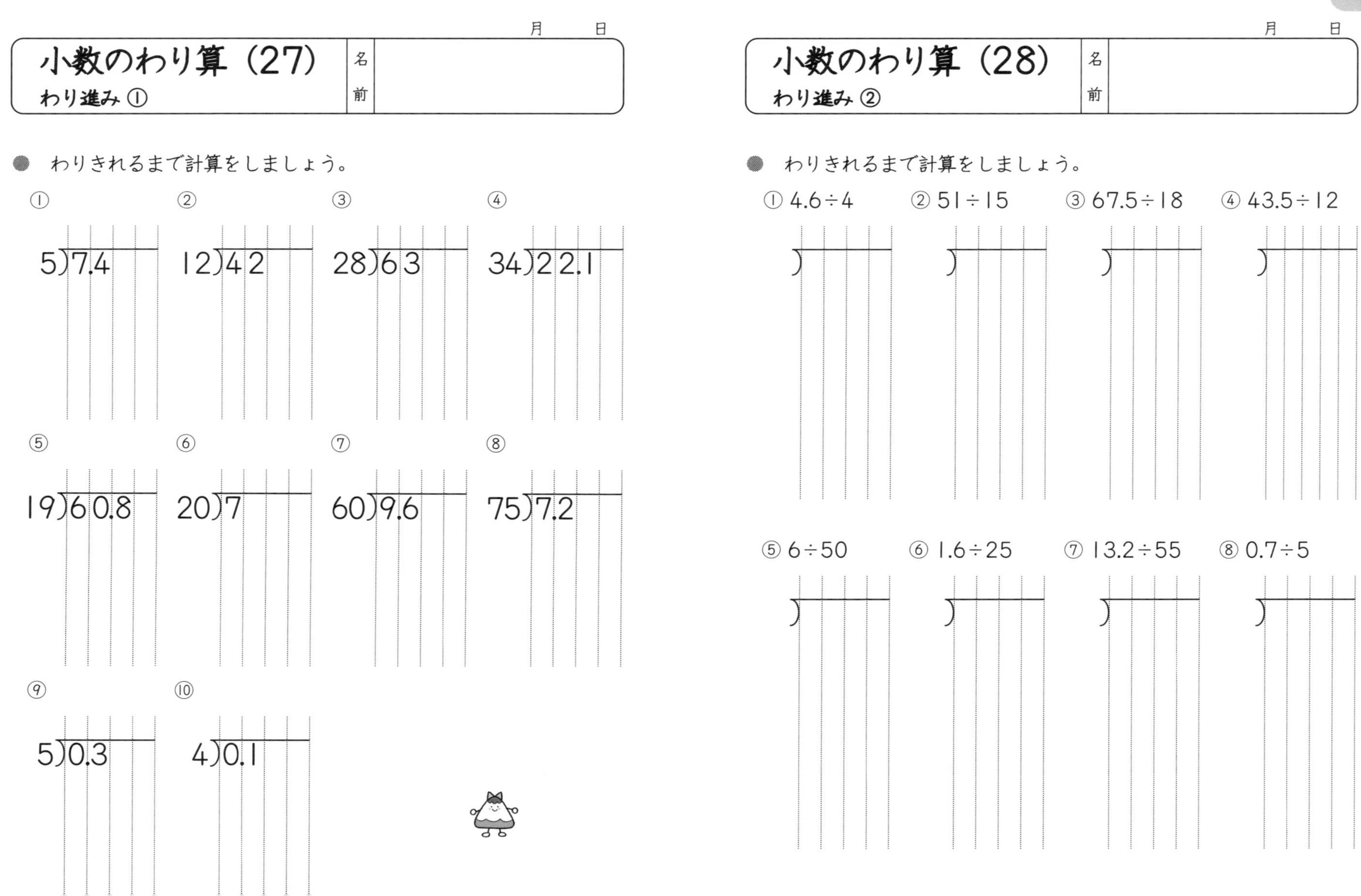

5分

小数のわり算（27）
わり進み ①

名前　　　　　月　　日

● わりきれるまで計算をしましょう。

① 5)7.4

② 12)42

③ 28)63

④ 34)22.1

⑤ 19)60.8

⑥ 20)7

⑦ 60)9.6

⑧ 75)7.2

⑨ 5)0.3

⑩ 4)0.1

小数のわり算（28）
わり進み ②

名前　　　　　月　　日

● わりきれるまで計算をしましょう。

① 4.6÷4

② 51÷15

③ 67.5÷18

④ 43.5÷12

⑤ 6÷50

⑥ 1.6÷25

⑦ 13.2÷55

⑧ 0.7÷5

（141％に拡大してご使用ください。）

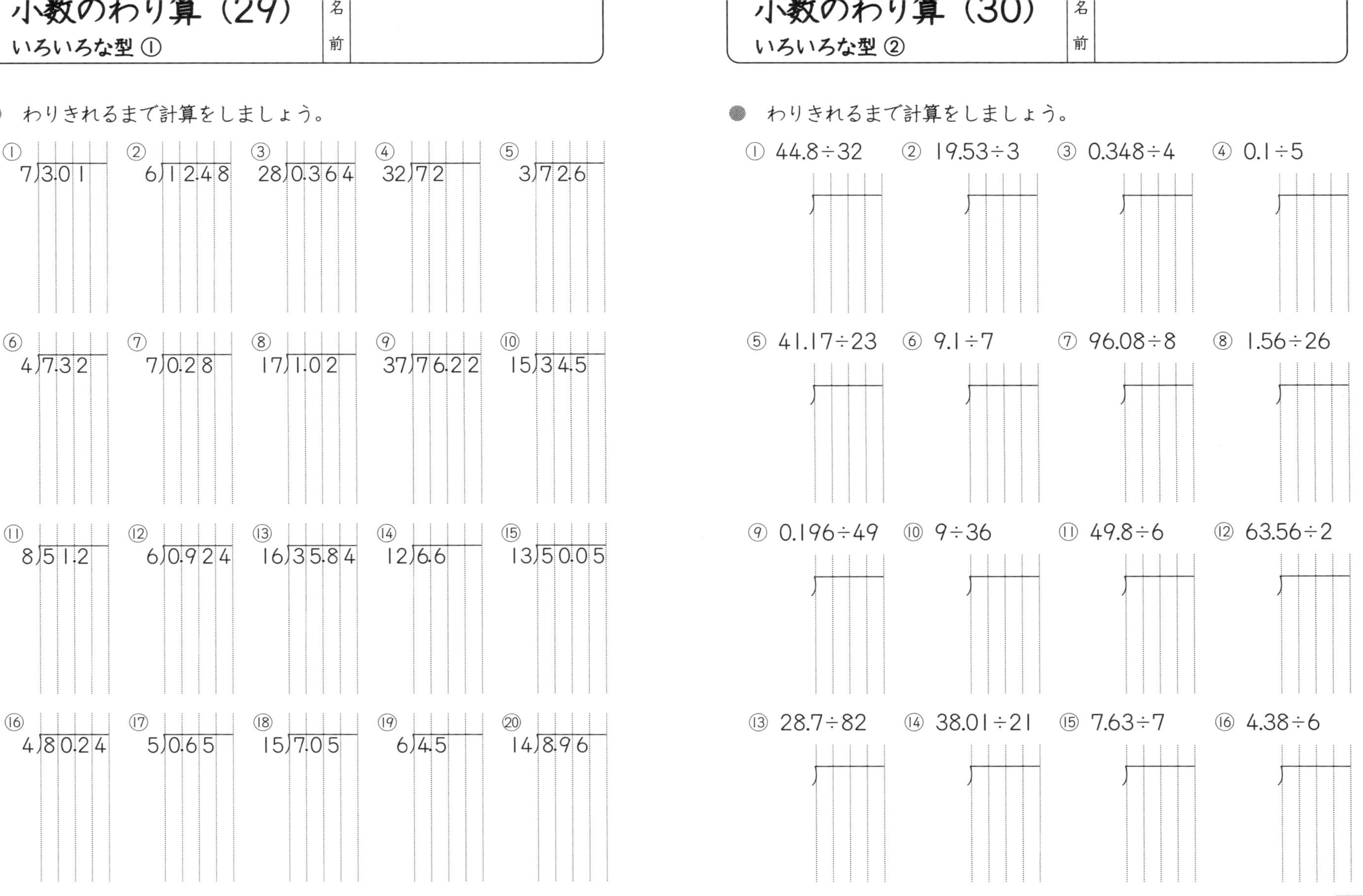

小数のわり算（29）
いろいろな型 ①

名前

● わりきれるまで計算をしましょう。

① 7)3.01　② 6)12.48　③ 28)0.364　④ 32)72　⑤ 3)72.6

⑥ 4)7.32　⑦ 7)0.28　⑧ 17)1.02　⑨ 37)76.22　⑩ 15)34.5

⑪ 8)51.2　⑫ 6)0.924　⑬ 16)35.84　⑭ 12)6.6　⑮ 13)50.05

⑯ 4)80.24　⑰ 5)0.65　⑱ 15)7.05　⑲ 6)4.5　⑳ 14)8.96

小数のわり算（30）
いろいろな型 ②

名前

● わりきれるまで計算をしましょう。

① 44.8÷32　② 19.53÷3　③ 0.348÷4　④ 0.1÷5

⑤ 41.17÷23　⑥ 9.1÷7　⑦ 96.08÷8　⑧ 1.56÷26

⑨ 0.196÷49　⑩ 9÷36　⑪ 49.8÷6　⑫ 63.56÷2

⑬ 28.7÷82　⑭ 38.01÷21　⑮ 7.63÷7　⑯ 4.38÷6

10分

（141%に拡大してご使用ください。）

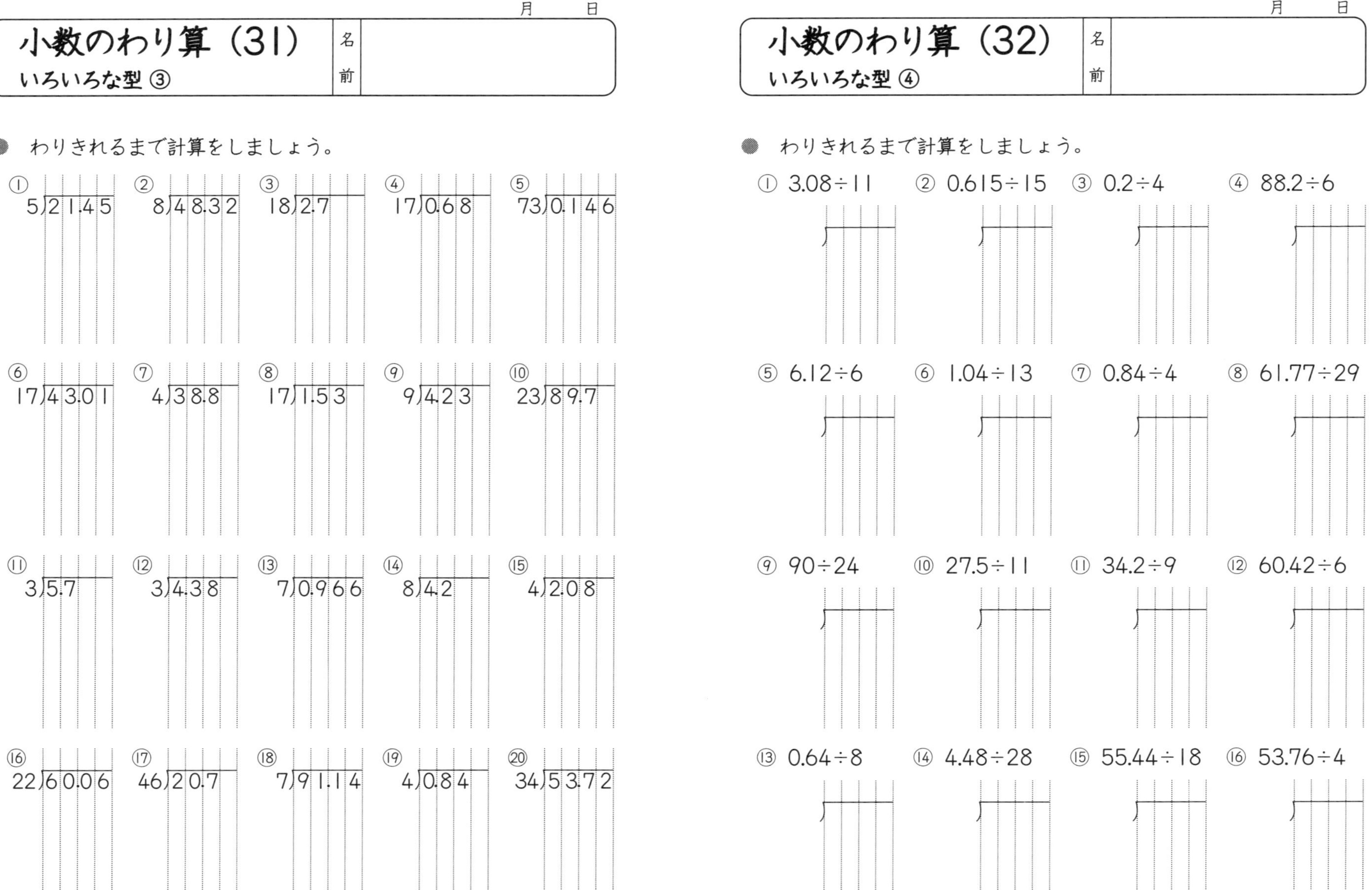

小数のわり算（31）
いろいろな型 ③

名前　　　　月　　日

● わりきれるまで計算をしましょう。

① 5)21.45　② 8)48.32　③ 18)2.7　④ 17)0.68　⑤ 73)0.146

⑥ 17)43.01　⑦ 4)38.8　⑧ 17)1.53　⑨ 9)4.23　⑩ 23)89.7

⑪ 3)5.7　⑫ 3)4.38　⑬ 7)0.966　⑭ 8)4.2　⑮ 4)2.08

⑯ 22)60.06　⑰ 46)20.7　⑱ 7)91.14　⑲ 4)0.84　⑳ 34)53.72

小数のわり算（32）
いろいろな型 ④

名前　　　　月　　日

● わりきれるまで計算をしましょう。

① 3.08÷11　② 0.615÷15　③ 0.2÷4　④ 88.2÷6

⑤ 6.12÷6　⑥ 1.04÷13　⑦ 0.84÷4　⑧ 61.77÷29

⑨ 90÷24　⑩ 27.5÷11　⑪ 34.2÷9　⑫ 60.42÷6

⑬ 0.64÷8　⑭ 4.48÷28　⑮ 55.44÷18　⑯ 53.76÷4

（141%に拡大してご使用ください。）

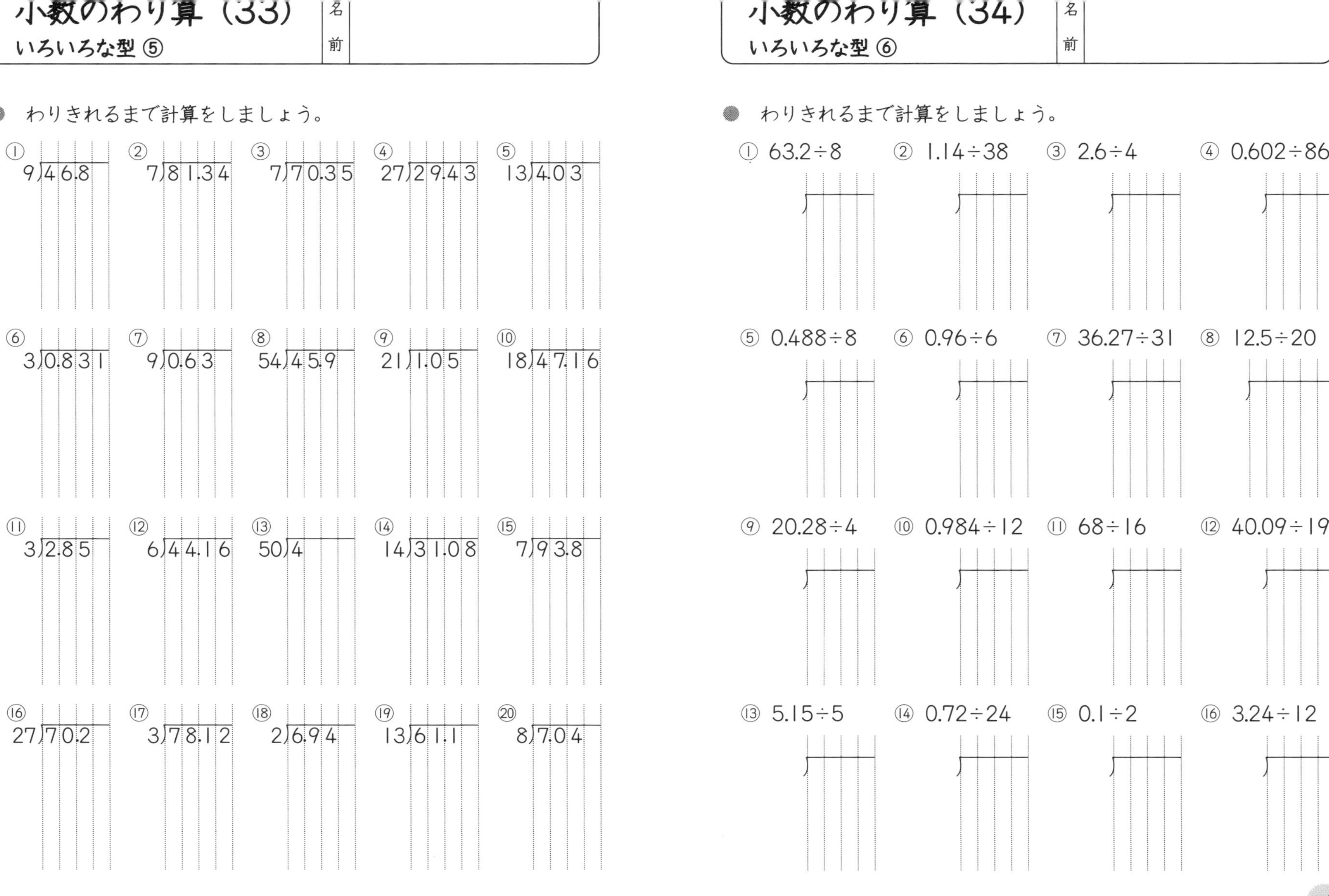

小数のわり算（33）

いろいろな型 ⑤

名前

● わりきれるまで計算をしましょう。

① 9)46.8
② 7)81.34
③ 7)70.35
④ 27)29.43
⑤ 13)40.3
⑥ 3)0.831
⑦ 9)0.63
⑧ 54)45.9
⑨ 21)1.05
⑩ 18)47.16
⑪ 3)2.85
⑫ 6)44.16
⑬ 50)4
⑭ 14)31.08
⑮ 7)93.8
⑯ 27)70.2
⑰ 3)78.12
⑱ 2)6.94
⑲ 13)61.1
⑳ 8)7.04

小数のわり算（34）

いろいろな型 ⑥

名前

● わりきれるまで計算をしましょう。

① 63.2÷8
② 1.14÷38
③ 2.6÷4
④ 0.602÷86
⑤ 0.488÷8
⑥ 0.96÷6
⑦ 36.27÷31
⑧ 12.5÷20
⑨ 20.28÷4
⑩ 0.984÷12
⑪ 68÷16
⑫ 40.09÷19
⑬ 5.15÷5
⑭ 0.72÷24
⑮ 0.1÷2
⑯ 3.24÷12

10分

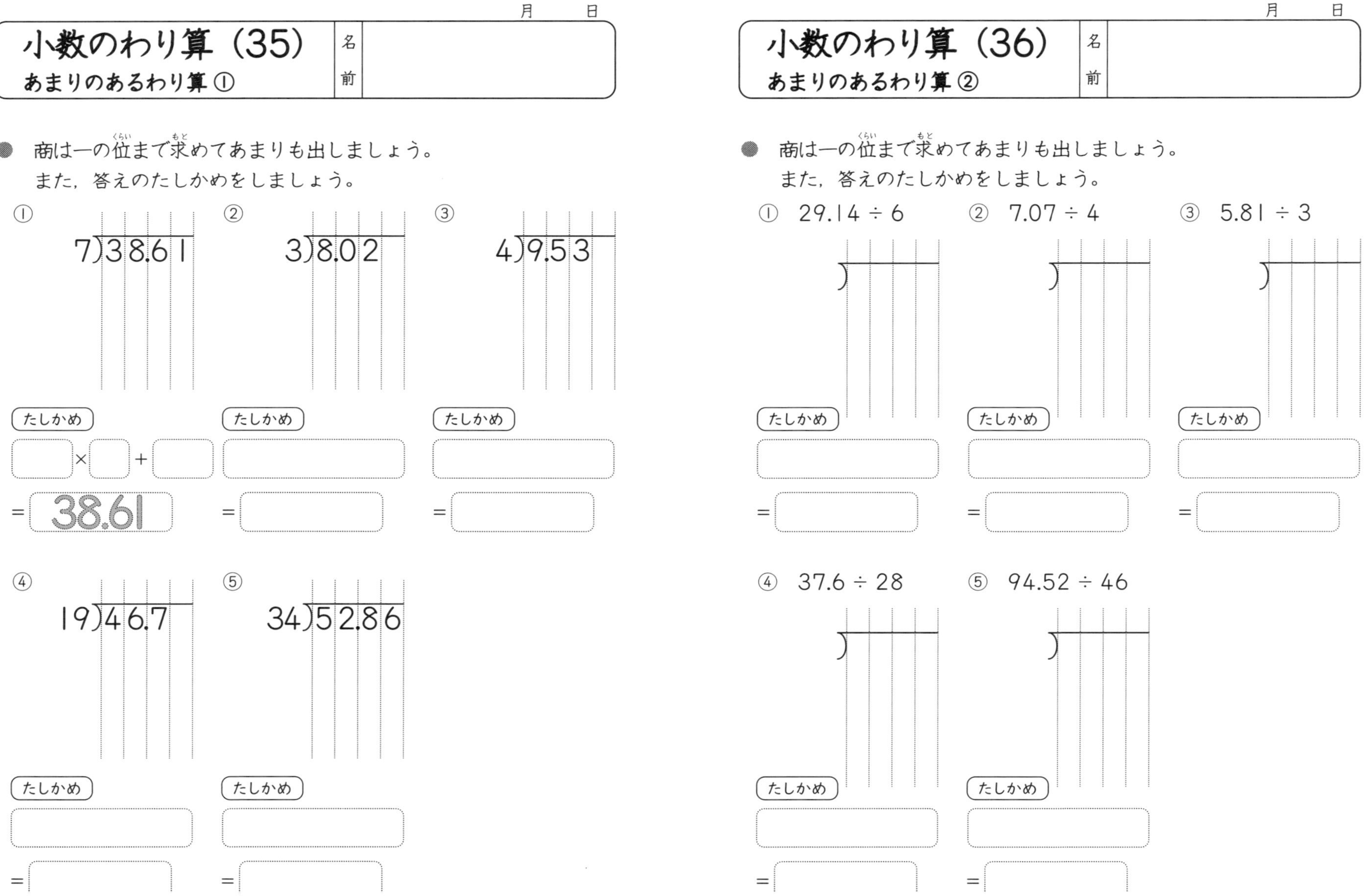

小数のわり算 (35)

あまりのあるわり算 ①

月　日　名前

● 商は一の位まで求めてあまりも出しましょう。
また，答えのたしかめをしましょう。

① 7)38.61

たしかめ
□×□+□
= 38.61

② 3)8.02

たしかめ
=

③ 4)9.53

たしかめ
=

④ 19)46.7

たしかめ
=

⑤ 34)52.86

たしかめ
=

小数のわり算 (36)

あまりのあるわり算 ②

月　日　名前

● 商は一の位まで求めてあまりも出しましょう。
また，答えのたしかめをしましょう。

① 29.14 ÷ 6

たしかめ
=

② 7.07 ÷ 4

たしかめ
=

③ 5.81 ÷ 3

たしかめ
=

④ 37.6 ÷ 28

たしかめ
=

⑤ 94.52 ÷ 46

たしかめ
=

5分

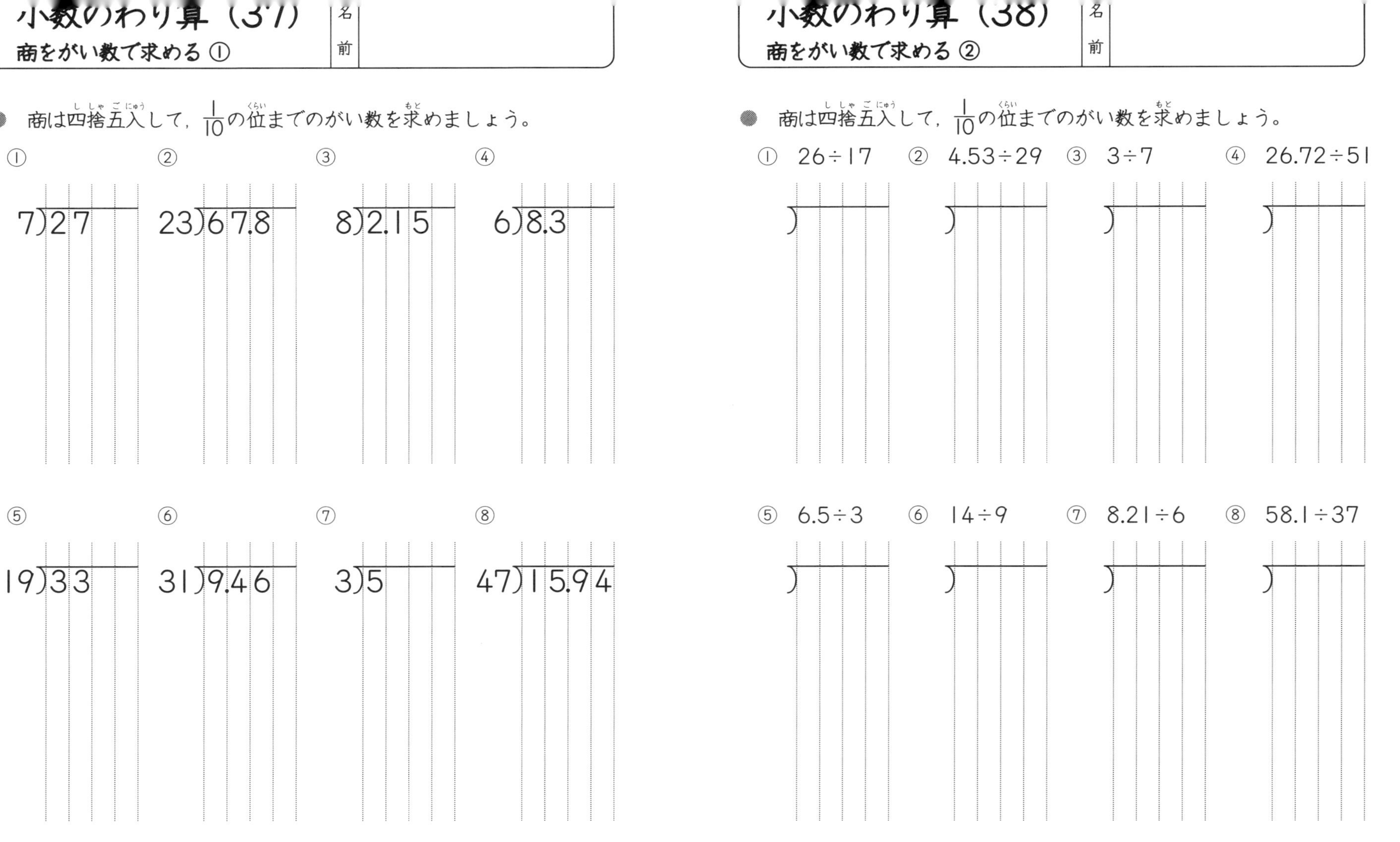

小数のわり算（37）

商をがい数で求める ①

名前

● 商は四捨五入して，$\frac{1}{10}$の位までのがい数を求めましょう。

① 7)27　② 23)67.8　③ 8)2.15　④ 6)8.3

⑤ 19)33　⑥ 31)9.46　⑦ 3)5　⑧ 47)15.94

小数のわり算（38）

商をがい数で求める ②

名前

● 商は四捨五入して，$\frac{1}{10}$の位までのがい数を求めましょう。

① 26÷17　② 4.53÷29　③ 3÷7　④ 26.72÷51

⑤ 6.5÷3　⑥ 14÷9　⑦ 8.21÷6　⑧ 58.1÷37

5分

(141%に拡大してご使用ください。)

月　日

小数のわり算（39）

文章題 ①

名前

1 5.4L のオレンジジュースを 27 人で同じかさずつ分けると，1 人分は何 L になりますか。

式

答え

2 面積が $38cm^2$ の長方形があります。たての長さは 8cm です。横の長さは何 cm ですか。

式

答え

3 16L のしょうゆの重さをはかったら，19.5kg ありました。しょうゆ 1L の重さはおよそ何 kg ですか。
答えは四捨五入して，$\frac{1}{10}$の位までのがい数で求めましょう。

式

答え

4 73.8cm のテープを 24cm ずつに切ります。24cm のテープは何本できて，何 cm あまりますか。

式

答え

月　日

小数のわり算（40）

文章題 ②

名前

1 お茶が 2.2L あります。6 人で同じかさずつ分けると，1 人分は約何 L になりますか。
商は四捨五入して，$\frac{1}{10}$の位までのがい数で求めましょう。

式

答え

2 長さ 20.5cm のロールケーキを 3cm ずつに切ります。3cm のロールケーキは何こできて，何 cm あまりますか。

式

答え

3 1L のペンキで $8m^2$ のかべをぬることができます。$42m^2$ のかべをぬるには何 L のペンキがいりますか。

式

答え

4 まわりの長さが 63.92cm の正方形があります。1 辺の長さは何 cm ですか。

式

答え

（141%に拡大してご使用ください。）

ふりかえり
小数のわり算 ①

名前

1 わりきれるまで計算しましょう。

① 35.4÷6　② 59.28÷24　③ 74.13÷3　④ 5.1÷3

⑤ 0.513÷9　⑥ 2.66÷7　⑦ 83.7÷31　⑧ 9.9÷18

⑨ 12.15÷15　⑩ 0.78÷26　⑪ 55.53÷9　⑫ 7÷28

⑬ 50.45÷5　⑭ 87.36÷16　⑮ 45÷12　⑯ 58.33÷19

⑰ 35.14÷7　⑱ 2.76÷2　⑲ 0.294÷6　⑳ 23.8÷17

㉑ 93.6÷4　㉒ 2.03÷29　㉓ 1.4÷4　㉔ 70.02÷18

2 さとうが 11.2kg あります。7 人で同じ重さに分けると，1 人分は何 kg になりますか。

式

答え

3 1m の重さが 12g のはり金があります。このはり金 76.8g は何 m ですか。

式

答え

10分 ふりかえり

(141%に拡大してご使用ください。)

月　日

ふりかえり

小数のわり算 ②

名前

1 わりきれるまで計算しましょう。

① 9.1÷14　② 35.87÷17　③ 6.24÷3　④ 5.04÷9

⑤ 0.342÷57　⑥ 0.98÷7　⑦ 69.02÷14　⑧ 62.4÷8

⑨ 2.16÷27　⑩ 59.8÷23　⑪ 0.2÷5　⑫ 62.72÷4

⑬ 11.96÷13　⑭ 0.798÷21　⑮ 0.15÷5　⑯ 2.82÷6

⑰ 0.68÷34　⑱ 96.32÷8　⑲ 2.09÷11　⑳ 21.6÷48

㉑ 44.8÷7　㉒ 0.968÷8　㉓ 35.58÷6　㉔ 71.76÷26

2 1Lで4m^{2}のかべがぬれるペンキがあります。
14.7m^{2}のかべをぬるには何Lのペンキがいりますか。
四捨五入(ししゃごにゅう)して，上から2けたのがい数で答えましょう。

式

答え

3 83.2mのテープがあります。このテープを6mずつ切ります。
6mのテープは何本できて，何mあまりますか。

式

答え

(141%に拡大してご使用ください。)

月　　日

算数あそび

小数のわり算 ①

名前

● あみだくじです。計算をして，□に答えを書きましょう。

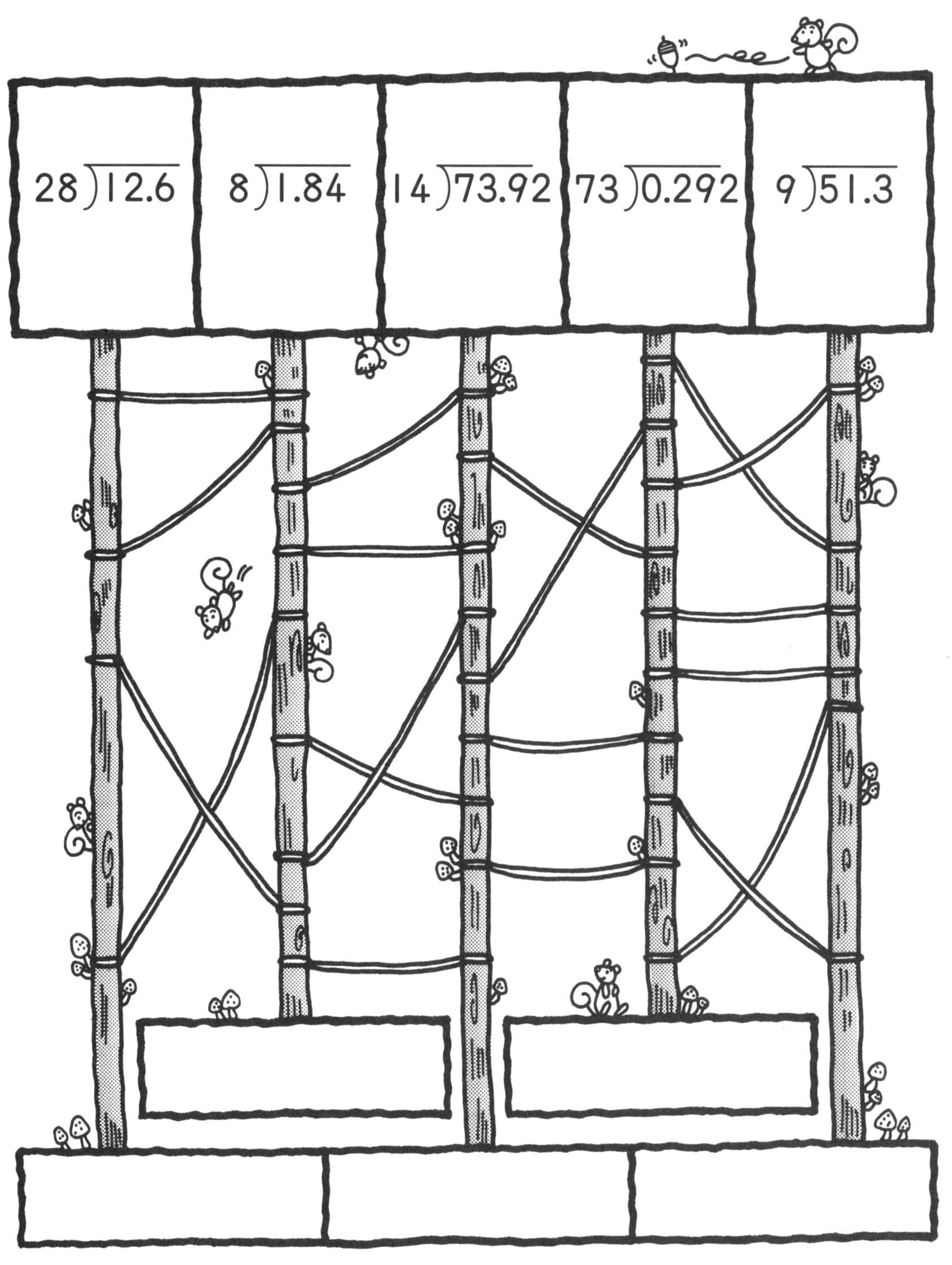

算数あそび
小数のわり算 ②

名前　　　　　月　　日

● のところにきたら，２つの計算をして，答えの大きい方へ進み，ゴールまで行きましょう。

86.8 ÷ 4
65.4 ÷ 3
3.84 ÷ 12
2.52 ÷ 7
39.99 ÷ 31
34.06 ÷ 26
3.6 ÷ 50
0.3 ÷ 4
8.1 ÷ 25
10.4 ÷ 32

スタート！
オバケだー！！
ケケケ
べー
とおさないぞ
ゴール
やったー

算数あそび
小数のわり算 ③

名前　　　　　月　　日

● 答えの小さい方へ進み，ゴールまで行きましょう。

スタート

0.536÷8
0.476÷7
5.64÷12
7.04÷16
15.51÷3
36.33÷7
91÷65
93.6÷72
4.83÷69
3.68÷46
51.8÷14
64.6÷19
0.828÷6
0.544÷4
4.68÷9
12.24÷24
52.08÷4
78.3÷6
6.688÷22
4.605÷15

ゴール

(141%に拡大してご使用ください。)

小数のかけ算・わり算（1）
文章題①

名前

1 1mが3kgのぼうがあります。
このぼう15.6kgの長さは何mですか。

式

答え

2 22.8Lのスポーツドリンクを30人で同じかさずつ分けると，1人分は何Lになりますか。

式

答え

3 メロンが12こあります。メロン1この重さは0.86kgです。
メロンは，全部で何kgですか。

式

答え

4 同じ高さの箱を11こ積み重ねると，高さが1.78mになりました。箱1この高さは何mですか。
商は四捨五入して，$\frac{1}{10}$の位までのがい数で求めましょう。

式

答え

5 たて3.8m，横3mの長方形のすな場の面積は何m^2ですか。

式

答え

小数のかけ算・わり算（2）
文章題②

名前

1 1周0.95kmの池の周りを毎日1周ずつ走ります。
7日間走ると，全部で何km走ることになりますか。

式

答え

2 15分間で7.5cmもえるろうそくがあります。
1分間では何cmもえますか。

式

答え

3 1mの重さが6gのひもがあります。
このひも71.4gの長さは何mですか。

式

答え

4 1.5L入りのジュースのペットボトルを8本買いました。
ジュースは全部で何Lありますか。

式

答え

5 お米が23.9kgあります。このお米を3kgずつふくろに入れると，3kgのふくろは何ふくろできて，何kgあまりますか。

式

答え

月　日

小数のかけ算・わり算 (3)
文章題 ③

名前

1 かずきさんは，43.82m を 95 歩で歩きました。かずきさんの 1 歩は約何mですか。
商は四捨五入（ししゃごにゅう）して，$\frac{1}{10}$の位（くらい）までのがい数で求（もと）めましょう。

式

答え ＿＿＿＿＿＿

2 3.06kg の肉のかたまりが 5 つあります。
肉は全部で何 kg ありますか。

式

答え ＿＿＿＿＿＿

3 お茶をコップに 2.9dL ずつ入れます。コップは 36 こあります。
お茶は全部で何 dL ありますか。

式

答え ＿＿＿＿＿＿

4 1m の重さが 18g のはり金があります。
このはり金 174.6g の長さは何mですか。

式

答え ＿＿＿＿＿＿

5 同じ高さの積（つ）み木を 26 こ積み重ねると，高さが 122.2cm になりました。この積み木 1 この高さは何 cm ですか。

式

答え ＿＿＿＿＿＿

月　日

小数のかけ算・わり算 (4)
文章題 ④

名前

1 16 まいの重さが 83.2g の紙があります。
この紙 1 まいの重さは何 g ですか。

式

答え ＿＿＿＿＿＿

2 1dL のペンキで 4m^2 のかべをぬることができます。21.4m^2 のかべをぬるには何 dL のペンキがいりますか。

式

答え ＿＿＿＿＿＿

3 1 さつ 2.62kg の図かんがあります。この図かん 18 さつの重さは何 kg ですか。

式

答え ＿＿＿＿＿＿

4 テープが 61.8cm あります。1 人に 8cm ずつ分けると，何人に分けられて，何 cm あまりますか。

式

答え ＿＿＿＿＿＿

5 パイナップル 1 この重さは 1.5kg です。
このパイナップル 24 こでは何 kg になりますか。

式

答え ＿＿＿＿＿＿

テスト

月　日

小数のかけ算・わり算（テスト①）

名前

【知識・技能】

1.2 × 4 の計算について考えます。
㋐，㋑にあてはまる数をかきましょう。(5×2)

1.2は，0.1 が ㋐ こです。

1.2 × 4 は,0.1 が ㋐ × 4 = 48

0.1 が 48 こなので，答えは ㋑ になります。

㋐　　　㋑

次のかけ算を筆算でしましょう。(5×4)

(1) 6.4 × 7　　(2) 8.4 × 5

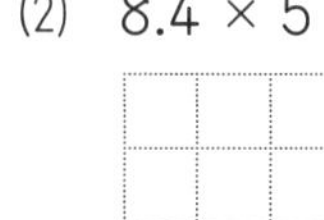

(3) 8.3 × 54　　(4) 7.23 × 36

次のわり算を筆算にしてわり切れるまで計算しましょう。(5×4)

(1) 7.2 ÷ 3　　(2) 1.5 ÷ 6

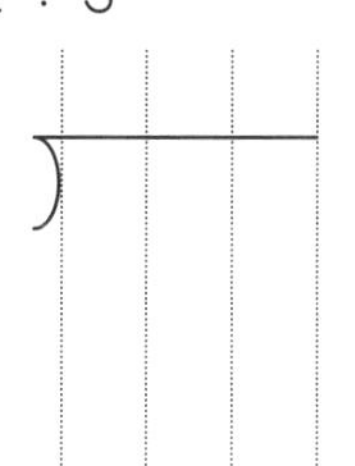
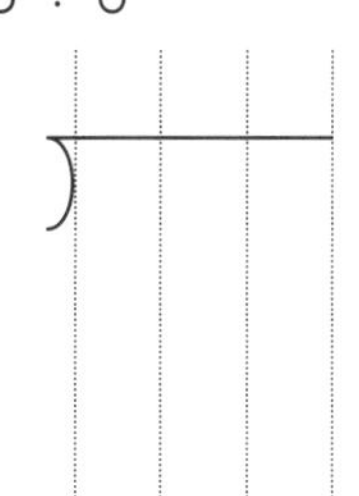

(3) 3.5 ÷ 4　　(4) 4 ÷ 16

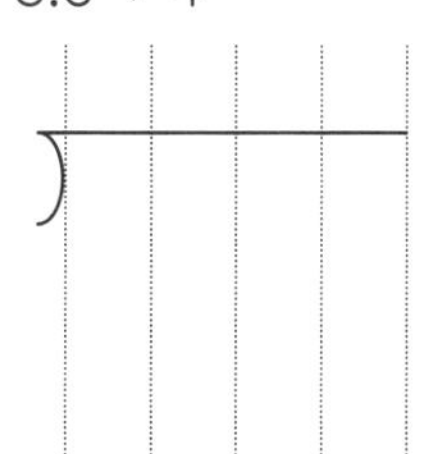
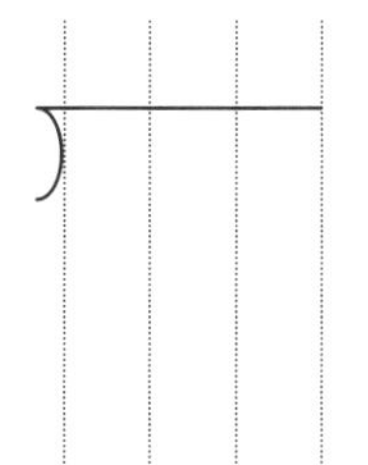

【思考・判断・表現】

4 重さ 0.74kg の板が 6 まいあります。
全部で何 kg になりますか。(5×2)

式

答え

5 同じ量のジュースを 7 人に配りました。
全部配り終わったら 2.24L 必要でした。
1 人分のジュースの量は何 L でしょうか。(5×2)

式

答え

6 1.2kg のじてんが 18 さつあります。
全部で何 kg になりますか。(5×2)

式

答え

7 1 周が 1.25km のランニングコースがあります。このコースを 4 周すると何 km 走ったことになりますか。(5×2)

式

答え

8 14m のリボンを 6 人で等しく分けました。
1 人分は約何 m ですか。商は四捨五入(ししゃごにゅう)して，$\frac{1}{10}$ の位(くらい)までのがい数で答えましょう。(5×2)

式

答え

月

小数のかけ算・わり算（テスト②）

名前

【知識・技能】

1 3.9 ÷ 3 の計算について考えます。
㋐，㋑にあてはまる数をかきましょう。(5×2)

3.9 は，0.1 が ㋐ こです。

3.9 ÷ 3 は,0.1 が ㋐ ÷ 3 = 13

0.1 が 13 こなので，答えは ㋑ になります。

㋐　　㋑

2 次のかけ算を筆算でしましょう。(5×4)

(1) 6.7 × 5　　(2) 1.25 × 8

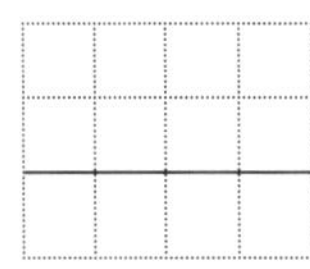

(3) 2.7 × 84　　(4) 6.83 × 54

3 次のわり算を筆算にしてわり切れるまで計算しましょう。(5×2)

(1) 8.7 ÷ 15　　(2) 24 ÷ 25

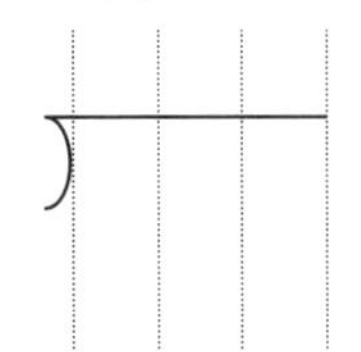

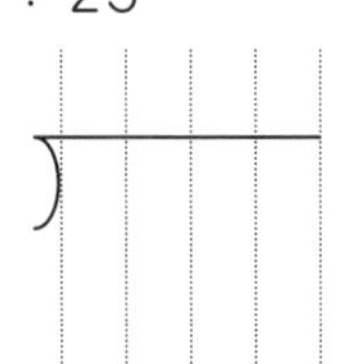

4 商を四捨五入での$\frac{1}{10}$の位（くらい）までのがい数で表しましょう。(5×2)

(1) 20.6 ÷ 9　　(2) 17.9 ÷ 15

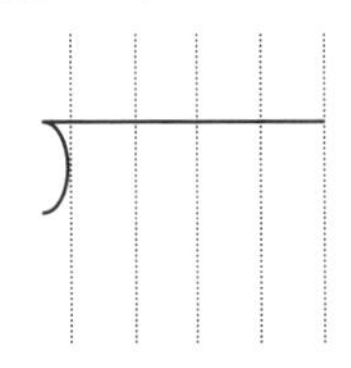

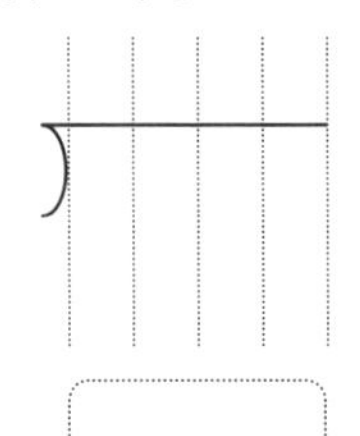

【思考・判断・表現】

5 高さが 5.6cm の積み木を 8 こつみました。
何 cm の高さになりますか。(5×2)

式

答え

6 1 辺の長さが 6.5cm の正方形があります。
この正方形のまわりの長さは何 cm ですか。
(5

式

答え

7 12.8m のロープを 5 等分します。
1 本の長さは何 m になりますか。(5×2)

式

答え

8 同じ重さの金ぞくの板が 12 まいあります。
重さをはかると 21kg でした。
1 まいの重さは何 kg ですか。(5×2)

式

答え

9 1m の重さが 5g のはり金があります。
このはり金が 27.4g では，はり金は何 m ですか。(5×2)

式

答え

(141%に拡大してご使用ください。)

直方体と立方体（1）

名前

● 次の［　］にあうことばを，下の［　］から選んで書きましょう。

(1)

(2) 長方形だけ，または長方形と正方形で囲まれた形を，［　　］といいます。

(3) 正方形だけで囲まれた形を，［　　］といいます。

頂点 ・ 直方体 ・ 辺 ・ 面 ・ 立方体

直方体と立方体（2）

名前

1 直方体・立方体の面の数，辺の数，頂点の数を調べ，下の表にまとめましょう。

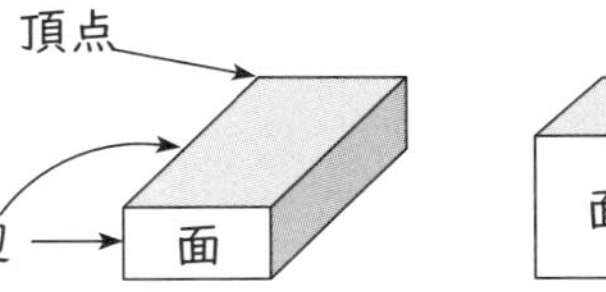

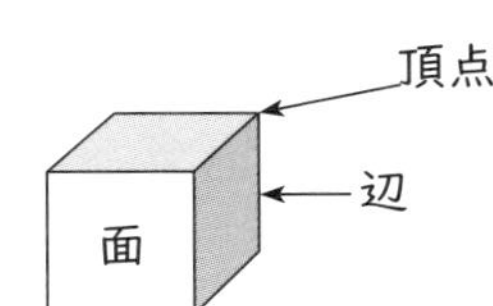

	面の数	辺の数	頂点の数
直方体	6		
立方体			

2 右の直方体には，次の長さの辺がそれぞれ何本ありますか。

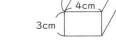

3cm ……［　　］本

4cm ……［　　］本

7cm ……［　　］本

（141%に拡大してご使用ください。）

直方体と立方体（3）

名前　　　　月　　日

● 次の直方体や立方体の展開図の続きをかきましょう。

(1)

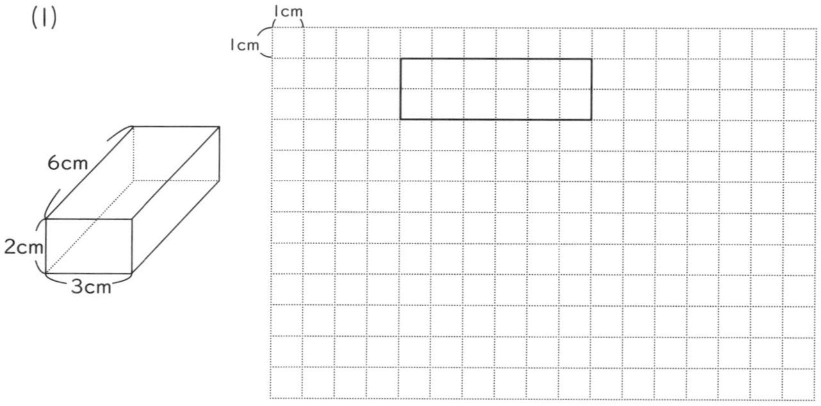

6cm　2cm　3cm

1cm　1cm

(2)

3cm　3cm　3cm

1cm　1cm

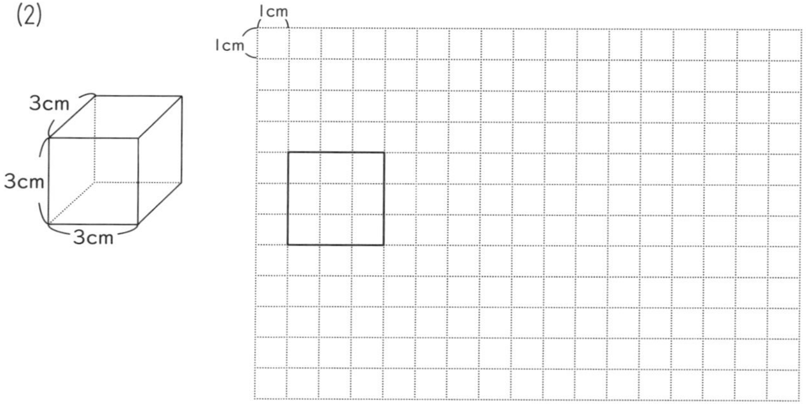

直方体と立方体（4）

名前　　　　月　　日

● 次の直方体や立方体の展開図の続きをかきましょう。

(1)

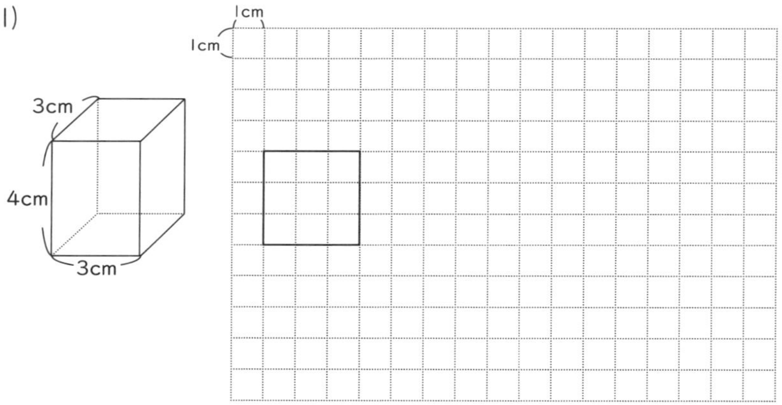

3cm　4cm　3cm

1cm　1cm

(2)

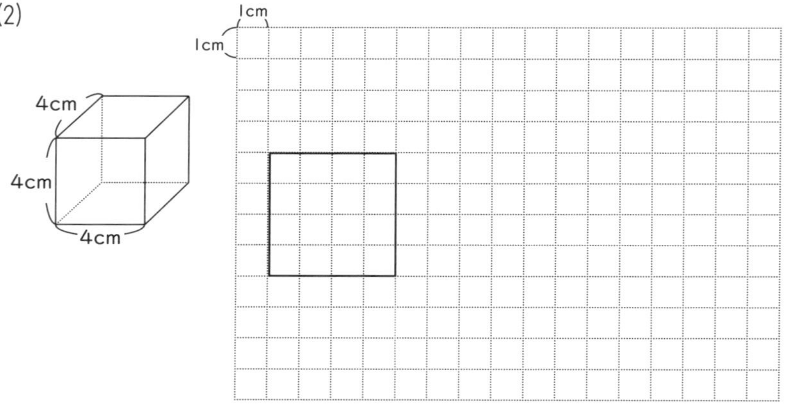

4cm　4cm　4cm

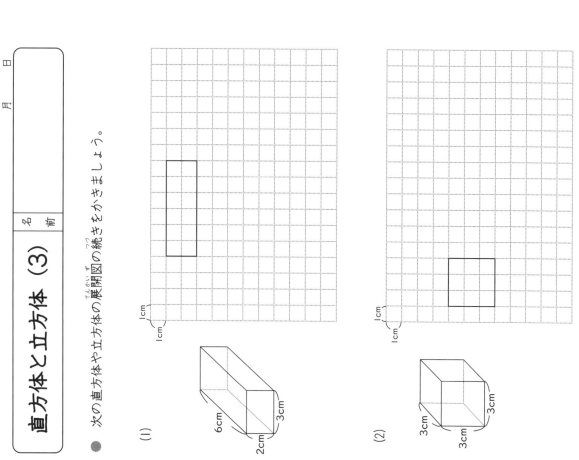

1cm　1cm

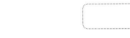

直方体と立方体（5）

名前

① 直方体の展開図で正しいのはどれですか。
2つに○をつけましょう。

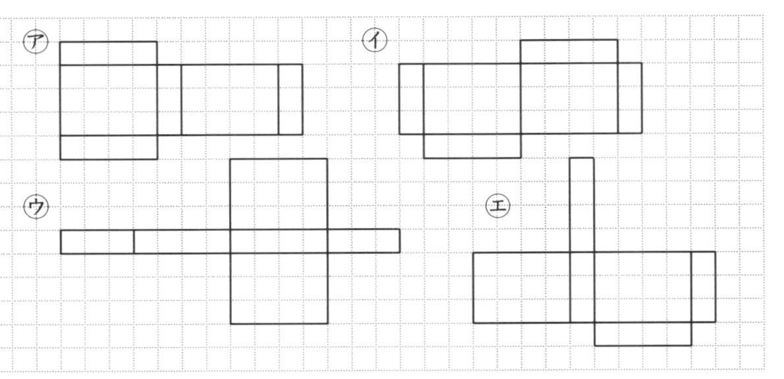

② 立方体の展開図で正しいのはどれですか。○をつけましょう。

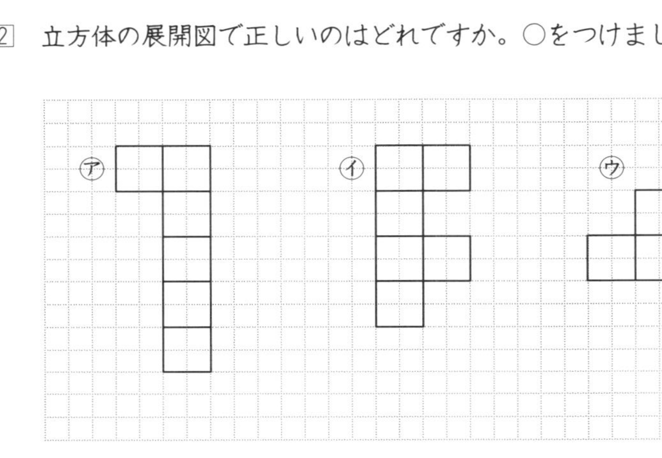

（141%に拡大してご使用ください。）

直方体と立方体（6）

名前

● 下の図は，立方体の展開図です。次の問いに答えましょう。

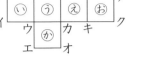

(1) 辺エオと重なる辺はどれですか。

(2) 辺サシと重なる辺はどれですか。

(3) 点アと重なる点はどれですか。

と

(4) 点キと重なる点はどれですか。

(5) 面あと向き合う面はどれですか。

5分

【10分】

月　　日

直方体と立方体（7）

チャレンジ

名前

● 15種類の展開図があります。そのうち，4種類は立方体を組み立てることができません。
立方体を組み立てられる11種類を選んで○をつけましょう。

（141%に拡大してご使用ください。）

直方体と立方体（8）

名前

1　次の直方体で，面㋐と平行な面と垂直（すいちょく）な面をそれぞれ答えましょう。

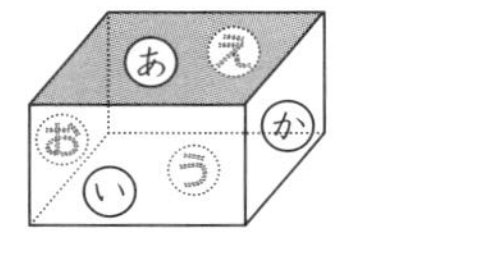

平行
面

垂直
面　　面
面　　面

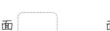

2　次の直方体で，面㋔と平行な面と垂直な面をそれぞれ答えましょう。

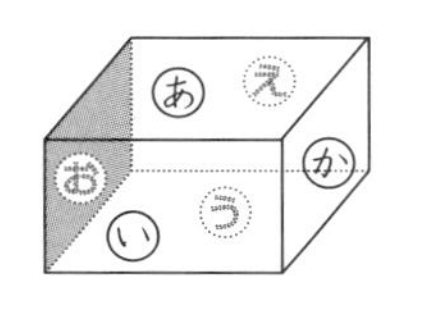

平行
面

垂直
面　　面
面　　面

直方体と立方体（9）

名前

1　次の立方体で，面㋐と平行な面と垂直（すいちょく）な面をそれぞれ答えましょう。

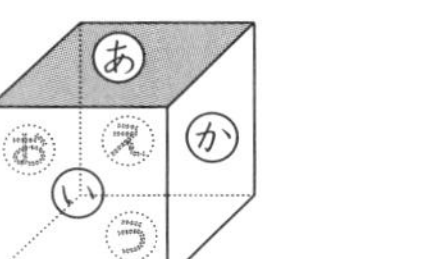

平行
面

垂直
面　　面
面　　面

2　次の立方体で，面㋑と平行な面と垂直な面をそれぞれ答えましょう。

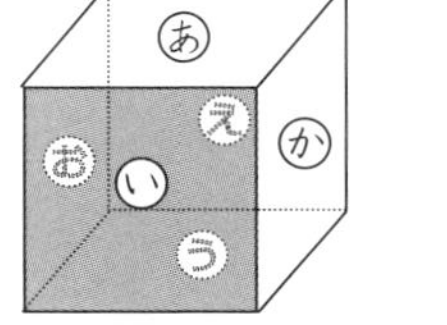

平行
面

垂直
面　　面
面　　面

（141%に拡大してご使用ください。）

5分

5分

月　　日

直方体と立方体（10）

名前

1 次の直方体で，辺(へん)アイに平行な辺と垂直(すいちょく)な辺を答えましょう。

平行

辺　　辺

辺

垂直

辺　　辺

辺　　辺

2 次の直方体で，辺ウキに平行な辺と垂直な辺を答えましょう。

平行

辺　　辺

辺

垂直

辺　　辺

辺　　辺

月　　日

直方体と立方体（11）

名前

1 次の立方体で，辺(へん)イウに平行な辺と垂直(すいちょく)な辺を答えましょう。

平行

辺　　辺

辺

垂直

辺　　辺

辺　　辺

2 次の立方体で，辺アオに平行な辺と垂直な辺を答えましょう。

平行

辺　　辺

辺

垂直

辺　　辺

辺　　辺

（141%に拡大してご使用ください。）

直方体と立方体（12）

名前

1　次の直方体で，面㋕と平行な辺と垂直な辺を答えましょう。

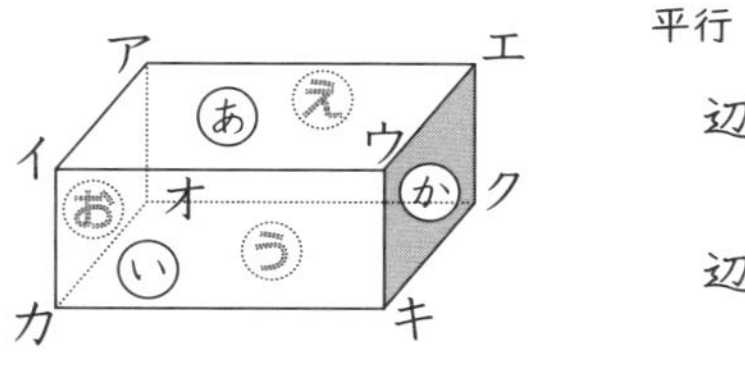

平行

辺

辺

辺

辺

垂直

辺

辺

辺

辺

2　次の直方体で，面㋓と平行な辺と垂直な辺を答えましょう。

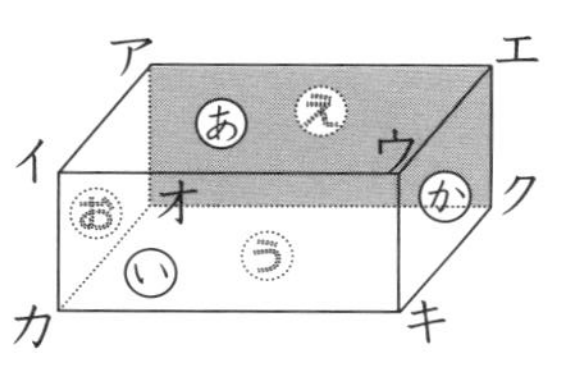

平行

辺

辺

辺

辺

垂直

辺

辺

辺

辺

直方体と立方体（13）

名前

1　次の立方体で，面㋒と平行な辺と垂直な辺を答えましょう。

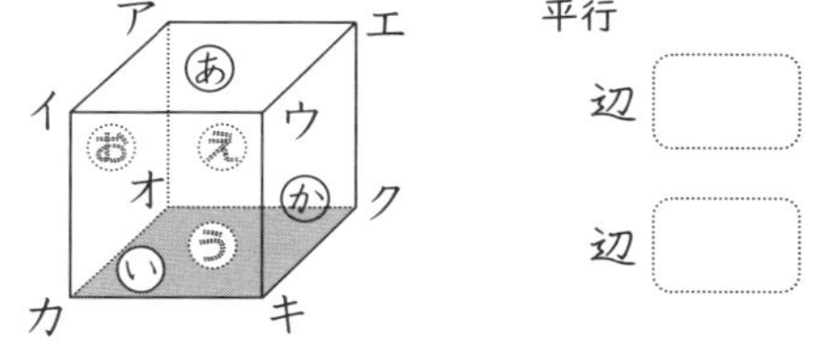

平行

辺

辺

辺

辺

垂直

辺

辺

辺

辺

2　次の立方体で，面㋑と平行な辺と垂直な辺を答えましょう。

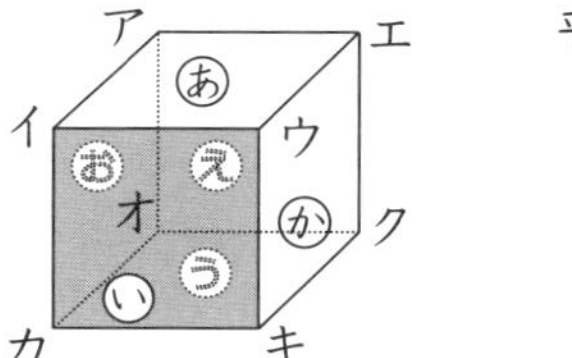

平行

辺

辺

辺

辺

垂直

辺

辺

辺

辺

5分

（141％に拡大してご使用ください。）

直方体と立方体（14）

名前　　　　　月　　日

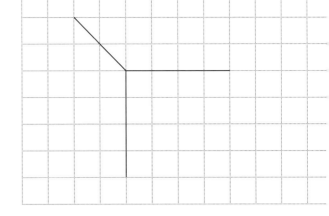

● 下の直方体を見て，見取図の続きをかきましょう。
（見えない線は点線でかきましょう。）

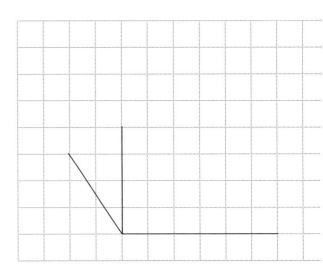

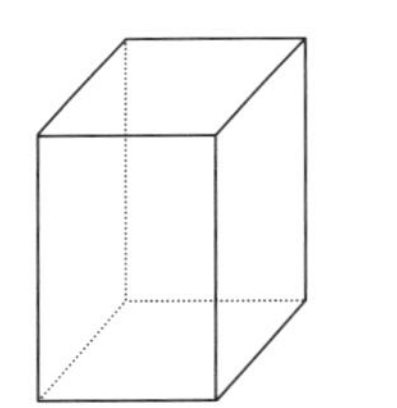

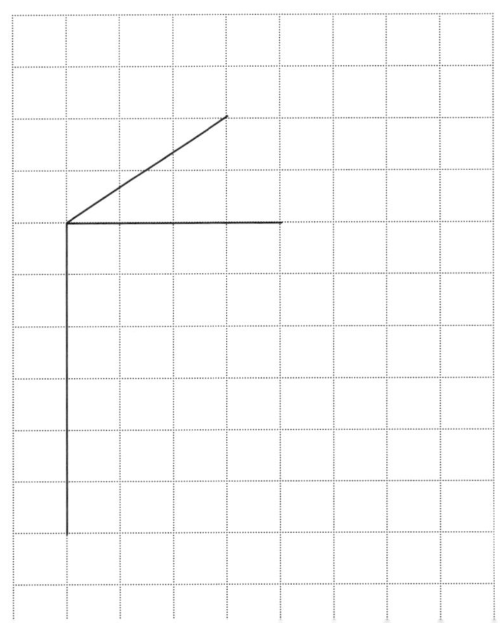

直方体と立方体（15）

名前　　　　　月　　日

● 下の立方体を見て，見取図の続きをかきましょう。
（見えない線は点線でかきましょう。）

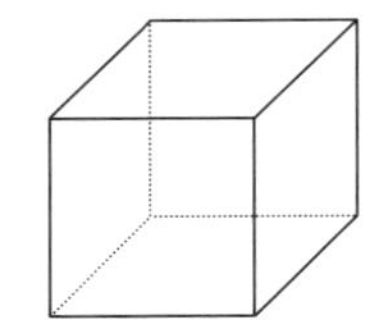

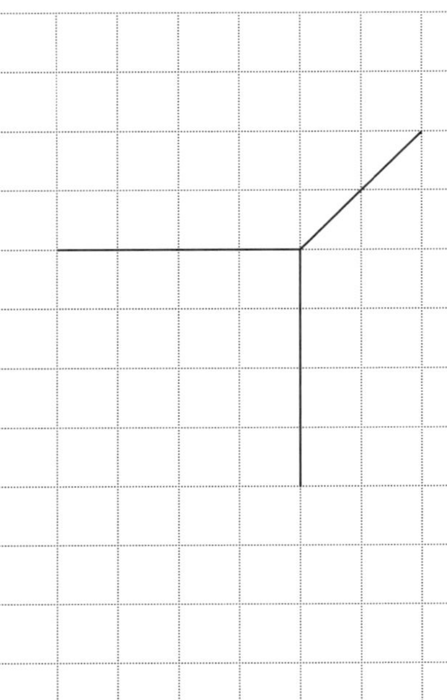

　（141%に拡大してご使用ください。）

直方体と立方体（16）

名前

● 下のような直方体と立方体の見取図(みとりず)の続(つづ)きをかきましょう。
（見えない線は，点線でかきましょう。）

(1)

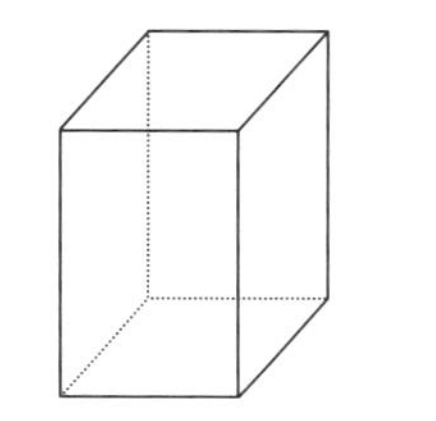
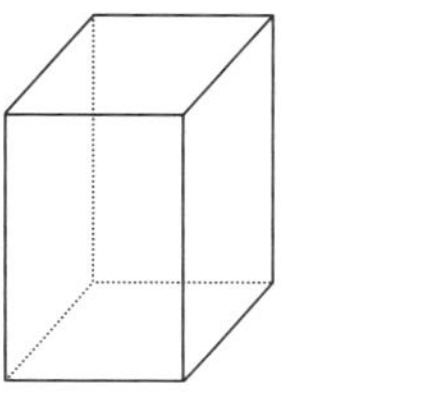
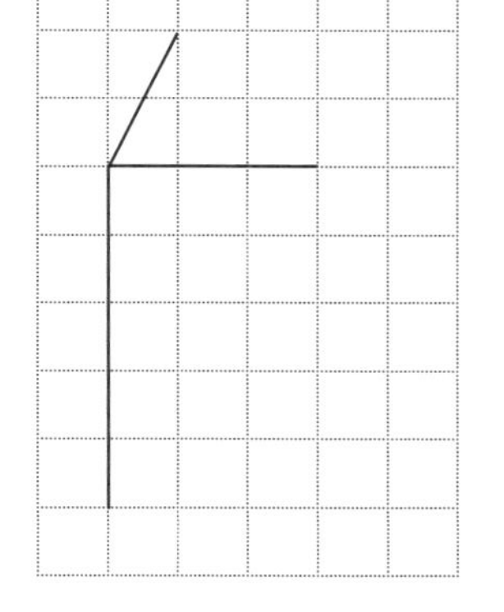
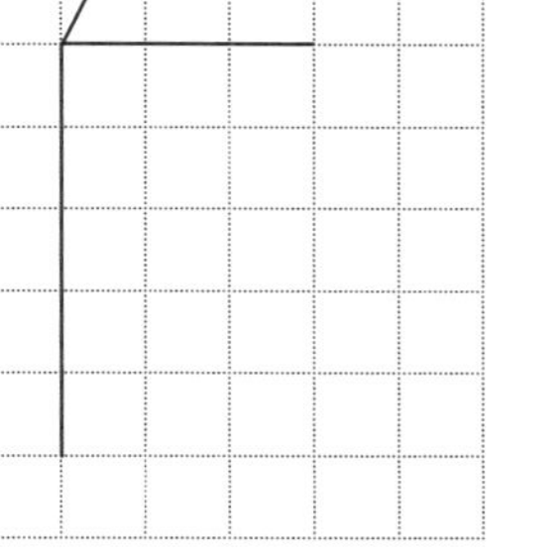

(2)

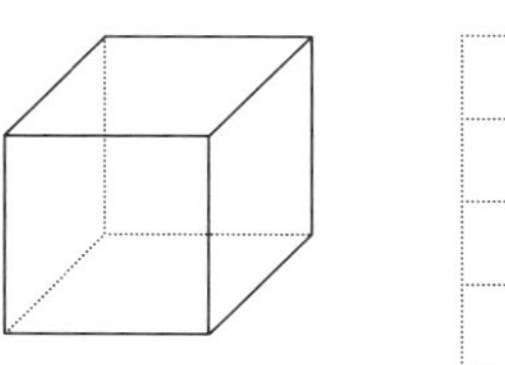
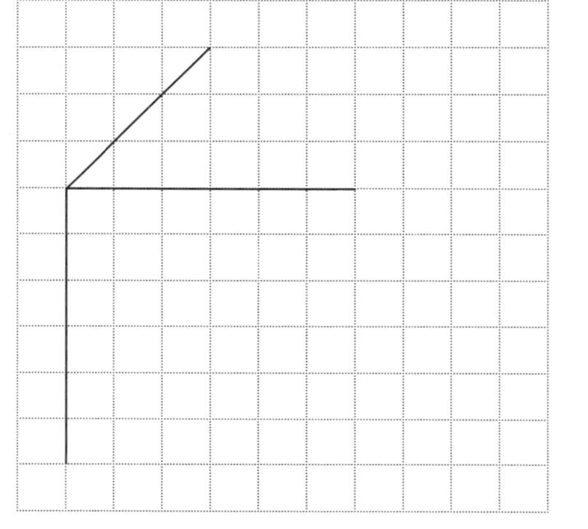

直方体と立方体（17）

名前

● 下のような直方体と立方体の見取図(みとりず)の続(つづ)きをかきましょう。
（見えない線は，点線でかきましょう。）

(1)

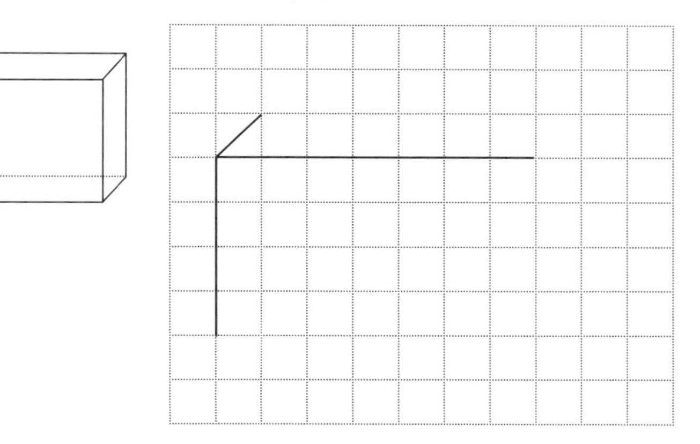

(2)

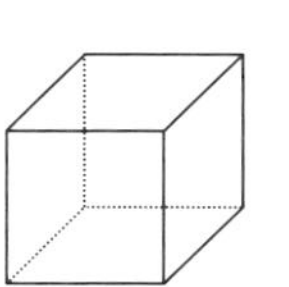

5分

（141%に拡大してご使用ください。）

月　　日

直方体と立方体 (18)

名前

● 次のしるしの位置を〔例〕のように横とたての長さで表しましょう。

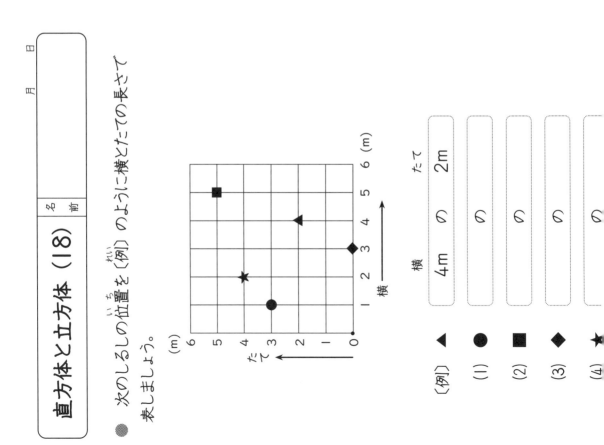

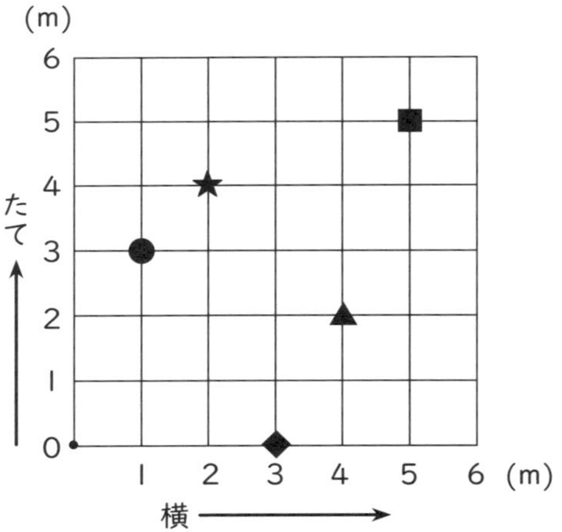

		横		たて
〔例〕	▲	4m	の	2m
(1)	●		の	
(2)	■		の	
(3)	◆		の	
(4)	★		の	

月　　日

直方体と立方体 (19)

名前

● アの位置は (30m の 50m) と表します。
イ～オの位置を同じように表しましょう。

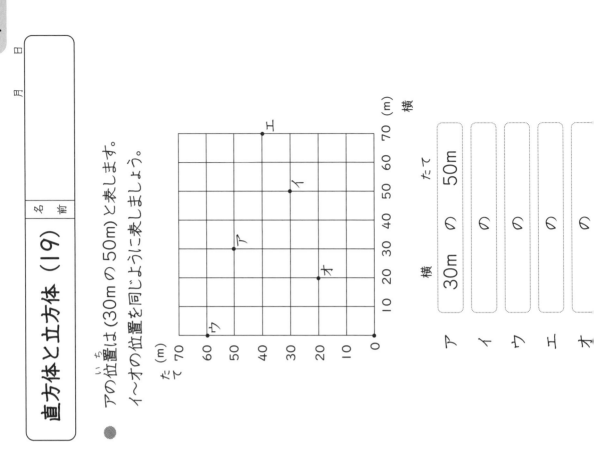

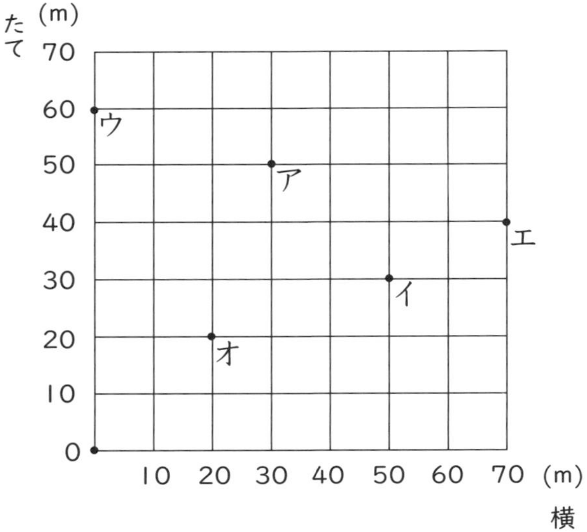

	横		たて
ア	30m	の	50m
イ		の	
ウ		の	
エ		の	
オ		の	

　(141%に拡大してご使用ください。)

直方体と立方体（20）

名前

● ア～クの位置を横とたての長さで表しましょう。

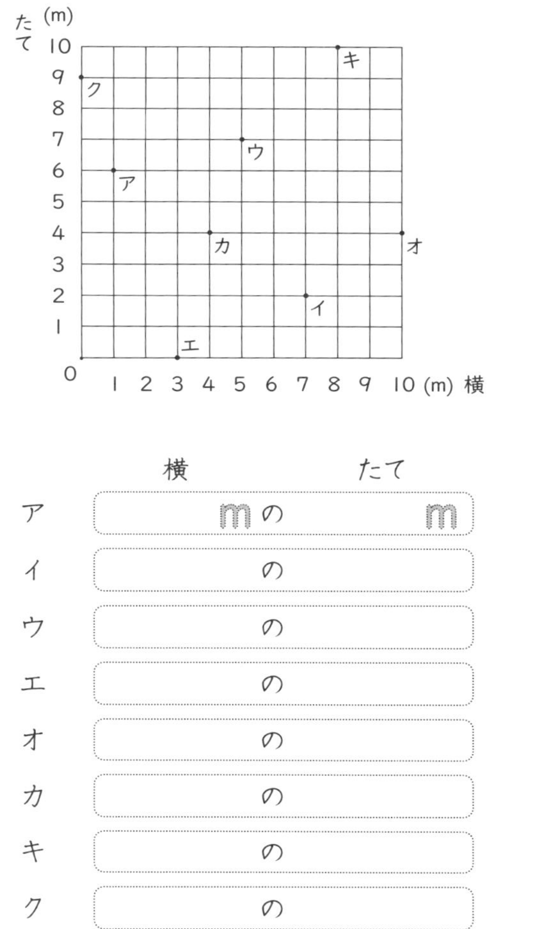

	横		たて
ア	m	の	m
イ		の	
ウ		の	
エ		の	
オ		の	
カ		の	
キ		の	
ク		の	

直方体と立方体（21）

名前

● バスターミナルをもとにして，それぞれの位置を表しましょう。

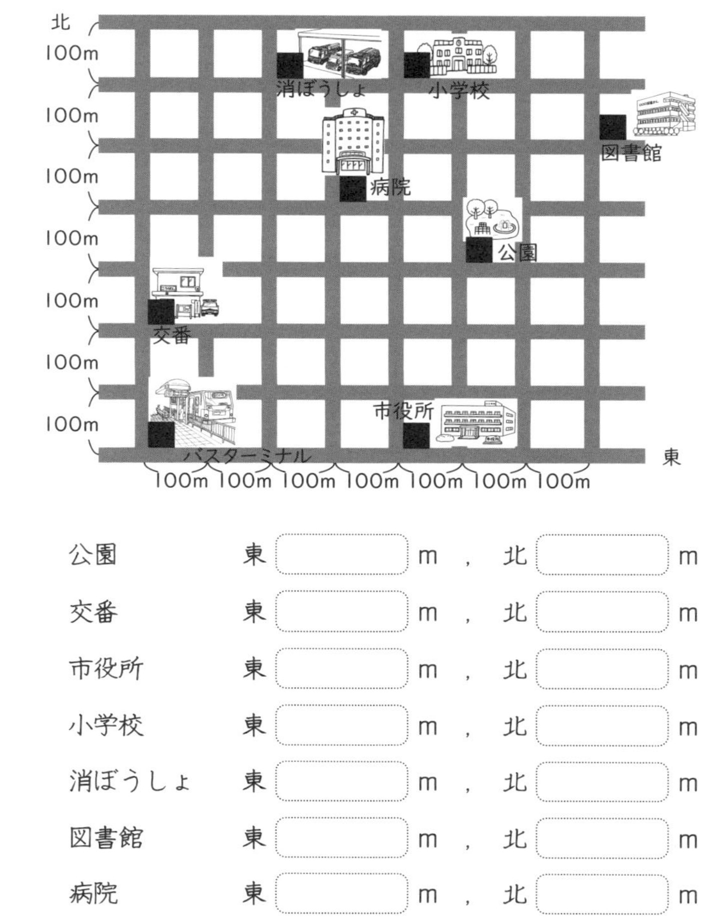

公園	東		m，	北		m
交番	東		m，	北		m
市役所	東		m，	北		m
小学校	東		m，	北		m
消ぼうしょ	東		m，	北		m
図書館	東		m，	北		m
病院	東		m，	北		m

5分

直方体と立方体（22）

名前　　　　月　　日

● 下の図で，点アの位置をもとにして，動物の位置を横とたてと高さで表しましょう。

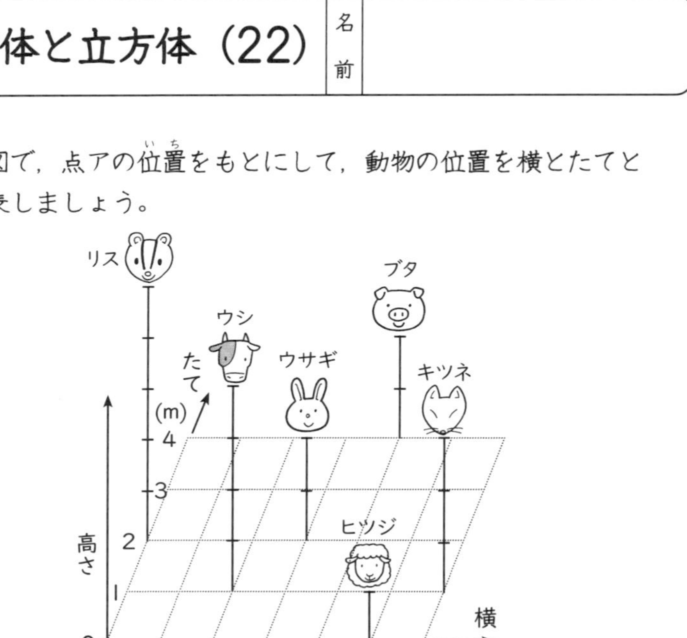

リス	横 0 m，たて 2 m，高さ 5 m
ブタ	横　m，たて　m，高さ　m
キツネ	横　m，たて　m，高さ　m
ヒツジ	横　m，たて　m，高さ　m
ウシ	横　m，たて　m，高さ　m
ウサギ	横　m，たて　m，高さ　m

直方体と立方体（23）

名前　　　　月　　日

● 下の直方体で，頂点アの位置をもとにして，ほかの頂点の位置を表しましょう。

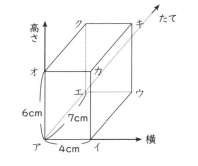

頂点 イ	横　cm，たて　cm，高さ　cm
頂点 キ	横　cm，たて　cm，高さ　cm
頂点 エ	横　cm，たて　cm，高さ　cm
頂点 オ	横　cm，たて　cm，高さ　cm
頂点 ウ	横　cm，たて　cm，高さ　cm
頂点 カ	横　cm，たて　cm，高さ　cm

ふりかえり

直方体と立方体 ①

名前

1 直方体と立方体の辺，面，頂点について答えましょう。

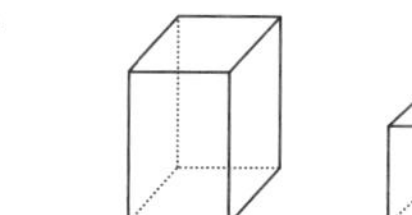
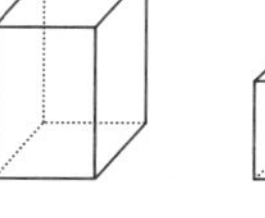

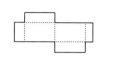

(1) 頂点は，それぞれいくつありますか。

直方体 ＿＿＿　立方体 ＿＿＿

(2) 辺は，それぞれ何本ありますか。

直方体 ＿＿＿　立方体 ＿＿＿

(3) 面は，それぞれいくつありますか。

直方体 ＿＿＿　立方体 ＿＿＿

(4) 直方体の面は，どんな形ですか。

＿＿＿ や ＿＿＿

(5) 立方体の面は，どんな形ですか。

＿＿＿

2 次の直方体の展開図の続きをかきましょう。

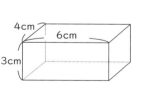

4cm
6cm
3cm

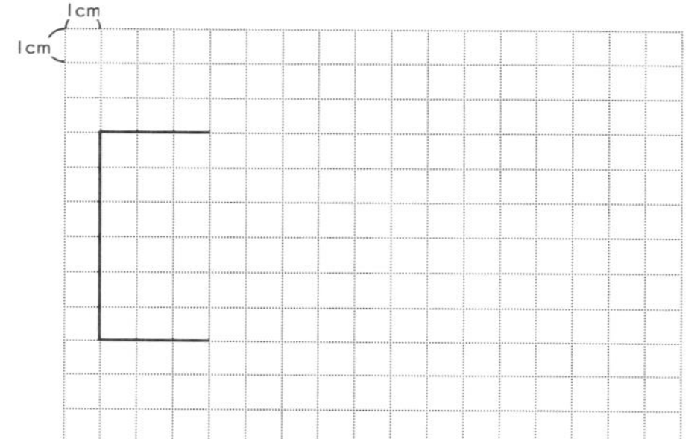

3 正しい展開図はどれですか。2つに○をつけましょう。

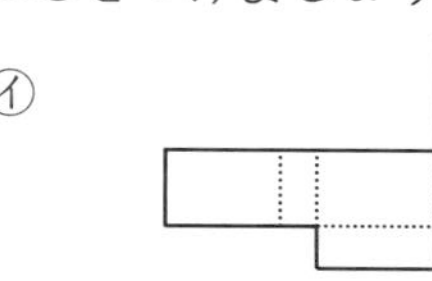

4 下の図は直方体の展開図です。次の問いに答えましょう。

ア セ ス シ サ コ イ ウ ケ カ キ ク エ オ
あ い う え お か

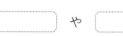

(1) 辺アイと重なる辺はどれですか。

(2) 辺エオと重なる辺はどれですか。

(3) 点ケと重なる点はどれですか。

(4) 点シと重なる点はどれですか。

(5) 面㋒と向き合う面はどれですか。

10分 ふりかえり

月　　日

ふりかえり
直方体と立方体 ②

名前

1　次の直方体で，面㋐と平行な面と垂直(すいちょく)な面をそれぞれ答えましょう。

平行
面 [　　]

垂直
面 [　　]　面 [　　]
面 [　　]　面 [　　]

2　次の立方体で，辺(へん)キクと平行な辺と垂直な辺を答えましょう。

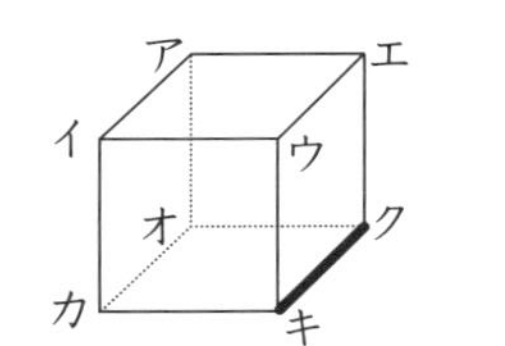

平行
辺 [　　]　辺 [　　]
辺 [　　]

垂直
辺 [　　]　辺 [　　]
辺 [　　]　辺 [　　]

3　次の直方体で，面㋑と平行な辺と垂直な辺をそれぞれ答えましょう。

平行
辺 [　　]　辺 [　　]
辺 [　　]　辺 [　　]

垂直
辺 [　　]　辺 [　　]
辺 [　　]　辺 [　　]

4　下の直方体や立方体の見取図(みとりず)を見て，見取図の続(つづ)きをかきましょう。

(1)

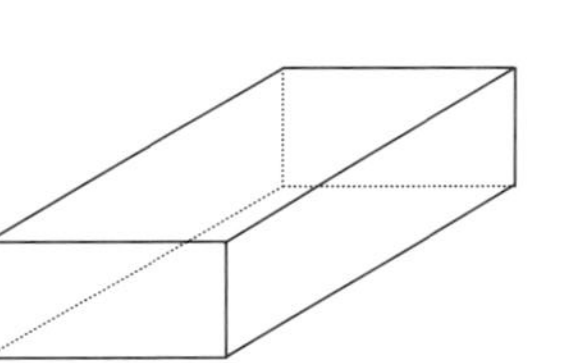

(2)

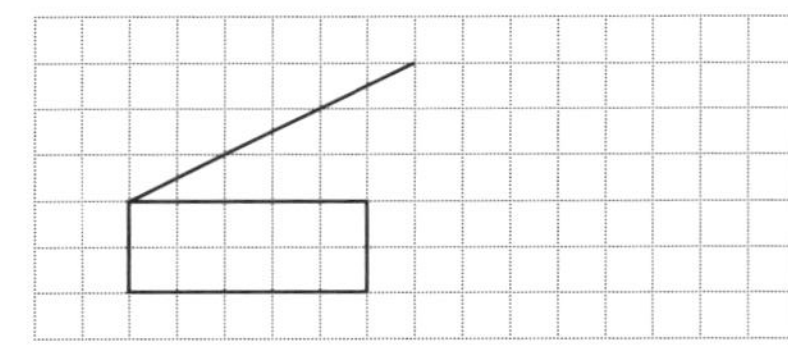

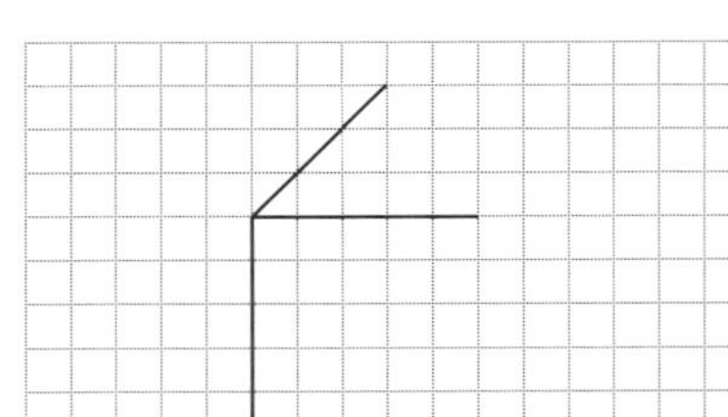

（141%に拡大してご使用ください。）

ふりかえり

直方体と立方体 ③

名前

1 ア〜オの位置を，横とたての長さで表しましょう。

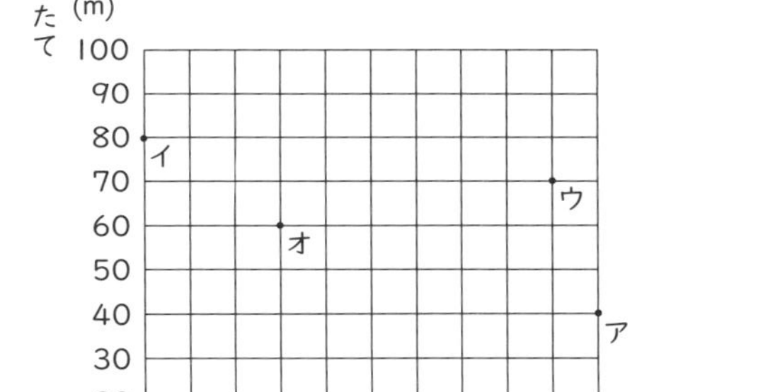

	横		たて	
ア		m の		m
イ		m の		m
ウ		m の		m
エ		m の		m
オ		m の		m

2 下の㋐〜㋓の位置を横とたてと高さで表しましょう。

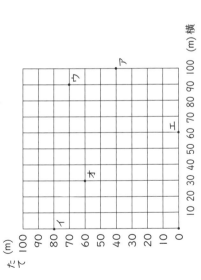

高さ
0 1 2 3 4 5 6
たて (m)
1 2 3 4 5 (m) 横
㋐ ㋑ ㋒ ㋓

㋐ 横　　m，たて　　m，高さ　　m

㋑ 横　　m，たて　　m，高さ　　m

㋒ 横　　m，たて　　m，高さ　　m

㋓ 横　　m，たて　　m，高さ　　m

3 下の直方体で，頂点アの位置をもとにして，ほかの頂点の位置を表しましょう。

高さ　たて　横
ア イ ウ エ オ カ キ ク
7cm　4cm　5cm

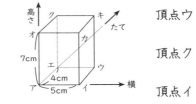

頂点ウ　横　　cm，たて　　cm，高さ　　cm

頂点ク　横　　cm，たて　　cm，高さ　　cm

頂点イ　横　　cm，たて　　cm，高さ　　cm

頂点キ　横　　cm，たて　　cm，高さ　　cm

（141%に拡大してご使用ください。）

月

直方体と立方体（テスト）

名前

【知識・技能】

①　次の□にあうことばを書きましょう。(5×3)

(1)　長方形だけで囲(かこ)まれている形や，長方形や正方形で囲まれている形を□といいます。

(2)　正方形だけで囲まれている形を□といいます。

(3)　直方体や立方体の面のように，平らな面を□といいます。

②　次の直方体の辺(へん)や面の垂直(すいちょく)や平行について調べましょう。(5×5)

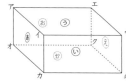

(1)　面㋕に垂直な面を４つ書きましょう。
面□　面□　面□　面□

(2)　面㋕に垂直な辺を４つ書きましょう
辺□　辺□
辺□　辺□

(3)　平行な面は何組ありますか。
□組

(4)　辺オカに垂直な辺は何本ありますか。
□本

(5)　辺オカに平行な辺を３つ書きましょう。
辺□　辺□　辺□

③　右の直方体の展開図(てんかいず)の続(つづ)きをかきましょう。(10)

2cm
3cm　4cm

1cm
1cm

【思考・判断・表現】

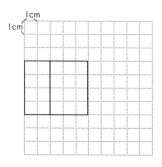

④　立方体の展開図で正しいのはどれですか。
正しい図の記号を□に書きましょう。(5

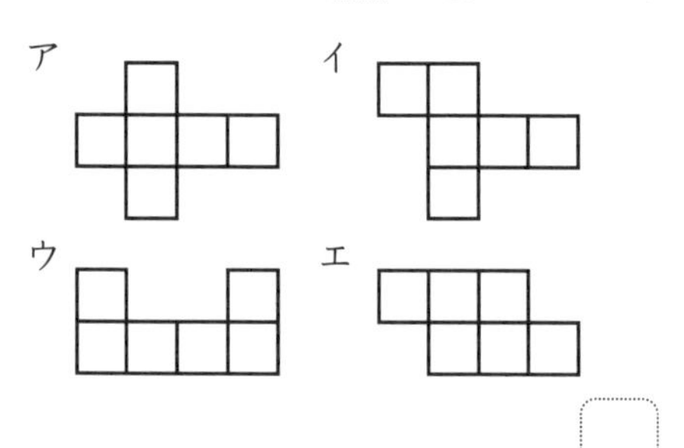

□　□

⑤　下の展開図を組み立てます。
問いに答えましょう。(5×5)

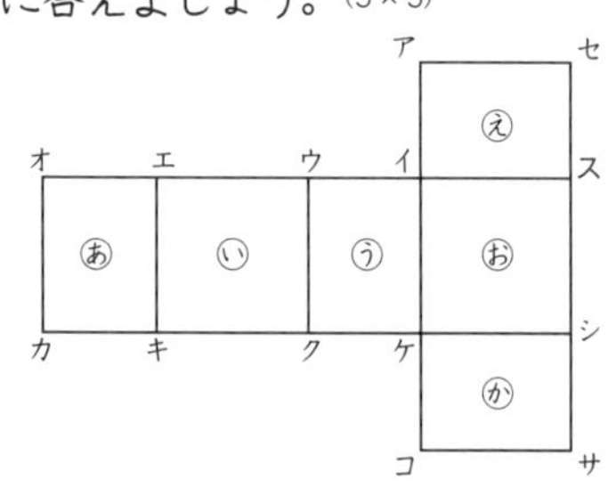

(1)　面㋐に平行な面は，どの面ですか。
面□

(2)　次の点と重なる点はどの点ですか。
点アと点□　点エと点□

(3)　次の辺と重なる辺はどの辺ですか。
辺アセと辺□　辺カキと辺□

⑥　下の直方体の位置(いち)を，頂点(ちょうてん)Ａをもとに考えましょう。(5×3)

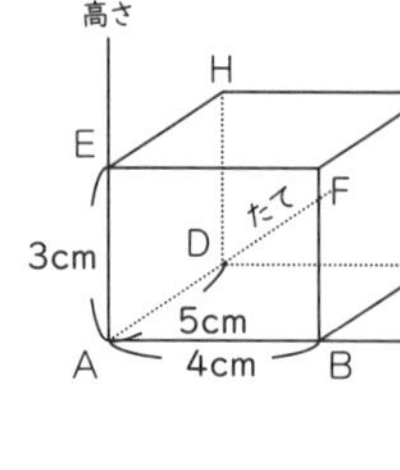

(1)　次の位置にある頂点は何ですか。
(横 4cm たて 5cm 高さ 3cm)
頂点□

(2)　次の頂点の位置を表しましょう。
頂点 F
横□cm　たて□cm　高さ□
頂点 D
横□cm　たて□cm　高さ□

(141％に拡大してご使用ください。)

対話してかい決する問題 (1)
I 億より大きい数

名前

● 日本の予算は約100兆円です。

この金がくを1万円さつにして積み上げるとどのぐらいの高さになるでしょうか。ちなみに，1万円さつ1000まいで10cmです。

(1) どのぐらいの高さになるか予想をしましょう。

㋐ せの高さぐらい
㋑ 2階の家の高さぐらい
㋒ 10階のビルの高さぐらい
㋓ 東京スカイツリーの高さ (634m) ぐらい
㋔ ふじ山の高さ (3776m) ぐらい
㋕ エベレスト山の高さ (8848m) ぐらい
㋖ うちゅうへ出る高さ　約100km
㋗ それ以上

(2) 1000万円から100兆円までを積み上げたときの高さを順に考えて，□にあてはまる数を書きましょう。

金がく		高さ
1000万円	↓10倍	10cm
1億円	↓10倍	□ cm ＝ □ m
10億円	↓10倍	□ m
100億円	↓10倍	□ m
1000億円	↓10倍	□ m ＝ □ km
1兆円	↓10倍	□ km
10兆円	↓10倍	□ km
100兆円		□ km

(3) 100兆円積み上げたときの高さを㋐～㋗の記号で答えましょう。

対話してかい決する問題 (2)
わり算

名前

● 2年生が，竹ひごとねん土玉を使って右のような箱の形を作ります。

箱に使う竹ひごの長さはすべて6cmにします。ねん土玉はすべて8gにします。

1本が1mの竹ひごが25本とねん土玉が2kgあるとき，次の問いに答えましょう。

(1) 1本が6cmの竹ひごは，何本できますか。

式

答え

(2) 1こ8gのねん土玉は，何こできますか。

式

答え

(3) 箱に使う竹ひごは，33人分できることがわかりました。ねん土玉は，何人分できますか。

式

答え

（141％に拡大してご使用ください。）

月　日

対話してかい決する問題 (3)

角の大きさ

名前

● 時計の短いはりと長いはりでできる角度を求めましょう。

(1) 6時

式

答え

(2) 3時

式

答え

(3) 1時

式

答え

(4) 2時30分

式

答え

月　日

対話してかい決する問題 (4)

倍で比べよう

名前

● パンダの赤ちゃんの成長は，おどろくほど早いと言われています。
あるパンダの体重の記録をみてみましょう。
下の①～④のとき，体重は生まれたときの何倍になっていますか。

生まれたとき　180g

① 生後　10日　360g

式

答え

② 生後1か月　1080g

式

答え

③ 生後100日　5400g

式

答え

④ 1才のたん生日　29kg700g

式

答え

対話してかい決する問題 (5)

がい数の表し方

名前

● Aさんと Bさんがスーパーマーケットのチラシを見ています。
がい算をして考えたことを書きましょう。

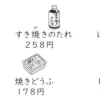

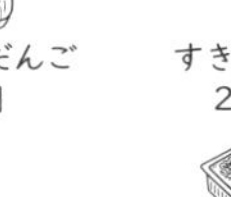

お魚なべセット 588円	和牛ロース 1198円	みかん1パック 280円	種(たね)なしがき 1こ 88円	いちご1パック 388円
なべ用つゆ 268円	なべ用肉だんご 278円	すき焼(や)きのたれ 258円	はくさい 1/4 88円	かぼちゃ 1/3 98円
うどん 198円	糸こんにゃく 98円	焼きどうふ 178円	しいたけ1パック 188円	長ネギ 178円

(1) Aさんのすき焼きをする予算は2000円です。
　和牛ロース，すき焼きのたれ，長ネギ，焼きどうふ，糸こんにゃくが買えますか。
　「できたら，食後にみかんがほしい。」と言っていますが買えそうですか。説明(せつめい)しましょう。

(2) Bさんのなべをする予算は2100円。
　お魚なべセット，なべ用つゆ，はくさい，しいたけ，うどん，長ネギ，なべ用肉だんごを買います。
　「デザートをいちご1パックにするか，種なしがき2こにするか，まよっています。」と言っています。Bさんにどんなアドバイスができますか。

対話してかい決する問題 (6)

計算のきまり

名前

● 下のように花が植えてある花だんがあります。

☆	☆	☆	☆	☆	☆	☆	☆	☆	☆
☆	○	○	○	○	○	○	○	○	☆
☆	○	○	○	○	○	○	○	○	☆
☆	○	○	☆	☆	☆	☆	○	○	☆
☆	○	○	☆	☆	☆	☆	○	○	☆
☆	○	○	☆	☆	☆	☆	○	○	☆
☆	○	○	☆	☆	☆	☆	○	○	☆
☆	○	○	○	○	○	○	○	○	☆
☆	○	○	○	○	○	○	○	○	☆
☆	☆	☆	☆	☆	☆	☆	☆	☆	☆

☆……マリーゴールド
○……サルビア

(1) マリーゴールドは全部で何本植えてありますか。
　1つの式で書きましょう。

式　　　　答え

(2) サルビアの本数を次のような式を書いて求(もと)めました。
　どのように考えたのか，図を使って説明(せつめい)しましょう。

① $8 \times 6 = 48$

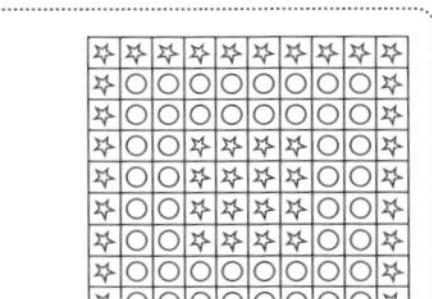

② $8 \times 8 - 4 \times 4 = 48$

月　日

対話してかい決する問題 (7)

平行四辺形

名前

● 次のような平行四辺形の中に，大小合わせて何この平行四辺形がありますか。

(1)

㋐ 1 こ分の大きさの平行四辺形 [ ] こ
㋐ 2 こ分の大きさの平行四辺形 [ ] こ
㋐ 4 こ分の大きさの平行四辺形 [ ] こ
全部で [ ] こ

(2)

㋑ 1 こ分の大きさの平行四辺形 [ ] こ
㋑ 2 こ分の大きさの平行四辺形 [ ] こ
㋑ 3 こ分の大きさの平行四辺形 [ ] こ
㋑ 4 こ分の大きさの平行四辺形 [ ] こ
㋑ 6 こ分の大きさの平行四辺形 [ ] こ
全部で [ ] こ

(3)

㋒ 1 こ分の大きさの平行四辺形 [ ] こ
㋒ 2 こ分の大きさの平行四辺形 [ ] こ
㋒ 3 こ分の大きさの平行四辺形 [ ] こ
㋒ 4 こ分の大きさの平行四辺形 [ ] こ
㋒ 6 こ分の大きさの平行四辺形 [ ] こ
㋒ 9 こ分の大きさの平行四辺形 [ ] こ
全部で [ ] こ

月　日

対話してかい決する問題 (8)

分数

名前

● 分を分数を使って，時間で表します。
[ ] にあてはまる数を書きましょう。

(1) 15 分は何時間でしょうか。

㋐ 1 分は $\frac{1}{60}$ 時間だから

15 分は $\frac{[\ ]}{60}$ です。

㋑ 15 分を 5 分ごとのめもりで考えると $\frac{[\ ]}{12}$

㋒ 15 分を 15 分ごとのめもりで考えると $\frac{[\ ]}{4}$

(2) 10 分は何時間でしょうか。

㋐ 1 分は $\frac{1}{60}$ 時間だから

10 分は $\frac{[\ ]}{[\ ]}$ です。

㋑ 10 分を 5 分ごとのめもりで考えると $\frac{[\ ]}{[\ ]}$

㋒ 10 分を 10 分ごとのめもりで考えると $\frac{[\ ]}{[\ ]}$

（141％に拡大してご使用ください。）

対話してかい決する問題 (9)

変わり方調べ

名前

● 長さが10cmのテープを下の図のようにつないでかざりを作ります。

1まい，2まい，3まいと，のりしろは1cmでつないでいくと全体の長さは何cmになるでしょうか。

(1) 10cmのテープをつないだときの長さを表にしましょう。

テープの数 □(本)	1	2	3	4	5	6	7
全体の長さ ○(cm)							

(2) 10本つないだときの長さを考えます。

① つなぎめは全部で何cmですか。

② 10本つないだときの全体の長さは何cmですか。

式

答え

(3) つなぎめの長さを求める式を□を使って書きましょう。

(4) □本つないだときの長さ○を式に表します。

□にあてはまる数を書きましょう。

○ = □ × □ − (□ − 1)

(5) 200cmよりも長くなるのは，何本つないだ時ですか。

対話してかい決する問題 (10)

面積

名前

● 24cmのひもを使って，1cmの間かくでピンがうってあるジオボードに形を作ります。

ジオボード

(1) 右のような正方形を作りました。24cmのひもで囲まれた正方形の面積を求めましょう。

式

答え

(2) (1)の正方形のはしっこを右のようにしました。24cmのひもで囲まれた形の面積を求めましょう。

式

答え

(3) (1)の正方形のはしっこを右のようにしました。24cmのひもで囲まれた形の面積を求めましょう。

式

答え

(4) (2)や(3)のように，はしっこの形を変えて，24cmのひもで囲まれた形の面積が，次の大きさになるようにします。

下の図に線をひいて形を作りましょう。

ア 30cm²

イ 20cm²

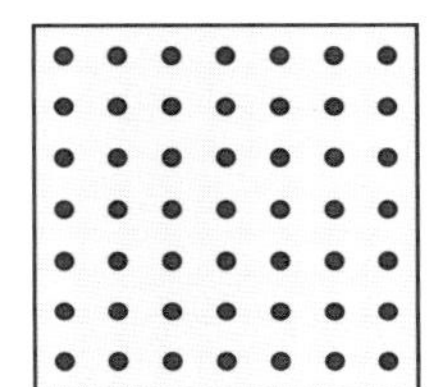

月　　日

対話してかい決する問題（11）
小数のわり算

名前

● 下の問題は，どれも 7.2 ÷ 2 になる問題です。
どのようなかい決をすればいいのでしょうか。場面や意味をよく考えて答えましょう。

㋐ 7.2m のテープを 2 人で同じ長さに分けると 1 人分は何 m になりますか。

式

答え

㋑ 7.2m のテープを 1 本が 2 m ずつに分けます。
2m のテープは何本できますか。

式

答え

㋒ 2m で 7.2kg の鉄のぼうがあります。
この鉄のぼう 1 m の重さは何 kg ですか。

式

答え

㋓ 7.2kg の荷物を 1 回に 2 kg ずつ運びます。
全部運ぶには何回運べばいいですか。

式

答え

月　　日

対話してかい決する問題（12）
直方体と立方体

名前

1 めもりのある横じくとたてじくにとった点をつないで，絵をかきましょう。

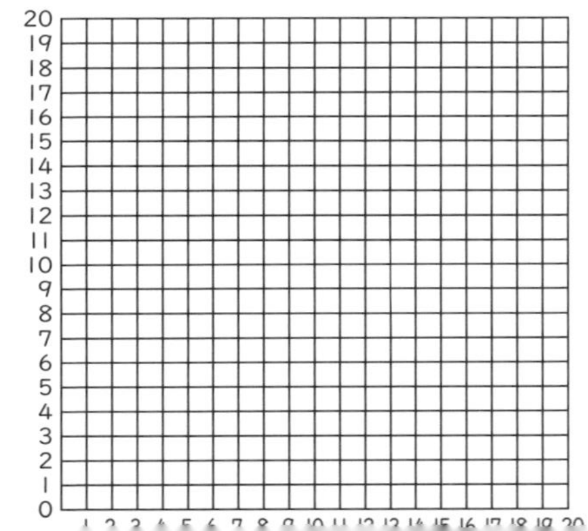

横　たて
㋐（9，18）→（11，17）→（16，17）
→（17，18）→（19，14）→（18，12）
→（19，11）→（19，8）→（17，6）
→（10，6）→（8，8）→（8，11）
→（10，14）→（7，12）→（6，14）
→ ㋐
㋑（7，15）→（3，13）→（1，9）
→（3，2）→（4，2）→（4，5）
→（5，2）→（6，2）→（6，4）
→（10，4）→（11，2）→（12，2）
→（13，4）→（14，2）→（15，2）
→（16，6）
㋒（10，8）→（11，7）→（15，7）
→（17，8）→（17，10）→（15，11）
→（12，11）→（10，10）→ ㋒

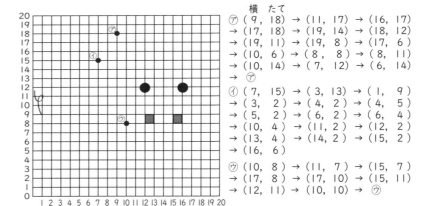

2 自分で問題を作ってお友だちにしてもらいましょう。

（141％に拡大してご使用ください。）

月　　日

プログラミング（1）

名前

● 下の図のようになるには，どう伝えればいいですか。
（　　　）に正方形，円，三角形から，あてはまることばを書きましょう。

(1)

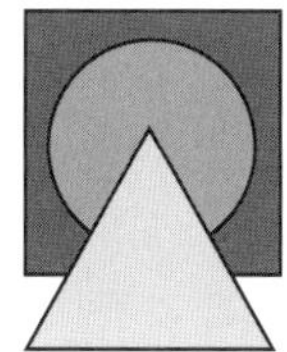

はじめに正方形をおきます。

正方形の中に（　　　）を入れます。

その上に（　　　）をおきます。

(2)

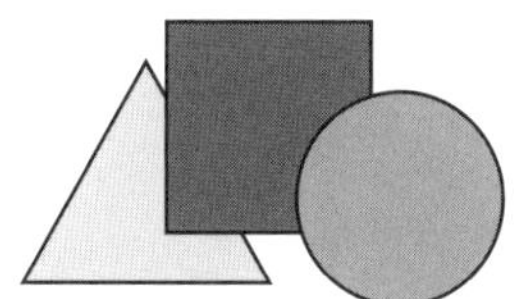

はじめに（　　　）をおきます。

その上に重ねて（　　　）をおきます。

その上に重ねて（　　　）をおきます。

(3)

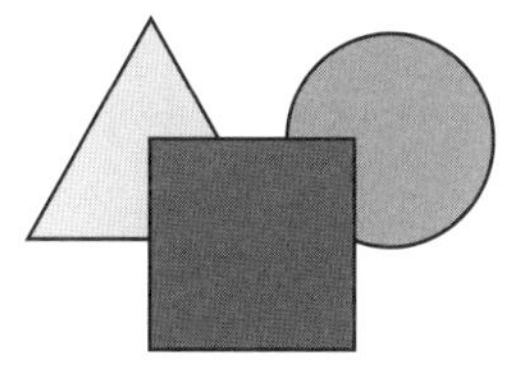

はじめに三角形をおきます。

三角形の右側に（　　　）をおきます。

三角形と（　　　）に重なるように

（　　　）をおきます

(4)

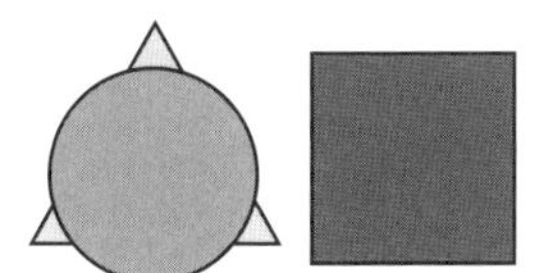

はじめに三角形をおきます。

（　　　）の上に重ねて（　　　）を

おきます。

その右側に（　　　）をおきます。

プログラミング (2)

名前　　　　月

● 次のような命令(めいれい)を出すと，ロボットはどう動きますか。
どこを動いたかわかるように，線をひきましょう。

(例)

① 左に90°回転する。
② 前に２進む。
③ 右に90°回転する。
④ 前に１進む。

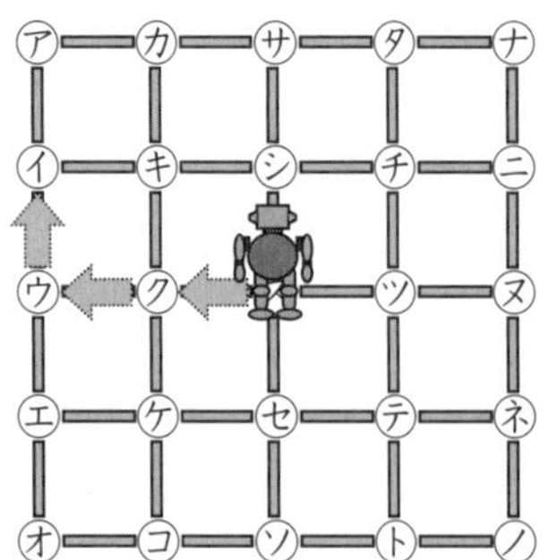

(1)

① 180°回転する。
② 前に２進む。
③ 左に90°回転する。
④ 前に１進む。
⑤ 左に90°回転する。
⑥ 前に２進む。

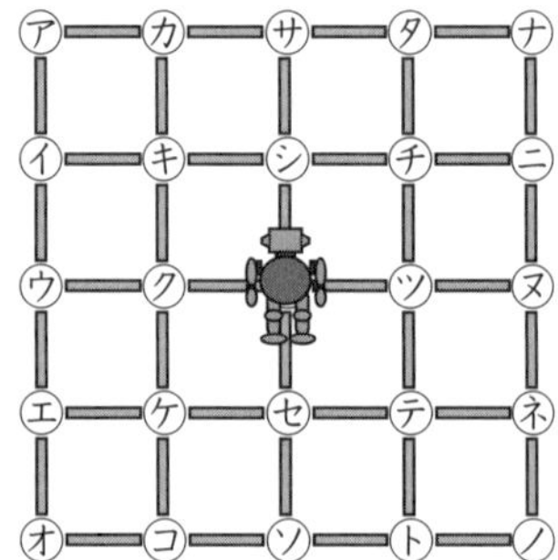

(2)

① 右に90°回転する。
② 前に２進む。
③ 左に90°回転する。
④ 前に１進む。
⑤ 左に90°回転する。
⑥ 前に１進む。
⑦ 右に90°回転する。
⑧ 前に１進む。

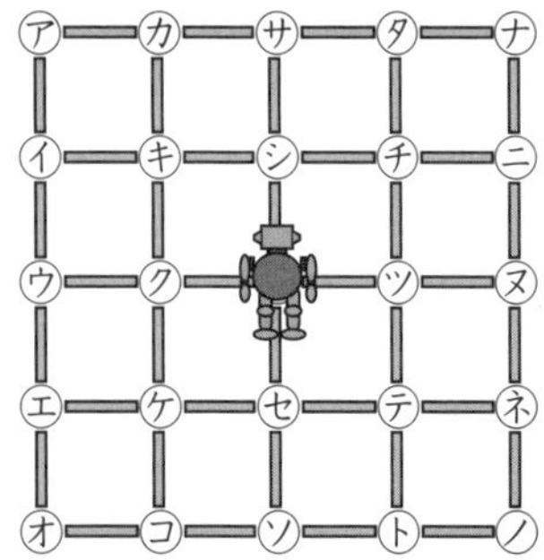

(3)

① 180°回転する。
② 前に１進む。
③ 右に90°回転する。
④ 前に２進む。
⑤ 左に90°回転する。
⑥ 前に１進む。
⑦ 左に90°回転する。
⑧ 前に４進む。

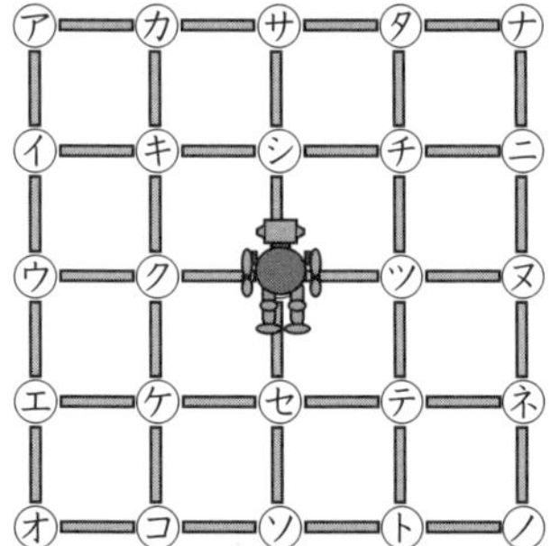

　(141%に拡大してご使用ください。)

月　日

プログラミング (3)

名前

● ロボットが図の線の上を通るように命令の続きを書きましょう。

(例) ㋜から㋤へ動かします。

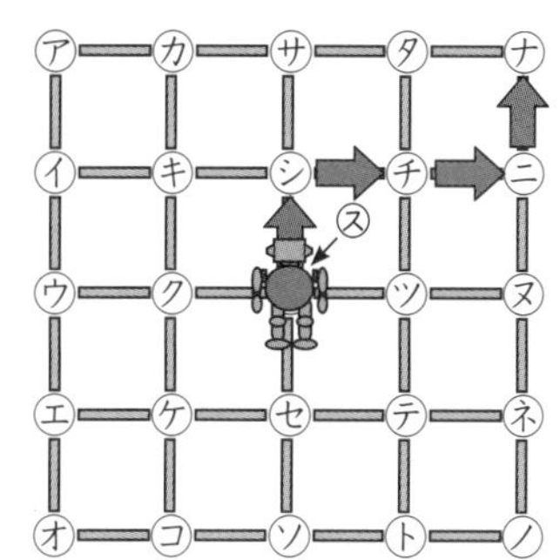

① 前に１進む。　② 右に90°回転する。

③ 前に２進む。　④ 左に90°回転する。

⑤ 前に１進む。

(1) ㋜から㋙へ動かします。

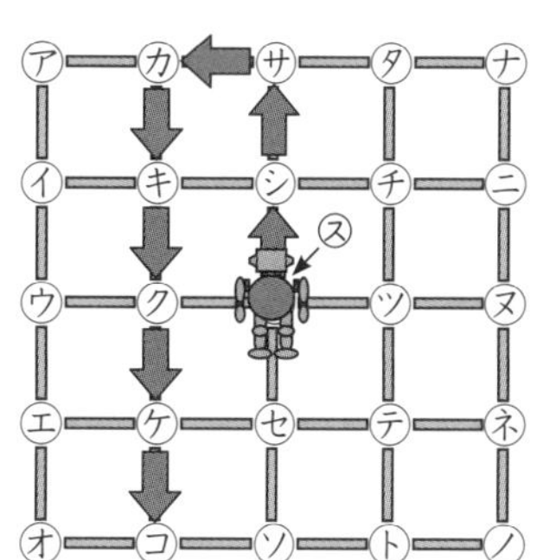

① 前に２進む。　②

③　④

⑤

(2) ㋜から㋙へ動かします。

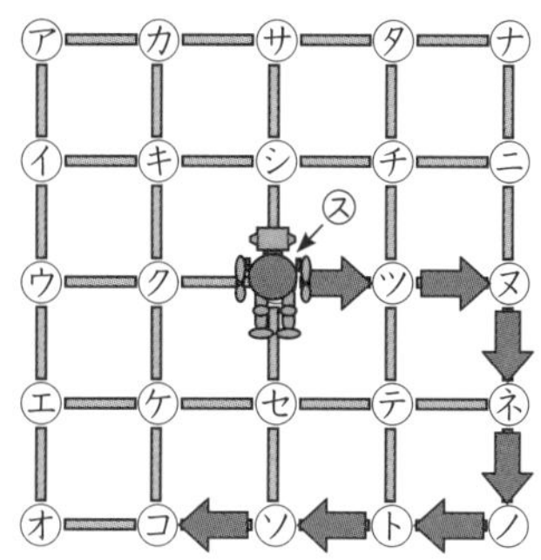

① 右に90°回転する。　②

③　④

⑤　⑥

(3) ㋜から㋔へ動かします。

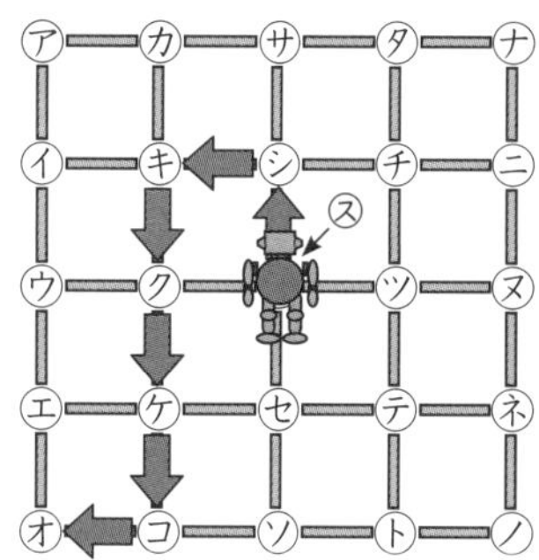

① 前に１進む。　②

③　④

⑤　⑥

⑦

(141%に拡大してご使用ください。)

月

プログラミング（4）

名前

● まいさんが目的地に着けるようにしましょう。

(1) 次のように，まいさんに伝えると，Ⓐ～Ⓗのどこに着きますか。

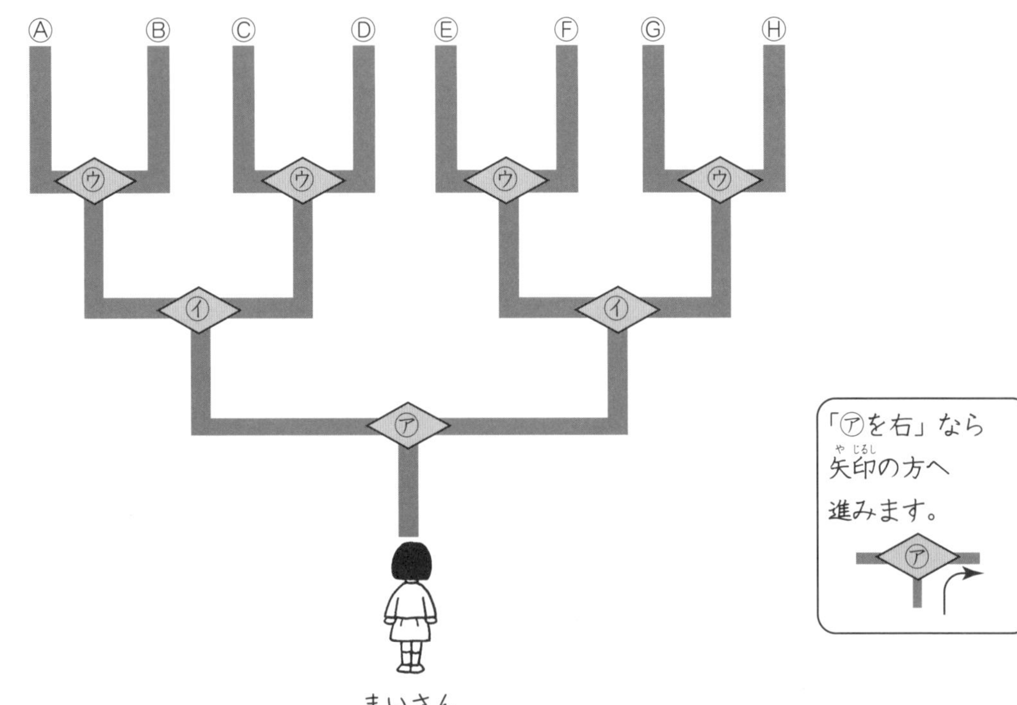

① ㋐を左，㋑を左，㋒を右　　② ㋐を右，㋑を右，㋒を右

(2) まいさんが，次の目的地に着けるように命令を書きましょう。

① Ⓐへ着くように，書きましょう。

② Ⓓへ着くように，書きましょう。

③ Ⓕへ着くように，書きましょう。

　（141％に拡大してご使用ください。）

月　日

プログラミング（5）

名前

ロボットはまっすぐ進みますが，かん板に「▲」のある交差点では，曲がることになっています。
その他のマークはまっすぐ進みます。
ロボットは，どこへ着きますか。□に記号を書きましょう。

(1)

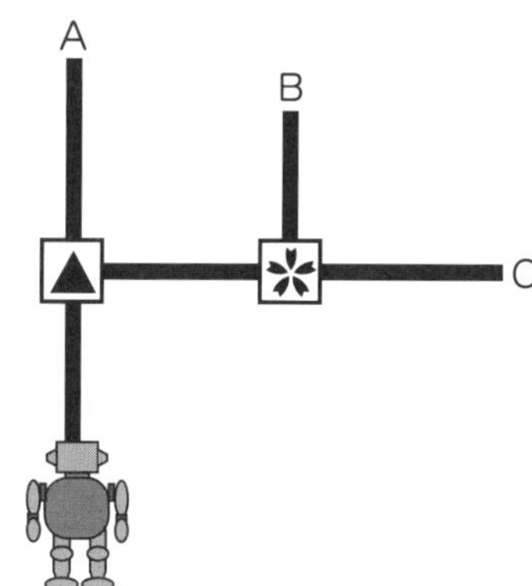

(2)

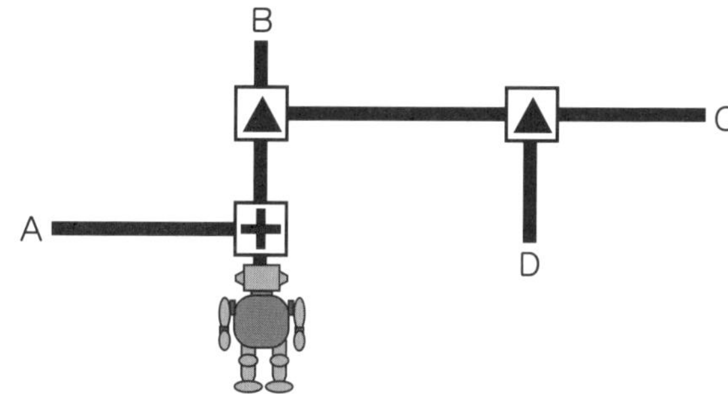

(3)

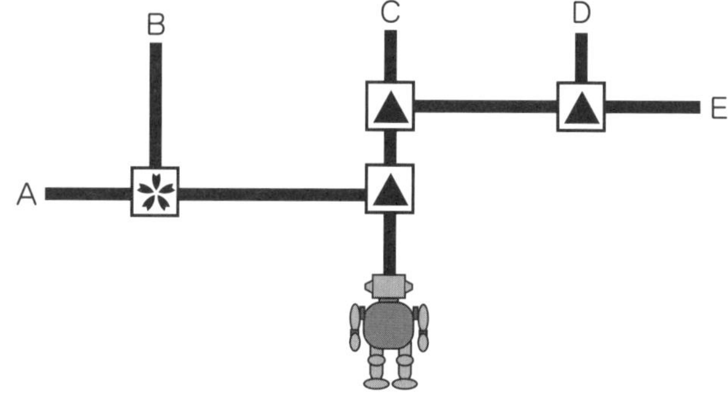

（141％に拡大してご使用ください。）

月

プログラミング（6）

名前

● 4つのマスを左から1，2，4，8とします。

1	2	4	8

色のついたところの数を全部たします。

← これだと9になります。そして下の表を見ると
9は「り」になります。

1	2	3	4	5	6	7	8	9	10	11	12	13	14	15
ん	ぶ	す	ご	う	い	き	な	り	か	ち	し	ど	み	わ

上のきそくで，暗号を作りました。暗号を読み取って［　］にことばを書きましょう。

(1)

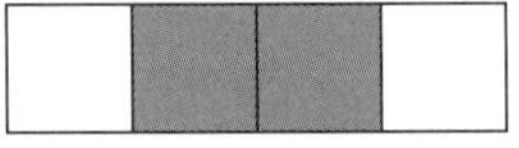

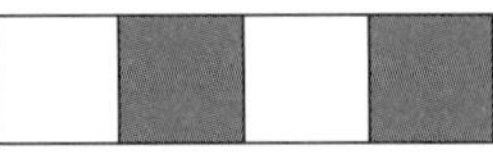

(2)

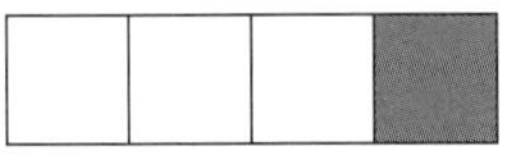

(3)

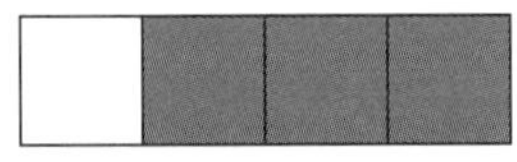

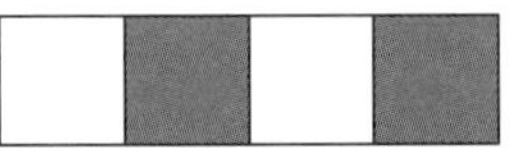

(4)

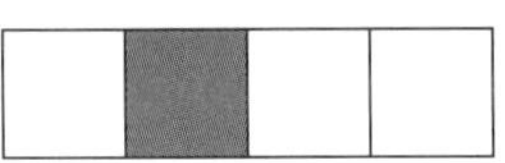

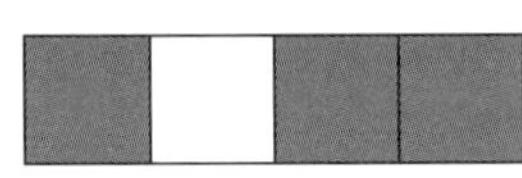

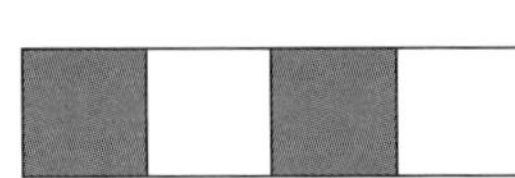

　（141％に拡大してご使用ください。）

月　日

プログラミング (7)

名前

4つのマスを左から1，2，4，8とします。

1	2	4	8

色のついたところの数を全部たします。

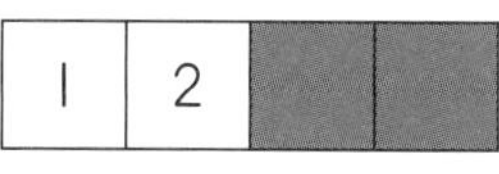

← これだと12になります。そして下の表を見ると
12は「し」になります。

1	2	3	4	5	6	7	8	9	10	11	12	13	14	15
ん	ぶ	す	ご	う	い	き	な	り	か	ち	し	ど	び	わ

上のきそくで，暗号を作りました。次のことばになるように，ますに色をぬりましょう。

(1) かき

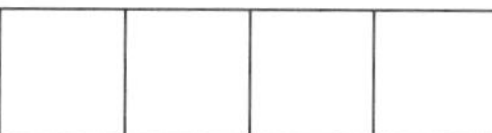

(2) びわ

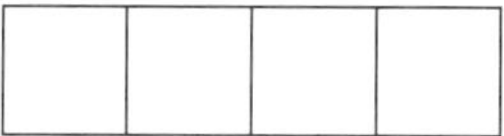

(3) りんご

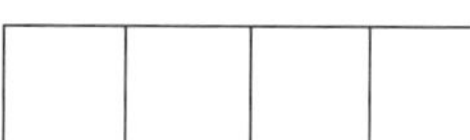

(4) いちご

月

プログラミング (8)

名前

● スタートから5cm進むと60°向きを変えて，また5cm進むと60°向きを変えて…，をスタートの元の場所にもどるまでくり返します。

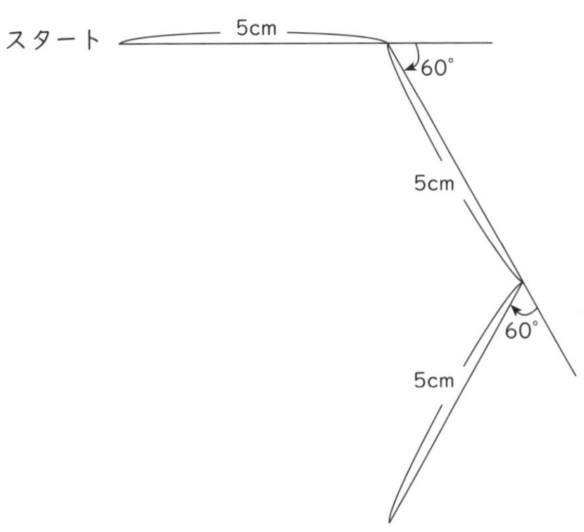

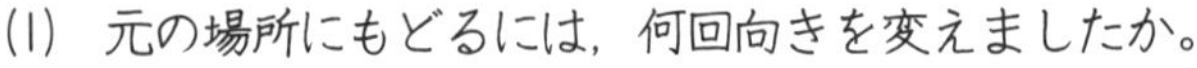

(1) 元の場所にもどるには，何回向きを変えましたか。

(2) 元の場所にもどるには，何cm進みますか。

 （141%に拡大してご使用ください。）

月　　日

めいろにチャレンジ（1）

わり算①

名前

● 答えの大きい方を通って，ゴールしましょう。
（通った方の答えを □ に書きましょう。）

(1)

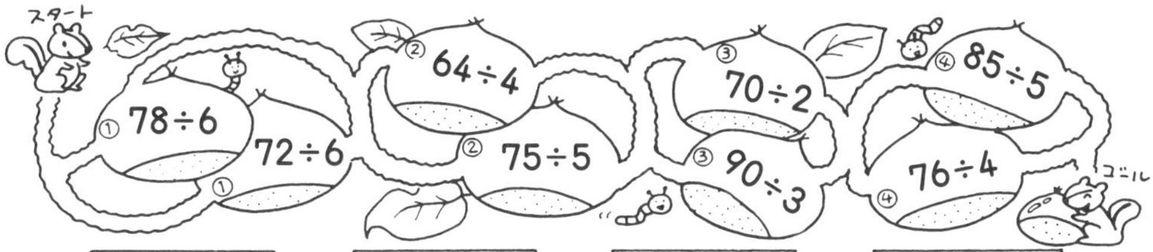

スタート
① 78÷6
① 72÷6
② 64÷4
② 75÷5
③ 70÷2
③ 90÷3
④ 85÷5
④ 76÷4
ゴール

① □　② □　③ □　④ □

(2)

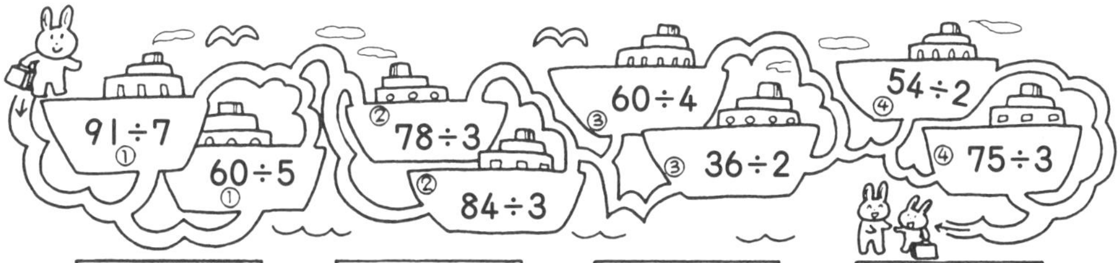

91÷7 ①
60÷5 ①
② 78÷3
② 84÷3
③ 60÷4
③ 36÷2
④ 54÷2
④ 75÷3

① □　② □　③ □　④ □

(3)

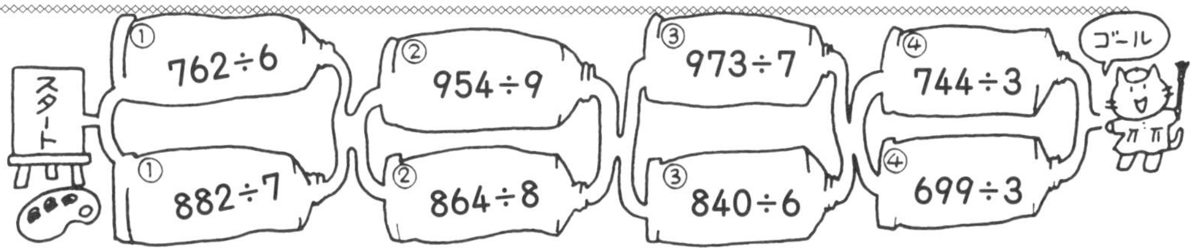

スタート
① 762÷6
① 882÷7
② 954÷9
② 864÷8
③ 973÷7
③ 840÷6
④ 744÷3
④ 699÷3
ゴール

① □　② □　③ □　④ □

(4)

スタート
① 728÷8
① 686÷7
② 225÷3
② 370÷5
③ 405÷5
③ 574÷7
④ 158÷2
④ 308÷4

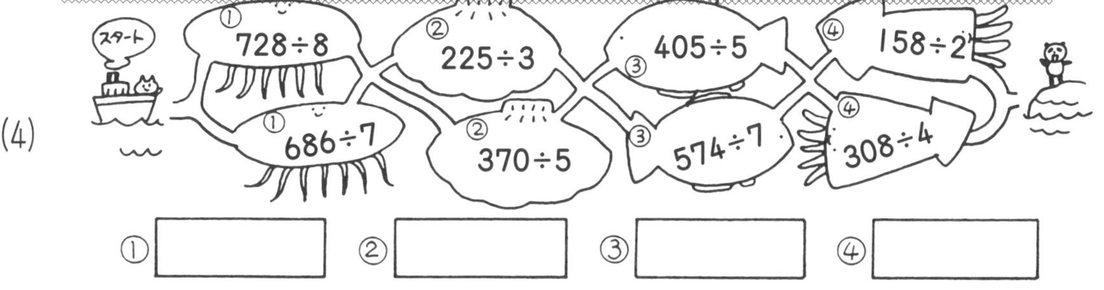

① □　② □　③ □　④ □

月　　日

めいろにチャレンジ (2)

わり算 ②

名前

● 答えの大きい方を通って，ゴールしましょう。
（通った方の答えを □ に書きましょう。）

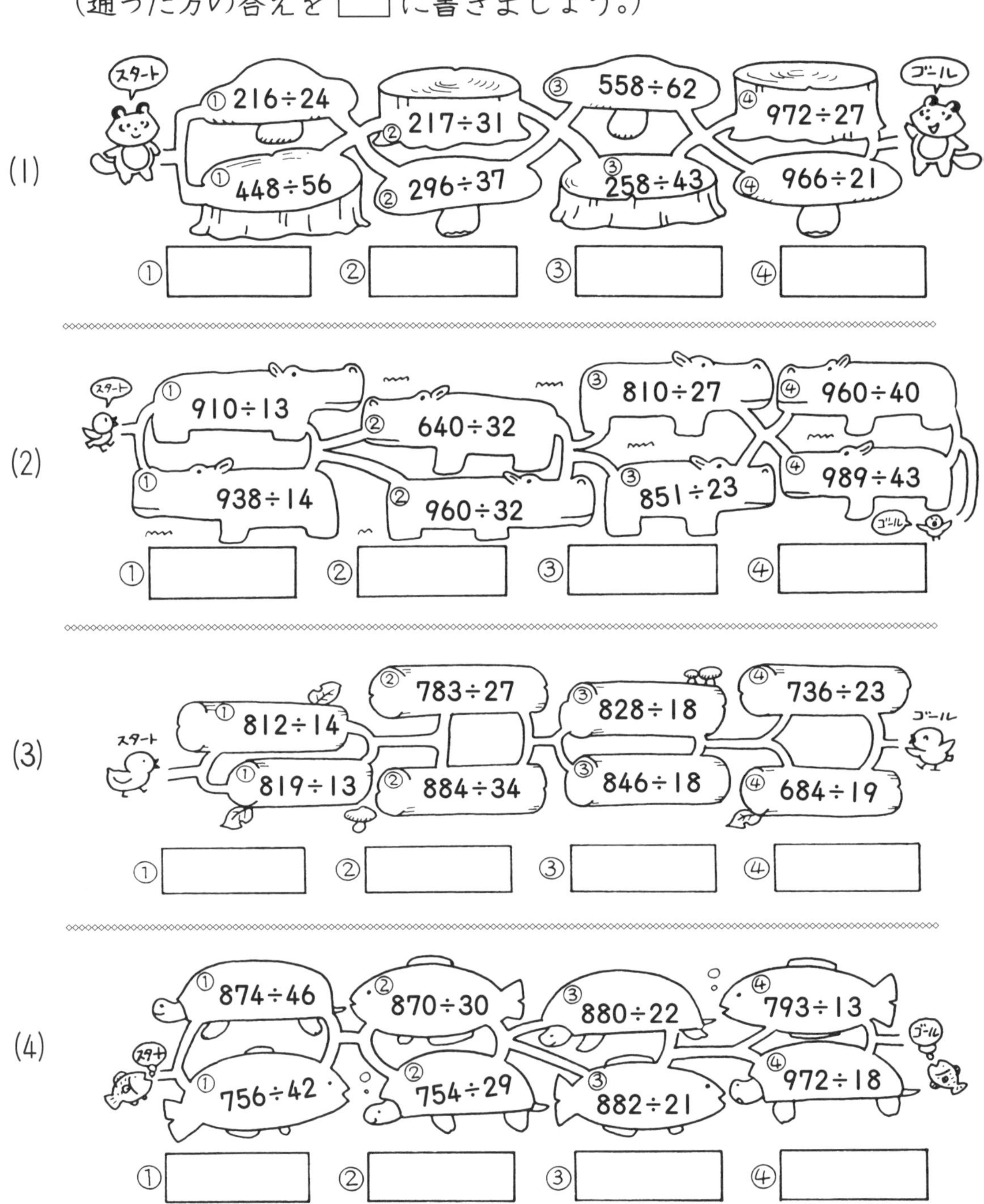

月　日

めいろにチャレンジ（3）

小数のたし算・ひき算

名前

● 答えの大きい方を通って，ゴールしましょう。
（通った方の答えを □ に書きましょう。）

(1)

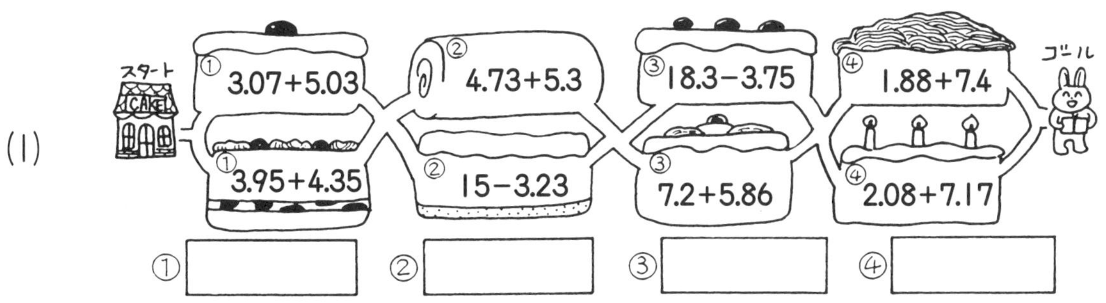

① □　② □　③ □　④ □

(2)

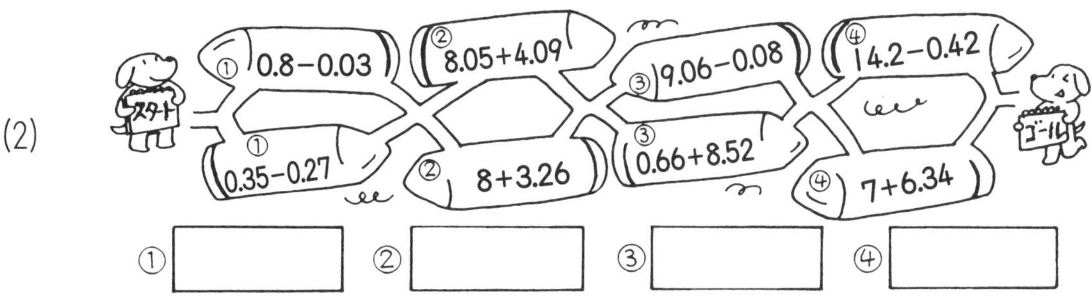

① □　② □　③ □　④ □

(3)

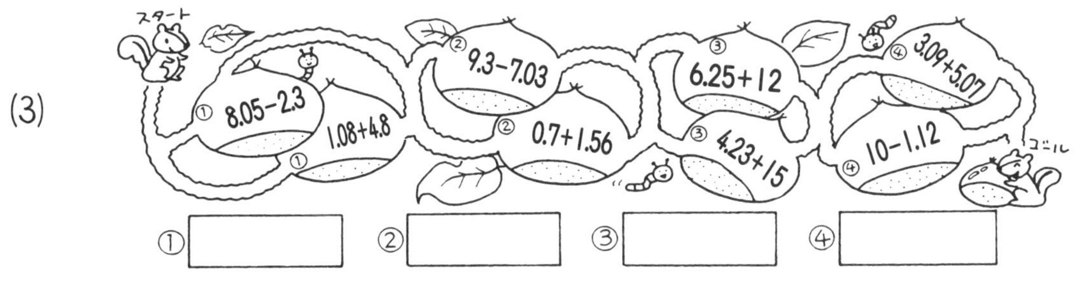

① □　② □　③ □　④ □

(4)

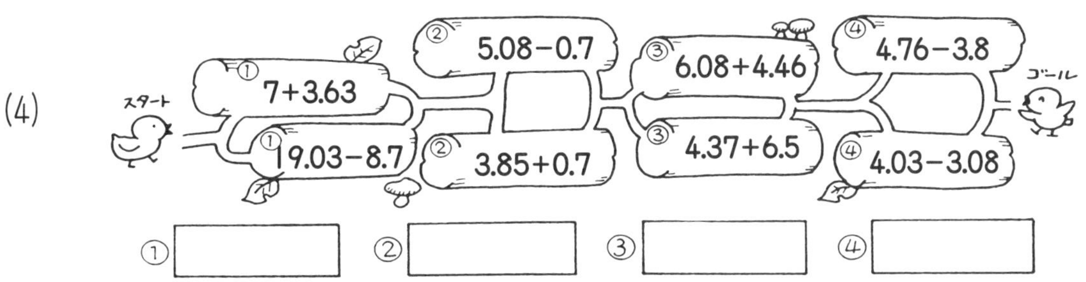

① □　② □　③ □　④ □

月　　日

めいろにチャレンジ(4)
小数のかけ算

名前

● 答えの大きい方を通って，ゴールしましょう。
(通った方の答えを □ に書きましょう。)

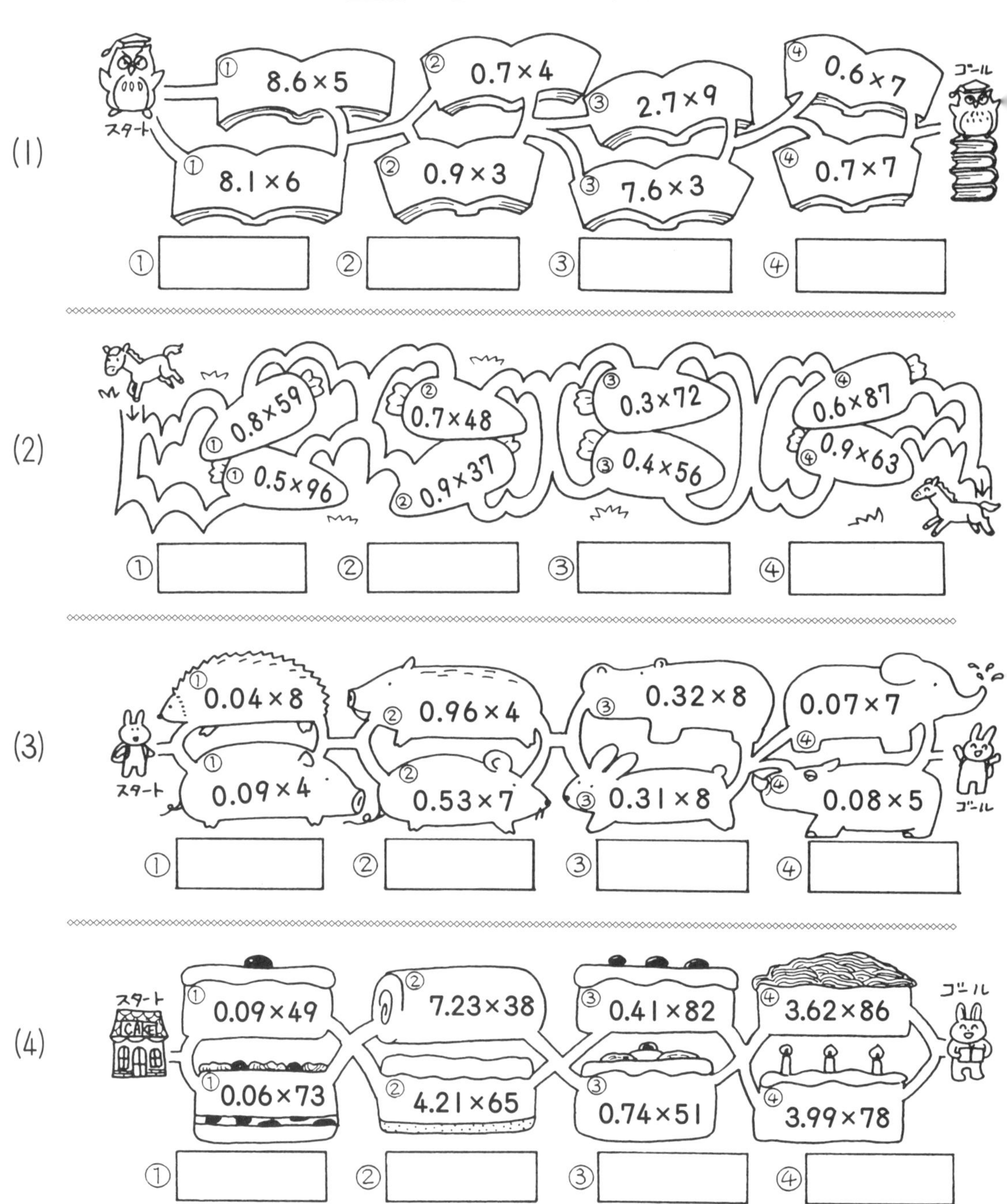

月　日

めいろにチャレンジ (5)

小数のわり算

名前

● 商の大きい方を通って，ゴールしましょう。
（通った方の答えを □ に書きましょう。）

(1)

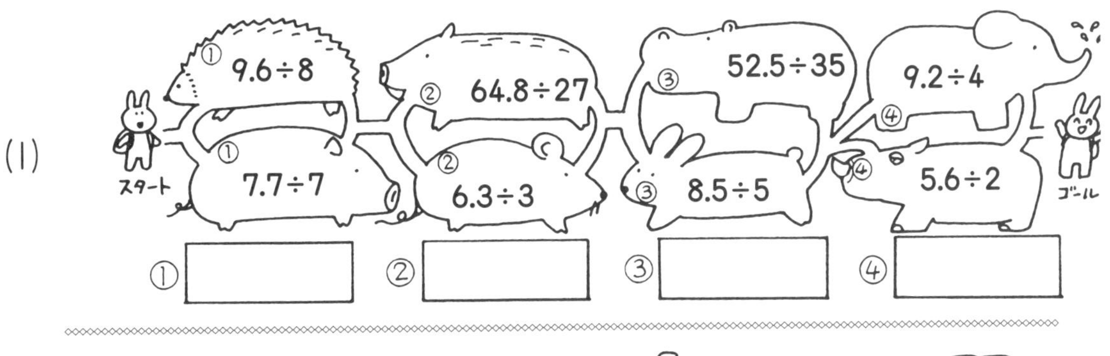

① □　② □　③ □　④ □

(2)

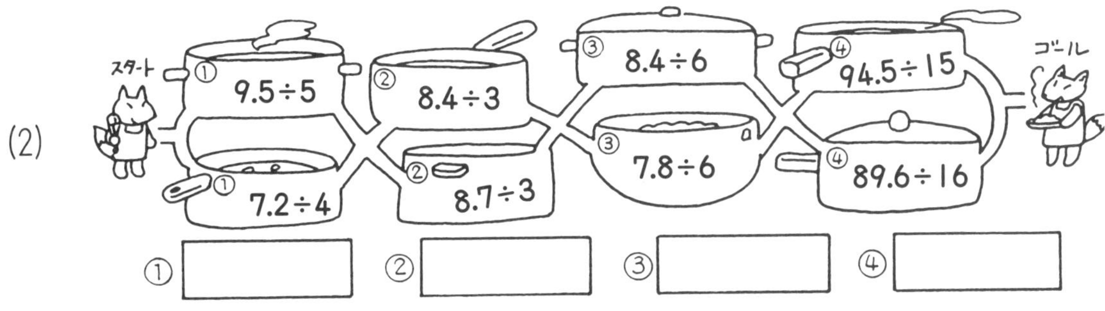

① □　② □　③ □　④ □

(3)

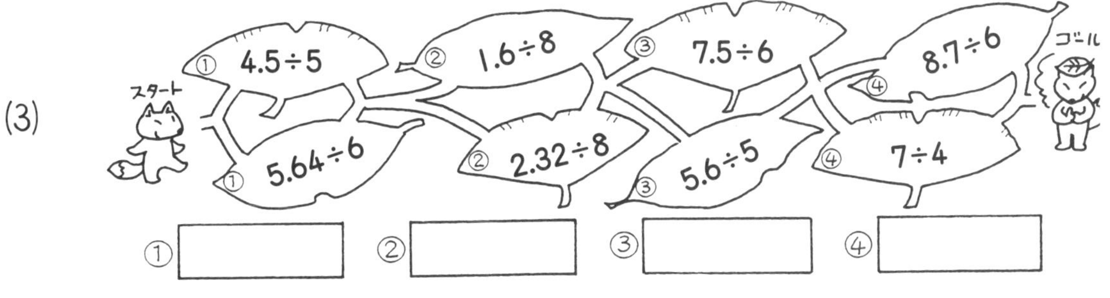

① □　② □　③ □　④ □

(4)

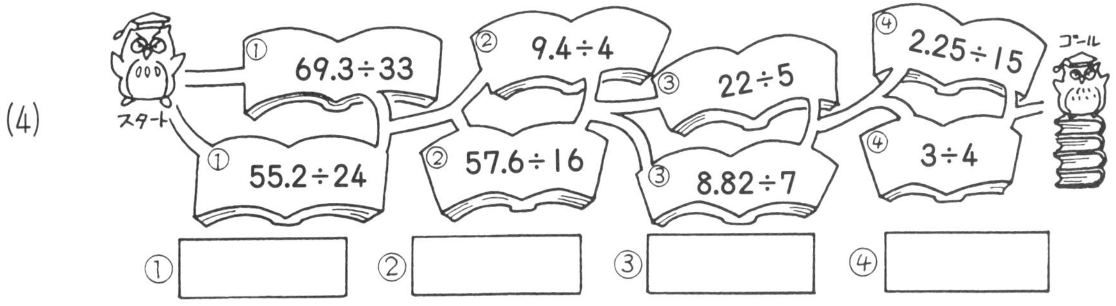

① □　② □　③ □　④ □

月　日

めいろにチャレンジ (6)
分数のたし算・ひき算

名前

● 答えの大きい方を通って，ゴールしましょう。
（通った方の答えを □ に書きましょう。）

(1)

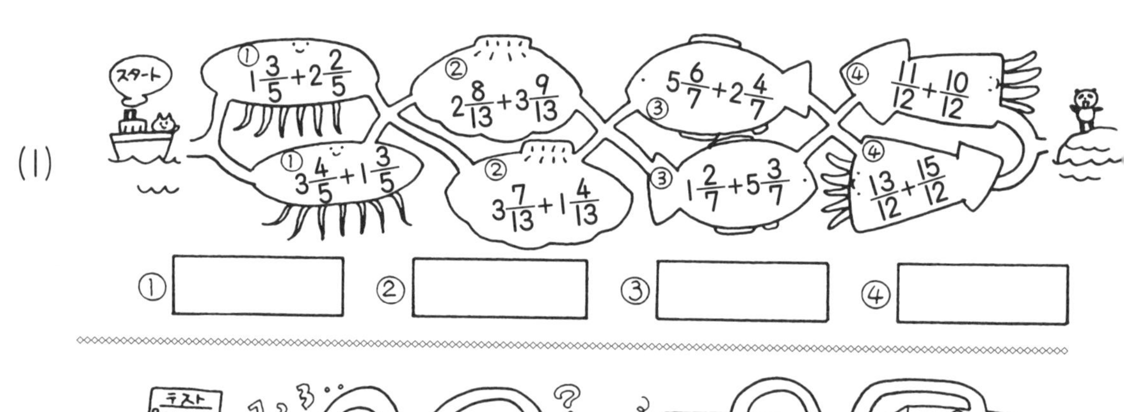

① □　② □　③ □　④ □

(2)

① □　② □　③ □　④ □

(3)

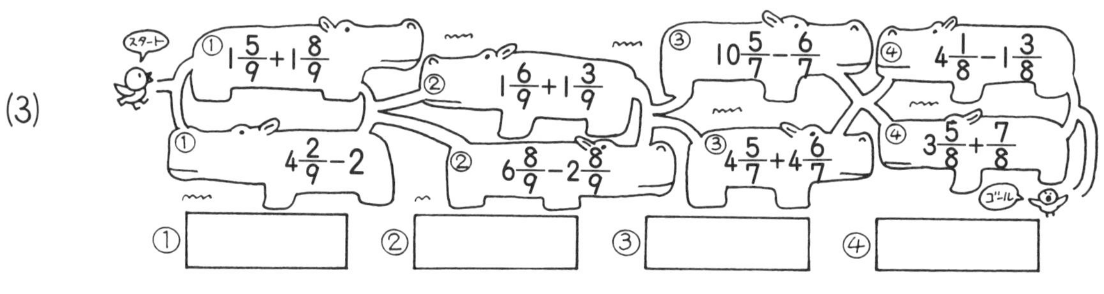

① □　② □　③ □　④ □

(4)

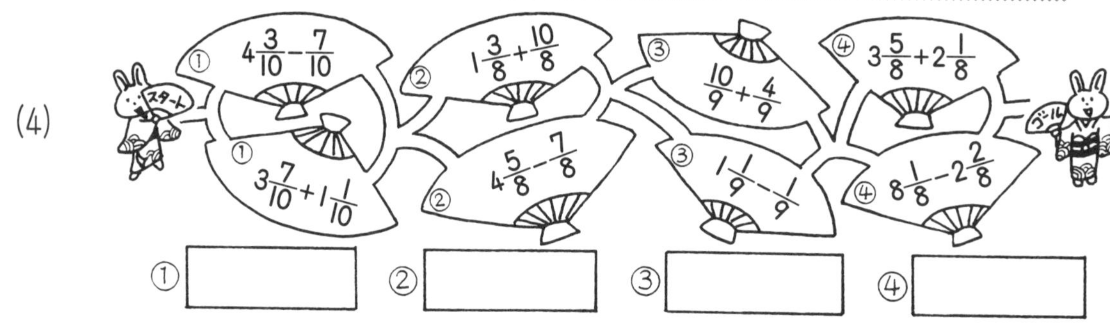

① □　② □　③ □　④ □

計算にチャレンジ (1)

わり算 ①

名前

● □にあてはまる数字を右の□から選んで，式を完成させましょう。商は整数で求めます。右の□の中で，１つだけあまる数字を下の（　）に書きましょう。

① 95 ÷ 4 = □ あまり □

② 97 ÷ □ = 12 あまり 1

③ □ ÷ 3 = 24 あまり 1

④ □ ÷ 8 = 11 あまり 7

⑤ □ ÷ 7 = 11 あまり 5

⑥ 91 ÷ □ = 22 あまり 3

⑦ 70 ÷ □ = 11 あまり 4

⑧ □ ÷ 7 = 6 あまり 4

95	4	3	6	23	82	46	5	8	73

１つだけあまる数（　　）

計算にチャレンジ (2)

わり算 ②

名前

● □にあてはまる数字を右の□から選んで，式を完成させましょう。商は整数で求めます。右の□の中で，１つだけあまる数字を下の（　）に書きましょう。

① 94 ÷ 13 = □ あまり □

② 55 ÷ □ = 3 あまり 13

③ □ ÷ 12 = 7 あまり 10

④ □ ÷ 11 = 7 あまり 8

⑤ □ ÷ 14 = 5 あまり 13

⑥ 71 ÷ □ = 5 あまり 11

⑦ 62 ÷ □ = 4 あまり 10

⑧ □ ÷ 27 = 2 あまり 9

94	63	83	85	12	13	14	82	7	3

１つだけあまる数（　　）

解答　児童に実施させる前に，必ず指導される方が問題を解いてください。本書の解答は，あくまでも1つの例です。

（解答は，200～300%に拡大してお使い下さい。）

P14

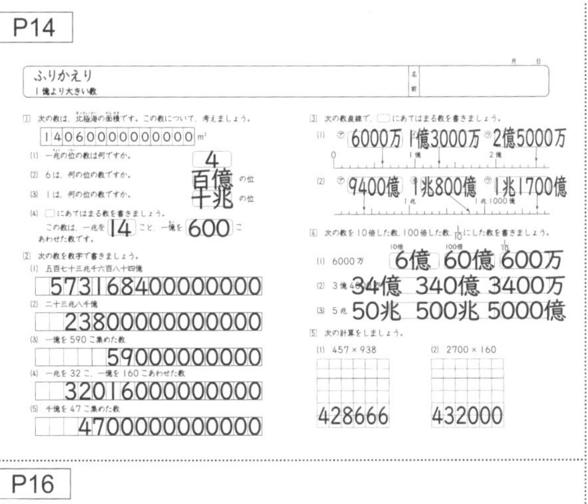
ふりかえり
1億より大きい数

1 次の数は，北海道の面積です。この数について，考えましょう。
1406000000000 m²
(1) 一兆の位の数は何ですか。 4
(2) 6は，何の位の数ですか。 百億の位
(3) 1は，何の位の数ですか。 十兆の位
(4) □にあてはまる数を書きましょう。 この数は，一兆を 14 こと，一億を 600 こあわせた数です。

2 次の数を数字で書きましょう。
(1) 五百七十三兆千六百八十四億 573168400000000
(2) 二十三兆八千億 23800000000000
(3) 一億を590こ集めた数 59000000000
(4) 一兆を32こ，一億を160こあわせた数 32016000000000
(5) 千億を47こ集めた数 4700000000000

3 次の数直線で，□にあてはまる数を書きましょう。
(1) ㋐ 6000万 ㋑ 1億3000万 ㋒ 2億5000万
(2) ㋐ 9400億 ㋑ 1兆800億 ㋒ 1兆1700億

4 次の数を10倍した数，100倍した数，1/10にした数を書きましょう。
(1) 6000万 6億 60億 600万
(2) 3億4000万 34億 340億 3400万
(3) 5兆 50兆 500兆 5000億

5 次の計算をしましょう。
(1) 457×938 428666
(2) 2700×160 432000

P15

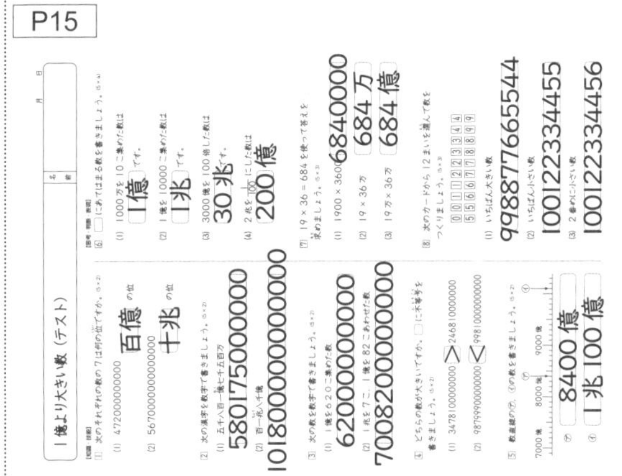
1億より大きい数（テスト）

1 次のそれぞれの数の7は何の位ですか。
(1) 472000000000 百億の位
(2) 5670000000000000 十兆の位

2 次の漢字を数字で書きましょう。
(1) 五千八百一億七千五百万 580175000000
(2) 百一兆八千億 101800000000000

3 次の数を数字で書きましょう。
(1) 1億を620こ集めた数 62000000000
(2) 1兆を7こ，1億を82こあわせた数 7008200000000

4 どちらの数が大きいですか。□に不等号を書きましょう。
(1) 34781000000000 > 2468100000000
(2) 98799000000000 < 99810000000000

5 数直線の㋐，㋑の数を書きましょう。
㋐ 8400億 ㋑ 1兆100億

6 □にあてはまる数を書きましょう。
(1) 1000万を10こ集めた数は 1億 です。
(2) 1億を10000こ集めた数は 1兆 です。
(3) 3000兆を100でわった数は 30兆 です。
(4) 2兆を1/100にした数は 200億 です。

7 19×36＝684を使って答えを求めましょう。
(1) 1900×3600 6840000
(2) 19×36万 684万
(3) 19万×36万 684億

8 次のカードから12まいを選んで数をつくりましょう。
(1) いちばん大きい数 998877665544
(2) いちばん小さい数 100122334455
(3) 2番めに小さい数 100122334456

P16

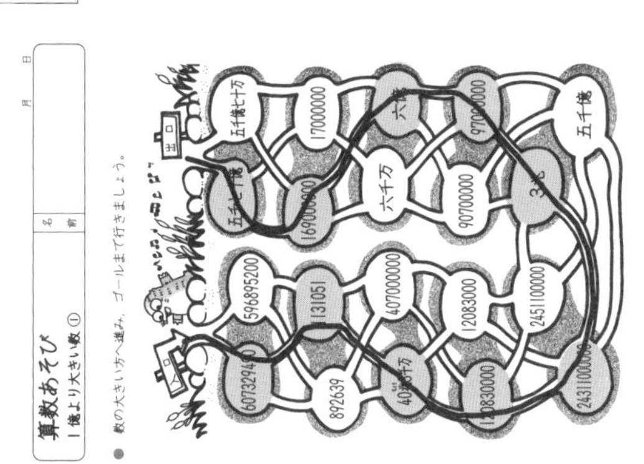
算数あそび
1億より大きい数 ①

● 数の大きい方へ進み，ゴールまで行きましょう。

P17

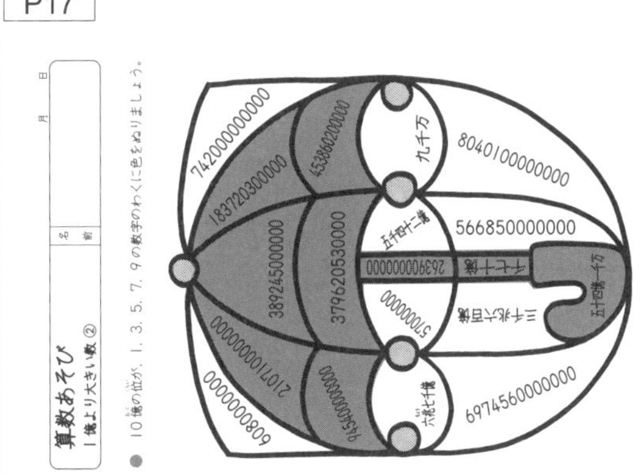
算数あそび
1億より大きい数 ②

● 10億の位が，1，3，5，7，9の数字のわくに色をぬりましょう。

P18

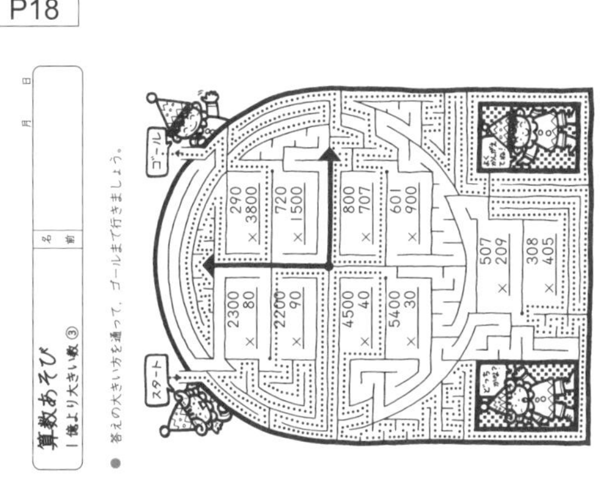
算数あそび
1億より大きい数 ③

● 答えの大きい方を通って，ゴールまで行きましょう。

P19

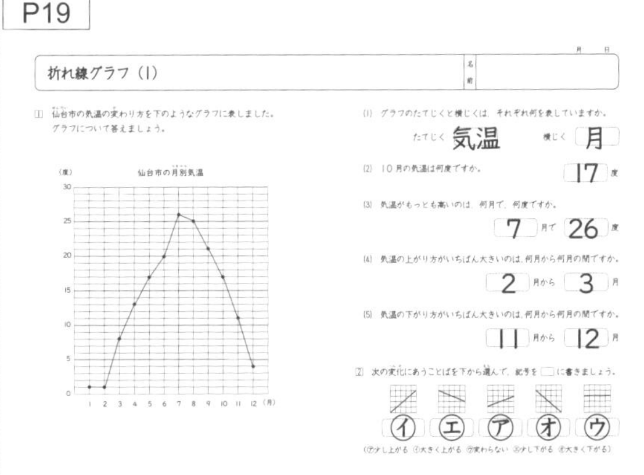
折れ線グラフ (1)

1 仙台市の気温の変わり方を下のようなグラフに表しました。グラフについて答えましょう。
(1) グラフのたてじくと横じくは，それぞれ何を表していますか。 たてじく 気温 横じく 月
(2) 10月の気温は何度ですか。 17 度
(3) 気温がもっとも高いのは，何月で，何度ですか。 7 月で 26 度
(4) 気温の上がり方がいちばん大きいのは，何月から何月の間ですか。 2 月から 3 月
(5) 気温の下がり方がいちばん大きいのは，何月から何月の間ですか。 11 月から 12 月

2 次の変化にあうことばを下から選んで，記号を□に書きましょう。
㋑ ㋓ ㋐ ㋔ ㋒

P20

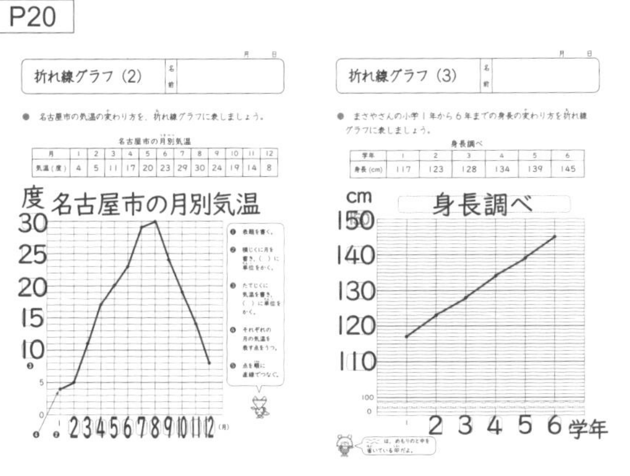
折れ線グラフ (2)

● 名古屋市の気温の変わり方を，折れ線グラフに表しましょう。

名古屋市の月別気温

月	1	2	3	4	5	6	7	8	9	10	11	12
気温（度）	4	5	11	17	20	23	29	30	24	19	14	8

折れ線グラフ (3)

● まさやさんの小学1年から6年までの身長の変わり方を折れ線グラフに表しましょう。

身長調べ

学年	1	2	3	4	5	6
身長（cm）	117	123	128	134	139	145

P21

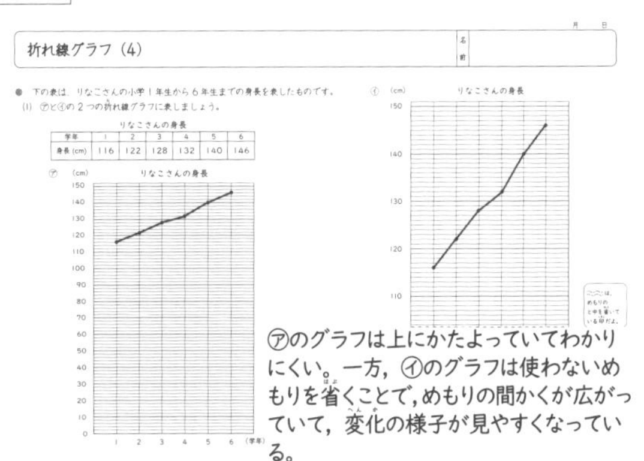
折れ線グラフ (4)

● 下の表は，りなこさんの小学1年生から6年生までの身長を表したものです。
(1) ㋐と㋑の2つの折れ線グラフに表しましょう。

りなこさんの身長

学年	1	2	3	4	5	6
身長（cm）	116	122	128	132	140	146

㋐のグラフは上にかたよっていてわかりにくい。一方，㋑のグラフは使わないめもりを省くことで，めもりの間かくが広がっていて，変化の様子が見やすくなっている。

解答

児童に実施させる前に，必ず指導される方が問題を解いてください。本書の解答は，あくまでも１つの例です。

P22

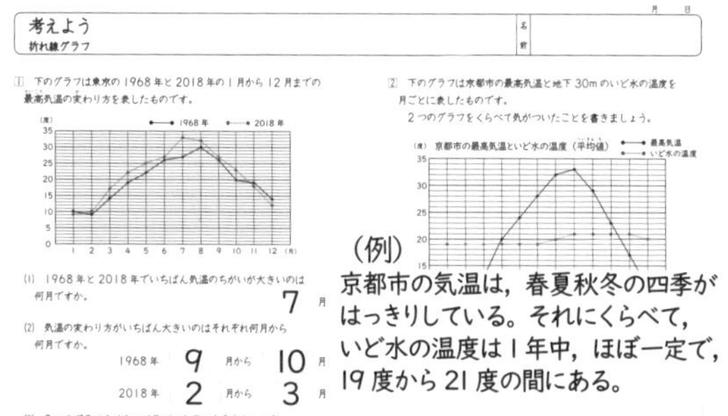

考えよう　折れ線グラフ

① 下のグラフは東京の1968年と2018年の1月から12月までの最高気温の変わり方を表したものです。

(1) 1968年と2018年でいちばん気温のちがいが大きいのは何月ですか。　7月

(2) 気温の変わり方がいちばん大きいのはそれぞれ何月から何月ですか。
1968年　9月から10月
2018年　2月から3月

(3) 2つのグラフをくらべて気づいたことを書きましょう。

1968年にくらべて2018年の方が気温が高いことが多い。
特に7月が差が大きく，1968年より2018年の方が暑いといえる。反対に，冬は1968年より2018年の方が気温が低い。

② 下のグラフは京都市の最高気温と地下30mのいど水の温度を月ごとに表したものです。2つのグラフをくらべて気がついたことを書きましょう。

(例)
京都市の気温は，春夏秋冬の四季がはっきりしている。それにくらべて，いど水の温度は1年中，ほぼ一定で，19度から21度の間にある。

P23

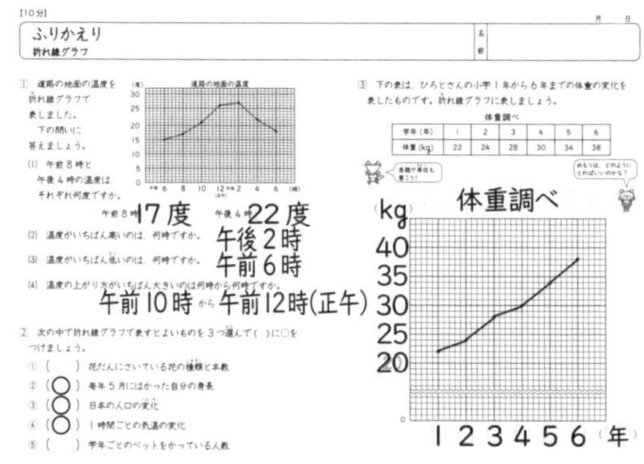

ふりかえり　折れ線グラフ

① 道路の地面の温度を折れ線グラフで表しました。下の問いに答えましょう。

(1) 午前8時と午後4時の温度はそれぞれ何度ですか。
午前8時　17度　午後4時　22度

(2) 温度がいちばん高いのは，何時ですか。　午後2時

(3) 温度がいちばん低いのは，何時ですか。　午前6時

(4) 温度の上がり方がいちばん大きいのは何時から何時ですか。
午前10時から午前12時(正午)

② 次の中で折れ線グラフで表すとよいものを3つ選んで( )に○をつけましょう。

① ( ) 花だんにさいている花の種類と本数
② (○) 毎年5月にはかった自分の身長
③ (○) 日本の人口の変化
④ (○) 1時間ごとの気温の変化
⑤ ( ) 学年ごとのペットをかっている人数

③ 下の表は，ひろとさんの小学1年から6年までの体重の変化を表したものです。折れ線グラフにしましょう。

体重調べ

学年(年)	1	2	3	4	5	6
体重(kg)	22	24	28	30	34	38

体重調べ
(kg) 40, 35, 30, 25, 20
1 2 3 4 5 6 (年)

P24

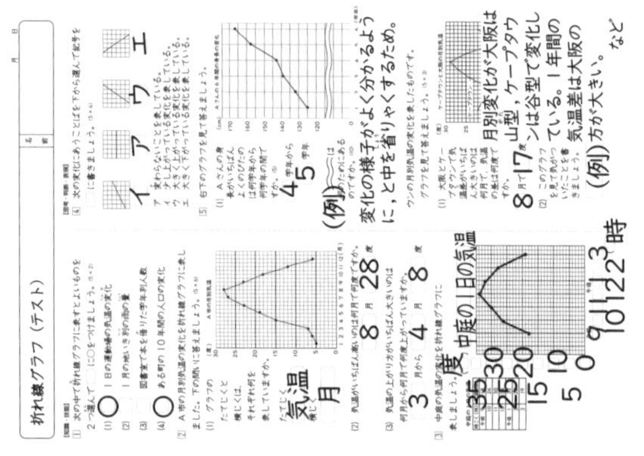

折れ線グラフ（テスト）

① (1) ○　(2)　(3)　(4) ○

② (1) 気温　(2) 月　(3) 8月 28度　(4) 4月から8月　(5) 3月

③ (1) 4年生から5年生

(例) 変化の様子がよく分かるように，と中を省りゃくするため。

エ　ウ　ア　イ

中庭の1日の気温
35, 30, 25, 20, 15, 10, 5, 0
9 10 11 12 1 2 3 (時)

8月 17度

月別変化が大阪は山型，ケープタウンは谷型で変化している。1年間の気温差は大阪の方が大きい。

(例)　など

P25

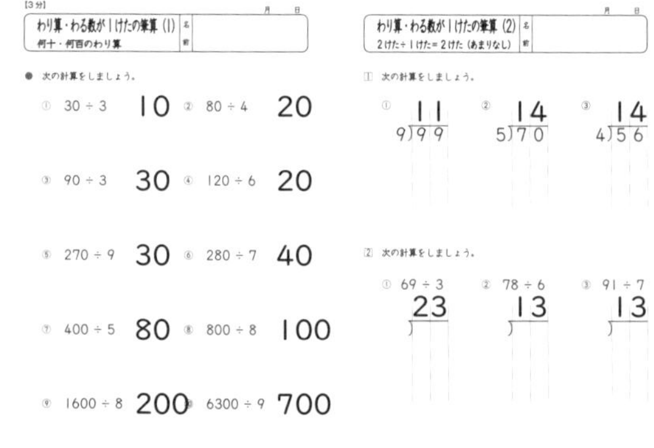

わり算・わる数が1けたの筆算 (1)　何十・何百のわり算

● 次の計算をしましょう。

① 30÷3　10　② 80÷4　20
③ 90÷3　30　④ 120÷6　20
⑤ 270÷9　30　⑥ 280÷7　40
⑦ 400÷5　80　⑧ 800÷8　100
⑨ 1600÷8　200　⑩ 6300÷9　700

わり算・わる数が1けたの筆算 (2)　2けた÷1けた=2けた（あまりなし）

① 次の計算をしましょう。
① 9)99　11　② 5)70　14　③ 4)56　14

② 次の計算をしましょう。
① 69÷3　23　② 78÷6　13　③ 91÷7　13

P26

わり算・わる数が1けたの筆算 (3)　2けた÷1けた=2けた（あまりあり）①

● 次の計算をしましょう。

(例①) 35÷2　2)35　17 あまり1
(例②) 83÷4　4)83　20 あまり3

① 2)37　18 あまり1　② 5)77　15 あまり2　③ 9)94　10 あまり4
④ 4)85　21 あまり1　⑤ 3)77　25 あまり2　⑥ 3)62　20 あまり2

わり算・わる数が1けたの筆算 (4)　2けた÷1けた=2けた（あまりあり）②

● 次の計算をしましょう。

① 88÷3　29 あまり1　② 69÷2　34 あまり1　③ 76÷6　12 あまり4
④ 53÷5　10 あまり3　⑤ 92÷3　30 あまり2　⑥ 81÷7　11 あまり4

P27

わり算・わる数が1けたの筆算 (5)　2けた÷1けた=2けた（あまりあり・なし）①

● 次の計算をしましょう。

① 5)54　10 あまり4　② 7)80　11 あまり3　③ 3)61　20 あまり1　④ 6)90　15
⑤ 8)90　11 あまり2　⑥ 3)87　29　⑦ 2)41　20 あまり1　⑧ 4)59　14 あまり3
⑨ 5)60　12　⑩ 2)61　30 あまり1

わり算・わる数が1けたの筆算 (6)　2けた÷1けた=2けた（あまりあり・なし）②

● 次の計算をしましょう。

① 43÷4　10 あまり3　② 84÷3　28　③ 61÷5　12 あまり1
④ 27÷2　13 あまり1　⑤ 86÷7　12 あまり2　⑥ 98÷7　14
⑦ 98÷9　10 あまり8　⑧ 53÷4　13 あまり1

P28

ふりかえり　2けた÷1けた=2けた ①

● 次の計算をしましょう。

① 8)88　11　② 7)73　10 あまり3　③ 5)94　18 あまり4　④ 2)39　19 あまり1　⑤ 4)52　13
⑥ 3)65　21 あまり2　⑦ 2)29　14 あまり1　⑧ 3)78　26　⑨ 4)94　23 あまり2　⑩ 3)92　30 あまり2
⑪ 5)83　16 あまり3　⑫ 2)92　46　⑬ 6)67　11 あまり1　⑭ 5)85　17　⑮ 4)83　20 あまり3
⑯ 8)91　11 あまり3　⑰ 4)78　19 あまり2　⑱ 6)90　15　⑲ 7)82　11 あまり5　⑳ 2)31　15 あまり1

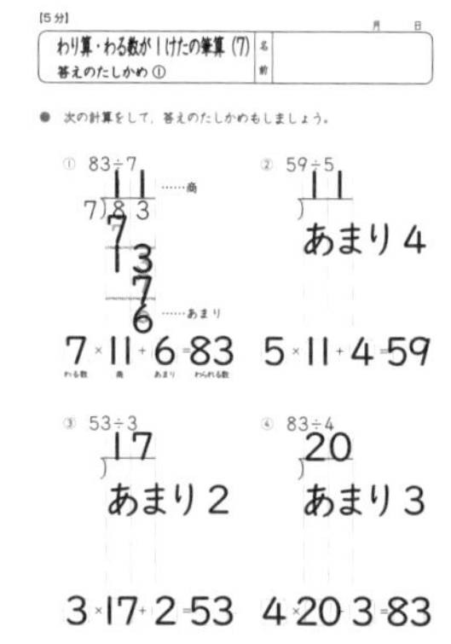

ふりかえり　2けた÷1けた=2けた ②

● 次の計算をしましょう。

① 35÷2　17 あまり1　② 85÷7　12 あまり1　③ 79÷4　19 あまり3　④ 81÷3　27　⑤ 86÷5　17 あまり1
⑥ 56÷4　14　⑦ 65÷3　21 あまり2　⑧ 59÷2　29 あまり1　⑨ 68÷3　22 あまり2　⑩ 73÷4　18 あまり1
⑪ 77÷7　11　⑫ 97÷8　12 あまり1　⑬ 70÷5　14　⑭ 43÷2　21 あまり1　⑮ 77÷3　25 あまり2

P29

わり算・わる数が1けたの筆算 (7)　答えのたしかめ ①

● 次の計算をして，答えのたしかめもしましょう。

① 83÷7　7)83　11 あまり6　7×11+6=83
② 59÷5　11 あまり4　5×11+4=59
③ 53÷3　17 あまり2　3×17+2=53
④ 83÷4　20 あまり3　4×20+3=83

わり算・わる数が1けたの筆算 (8)　答えのたしかめ ②

① 次の計算をしましょう。

① 85÷4　21 あまり1　② 29÷2　14 あまり1　③ 74÷3　24 あまり2　④ 51÷5　10 あまり1

② ①の計算の答えのたしかめをしましょう。

① 4×21+1=85
② 2×14+1=29
③ 3×24+2=74
④ 5×10+1=51

　（解答は，200～300%に拡大してお使い下さい。）

P30

わり算・わる数が１けたの筆算 (9) 3けた÷１けた＝3けた①

● 次の計算をしましょう。

① 4)485 = 121 あまり1
② 3)764 = 254 あまり2
③ 5)738 = 147 あまり3
④ 6)991 = 165 あまり1
⑤ 2)535 = 267 あまり1

わり算・わる数が１けたの筆算 (10) 3けた÷１けた＝3けた②

● 次の計算をしましょう。

① 645 ÷ 4 = 161 あまり1
② 963 ÷ 2 = 481 あまり1
③ 523 ÷ 3 = 174 あまり1
④ 718 ÷ 5 = 143 あまり3

P31

わり算・わる数が１けたの筆算 (11) 3けた÷１けた＝3けた③

● 次の計算をしましょう。

① 3)718 = 239 あまり1
② 4)665 = 166 あまり1
③ 2)319 = 159 あまり1
④ 4)462 = 115 あまり2
⑤ 5)876 = 175 あまり1
⑥ 3)548 = 182 あまり2
⑦ 7)971 = 138 あまり5
⑧ 2)845 = 422 あまり1

わり算・わる数が１けたの筆算 (12) 3けた÷１けた＝3けた④

● 次の計算をしましょう。

① 584 ÷ 5 = 116 あまり4
② 363 ÷ 2 = 181 あまり1
③ 862 ÷ 3 = 287 あまり1
④ 530 ÷ 4 = 132 あまり2
⑤ 789 ÷ 6 = 131 あまり3
⑥ 683 ÷ 3 = 227 あまり2

P32

わり算・わる数が１けたの筆算 (13) 3けた÷１けた＝3けた（商に0がたつ）①

● 次の計算をしましょう。

① 8)965 = 120 あまり5
② 2)619 = 309 あまり1
③ 2)805 = 402 あまり1
④ 3)901 = 300 あまり1
⑤ 6)781 = 130 あまり1
⑥ 4)834 = 208 あまり2
⑦ 3)905 = 301 あまり2
⑧ 2)401 = 200 あまり1

わり算・わる数が１けたの筆算 (14) 3けた÷１けた＝3けた（商に0がたつ）②

● 次の計算をしましょう。

① 622 ÷ 3 = 207 あまり1
② 852 ÷ 5 = 170 あまり2
③ 602 ÷ 3 = 200 あまり2
④ 409 ÷ 2 = 204 あまり1
⑤ 682 ÷ 4 = 170 あまり2
⑥ 817 ÷ 2 = 408 あまり1

P33

ふりかえり 3けた÷１けた＝3けた①

● 次の計算をしましょう。

① 764÷3 = 254 あまり2
② 608÷6 = 101 あまり2
③ 290÷2 = 145
④ 558÷5 = 111 あまり3
⑤ 436÷3 = 145 あまり1
⑥ 878÷4 = 219 あまり2
⑦ 673÷5 = 134 あまり3
⑧ 916÷7 = 130 あまり6
⑨ 535÷2 = 267 あまり1
⑩ 627÷3 = 209
⑪ 988÷7 = 141 あまり1
⑫ 801÷2 = 400 あまり1

ふりかえり 3けた÷１けた＝3けた②

● 次の計算をしましょう。

① 739÷4 = 184 あまり3
② 654÷5 = 130 あまり4
③ 454÷3 = 151 あまり1
④ 365÷2 = 182 あまり1
⑤ 826÷3 = 275 あまり1
⑥ 414÷3 = 138
⑦ 604÷3 = 201 あまり1
⑧ 876÷4 = 219
⑨ 802÷4 = 200 あまり2
⑩ 960÷5 = 192
⑪ 837÷4 = 209 あまり1
⑫ 746÷4 = 186 あまり2

P34

わり算・わる数が１けたの筆算 (15) 3けた÷１けた＝2けた①

● 次の計算をしましょう。

① 6)532 = 88 あまり4
② 7)503 = 71 あまり6
③ 3)208 = 69 あまり1
④ 6)411 = 68 あまり3
⑤ 4)110 = 27 あまり2

わり算・わる数が１けたの筆算 (16) 3けた÷１けた＝2けた②

● 次の計算をしましょう。

① 301 ÷ 8 = 37 あまり5
② 530 ÷ 9 = 58 あまり8
③ 110 ÷ 6 = 18 あまり2
④ 311 ÷ 4 = 77 あまり3

P35

わり算・わる数が１けたの筆算 (17) 3けた÷１けた＝2けた③

● 次の計算をしましょう。

① 6)230 = 38 あまり2
② 4)359 = 89 あまり3
③ 3)119 = 39 あまり2
④ 9)200 = 22 あまり2
⑤ 7)137 = 19 あまり4
⑥ 5)338 = 67 あまり3
⑦ 2)179 = 89 あまり1
⑧ 8)542 = 67 あまり6

わり算・わる数が１けたの筆算 (18) 3けた÷１けた＝2けた④

● 次の計算をしましょう。

① 424 ÷ 5 = 84 あまり4
② 306 ÷ 4 = 76 あまり2
③ 186 ÷ 7 = 26 あまり4
④ 139 ÷ 8 = 17 あまり3
⑤ 268 ÷ 3 = 89 あまり1
⑥ 623 ÷ 9 = 69 あまり2

P36

わり算・わる数が１けたの筆算 (19) 3けた÷１けた＝2けた⑤

● 次の計算をしましょう。

① 4)253 = 63 あまり1
② 9)267 = 29 あまり6
③ 7)578 = 82 あまり4
④ 6)217 = 36 あまり1
⑤ 5)347 = 69 あまり2
⑥ 3)106 = 35 あまり1
⑦ 8)315 = 39 あまり3
⑧ 2)153 = 76 あまり1

わり算・わる数が１けたの筆算 (20) 3けた÷１けた＝2けた⑥

● 次の計算をしましょう。

① 471 ÷ 5 = 94 あまり1
② 341 ÷ 7 = 48 あまり5
③ 388 ÷ 6 = 64 あまり4
④ 336 ÷ 9 = 37 あまり3
⑤ 466 ÷ 8 = 58 あまり2
⑥ 109 ÷ 4 = 27 あまり1

P37

わり算・わる数が１けたの筆算 (21) 3けた÷１けた＝2けた⑦

● 次の計算をしましょう。

① 202÷6 = 33 あまり4
② 251÷3 = 83 あまり2
③ 151÷8 = 18 あまり7
④ 122÷3 = 40 あまり2
⑤ 406÷9 = 45 あまり1
⑥ 368÷5 = 73 あまり3
⑦ 334÷7 = 47 あまり5
⑧ 522÷6 = 87
⑨ 613÷7 = 87 あまり4
⑩ 311÷4 = 77 あまり3
⑪ 710÷8 = 88 あまり6
⑫ 254÷9 = 28 あまり2

わり算・わる数が１けたの筆算 (22) 3けた÷１けた＝2けた⑧

● 次の計算をしましょう。

① 200÷3 = 66 あまり2
② 421÷9 = 46 あまり7
③ 503÷6 = 83 あまり5
④ 410÷7 = 58 あまり4
⑤ 245÷6 = 40 あまり5
⑥ 311÷7 = 44 あまり3
⑦ 739÷8 = 92 あまり3
⑧ 116÷3 = 38 あまり2
⑨ 101÷6 = 16 あまり5
⑩ 434÷7 = 62
⑪ 592÷9 = 65 あまり7
⑫ 630÷8 = 78 あまり6

P38

ふりかえり　3けた÷1けた＝2けた①

次の計算をしましょう。

① 111÷4　27 あまり 3　② 125÷7　17 あまり 6　③ 160÷3　53 あまり 1　④ 417÷6　69 あまり 3
⑤ 550÷7　78 あまり 4　⑥ 553÷8　69 あまり 1　⑦ 254÷5　50 あまり 4　⑧ 173÷9　19 あまり 2
⑨ 252÷3　84　⑩ 331÷9　36 あまり 7　⑪ 401÷6　66 あまり 5　⑫ 310÷4　77 あまり 2

ふりかえり　3けた÷1けた＝2けた②

次の計算をしましょう。

① 411÷6　68 あまり 3　② 113÷4　28 あまり 1　③ 223÷8　27 あまり 7　④ 161÷3　53 あまり 2
⑤ 271÷4　67 あまり 3　⑥ 309÷8　38 あまり 5　⑦ 714÷9　79 あまり 3　⑧ 225÷6　37 あまり 3
⑨ 448÷9　49 あまり 7　⑩ 201÷7　28 あまり 5　⑪ 146÷7　20 あまり 6　⑫ 208÷3　69 あまり 1

P39

わり算・わる数が１けたの筆算 (23)　文章題①

1. 式 36÷7＝5 あまり 1　答え 5こ，あまり1こ
2. 式 225÷6＝37 あまり 3　答え 37cm，あまり3cm
3. 式 558÷6＝93　答え 93人
4. 式 560÷5＝112　答え 112cm
5. 式 512÷8＝64　答え 64g

わり算・わる数が１けたの筆算 (24)　文章題②

1. 式 96÷4＝24　答え 24人
2. 式 112÷3＝37 あまり 1　答え 37本，あまり1本
3. 式 128÷8＝16　答え 16まい
4. 式 361÷3＝120 あまり 1　答え 120組，あまり1人
5. 式 234÷6＝39　答え 39きゃく

P40

わり算・わる数が１けたの筆算 (25)　文章題③（チャレンジ）

1. 式 329÷9＝36 あまり 5　36+1＝37　答え 37日め
2. 式 100÷7＝14 あまり 2　14+1＝15　答え 15日め
3. 式 137÷4＝34 あまり 1　答え 34さつ
4. 式 411÷7＝58 あまり 5　答え 58本

わり算・わる数が１けたの筆算 (26)　文章題④（チャレンジ）

1. 式 105÷6＝17 あまり 3　17+1＝18　答え 18回
2. 式 128÷5＝25 あまり 3　答え 25箱
3. 式 46÷3＝15 あまり 1　答え 15こ
4. 式 253÷8＝31 あまり 5　31+1＝32　答え 32まい

P41

わり算・わる数が１けたの筆算 (27)　文章題⑤（かけ算かな・わり算かな）

1. 式 21×7＝147　答え 147こ
2. 式 73÷5＝14 あまり 3　答え 14人，あまり3まい
3. 式 222÷4＝55 あまり 2　答え 55ふくろ，あまり2こ
4. 式 113×5＝565　答え 565cm
5. 式 104÷8＝13　答え 13cm

わり算・わる数が１けたの筆算 (28)　文章題⑥（かけ算かな・わり算かな）

1. 式 250÷3＝83 あまり 1　答え 83cm，あまり1cm
2. 式 126×4＝504　答え 504円
3. 式 950×5＝4750　答え 4750m
4. 式 189÷9＝21　答え 21人
5. 式 26×8＝208　答え 208本

P42

わり算・わる数が１けたの筆算（テスト①）

80÷4＝20　420÷6＝70　78÷5＝15 あまり 3　62÷3＝20 あまり 2　870÷7＝124 あまり 2　916÷7＝130 あまり 6　768÷8＝96　600÷8＝75
94÷3＝31 あまり 1　たしかめ 3×31+1＝94　843÷6＝140 あまり 3　たしかめ 6×140+3＝843
式 96÷6＝16　答え 16こ
式 410÷7＝58 あまり 4　答え 58本，あまり4m
式 72÷6＝12　答え 12グループ
式 259÷4＝64 あまり 3　64+1＝65　答え 65きゃく
式 870÷5＝174　答え 174円

P43

わり算・わる数が１けたの筆算（テスト②）

87÷3＝29　95÷4＝23 あまり 3　94÷3＝31 あまり 1　59÷3＝19 あまり 2　955÷7＝136 あまり 3　705÷3＝235　809÷2＝404 あまり 1　600÷4＝150
100÷9＝11 あまり 1　たしかめ 9×11+1＝100　418÷6＝69 あまり 4　たしかめ 6×69+4＝418
式 76÷3＝25 あまり 1　答え 25本
式 312÷9＝34 あまり 6　34+1＝35　答え 35日め
式 595÷7＝85　答え 85回
式 121÷4＝30 あまり 1　答え 30さつ
式 375÷3＝125　答え 125まい

P44

算数あそび　わり算・わる数が１けたの筆算①

P45

算数あそび　わり算・わる数が１けたの筆算②

（解答は，200～300％に拡大してお使い下さい。）

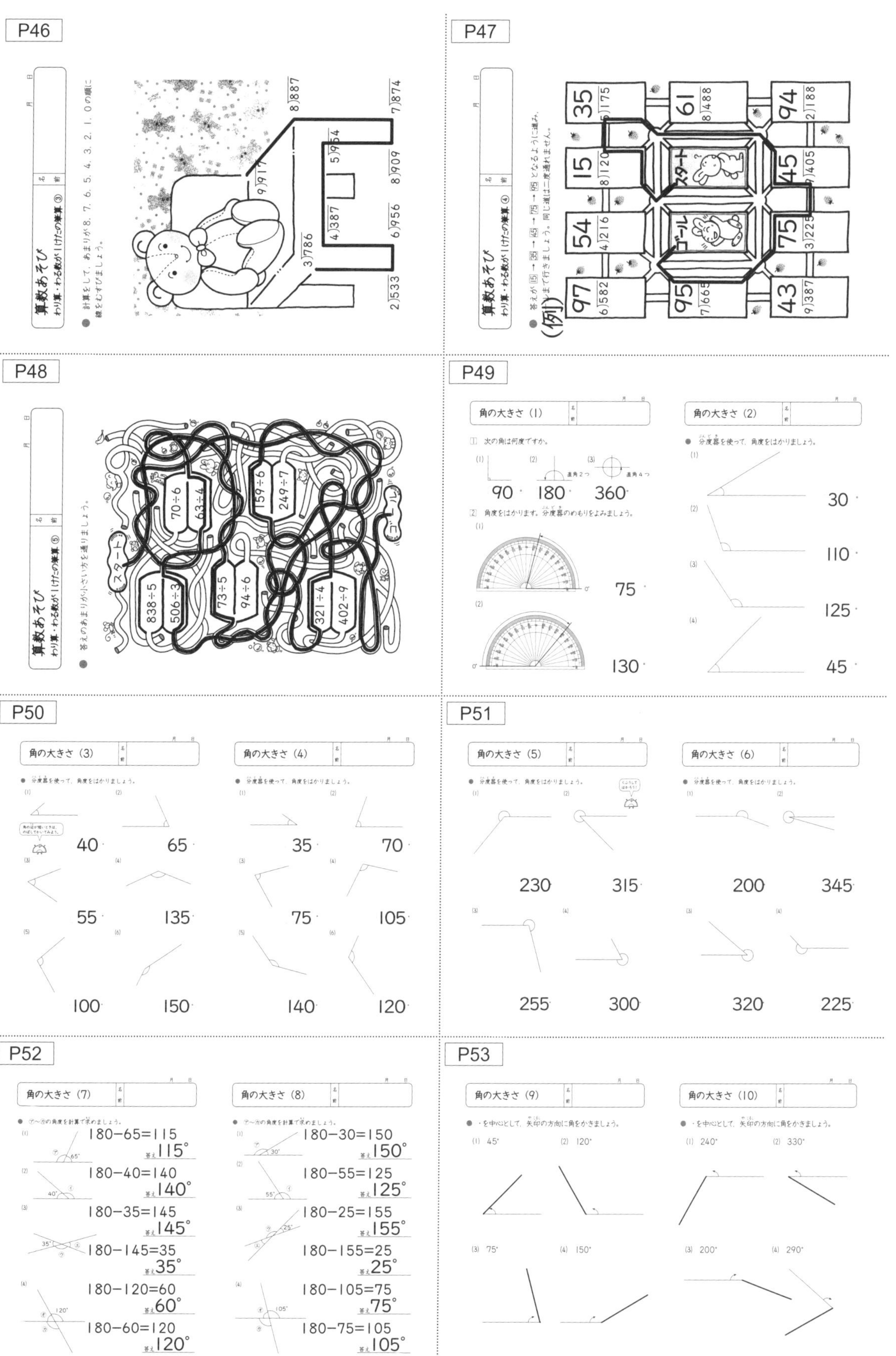
P46
算数あそび わり算・わる数が1けたの筆算 ③
計算をして，あまりが8，7，6，5，4，3，2，1，0の順に線をむすびましょう。
P47
算数あそび わり算・わる数が1けたの筆算 ④
答えが15→35→65→75→95となるように進み，ゴールまで行きましょう。同じ道は二度通れません。
(例)
35
61
94
15
45
54
75
97
95
43
スタート
ゴール
P48
算数あそび わり算・わる数が1けたの筆算 ⑤
答えのあまりが小さい方を通りましょう。
スタート
ゴール
P49
角の大きさ (1)
次の角は何度ですか。
90
180
360
角度をはかります。分度器のめもりをよみましょう。
75
130
角の大きさ (2)
分度器を使って，角度をはかりましょう。
30
110
125
45
P50
角の大きさ (3)
40
65
55
135
100
150
角の大きさ (4)
35
70
75
105
140
120
P51
角の大きさ (5)
230
315
255
300
角の大きさ (6)
200
345
320
225
P52
角の大きさ (7)
㋐～㋕の角度を計算で求めましょう。
180−65=115
答え 115°
180−40=140
答え 140°
180−35=145
答え 145°
180−145=35
答え 35°
180−120=60
答え 60°
180−60=120
答え 120°
角の大きさ (8)
㋐～㋕の角度を計算で求めましょう。
180−30=150
答え 150°
180−55=125
答え 125°
180−25=155
答え 155°
180−155=25
答え 25°
180−105=75
答え 75°
180−75=105
答え 105°
P53
角の大きさ (9)
・を中心として，矢印の方向に角をかきましょう。
(1) 45°
(2) 120°
(3) 75°
(4) 150°
角の大きさ (10)
・を中心として，矢印の方向に角をかきましょう。
(1) 240°
(2) 330°
(3) 200°
(4) 290°

解答

児童に実施させる前に，必ず指導される方が問題を解いてください。本書の解答は，あくまでも1つの例です。

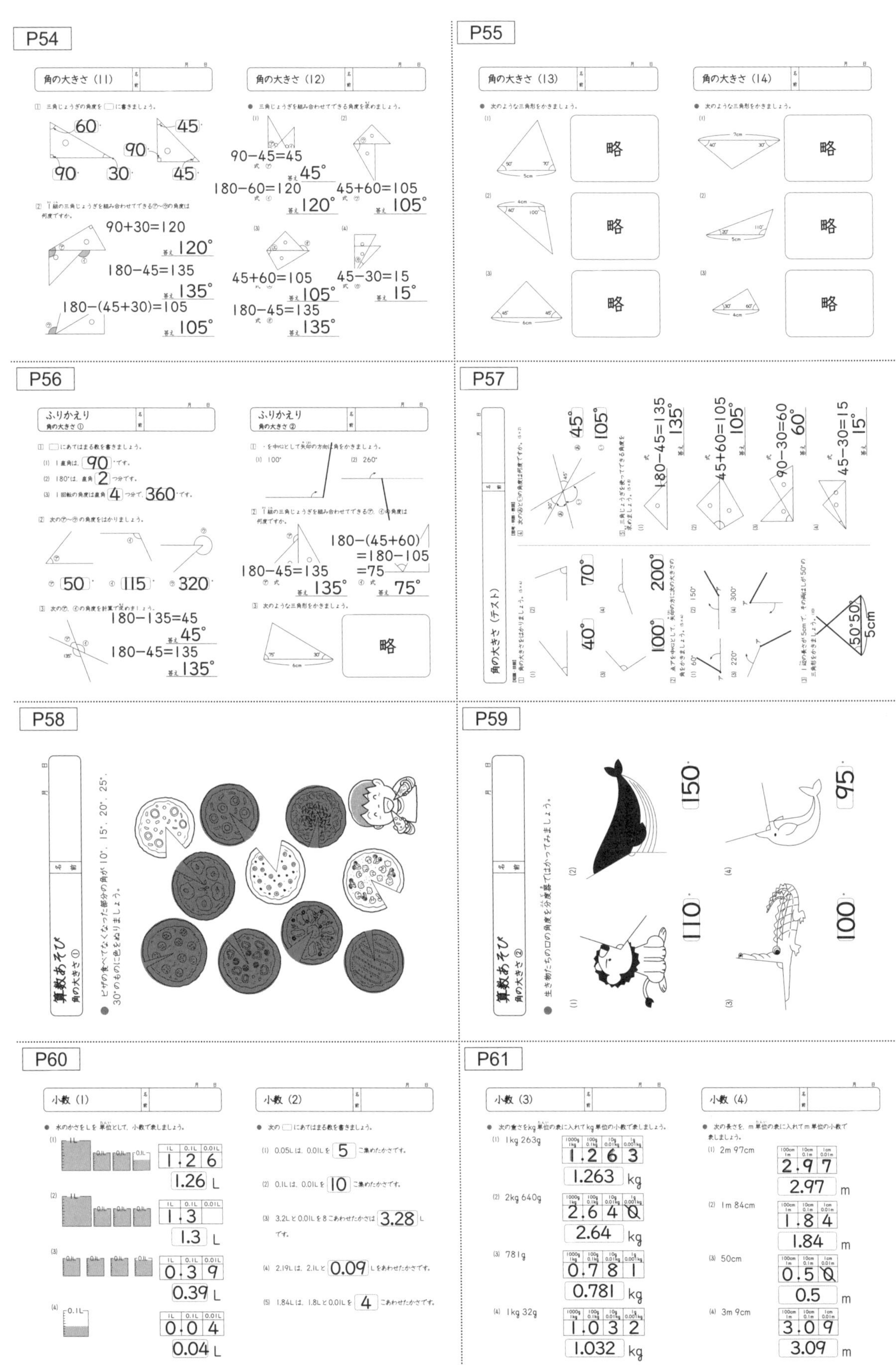

（解答は，200 ～ 300%に拡大してお使い下さい。）

指導される方の作られた解答をもとに，本書の解答例を参考に児童の多様な考えに寄り添って○つけをお願いします。

解答

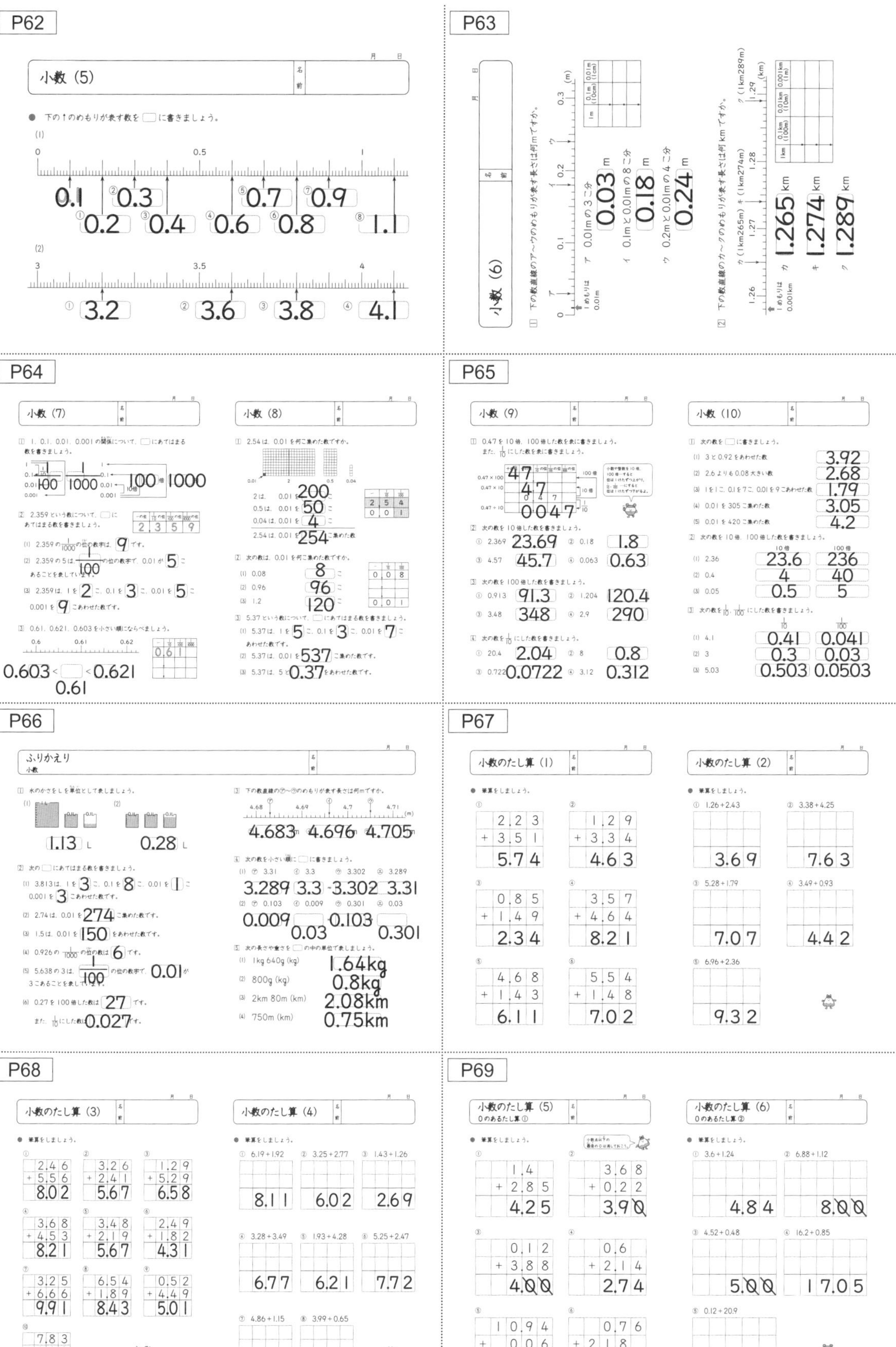

解答

児童に実施させる前に，必ず指導される方が問題を解いてください。本書の解答は，あくまでも１つの例です。

P70

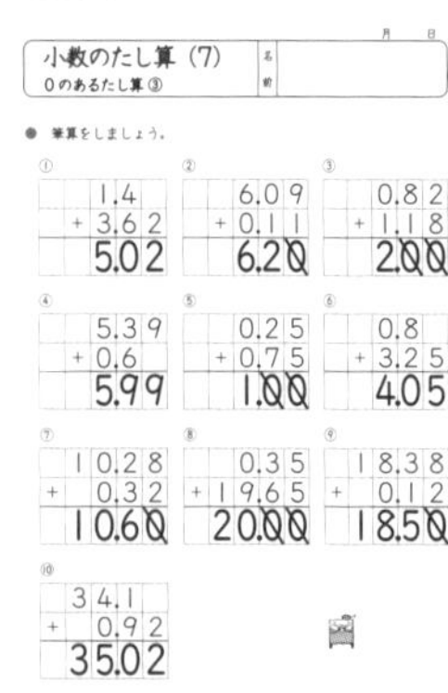

小数のたし算（8） 0のあるたし算④

● 筆算をしましょう。

① 0.62＋1.88＝2.50　② 1.15＋0.65＝1.80　③ 32.8＋0.29＝33.09
④ 5.46＋0.54＝6.00　⑤ 10.5＋0.49＝10.99　⑥ 0.81＋0.99＝1.80
⑦ 43.26＋0.74＝44.00　⑧ 1.2＋0.88＝2.08

P71

小数のたし算（9） チャレンジ①

● 筆算をしましょう。

① 0.082＋0.598＝0.680　② 0.237＋0.023＝0.260　③ 0.044＋0.056＝0.100
④ 0.019＋0.081＝0.100　⑤ 0.123＋12.9＝13.023　⑥ 5＋8.223＝13.223
⑦ 7.263＋0.737＝8.000　⑧ 0.281＋0.72＝1.001

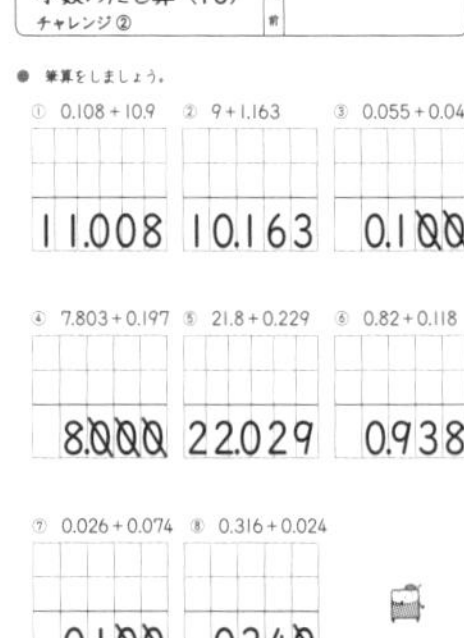

P72

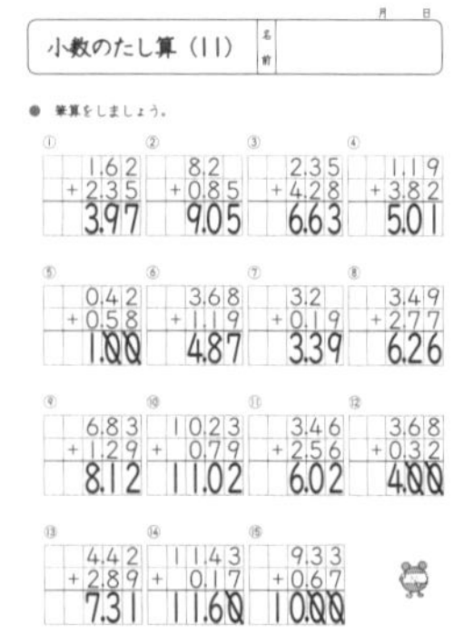

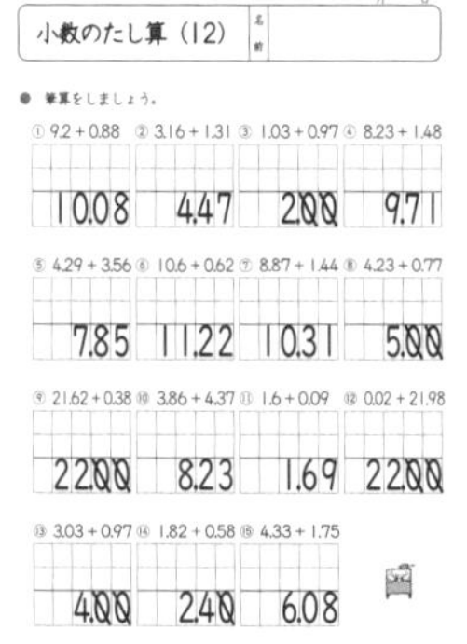

P73

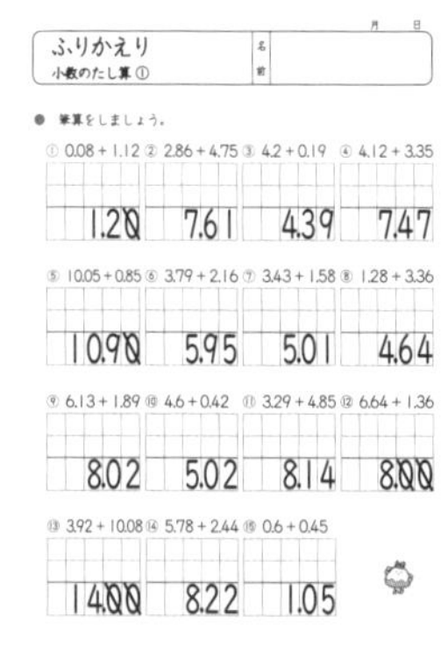

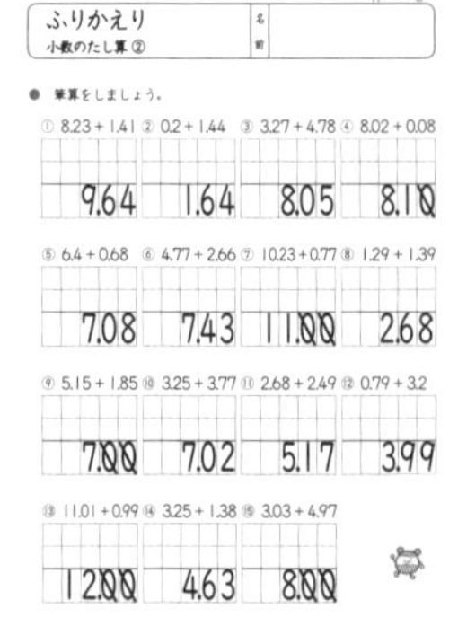

P74

P75

小数のひき算（1）

● 筆算をしましょう。

① 8.74－3.31＝5.43　② 4.31－1.19＝3.12
③ 9.15－6.36＝2.79　④ 7.22－3.64＝3.58
⑤ 5.23－1.25＝3.98　⑥ 8.32－5.58＝2.74

小数のひき算（2）

● 筆算をしましょう。

① 7.65－3.22＝4.43　② 8.12－1.41＝6.71
③ 3.18－1.29＝1.89　④ 6.11－4.57＝1.54
⑤ 4.23－2.24＝1.99

P76

小数のひき算（3）

● 筆算をしましょう。

① 9.79－8.24＝1.55　② 6.61－4.43＝2.18　③ 5.12－3.28＝1.84
④ 4.08－2.09＝1.99　⑤ 8.25－5.37＝2.88　⑥ 5.81－3.22＝2.59
⑦ 4.21－1.25＝2.96　⑧ 3.33－1.24＝2.09　⑨ 7.27－5.38＝1.89
⑩ 8.42－2.47＝5.95

小数のひき算（4）

● 筆算をしましょう。

① 7.63－5.85＝1.78　② 8.43－1.11＝7.32　③ 5.21－3.12＝2.09
④ 6.41－2.55＝3.86　⑤ 4.84－2.87＝1.97　⑥ 9.87－7.69＝2.18
⑦ 3.23－1.86＝1.37　⑧ 7.13－5.18＝1.95

P77

小数のひき算（5） 0のあるひき算①

● 筆算をしましょう。

① 7.2－1.02＝6.18　② 2.35－1.86＝0.49
③ 6－0.29＝5.71　④ 3.06－0.7＝2.36
⑤ 7.17－7.09＝0.08　⑥ 40－0.28＝39.72

小数のひき算（6） 0のあるひき算②

● 筆算をしましょう。

① 0.4－0.02＝0.38　② 10－0.55＝9.45
③ 3－0.99＝2.01　④ 23.01－4.71＝18.30
⑤ 7.03－2.4＝4.63

（解答は，200～300%に拡大してお使い下さい。）

P78

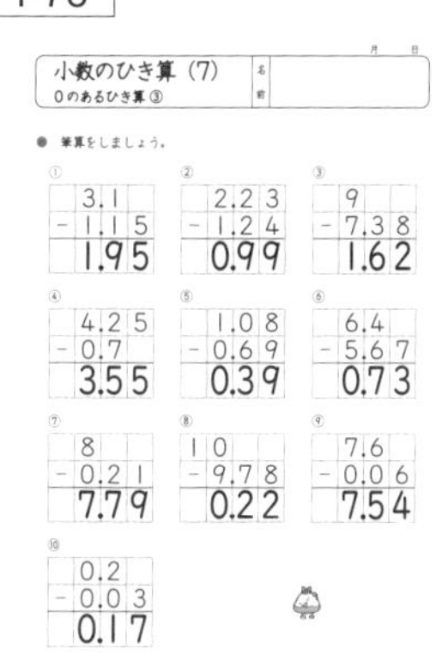
小数のひき算（7）
0のあるひき算③

● 筆算をしましょう。

① 3.1 − 1.15 = 1.95
② 2.23 − 1.24 = 0.99
③ 9 − 7.38 = 1.62
④ 4.25 − 0.7 = 3.55
⑤ 1.08 − 0.69 = 0.39
⑥ 6.4 − 5.67 = 0.73
⑦ 8 − 0.21 = 7.79
⑧ 10 − 9.78 = 0.22
⑨ 7.6 − 0.06 = 7.54
⑩ 0.2 − 0.03 = 0.17

小数のひき算（8）
0のあるひき算④

● 筆算をしましょう。

① 0.3 − 0.05　0.25
② 4.3 − 0.07　4.23
③ 12 − 4.68　7.32
④ 5 − 0.29　4.71
⑤ 6.7 − 5.71　0.99
⑥ 7 − 4.94　2.06
⑦ 3.9 − 2.99　0.91
⑧ 10 − 0.83　9.17

P79

小数のひき算（9）
チャレンジ①

● 筆算をしましょう。

① 1.22 − 1.216 = 0.004
② 8 − 0.982 = 7.018
③ 6 − 0.025 = 5.975
④ 36 − 0.927 = 35.073
⑤ 1.03 − 0.267 = 0.763
⑥ 4.4 − 3.333 = 1.067
⑦ 10 − 0.235 = 9.765
⑧ 2.236 − 1.9 = 0.336

小数のひき算（10）
チャレンジ②

● 筆算をしましょう。

① 3.34 − 2.967　0.373
② 3 − 0.852　2.148
③ 6.62 − 6.559　0.061
④ 4 − 0.067　3.933
⑤ 3.6 − 0.824　2.776
⑥ 8 − 7.228　0.772
⑦ 20 − 1.229　18.771
⑧ 6.43 − 0.228　6.202

P80

小数のひき算（11）

● 筆算をしましょう。

① 4.91 − 2.62 = 2.29
② 8.4 − 7.96 = 0.44
③ 4.25 − 2.27 = 1.98
④ 4 − 0.22 = 3.78
⑤ 4 − 3.77 = 0.23
⑥ 6.64 − 3.43 = 3.21
⑦ 19 − 0.25 = 18.75
⑧ 4.56 − 1.58 = 2.98
⑨ 9.13 − 6.26 = 2.87
⑩ 0.3 − 0.03 = 0.27
⑪ 3.85 − 1.76 = 2.09
⑫ 8.35 − 1.25 = 7.10
⑬ 7.22 − 5.88 = 1.34
⑭ 10 − 0.26 = 9.74
⑮ 3.06 − 2.07 = 0.99

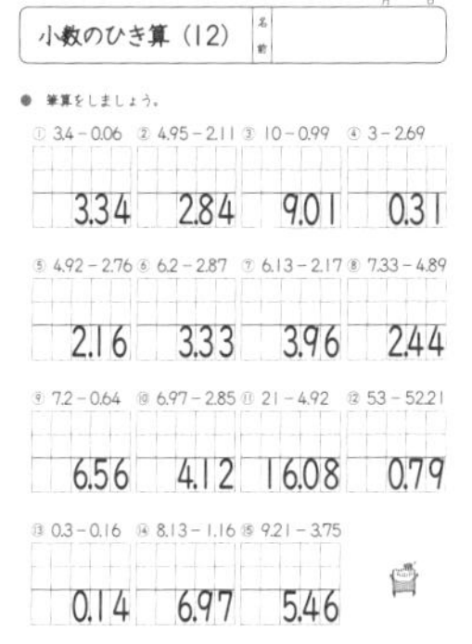
小数のひき算（12）

● 筆算をしましょう。

① 3.4 − 0.06　3.34
② 4.95 − 2.11　2.84
③ 10 − 0.99　9.01
④ 3 − 2.69　0.31
⑤ 4.92 − 2.76　2.16
⑥ 6.2 − 2.87　3.33
⑦ 6.13 − 2.17　3.96
⑧ 7.33 − 4.89　2.44
⑨ 7.2 − 0.64　6.56
⑩ 6.97 − 2.85　4.12
⑪ 21 − 4.92　16.08
⑫ 5.3 − 5.221　0.079
⑬ 0.3 − 0.16　0.14
⑭ 8.13 − 1.16　6.97
⑮ 9.21 − 3.75　5.46

P81

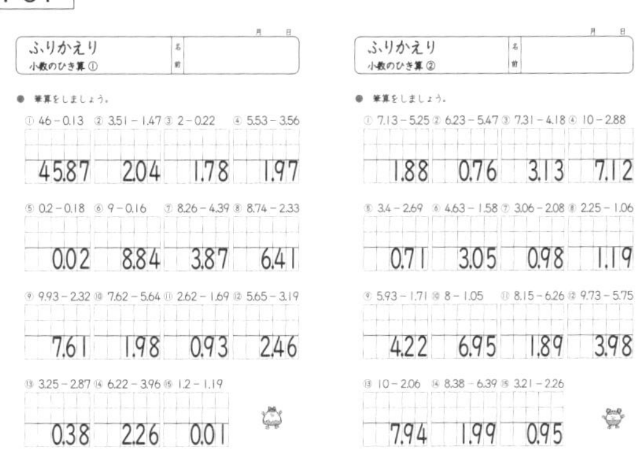
ふりかえり
小数のひき算①

● 筆算をしましょう。

① 46 − 0.13　45.87
② 3.51 − 1.47　2.04
③ 2 − 0.22　1.78
④ 5.53 − 3.56　1.97
⑤ 0.2 − 0.18　0.02
⑥ 9 − 0.16　8.84
⑦ 8.26 − 4.39　3.87
⑧ 8.74 − 2.33　6.41
⑨ 9.93 − 2.32　7.61
⑩ 7.62 − 5.64　1.98
⑪ 2.62 − 1.69　0.93
⑫ 5.65 − 3.19　2.46
⑬ 3.25 − 2.87　0.38
⑭ 6.22 − 3.96　2.26
⑮ 1.2 − 1.19　0.01

ふりかえり
小数のひき算②

● 筆算をしましょう。

① 7.13 − 5.25　1.88
② 6.23 − 5.47　0.76
③ 7.31 − 4.18　3.13
④ 10 − 2.88　7.12
⑤ 3.4 − 2.69　0.71
⑥ 4.63 − 1.58　3.05
⑦ 3.06 − 2.08　0.98
⑧ 2.25 − 1.06　1.19
⑨ 5.93 − 1.71　4.22
⑩ 8 − 1.05　6.95
⑪ 8.15 − 6.26　1.89
⑫ 9.73 − 5.75　3.98
⑬ 10 − 2.06　7.94
⑭ 8.38 − 6.39　1.99
⑮ 3.21 − 2.26　0.95

P82

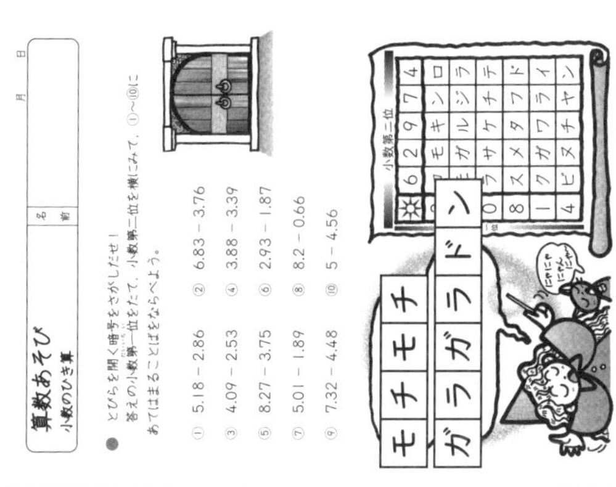
算数あそび
小数のひき算

● とびらを開く暗号をさがしだせ！
答えの小数第一位をたて，小数第二位を横にみて，①～⑩にあてはまることばをならべよう。

① 5.18 − 2.86　② 6.83 − 3.76
③ 4.09 − 2.53　④ 3.88 − 3.39
⑤ 8.27 − 3.75　⑥ 2.93 − 1.87
⑦ 5.01 − 1.89　⑧ 8.2 − 0.66
⑨ 7.32 − 4.48　⑩ 5 − 4.56

P83

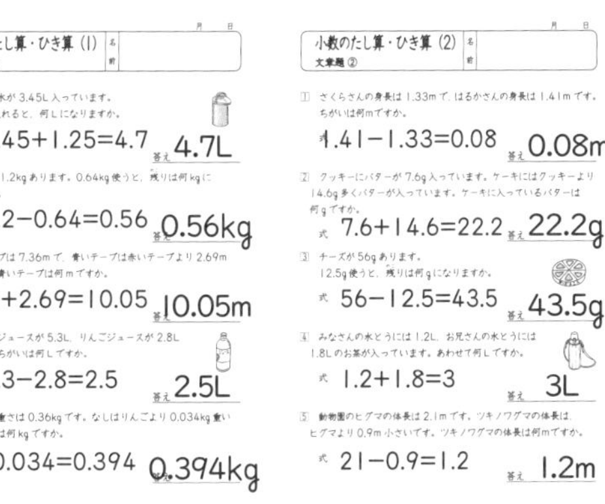
小数のたし算・ひき算（1）
文章題①

1 ポットに水が3.45L入っています。1.25L入れると，何Lになりますか。
式 3.45+1.25=4.7　答え 4.7L

2 さとうが1.2kgあります。0.64kg使うと，残りは何kgになりますか。
式 1.2−0.64=0.56　答え 0.56kg

3 赤いテープは7.36mで，青いテープは赤いテープより2.69m長いです。青いテープは何mですか。
7.36+2.69=10.05　答え 10.05m

4 オレンジジュースが5.3L，りんごジュースが2.8Lあります。ちがいは何Lですか。
式 5.3−2.8=2.5　答え 2.5L

5 りんごの重さは0.36kgです。なしはりんごより0.034kg重いです。なしは何kgですか。
0.36+0.034=0.394　答え 0.394kg

小数のたし算・ひき算（2）
文章題②

1 さくらさんの身長は1.33mで，はるかさんの身長は1.41mです。ちがいは何mですか。
式 1.41−1.33=0.08　答え 0.08m

2 クッキーにバターが7.6g入っています。ケーキにはクッキーより14.6g多くバターが入っています。ケーキに入っているバターは何gですか。
式 7.6+14.6=22.2　答え 22.2g

3 チーズが56gあります。12.5g使うと，残りは何gになりますか。
式 56−12.5=43.5　答え 43.5g

4 みなさんの水とうには1.2L，お兄さんの水とうには1.8Lのお茶が入っています。あわせて何Lですか。
式 1.2+1.8=3　答え 3L

5 動物園のヒグマの体長は2.1mです。ツキノワグマの体長は，ヒグマより0.9m小さいです。ツキノワグマの体長は何mですか。
式 21−0.9=1.2　答え 1.2m

P84

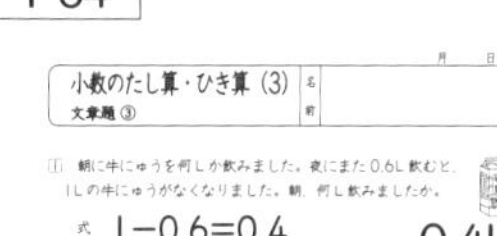

小数のたし算・ひき算（3）
文章題③

1 朝に牛にゅうを何Lか飲みました。夜にまた0.6L飲むと，1Lの牛にゅうがなくなりました。朝，何L飲みましたか。
式 1−0.6=0.4　答え 0.4L

2 水そうに水が5L入っています。水そうの水は，バケツに入っている水より2.8L多いです。バケツに入っている水は何Lですか。
式 5−2.8=2.2　答え 2.2L

3 みささんの体重は34kgで，お姉さんより8.5kg軽いです。お姉さんの体重は何kgですか。
式 34+8.5=42.5　答え 42.5kg

4 2.32mの竹のぼうと，1.65mの木のぼうがあります。ちがいは何mですか。
式 2.32−1.65=0.67　答え 0.67m

5 コーヒーが1.3L，ミルクが0.85Lあります。あわせると何Lになりますか。
式 1.3+0.85=2.15　答え 2.15L

小数のたし算・ひき算（4）
文章題④

1 じゃがいもが5kgありました。何kgかカレーに入れると，残りが3.8kgになりました。カレーに何kg入れましたか。
式 5−3.8=1.2　答え 1.2kg

2 水をあかねさんに1.22L，かずきさんに3.38Lあげると，ちょうどなくなりました。水は何Lありましたか。
式 1.22+3.38=4.6　答え 4.6L

3 さきさんの家から小学校まで1.34kmあります。中学校は小学校より0.58km遠いです。さきさんの家から中学校までは何kmありますか。
式 1.34+0.58=1.92　答え 1.92km

4 ちひろさんの身長は1.31mです。ひろきさんはちひろさんより身長が0.04m高いです。ひろきさんの身長は何mですか。
式 1.31+0.04=1.35　答え 1.35m

5 21mあったリボンを何mか使うと，残りが8.54mになりました。何m使いましたか。
式 21−8.54=12.46　答え 12.46m

P85

小数のたし算・ひき算（テスト）

【知識・技能】

1 3.642の数について答えましょう。(5×2)
(1) 4は何の位の数ですか。 $\frac{1}{100}$ の位
(2) 3.642は1を 3 こ，0.1を 6 こ，0.01を 4 こ，0.001を 2 こあわせた数です。

2 にあてはまる数を書きましょう (5×2)
(1) 0.001を539こ集めた数は 0.539 です。
(2) 1は0.001の 1000 倍です。

3 次の数の10倍，100倍，$\frac{1}{10}$，$\frac{1}{100}$ にした数を書きましょう。(5×4)
(1) 0.49　10倍 4.9　100倍 49
(2) 3.56　$\frac{1}{10}$ 0.356　$\frac{1}{100}$ 0.0356

4 下の数直線の㋐，㋑の↑が表している小数を書きましょう。(5×2)
㋐ 0.24　㋑ 1.02

【思考・判断・表現】

5 はり金が4.75mあります。1.8m使いました。何m残っていますか。(5×2)
式 4.75−1.8=2.95　答え 2.95m

6 ジュースがペットボトルに0.86L，コップに0.24L入っています。あわせて何Lありますか。(5×2)
式 0.86+0.24=1.1　答え 1.1L

7 遠足に行きました。4.38km歩いて休けいして，その後1.62km歩きました。全部で何km歩きましたか。(5×2)
式 4.38+1.62=6　答え 6km

8 お茶が2.5Lありましたが，0.28L飲みました。お茶は何L残っていますか。(5×2)
式 2.5−0.28=2.22　答え 2.22L

9 0.98kgのカバンに荷物を入れると6kgになりました。入れた荷物は何kgですか。(5×2)
式 6−0.98=5.02　答え 5.02kg

（テストの文章題は，式5点，答え5点として，配点しています。）

解答

児童に実施させる前に，必ず指導される方が問題を解いてください。本書の解答は，あくまでも１つの例です。

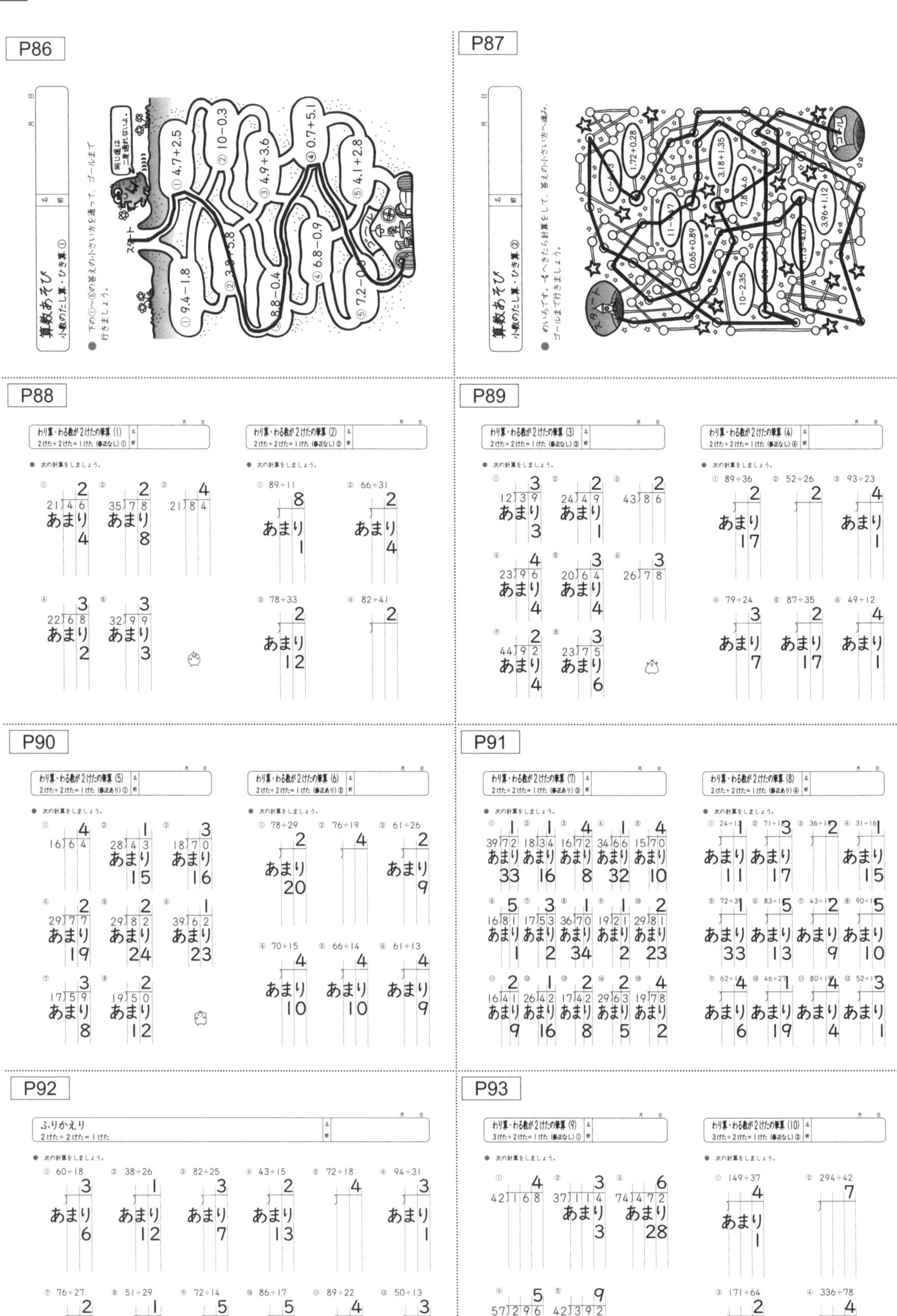

(解答は，200～300%に拡大してお使い下さい。)

P94

わり算・わる数が2けたの筆算（11）
3けた÷2けた＝1けた（修正なし）③

● 次の計算をしましょう。

① 42)385　9 あまり 7
② 75)525　7
③ 73)312　4 あまり 20
④ 72)398　5 あまり 38
⑤ 94)341　3 あまり 59
⑥ 37)148　4
⑦ 83)472　5 あまり 57
⑧ 56)349　6 あまり 13

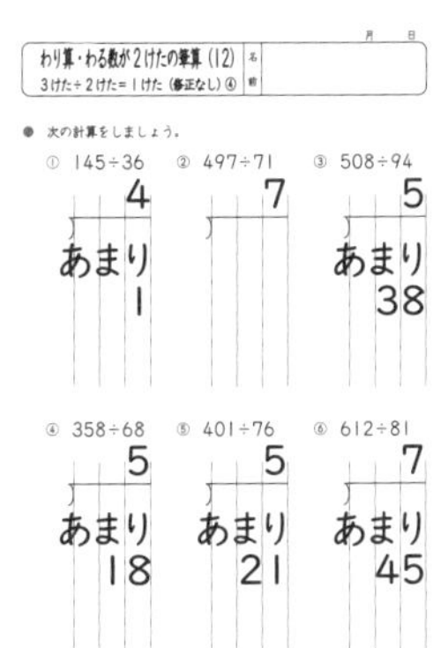

わり算・わる数が2けたの筆算（12）
3けた÷2けた＝1けた（修正なし）④

● 次の計算をしましょう。

① 145÷36　4 あまり 1
② 497÷71　7
③ 508÷94　5 あまり 38
④ 358÷68　5 あまり 18
⑤ 401÷76　5 あまり 21
⑥ 612÷81　7 あまり 45

P95

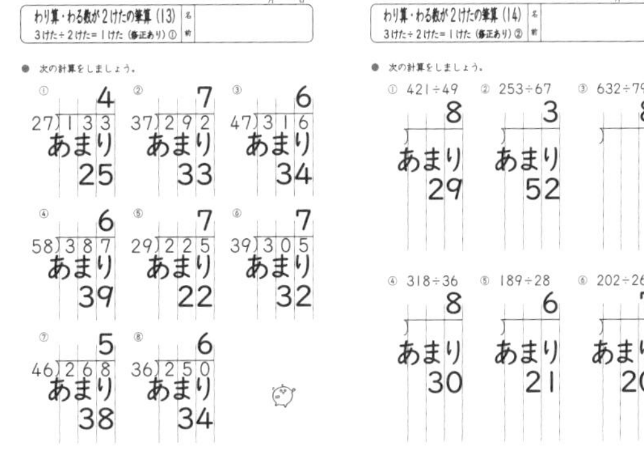

わり算・わる数が2けたの筆算（13）
3けた÷2けた＝1けた（修正あり）①

● 次の計算をしましょう。

① 27)133　4 あまり 25
② 37)292　7 あまり 33
③ 47)316　6 あまり 34
④ 58)387　6 あまり 39
⑤ 29)225　7 あまり 22
⑥ 39)305　7 あまり 32
⑦ 46)268　5 あまり 38
⑧ 36)250　6 あまり 34

わり算・わる数が2けたの筆算（14）
3けた÷2けた＝1けた（修正あり）②

● 次の計算をしましょう。

① 421÷49　8 あまり 29
② 253÷67　3 あまり 52
③ 632÷79　8
④ 318÷36　8 あまり 30
⑤ 189÷28　6 あまり 21
⑥ 202÷26　7 あまり 20

P96

わり算・わる数が2けたの筆算（15）
3けた÷2けた＝1けた（修正あり）③

● 次の計算をしましょう。

① 79)630　7 あまり 77
② 58)377　6 あまり 29
③ 49)335　6 あまり 41
④ 27)209　7 あまり 20
⑤ 64)375　5 あまり 55
⑥ 19)163　8 あまり 11
⑦ 25)169　6 あまり 19
⑧ 57)263　4 あまり 35
⑨ 39)273　7
⑩ 28)188　6 あまり 20
⑪ 89)852　9 あまり 51
⑫ 36)281　7 あまり 29
⑬ 69)484　7 あまり 1
⑭ 29)171　5 あまり 26
⑮ 37)182　4 あまり 34

わり算・わる数が2けたの筆算（16）
3けた÷2けた＝1けた（修正あり）④

● 次の計算をしましょう。

① 228÷[illegible]　7 あまり 25
② 222÷[illegible]　6 あまり 12
③ 413÷[illegible]　7 あまり 28
④ 323÷[illegible]　6 あまり 29
⑤ 182÷[illegible]　7 あまり 7
⑥ 431÷[illegible]　6 あまり 47
⑦ 109÷[illegible]　6 あまり 7
⑧ 182÷[illegible]　7
⑨ 263÷[illegible]　9 あまり 2
⑩ 303÷[illegible]　8 あまり 7
⑪ 235÷[illegible]　8 あまり 11
⑫ 367÷[illegible]　5 あまり 27

P97

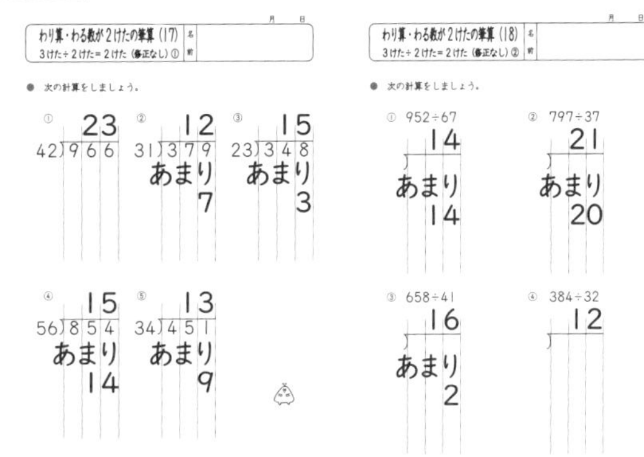

わり算・わる数が2けたの筆算（17）
3けた÷2けた＝2けた（修正なし）①

● 次の計算をしましょう。

① 42)966　23
② 31)379　12 あまり 7
③ 23)348　15 あまり 3
④ 56)854　15 あまり 14
⑤ 34)451　13 あまり 9

わり算・わる数が2けたの筆算（18）
3けた÷2けた＝2けた（修正なし）②

● 次の計算をしましょう。

① 952÷67　14 あまり 14
② 797÷37　21 あまり 20
③ 658÷41　16 あまり 2
④ 384÷32　12

P98

わり算・わる数が2けたの筆算（19）
3けた÷2けた＝2けた（修正なし）③

● 次の計算をしましょう。

① 46)652　14 あまり 8
② 39)508　13 あまり 1
③ 42)892　21 あまり 10
④ 67)804　12
⑤ 52)644　12 あまり 20
⑥ 23)368　16
⑦ 34)399　11 あまり 25
⑧ 42)679　16 あまり 7

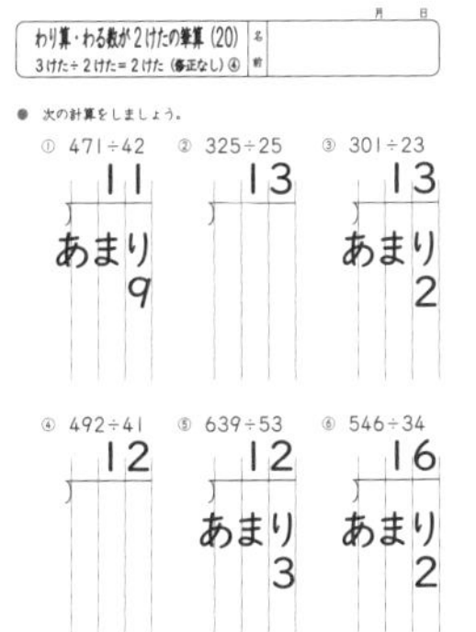

わり算・わる数が2けたの筆算（20）
3けた÷2けた＝2けた（修正なし）④

● 次の計算をしましょう。

① 471÷42　11 あまり 9
② 325÷25　13
③ 301÷23　13 あまり 2
④ 492÷41　12
⑤ 639÷53　12 あまり 3
⑥ 546÷34　16 あまり 2

P99

わり算・わる数が2けたの筆算（21）
3けた÷2けた＝2けた（修正あり）①

● 次の計算をしましょう。

① 18)345　19 あまり 3
② 24)408　17
③ 27)411　15 あまり 6
④ 29)827　28 あまり 15
⑤ 19)555　29 あまり 4
⑥ 18)515　28 あまり 11
⑦ 25)436　17 あまり 11
⑧ 16)694　43 あまり 6

わり算・わる数が2けたの筆算（22）
3けた÷2けた＝2けた（修正あり）②

● 次の計算をしましょう。

① 515÷19　27 あまり 2
② 700÷24　29 あまり 4
③ 981÷27　36 あまり 9
④ 444÷16　27 あまり 12
⑤ 663÷17　39
⑥ 433÷18　24 あまり 1

P100

わり算・わる数が2けたの筆算（23）
3けた÷2けた＝2けた（修正あり）③

● 次の計算をしましょう。

① 25)860　34 あまり 10
② 29)823　28 あまり 11
③ 27)989　36 あまり 17
④ 19)752　39 あまり 11
⑤ 16)592　37
⑥ 28)963　34 あまり 11
⑦ 15)419　27 あまり 14
⑧ 17)800　47 あまり 1
⑨ 27)734　27 あまり 5
⑩ 29)968　33 あまり 11
⑪ 28)815　29 あまり 3
⑫ 15)852　56 あまり 12
⑬ 16)581　36 あまり 5
⑭ 17)666　39 あまり 3
⑮ 24)872　36 あまり 8

わり算・わる数が2けたの筆算（24）
3けた÷2けた＝2けた（修正あり）④

● 次の計算をしましょう。

① [illegible]　47 あまり 6
② [illegible]　28 あまり 5
③ [illegible]　26 あまり 1
④ [illegible]　58 あまり 5
⑤ [illegible]　76 あまり 8
⑥ [illegible]　26 あまり 9
⑦ [illegible]　36 あまり 10
⑧ [illegible]　41 あまり 3
⑨ [illegible]　31 あまり 5
⑩ [illegible]　32 あまり 5
⑪ [illegible]　23 あまり 7
⑫ [illegible]　29

P101

ふりかえり
3けた÷2けた＝1けた・2けた

● 次の計算をしましょう。

① 286÷47　6 あまり 4
② 295÷34　8 あまり 23
③ 213÷63　3 あまり 24
④ 441÷16　27 あまり 9
⑤ 174÷28　6 あまり 6
⑥ 362÷14　25 あまり 12
⑦ 136÷17　8
⑧ 244÷27　9 あまり 1
⑨ 381÷14　27 あまり 3
⑩ 675÷21　32 あまり 3
⑪ 708÷15　47 あまり 3
⑫ 495÷19　26 あまり 1

児童に実施させる前に，必ず指導される方が問題を解いてください。本書の解答は，あくまでも１つの例です。

P102

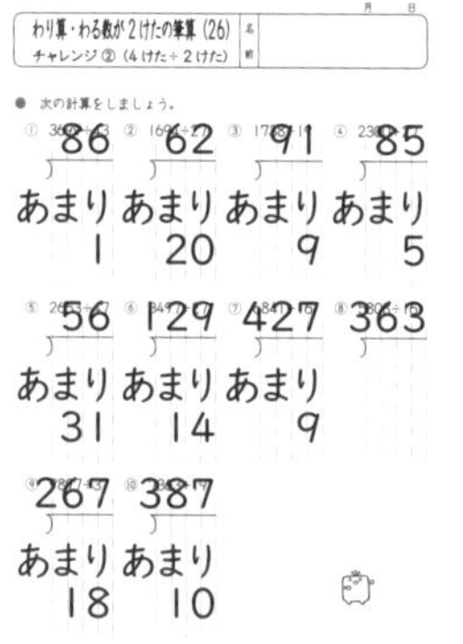

P103

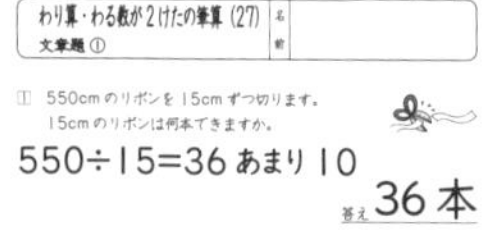

550÷15=36 あまり 10　36本

500÷96=5 あまり 20　5ふくろ，あまり 20g

400÷16=25　25まい

440÷82=5 あまり 30　5+1=6　6箱

650÷75=8 あまり 50　8+1=9　9ふくろ

690÷46=15　15cm

450÷32=14 あまり 2　14こ

200÷45=4 あまり 20　4つ，あまり 20さつ

P104

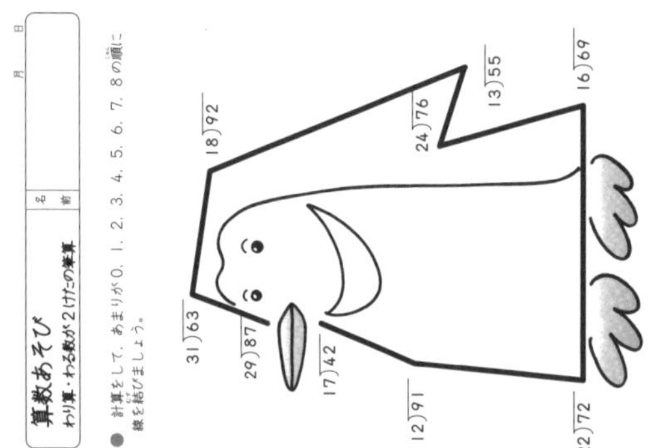

P105

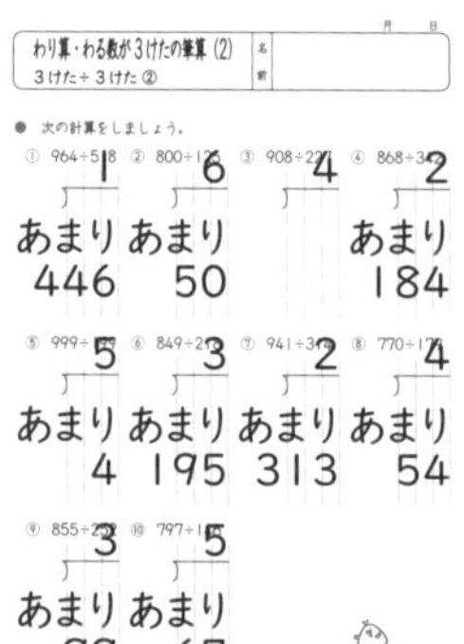

P106

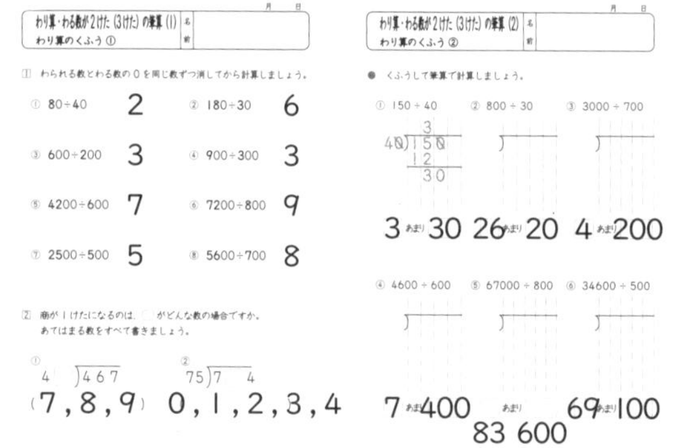

P107

P108

P109

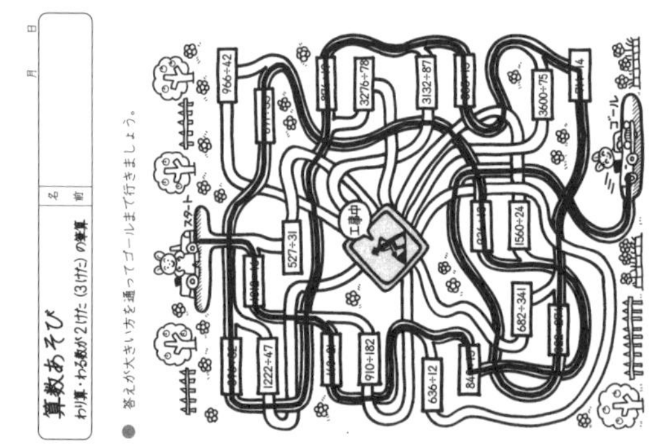

（解答は，200～300%に拡大してお使い下さい。）

P110

がい数の表し方（1）

● 右の表は，A市，B市，C市の人口を表しています。それぞれ約何万人といえますか。数直線を参考にして，数字で書きましょう。

A市	48239人
B市	57472人
C市	51566人

A市 約50000人
B市 約60000人
C市 約50000人

がい数の表し方（2）

● 右の表は，A町，B町，C町の人口を表しています。

A町	7362人
B町	7931人
C町	8245人

(1) A町にならって，B町，C町の人口を数直線に矢印で書きましょう。 B町 7931人　C町 8245人

(2) A町，B町，C町の人口は，それぞれ約何千人といえますか。数字で書きましょう。

A町 約7000人
B町 約8000人
C町 約8000人

P111

がい数の表し方（3）

● 次の数の千の位を四捨五入して，一万の位までのがい数にしましょう。

(1) 67239 ⇨ 約70000
(2) 23516 ⇨ 約20000
(3) 48307 ⇨ 約50000
(4) 832091 ⇨ 約830000
(5) 996053 ⇨ 約1000000

がい数の表し方（4）

● 次の数の百の位を四捨五入して，千の位までのがい数にしましょう。

(1) 5762 ⇨ 約6000
(2) 4080 ⇨ 約4000
(3) 70524 ⇨ 約71000
(4) 63019 ⇨ 約63000
(5) 99831 ⇨ 約100000

P112

がい数の表し方（5）

1 次の数を四捨五入して，上から1けたのがい数にしましょう。

(1) 3862 ⇨ 約4000
(2) 74829 ⇨ 約70000
(3) 50931 ⇨ 約50000
(4) 86000 ⇨ 約90000
(5) 97514 ⇨ 約100000

2 次の数を四捨五入して，上から2けたのがい数にしましょう。

(1) 51634 ⇨ 約52000
(2) 73386 ⇨ 約73000
(3) 499100 ⇨ 約500000
(4) 207841 ⇨ 約210000
(5) 9952000 ⇨ 約10000000

がい数の表し方（6）

1 東京から仙台までの道のりは，四捨五入して十の位までのがい数にすると，370kmになります。東京から仙台までの道のりは，何kmから何kmの間にありますか。

365km 以上 375km 未満

2 四捨五入して，十の位までのがい数にすると，50になる数のはんいを，以上，未満を使って書きましょう。

45 以上 55 未満

3 四捨五入して，百の位までのがい数にすると，400になる数のはんいを，以上，未満を使って書きましょう。

350 以上 450 未満

P113

がい数の表し方（7） 切り上げ・切り捨て①

1 70人乗り，80人乗り，90人乗りのバスがあります。82人の子どもがバス旅行に行くのに何人乗りのバスが必要になりますか。

90人乗り

2 63このチョコレートを1箱に10こずつ入れていきます。箱づめできるチョコレートは何こですか。

60こ

3 次の数を切り捨て，切り上げのしかたで，次の位までのがい数にしましょう。

(1) 百の位 300 ← 370 → 400
(2) 十の位 700 ← 702 → 710
(3) 千の位 2000 ← 2930 → 3000

がい数の表し方（8） 切り上げ・切り捨て②

● 次の問題をがい算で考えましょう。（ ）の中の正しい方のことばを○で囲み，どのように考えたのかも書きましょう。

(1) しおりさんは，1000円持って買い物に行き，次のおかしを買いました。1000円でたりますか。

382円　175円　340円　（たりる・たりない）

（例）十の位で切り上げて，ケーキを400円，プリンを200円，たいやきを400円として計算したら1000円になるから。

3240円　4150円　3570円　（こえる・こえない）

（例）百の位で切り捨てて，ズボンを3000円，くつを4000円，CDを3000円として計算したら10000円になるから。

P114

がい数の表し方（9） がい数を使った計算①（たし算・ひき算）

1 右の表は，A市とB市の図書館の1日の本のかし出し数です。

A市	2437さつ
B市	1865さつ

(1) 1日の本のかし出し数は，A市とB市とあわせて約何百さつですか。

式 2400+1900=4300　約4300さつ

(2) A市の1日の本のかし出し数は，B市の1日の本のかし出し数より約何百さつ多いですか。

式 2400−1900=500　約500さつ

2 ゆうたさんは，家族でせんたく機と冷ぞう庫を買いに行きました。

83286円　47590円

(1) せんたく機と冷ぞう庫を買うと，代金は約何万何千円になりますか。

式 83000+48000=131000　約131000円

(2) せんたく機と冷ぞう庫のねだんのちがいは，約何万何千円ですか。

式 83000−48000=35000　約35000円

がい数の表し方（10） がい数を使った計算②（たし算・ひき算）

1 右の表は，A町とB町の小中学生の人数を表しています。

A町	3257人
B町	5078人

(1) 小中学生は，A町とB町をあわせて約何百人ですか。

式 3300+5100=8400　約8400人

(2) B町の小中学生は，A町の小中学生より約何千何百人多いですか。

式 5100−3300=1800　約1800人

2 ある遊園地の入場者数は，日曜日が65891人，月曜日が47302人でした。

(1) 日曜日と月曜日の入場者数はあわせて約何千人ですか。

式 66000+47000=113000　約113000人

(2) 日曜日と月曜日の入場者数のちがいは約何万何千人ですか。

式 66000−47000=19000　約19000人

P115

がい数の表し方（11） がい数を使った計算③（かけ算）

1 1箱880円のクッキーを61箱買いました。クッキーの代金は，およそいくらになりますか。

(1) 880円と61箱をそれぞれ上から1けたのがい数にしましょう。

880円 → 約900円　61箱 → 約60箱

(2) 式 900×60=54000　約54000円

2 ゆいさんの家から駅までの道のりは，おうふく1950mです。1年に210日駅へ行くとすると，歩く道のりは全部で約何kmになりますか。

(1) 1950mと210日をそれぞれ上から1けたのがい数にしましょう。

1950m → 約2000　210日 → 約200

2000×200=400000
400000m=400km　答え 約400km

3 上から1けたのがい数にして，積を見積もりましょう。

(1) 502×814　約400000
(2) 736×3912　約2800000

がい数の表し方（12） がい数を使った計算④（わり算）

1 バスを1台借りて水族館に行きます。バスを1台借りると，81500円かかります。37人では，1人分のバス代はおよそいくらになりますか。

(1) 81500円と37人をそれぞれ上から1けたのがい数にしましょう。

81500円 → 約80000円　37人 → 約40人

式 80000÷40=2000　約2000円

2 1周68mの公園があります。まいさんは，この公園の周りを1425m走りました。およそ何周走ったことになりますか。

(1) 1425mを上から2けたのがい数にしましょう。 1425m → 約1400m
(2) 68mを上から1けたのがい数にしましょう。 68m → 約70m
(3) (1)と(2)を使って，およそ何周走ったかを見積もりましょう。

1400÷70=20　答え 約20周

3 四捨五入して，上から1けたのがい数にして，商を見積もりましょう。

(1) 5824÷31　約200
(2) 8261÷17　約400

P116

ふりかえり がい数の表し方①

1 四捨五入して，（ ）の位までのがい数にしましょう。

(1) 751（百の位） ⇨ 約800
(2) 3049（千の位） ⇨ 約3000
(3) 68752（万の位） ⇨ 約70000
(4) 21608（千の位） ⇨ 約22000
(5) 144329（万の位） ⇨ 約140000

2 四捨五入して，上から1けた，2けたまでのがい数にしましょう。

(1) 7840 ⇨ 約8000　約7800
(2) 59620 ⇨ 約60000　約60000

3 右の表は動物園の午前と午後の入場者数を表しています。

午前	4331人
午後	2857人

(1) 1日の入場者数は，全部で約何千何百人ですか。午前，午後の人数をそれぞれ百の位までのがい数にしましょう。

式 4300+2900=7200　答え 約7200人

(2) 午前と午後の人数のちがいは，約何千何百人ですか。百の位までのがい数にして求めましょう。

式 4300−2900=1400　答え 約1400人

ふりかえり がい数の表し方②

1 四捨五入して，上から1けたのがい数にして積や商を見積もりましょう。

(1) 614×79　約48000
(2) 3025÷28　約100

2 四捨五入して，十の位までのがい数にすると，690になりました。このときの整数のはんいを，以上，未満を使って書きましょう。

685 以上 695 未満

3 1こ190円のシュークリームが532こ売れました。上から1けたのがい数にして，売り上げを見積もりましょう。

200×500=100000　約100000円

4 27人でお楽しみ会をします。費用は，全部で61860円かかります。1人あたりおよそいくらかかりますか。

60000÷30=2000　約2000円

P117

がい数の表し方（テスト）

1 四捨五入して，（ ）の位までのがい数にしましょう。

(1) 645（百の位） ⇨ 約600
(2) 7901（千の位） ⇨ 約8000
(3) 582578（万の位） ⇨ 約580000
(4) 96200（万の位） ⇨ 約100000

2 四捨五入して，上から1けた，2けたのがい数にしましょう。

(1) 8206（上から1けた） ⇨ 約8000
(2) 98000（上から2けた） ⇨ 約100000
(3) 94307（上から2けた） ⇨ 約94000
(4) 49520（上から2けた） ⇨ 約50000

3 次の整数のはんいを，以上，未満を使って書きましょう。

(1) 四捨五入して，十の位までのがい数にしたとき，60になる整数のはんい　55 以上 65 未満
(2) 四捨五入して，百の位までのがい数にしたとき，600になる整数のはんい　550 以上 650 未満

4 下の表は，表じゅう館の土曜日と日曜日の入場者数です。

(1) 2日間の入場者数は，約何千何百人ですか。

2700+3500=6200　約6200人

(2) 日曜日は土曜日より約何百人多いですか。

3500−2700=800　約800人

5 1ぱいが180円のジュースが236ぱい売れました。ジュースの売り上げは約何円ですか。

200×200=40000　約40000円

6 だんご屋さんは，だんごを5200こ作りました。1箱に18こずつ入れます。何箱できますか。

5000÷20=250　約250箱

7 コンビニで右の表のような買い物をしました。

(1) 切り捨て・切り上げ（切り上げ）
(2) たりますか，たりませんか。（たりる）

（テストの文章題は，式5点，答え5点として，配点しています。）

解答

児童に実施させる前に，必ず指導される方が問題を解いてください。本書の解答は，あくまでも１つの例です。

P118

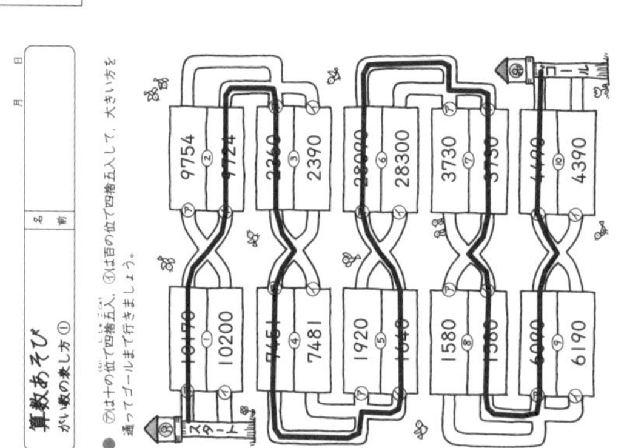

P119

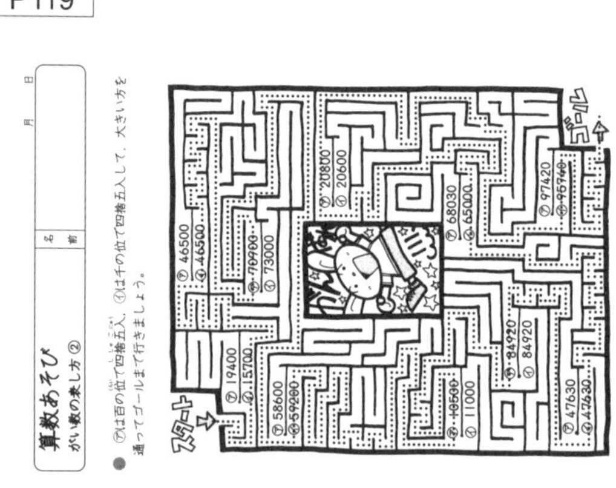

P120

計算のきまり（1）

● ゆきさんは，210円のケーキと160円のアイスクリームを買って，500円を出しました。おつりは何円ですか。

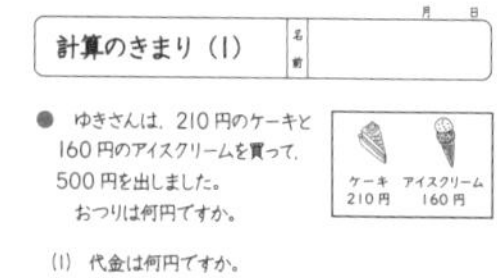

(1) 代金は何円ですか。
式 210+160=370　答え 370円

(2) おつりは何円ですか。
式 500−370=130　答え 130円

(3) (1)と(2)を（ ）を使って，1つの式に表しましょう。
式 500−(210+160)=130　答え 130円

計算のきまり（2）

● 計算をしましょう。

(1) 17 −（4 + 8） 5
(2) 13 +（2 + 5） 20
(3) 4 ×（9 − 6） 12
(4) 21 ÷（9 − 2） 3
(5) （5 + 4）×（8 − 3） 45

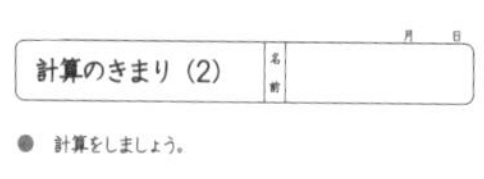

（ ）がある式では，（ ）の中を先に計算するよ。

P121

計算のきまり（3）

1 140円のパンを2こ買って500円を出しました。おつりは何円ですか。

(1) パン2この代金は何円ですか。
140×2=280　答え 280円

(2) おつりは何円ですか。
500−280=220　答え 220円

(3) (1)と(2)を1つの式に表しましょう。
500−140×2=220　答え 220円

2 60円の消しゴムを4こと，180円のノートを1さつ買いました。代金は何円ですか。1つの式に表しましょう。
60×4+180=420　答え 420円

計算のきまり（4）

● 計算をしましょう。

(1) 26 − 3 × 8　2
(2) 11 × 3 + 17　50
(3) 15 + 12 ÷ 4　18
(4) 9 × 2 + 18 ÷ 6　21
(5) 7 × 4 + 5 × 6　58
(6) 54 ÷ 9 + 21 ÷ 3　13

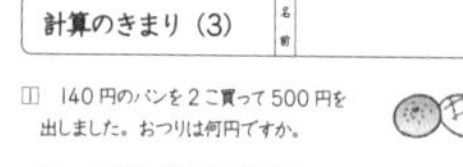

+，−，×，÷のまじった式では，かけ算やわり算を先に計算するよ。

P122

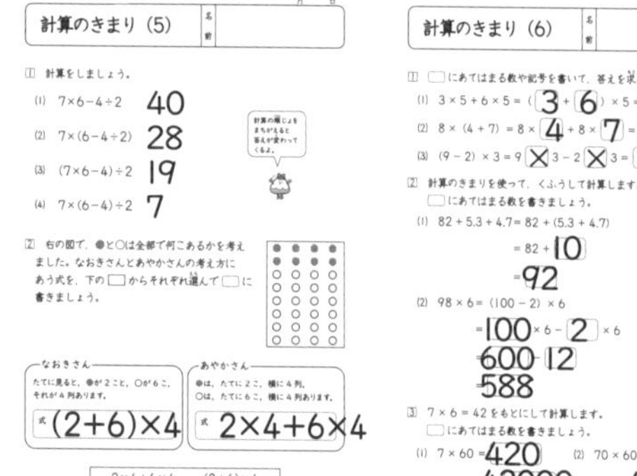

計算のきまり（5）

1 計算をしましょう。
(1) 7×6−4÷2　40
(2) 7×(6−4÷2)　28
(3) (7×6−4)÷2　19
(4) 7×(6−4)÷2　7

2 右の図で，●と○は全部で何こあるかを考えました。なおきさんとあやかさんの考え方にあう式を，下の□からそれぞれ選んで□に書きましょう。
なおきさん　式 (2+6)×4
あやかさん　式 2×4+6×4
2×4+6×4　，(2+6)×4

計算のきまり（6）

1 □にあてはまる数や記号を書いて，答えを求めましょう。
(1) 3×5+6×5=(3+6)×5=45
(2) 8×(4+7)=8×4+8×7=88
(3) (9−2)×3=9×3−2×3=21

2 計算のきまりを使って，くふうして計算します。□にあてはまる数を書きましょう。
(1) 82+5.3+4.7=82+(5.3+4.7)
=82+10
=92
(2) 98×6=(100−2)×6
=100×6−2×6
=600−12
=588

3 7×6=42をもとにして計算します。□にあてはまる数を書きましょう。
(1) 7×60=420　(2) 70×60=4200
(3) 70×600=42000　(4) 700×600=420000

P123

計算のきまり（7）

1 500円を持って買い物に行き，180円のおにぎりと130円のお茶を買いました。おつりは，いくらになりますか。（ ）を使って，1つの式に表して求めましょう。
500−(180+130)=190　答え 190円

2 320円のケーキを2こと140円のジュースを買いました。代金は，いくらになりますか。1つの式に表して求めましょう。
320×2+140=780　答え 780円

3 計算をしましょう。
(1) 13−(4+7)　2　(2) 21+(15−8)　28
(3) 6×(9−5)　24　(4) 24÷(9−3)　4
(5) (12+8)×3　60　(6) 17−(5+6)　6

4 計算をしましょう。
(1) 36−6+3　33　(2) 36−(6+3)　27
(3) 36÷6+3　9　(4) 36÷(6×3)　2
(5) 36+6×3　54　(6) (36+6)×3　126

計算のきまり（8）

1 1000円を持って買い物に行き，220円の下じきと390円のはさみを買いました。おつりは，いくらになりますか。（ ）を使って，1つの式に表して求めましょう。
1000−(220+390)=390　答え 390円

2 170円のチューリップを4本と310円のバラを買いました。代金は，いくらになりますか。1つの式に表して求めましょう。
170×4+310=990　答え 990円

3 計算をしましょう。
(1) 30−7×2　16　(2) 6×4+20　44
(3) 40+15÷3　45　(4) 30−40÷8　25
(5) 700−9×60　160　(6) 5×8−20÷4　35

4 計算をしましょう。
(1) 4×8−4÷2　30　(2) (4×8−4)÷2　14
(3) 4×(8−4)÷2　8　(4) 4×(8−4÷2)　24
(5) 4+8×4÷2　20　(6) 4+8+4÷2　14

P124

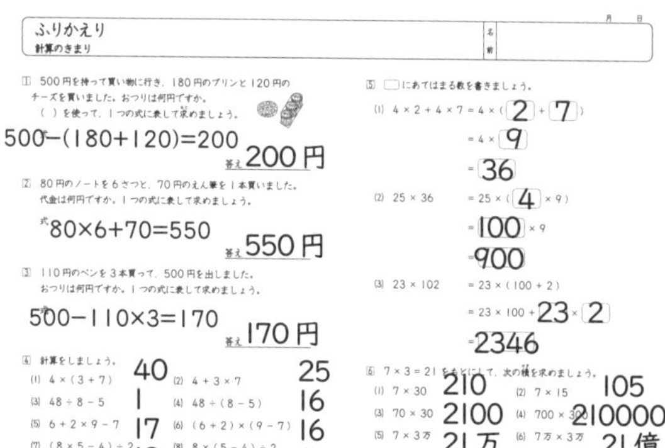

ふりかえり　計算のきまり

1 500円を持って買い物に行き，180円のプリンと120円のチーズを買いました。おつりは何円ですか。（ ）を使って，1つの式に表しましょう。
500−(180+120)=200　答え 200円

2 80円のノートを6さつと，70円のえん筆を1本買いました。代金は何円ですか。1つの式に表しましょう。
式 80×6+70=550　答え 550円

3 110円のペンを3本買って，500円を出しました。おつりは何円ですか。1つの式に表しましょう。
500−110×3=170　答え 170円

4 計算をしましょう。
(1) 4×(3+7)　40　(2) 4+3×7　25
(3) 48÷8−5　1　(4) 48÷(8−5)　16
(5) 6+2×9−7　17　(6) (6+2)×(9−7)　16
(7) (8×5−4)÷2　18　(8) 8×(5−4)÷2　4

5 □にあてはまる数を書きましょう。
(1) 4×2+4×7=4×(2+7)
=4×9
=36
(2) 25×36=25×(4×9)
=100×9
=900
(3) 23×102=23×(100+2)
=23×100+23×2
=2346

6 7×3=21をもとにして，次の積を求めましょう。
(1) 7×30　210　(2) 7×15　105
(3) 70×30　2100　(4) 700×300　210000
(5) 7×3万　21万　(6) 7万×3万　21億

P125

計算のきまり（テスト）

1 次の計算をしましょう。
(1) 14−(6+3)　5
(2) 60÷(10−4)　10
(3) 12+8×9　84
(4) 16+4÷2　18
(5) 17−10÷2　12
(6) 24÷3−2×3　2
(7) (9+6÷3)×4　44

2 次の□にあてはまる数を書いて答えを求めましょう。
(1) 26×5+24×5=(26+24)×5
=250
(2) (20−6)×3=20×3−6×3
=42
(3) 99×5=(100−1)×5
=100×5−1×5
=495

3 1000円を持って買い物に行きました。750円のまと80円のノートを買いました。
おつりは何円になりますか。
式 750+80=830　答え 830円
式 1000−830=170　答え 170円
式 1000−(750+80)=170　答え 170円

4 1こ100円のパンを2こと120円のジュースを買いました。代金はいくらに…
式 100×2+120=320　答え 320円

5 1こ40円のチョコレートと，1こ50円のガムが1こずつふくろに入っています。4ふくろ買いました。代金はいくらに…
式 (40+50)×4=360　答え 360円

6 右の○と●をあわせた数を求めます。次の考え方で式を書くと，㋐，㋑のどちらの式になりますか。記号を□に書きましょう。
㋐ (2+3)×4　㋑ 2×4+3×4
○の数と●の数をそれぞれ求めて，それをあわせる。　㋑
たてに○と●をあわせた数が何列あるかで求める。　㋐

　（解答は，200 ～ 300%に拡大してお使い下さい。）

指導される方の作られた解答をもとに，本書の解答例を参考に児童の多様な考えに寄り添って○つけをお願いします。 **解答**

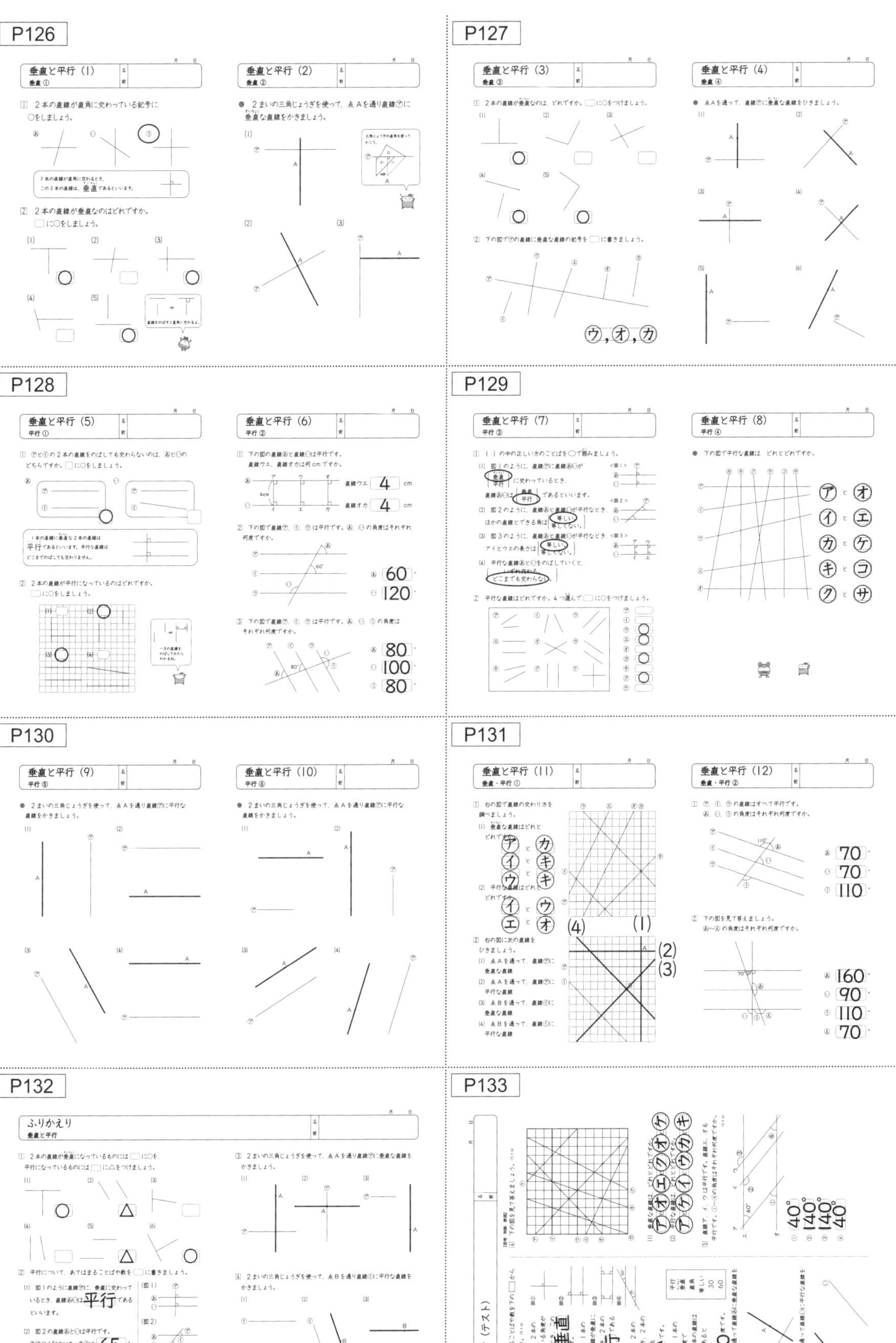

児童に実施させる前に，必ず指導される方が問題を解いてください。本書の解答は，あくまでも１つの例です。

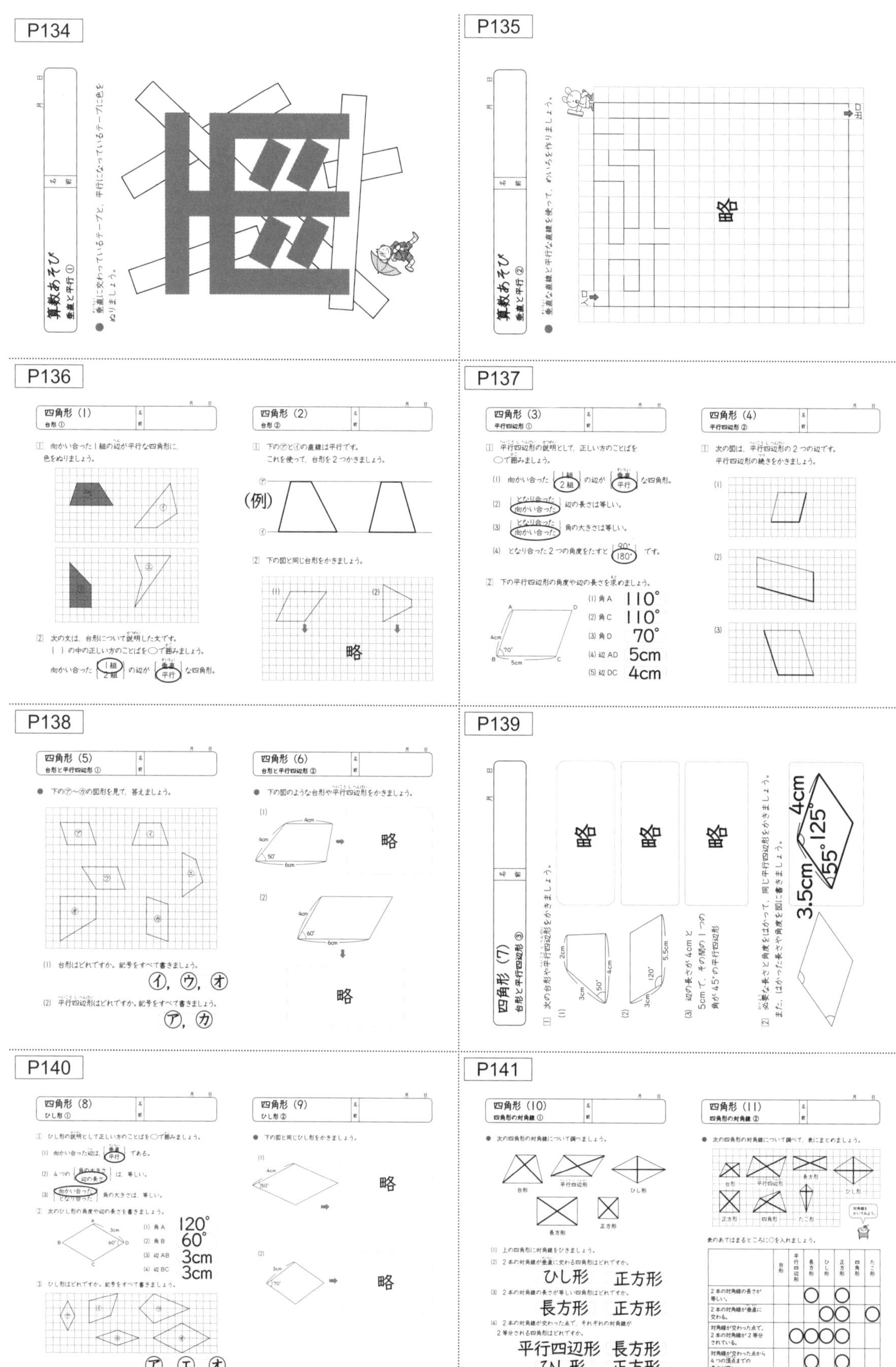

（解答は，200～300%に拡大してお使い下さい。）

指導される方の作られた解答をもとに，本書の解答例を参考に児童の多様な考えに寄り添って○つけをお願いします。

解答

P142

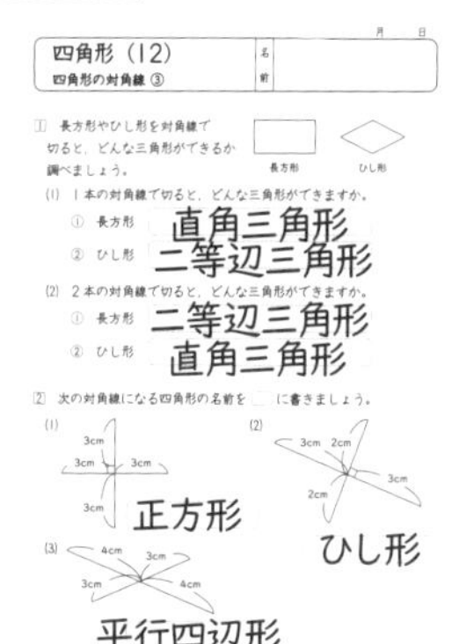

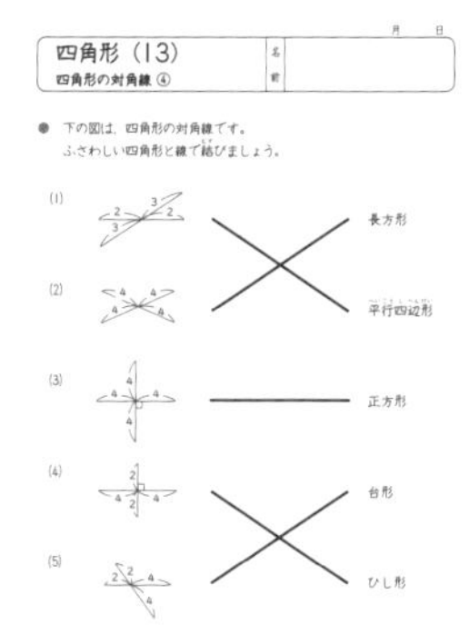

P143

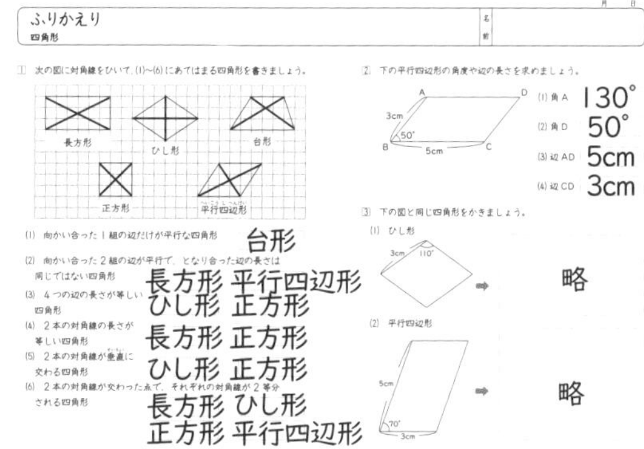

P144

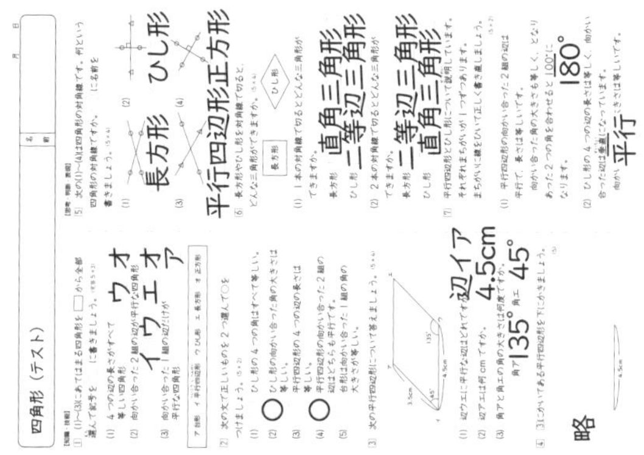

P145

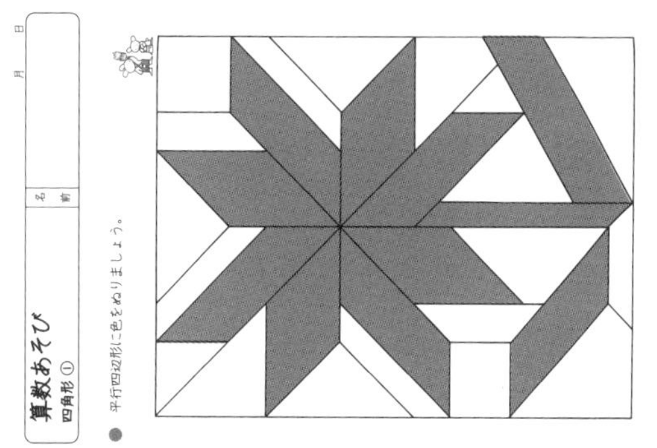

P146

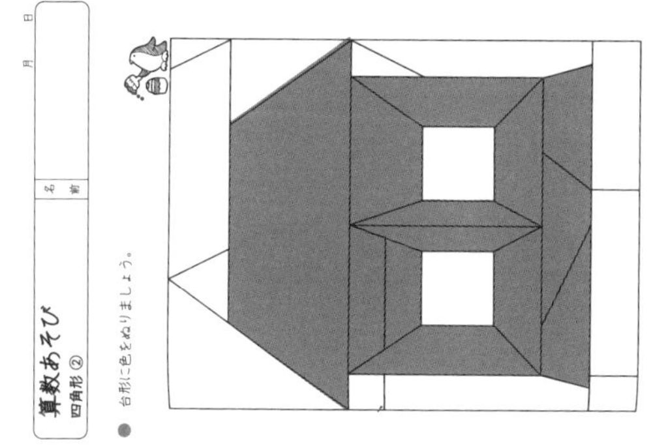

P147

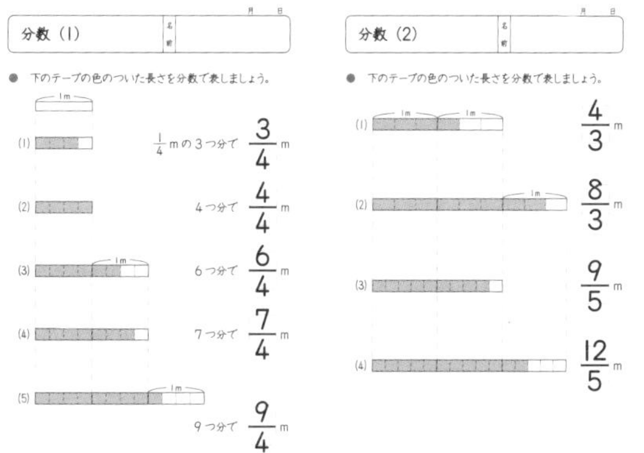

P148

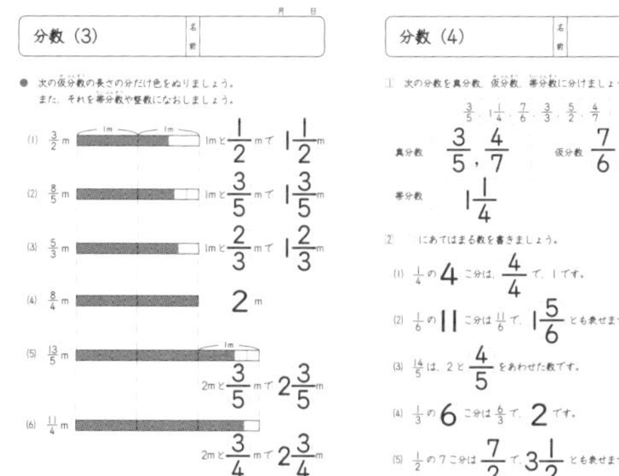

P149

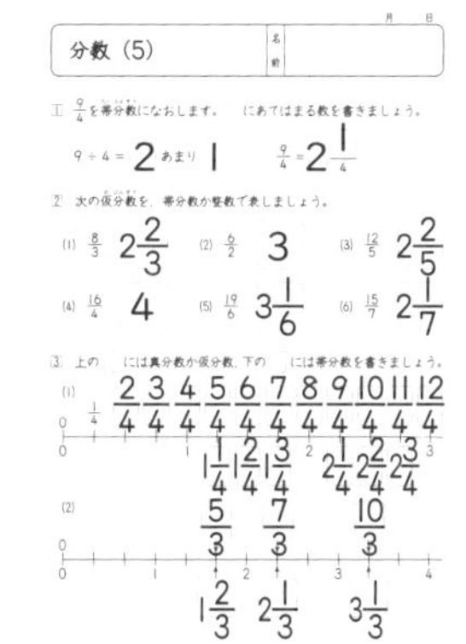

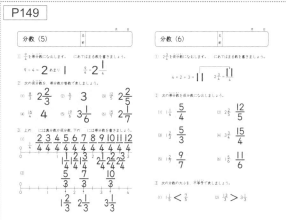

児童に実施させる前に，必ず指導される方が問題を解いてください。本書の解答は，あくまでも１つの例です。

P150

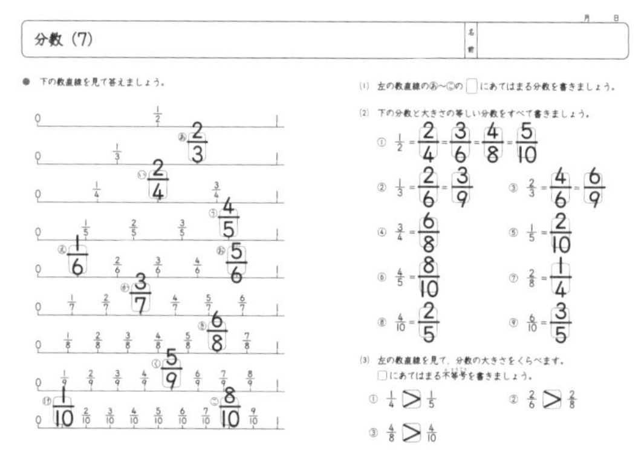

分数（7）

● 下の数直線を見て答えましょう。

(1) 左の数直線のあ〜この□にあてはまる分数を書きましょう。

あ $\frac{2}{3}$　い $\frac{2}{4}$　う $\frac{4}{5}$　え $\frac{1}{6}$　お $\frac{5}{6}$　か $\frac{3}{7}$　き $\frac{6}{8}$　く $\frac{5}{9}$　け $\frac{1}{10}$　こ $\frac{8}{10}$

(2) 下の分数と大きさの等しい分数をすべて書きましょう。

① $\frac{1}{2}=\frac{2}{4}=\frac{3}{6}=\frac{4}{8}=\frac{5}{10}$
② $\frac{1}{3}=\frac{2}{6}=\frac{3}{9}$
③ $\frac{2}{3}=\frac{4}{6}=\frac{6}{9}$
④ $\frac{3}{4}=\frac{6}{8}$
⑤ $\frac{1}{5}=\frac{2}{10}$
⑥ $\frac{4}{5}=\frac{8}{10}$
⑦ $\frac{2}{8}=\frac{1}{4}$
⑧ $\frac{4}{10}=\frac{2}{5}$
⑨ $\frac{6}{10}=\frac{3}{5}$

(3) 左の数直線を見て，分数の大きさをくらべます。□にあてはまる不等号を書きましょう。

① $\frac{1}{4} > \frac{1}{5}$
② $\frac{2}{6} > \frac{2}{8}$
③ $\frac{4}{8} > \frac{4}{10}$

P151

分数（8）分数のたし算①

● 計算をしましょう。

① $\frac{4}{5}+\frac{7}{5}$　$\frac{11}{5}\left(2\frac{1}{5}\right)$
② $\frac{5}{6}+\frac{5}{6}$　$\frac{10}{6}\left(1\frac{4}{6}\right)$
③ $\frac{4}{3}+\frac{7}{3}$　$\frac{11}{3}\left(3\frac{2}{3}\right)$
④ $\frac{3}{7}+\frac{6}{7}$　$\frac{9}{7}\left(1\frac{2}{7}\right)$
⑤ $\frac{5}{4}+\frac{2}{4}$　$\frac{7}{4}\left(1\frac{3}{4}\right)$
⑥ $\frac{5}{8}+\frac{7}{8}$　$\frac{12}{8}\left(1\frac{4}{8}\right)$
⑦ $\frac{9}{10}+\frac{4}{10}$　$\frac{13}{10}\left(1\frac{3}{10}\right)$
⑧ $\frac{7}{6}+\frac{10}{6}$　$\frac{17}{6}\left(2\frac{5}{6}\right)$

分数（9）分数のたし算②

● 計算をしましょう。

① $\frac{5}{7}+\frac{4}{7}$　$\frac{9}{7}\left(1\frac{2}{7}\right)$
② $\frac{13}{10}+\frac{2}{10}$　$\frac{15}{10}\left(1\frac{5}{10}\right)$
③ $\frac{4}{5}+\frac{3}{5}$　$\frac{7}{5}\left(1\frac{2}{5}\right)$
④ $\frac{6}{8}+\frac{3}{8}$　$\frac{9}{8}\left(1\frac{1}{8}\right)$
⑤ $\frac{7}{4}+\frac{6}{4}$　$\frac{13}{4}\left(3\frac{1}{4}\right)$
⑥ $\frac{1}{7}+\frac{8}{7}$　$\frac{9}{7}\left(1\frac{2}{7}\right)$
⑦ $\frac{4}{3}+\frac{4}{3}$　$\frac{8}{3}\left(2\frac{2}{3}\right)$
⑧ $\frac{7}{9}+\frac{8}{9}$　$\frac{15}{9}\left(1\frac{6}{9}\right)$

P152

分数（10）分数のたし算③

● 計算をしましょう。

① $\frac{2}{3}+\frac{5}{3}$　$\frac{7}{3}\left(2\frac{1}{3}\right)$
② $\frac{1}{6}+\frac{4}{6}$　$\frac{5}{6}$
③ $\frac{1}{5}+\frac{3}{5}$　$\frac{4}{5}$
④ $\frac{2}{7}+\frac{6}{7}$　$\frac{8}{7}\left(1\frac{1}{7}\right)$
⑤ $\frac{8}{6}+\frac{11}{6}$　$\frac{19}{6}\left(3\frac{1}{6}\right)$
⑥ $\frac{9}{8}+\frac{10}{8}$　$\frac{19}{8}\left(2\frac{3}{8}\right)$
⑦ $\frac{7}{11}+\frac{3}{11}$　$\frac{10}{11}$
⑧ $\frac{11}{10}+\frac{6}{10}$　$\frac{17}{10}\left(1\frac{7}{10}\right)$

分数（11）分数のたし算④

● 計算をしましょう。

① $\frac{10}{7}+\frac{2}{7}$　$\frac{12}{7}\left(1\frac{5}{7}\right)$
② $\frac{3}{4}+\frac{2}{4}$　$\frac{5}{4}\left(1\frac{1}{4}\right)$
③ $\frac{9}{5}+\frac{8}{5}$　$\frac{17}{5}\left(3\frac{2}{5}\right)$
④ $\frac{5}{8}+\frac{7}{8}$　$\frac{12}{8}\left(1\frac{4}{8}\right)$
⑤ $\frac{4}{6}+\frac{3}{6}$　$\frac{7}{6}\left(1\frac{1}{6}\right)$
⑥ $\frac{2}{9}+\frac{5}{9}$　$\frac{7}{9}$
⑦ $\frac{13}{12}+\frac{14}{12}$　$\frac{27}{12}\left(2\frac{3}{12}\right)$
⑧ $\frac{4}{10}+\frac{13}{10}$　$\frac{17}{10}\left(1\frac{7}{10}\right)$

P153

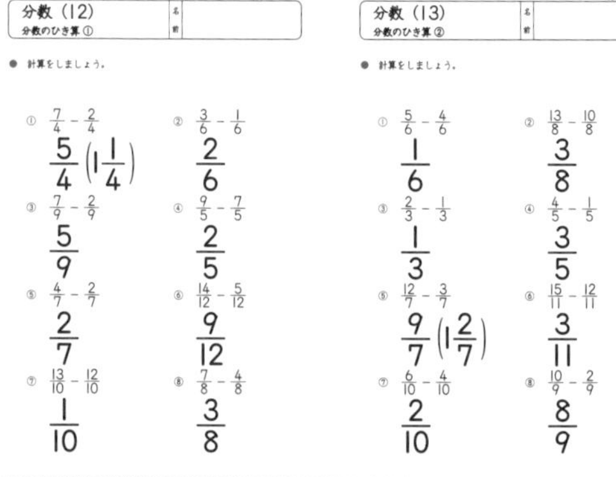

分数（12）分数のひき算①

● 計算をしましょう。

① $\frac{7}{4}-\frac{2}{4}$　$\frac{5}{4}\left(1\frac{1}{4}\right)$
② $\frac{3}{6}-\frac{1}{6}$　$\frac{2}{6}$
③ $\frac{7}{9}-\frac{2}{9}$　$\frac{5}{9}$
④ $\frac{9}{5}-\frac{7}{5}$　$\frac{2}{5}$
⑤ $\frac{4}{7}-\frac{2}{7}$　$\frac{2}{7}$
⑥ $\frac{14}{12}-\frac{5}{12}$　$\frac{9}{12}$
⑦ $\frac{13}{10}-\frac{12}{10}$　$\frac{1}{10}$
⑧ $\frac{7}{8}-\frac{4}{8}$　$\frac{3}{8}$

分数（13）分数のひき算②

● 計算をしましょう。

① $\frac{5}{6}-\frac{4}{6}$　$\frac{1}{6}$
② $\frac{13}{8}-\frac{10}{8}$　$\frac{3}{8}$
③ $\frac{2}{3}-\frac{1}{3}$　$\frac{1}{3}$
④ $\frac{4}{5}-\frac{1}{5}$　$\frac{3}{5}$
⑤ $\frac{12}{7}-\frac{3}{7}$　$\frac{9}{7}\left(1\frac{2}{7}\right)$
⑥ $\frac{15}{11}-\frac{12}{11}$　$\frac{3}{11}$
⑦ $\frac{6}{10}-\frac{4}{10}$　$\frac{2}{10}$
⑧ $\frac{10}{9}-\frac{2}{9}$　$\frac{8}{9}$

P154

分数（14）分数のひき算③

● 計算をしましょう。

① $\frac{3}{4}-\frac{1}{4}$　$\frac{2}{4}$
② $\frac{9}{8}-\frac{5}{8}$　$\frac{4}{8}$
③ $\frac{13}{7}-\frac{9}{7}$　$\frac{4}{7}$
④ $\frac{10}{11}-\frac{2}{11}$　$\frac{8}{11}$
⑤ $\frac{5}{9}-\frac{1}{9}$　$\frac{4}{9}$
⑥ $\frac{3}{5}-\frac{2}{5}$　$\frac{1}{5}$
⑦ $\frac{17}{12}-\frac{14}{12}$　$\frac{3}{12}$
⑧ $\frac{13}{10}-\frac{6}{10}$　$\frac{7}{10}$

分数（15）分数のひき算④

● 計算をしましょう。

① $\frac{5}{8}-\frac{3}{8}$　$\frac{2}{8}$
② $\frac{8}{3}-\frac{4}{3}$　$\frac{4}{3}\left(1\frac{1}{3}\right)$
③ $\frac{7}{5}-\frac{3}{5}$　$\frac{4}{5}$
④ $\frac{14}{9}-\frac{10}{9}$　$\frac{4}{9}$
⑤ $\frac{8}{10}-\frac{3}{10}$　$\frac{5}{10}$
⑥ $\frac{11}{6}-\frac{1}{6}$　$\frac{10}{6}\left(1\frac{4}{6}\right)$
⑦ $\frac{6}{7}-\frac{3}{7}$　$\frac{3}{7}$
⑧ $\frac{8}{12}-\frac{3}{12}$　$\frac{5}{12}$

P155

分数（16）分数のたし算⑤

● 計算をしましょう。

① $\frac{2}{5}+\frac{1}{5}$　$\frac{3}{5}$
② $\frac{5}{3}+\frac{8}{3}$　$\frac{13}{3}\left(4\frac{1}{3}\right)$
③ $\frac{3}{7}+\frac{4}{7}$　$\frac{7}{7}=1$
④ $\frac{4}{9}+\frac{3}{9}$　$\frac{7}{9}$
⑤ $\frac{8}{6}+\frac{7}{6}$　$\frac{15}{6}\left(2\frac{3}{6}\right)$
⑥ $\frac{3}{8}+\frac{2}{8}$　$\frac{5}{8}$
⑦ $\frac{3}{7}+\frac{8}{7}$　$\frac{11}{7}\left(1\frac{4}{7}\right)$
⑧ $\frac{3}{10}+\frac{6}{10}$　$\frac{9}{10}$
⑨ $\frac{11}{9}+\frac{4}{9}$　$\frac{15}{9}\left(1\frac{6}{9}\right)$
⑩ $\frac{9}{8}+\frac{12}{8}$　$\frac{21}{8}\left(2\frac{5}{8}\right)$
⑪ $\frac{7}{12}+\frac{4}{12}$　$\frac{11}{12}$
⑫ $\frac{8}{11}+\frac{12}{11}$　$\frac{20}{11}\left(1\frac{9}{11}\right)$

分数（17）分数のたし算⑥

● 計算をしましょう。

① $\frac{1}{3}+\frac{1}{3}$　$\frac{2}{3}$
② $\frac{2}{6}+\frac{3}{6}$　$\frac{5}{6}$
③ $\frac{7}{5}+\frac{6}{5}$　$\frac{13}{5}\left(2\frac{3}{5}\right)$
④ $\frac{8}{6}+\frac{3}{6}$　$\frac{11}{6}\left(1\frac{5}{6}\right)$
⑤ $\frac{2}{9}+\frac{5}{9}$　$\frac{7}{9}$
⑥ $\frac{13}{12}+\frac{4}{12}$　$\frac{17}{12}\left(1\frac{5}{12}\right)$
⑦ $\frac{11}{7}+\frac{9}{7}$　$\frac{20}{7}\left(2\frac{6}{7}\right)$
⑧ $\frac{7}{10}+\frac{9}{10}$　$\frac{16}{10}\left(1\frac{6}{10}\right)$
⑨ $\frac{8}{11}+\frac{6}{11}$　$\frac{14}{11}\left(1\frac{3}{11}\right)$
⑩ $\frac{6}{8}+\frac{11}{8}$　$\frac{17}{8}\left(2\frac{1}{8}\right)$
⑪ $\frac{1}{12}+\frac{11}{12}$　$\frac{12}{12}=1$
⑫ $\frac{10}{9}+\frac{17}{9}$　$\frac{27}{9}=3$

P156

分数（18）分数のたし算⑦

● 計算をしましょう。

① $\frac{3}{4}+\frac{3}{4}$　$\frac{6}{4}\left(1\frac{2}{4}\right)$
② $\frac{6}{5}+\frac{8}{5}$　$\frac{14}{5}\left(2\frac{4}{5}\right)$
③ $\frac{5}{6}+\frac{7}{6}$　$\frac{12}{6}=2$
④ $\frac{3}{9}+\frac{5}{9}$　$\frac{8}{9}$
⑤ $\frac{10}{7}+\frac{8}{7}$　$\frac{18}{7}\left(2\frac{4}{7}\right)$
⑥ $\frac{8}{10}+\frac{3}{10}$　$\frac{11}{10}\left(1\frac{1}{10}\right)$
⑦ $\frac{14}{11}+\frac{2}{11}$　$\frac{16}{11}\left(1\frac{5}{11}\right)$
⑧ $\frac{4}{5}+\frac{4}{5}$　$\frac{8}{5}\left(1\frac{3}{5}\right)$
⑨ $\frac{1}{12}+\frac{10}{12}$　$\frac{11}{12}$
⑩ $\frac{11}{9}+\frac{13}{9}$　$\frac{24}{9}\left(2\frac{6}{9}\right)$
⑪ $\frac{4}{8}+\frac{5}{8}$　$\frac{9}{8}\left(1\frac{1}{8}\right)$
⑫ $\frac{5}{10}+\frac{11}{10}$　$\frac{16}{10}\left(1\frac{6}{10}\right)$

分数（19）分数のたし算⑧

● 計算をしましょう。

① $\frac{1}{4}+\frac{1}{4}$　$\frac{2}{4}$
② $\frac{9}{7}+\frac{4}{7}$　$\frac{13}{7}\left(1\frac{6}{7}\right)$
③ $\frac{1}{5}+\frac{2}{5}$　$\frac{3}{5}$
④ $\frac{7}{6}+\frac{9}{6}$　$\frac{16}{6}\left(2\frac{4}{6}\right)$
⑤ $\frac{3}{8}+\frac{2}{8}$　$\frac{5}{8}$
⑥ $\frac{6}{4}+\frac{5}{4}$　$\frac{11}{4}\left(2\frac{3}{4}\right)$
⑦ $\frac{7}{10}+\frac{4}{10}$　$\frac{11}{10}\left(1\frac{1}{10}\right)$
⑧ $\frac{8}{6}+\frac{1}{6}$　$\frac{9}{6}\left(1\frac{3}{6}\right)$
⑨ $\frac{7}{9}+\frac{10}{9}$　$\frac{17}{9}\left(1\frac{8}{9}\right)$
⑩ $\frac{11}{8}+\frac{11}{8}$　$\frac{22}{8}\left(2\frac{6}{8}\right)$
⑪ $\frac{1}{11}+\frac{3}{11}$　$\frac{4}{11}$
⑫ $\frac{9}{12}+\frac{2}{12}$　$\frac{11}{12}$

P157

分数（20）分数のひき算⑤

● 計算をしましょう。

① $\frac{8}{5}-\frac{2}{5}$　$\frac{6}{5}\left(1\frac{1}{5}\right)$
② $\frac{3}{4}-\frac{2}{4}$　$\frac{1}{4}$
③ $\frac{5}{7}-\frac{3}{7}$　$\frac{2}{7}$
④ $\frac{8}{6}-\frac{7}{6}$　$\frac{1}{6}$
⑤ $\frac{8}{9}-\frac{3}{9}$　$\frac{5}{9}$
⑥ $\frac{7}{3}-\frac{2}{3}$　$\frac{5}{3}\left(1\frac{2}{3}\right)$
⑦ $\frac{11}{8}-\frac{9}{8}$　$\frac{2}{8}$
⑧ $\frac{5}{6}-\frac{2}{6}$　$\frac{3}{6}$
⑨ $\frac{6}{8}-\frac{1}{8}$　$\frac{5}{8}$
⑩ $\frac{14}{11}-\frac{7}{11}$　$\frac{7}{11}$
⑪ $\frac{16}{10}-\frac{13}{10}$　$\frac{3}{10}$
⑫ $\frac{9}{12}-\frac{4}{12}$　$\frac{5}{12}$

分数（21）分数のひき算⑥

● 計算をしましょう。

① $\frac{4}{5}-\frac{2}{5}$　$\frac{2}{5}$
② $\frac{7}{6}-\frac{5}{6}$　$\frac{2}{6}$
③ $\frac{11}{4}-\frac{6}{4}$　$\frac{5}{4}\left(1\frac{1}{4}\right)$
④ $\frac{4}{7}-\frac{3}{7}$　$\frac{1}{7}$
⑤ $\frac{9}{11}-\frac{3}{11}$　$\frac{6}{11}$
⑥ $\frac{10}{6}-\frac{7}{6}$　$\frac{3}{6}$
⑦ $\frac{11}{8}-\frac{3}{8}$　$\frac{8}{8}=1$
⑧ $\frac{11}{12}-\frac{2}{12}$　$\frac{9}{12}$
⑨ $\frac{7}{9}-\frac{3}{9}$　$\frac{4}{9}$
⑩ $\frac{19}{12}-\frac{13}{12}$　$\frac{6}{12}$
⑪ $\frac{9}{10}-\frac{7}{10}$　$\frac{2}{10}$
⑫ $\frac{12}{11}-\frac{8}{11}$　$\frac{4}{11}$

（解答は，200～300％に拡大してお使い下さい。）

指導される方の作られた解答をもとに，本書の解答例を参考に児童の多様な考えに寄り添って○つけをお願いします。

解答

P158

分数（22） 分数のひき算⑦　名前　月　日

● 計算をしましょう。

① $\frac{2}{4}-\frac{1}{4}$　$\frac{1}{4}$
② $\frac{11}{7}-\frac{8}{7}$　$\frac{3}{7}$
③ $\frac{4}{6}-\frac{1}{6}$　$\frac{3}{6}$
④ $\frac{13}{9}-\frac{5}{9}$　$\frac{8}{9}$
⑤ $\frac{11}{10}-\frac{3}{10}$　$\frac{8}{10}$
⑥ $\frac{6}{7}-\frac{5}{7}$　$\frac{1}{7}$
⑦ $\frac{7}{9}-\frac{4}{9}$　$\frac{3}{9}$
⑧ $\frac{13}{12}-\frac{7}{12}$　$\frac{6}{12}$
⑨ $\frac{17}{10}-\frac{14}{10}$　$\frac{3}{10}$
⑩ $\frac{8}{11}-\frac{6}{11}$　$\frac{2}{11}$
⑪ $\frac{10}{12}-\frac{5}{12}$　$\frac{5}{12}$
⑫ $\frac{17}{9}-\frac{12}{9}$　$\frac{5}{9}$

分数（23） 分数のひき算⑧　名前　月　日

● 計算をしましょう。

① $1-\frac{1}{4}$　$\frac{3}{4}$
② $2-\frac{2}{3}$　$\frac{4}{3}\left(1\frac{1}{3}\right)$
③ $1-\frac{3}{5}$　$\frac{2}{5}$
④ $3-\frac{1}{7}$　$\frac{20}{7}\left(2\frac{6}{7}\right)$
⑤ $2-\frac{3}{4}$　$\frac{5}{4}\left(1\frac{1}{4}\right)$
⑥ $1-\frac{5}{8}$　$\frac{3}{8}$
⑦ $2-\frac{5}{6}$　$\frac{7}{6}\left(1\frac{1}{6}\right)$
⑧ $3-\frac{1}{3}$　$\frac{8}{3}\left(2\frac{2}{3}\right)$
⑨ $2-\frac{4}{7}$　$\frac{10}{7}\left(1\frac{3}{7}\right)$
⑩ $1-\frac{6}{11}$　$\frac{5}{11}$
⑪ $2-\frac{5}{9}$　$\frac{13}{9}\left(1\frac{4}{9}\right)$
⑫ $3-\frac{11}{12}$　$\frac{25}{12}\left(2\frac{1}{12}\right)$

P159

分数（24） 帯分数のあるたし算①　名前　月　日

● 計算をしましょう。

① $1\frac{2}{10}+\frac{7}{10}$　$1\frac{9}{10}\left(\frac{19}{10}\right)$
② $2\frac{1}{3}+1\frac{2}{3}$　4
③ $\frac{7}{4}+1\frac{3}{4}$　$3\frac{2}{4}\left(\frac{14}{4}\right)$
④ $2\frac{3}{5}+\frac{6}{5}$　$3\frac{4}{5}\left(\frac{19}{5}\right)$
⑤ $\frac{9}{7}+1\frac{1}{7}$　$2\frac{3}{7}\left(\frac{17}{7}\right)$
⑥ $1\frac{5}{6}+1\frac{3}{6}$　$3\frac{2}{6}\left(\frac{20}{6}\right)$

分数（25） 帯分数のあるたし算②　名前　月　日

● 計算をしましょう。

① $\frac{1}{3}+2\frac{2}{3}$　3
② $1\frac{1}{4}+1\frac{2}{4}$　$2\frac{3}{4}\left(\frac{11}{4}\right)$
③ $\frac{7}{6}+1\frac{1}{6}$　$2\frac{2}{6}\left(\frac{14}{6}\right)$
④ $1\frac{4}{5}+\frac{9}{5}$　$3\frac{3}{5}\left(\frac{18}{5}\right)$
⑤ $1\frac{2}{7}+2\frac{3}{7}$　$3\frac{5}{7}\left(\frac{26}{7}\right)$
⑥ $2\frac{4}{9}+\frac{1}{9}$　$2\frac{5}{9}\left(\frac{23}{9}\right)$

P160

分数（26） 帯分数のあるひき算①　名前　月　日

● 計算をしましょう。

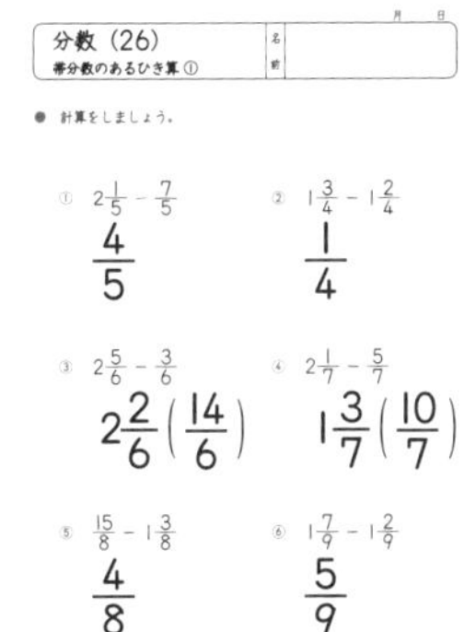

分数（27） 帯分数のあるひき算②　名前　月　日

● 計算をしましょう。

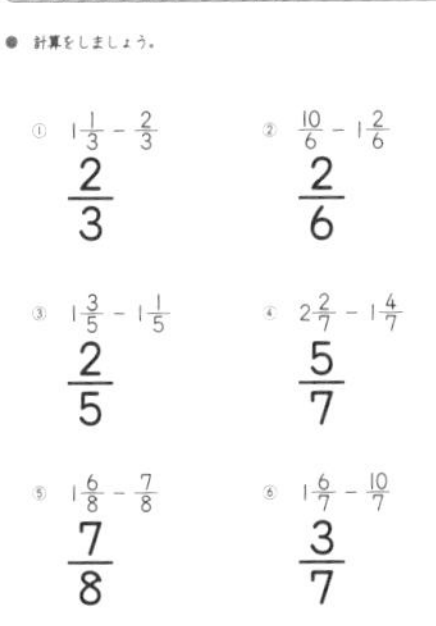

P161

分数（28） 帯分数のあるたし算③　名前　月　日

● 計算をしましょう。

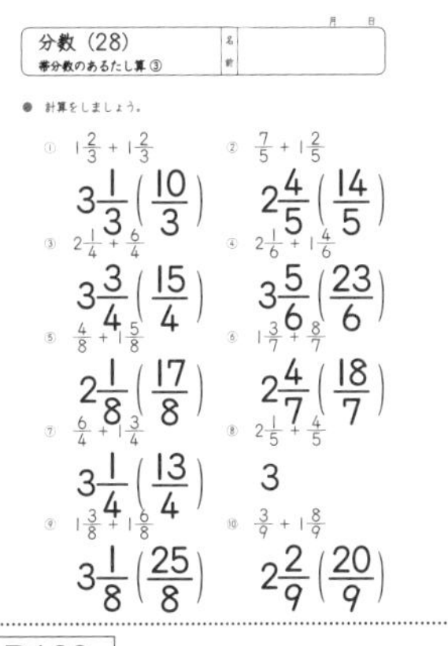

分数（29） 帯分数のあるたし算④　名前　月　日

● 計算をしましょう。

① $\frac{3}{4}+1\frac{3}{4}$　$2\frac{2}{4}\left(\frac{10}{4}\right)$
② $2\frac{1}{3}+\frac{1}{3}$　$2\frac{2}{3}\left(\frac{8}{3}\right)$
③ $\frac{9}{7}+1\frac{2}{7}$　$2\frac{4}{7}\left(\frac{18}{7}\right)$
④ $2\frac{3}{5}+1\frac{1}{5}$　$3\frac{4}{5}\left(\frac{19}{5}\right)$
⑤ $\frac{4}{6}+2\frac{3}{6}$　$3\frac{1}{6}\left(\frac{19}{6}\right)$
⑥ $1\frac{5}{7}+1\frac{6}{7}$　$3\frac{4}{7}\left(\frac{25}{7}\right)$
⑦ $2\frac{1}{5}+\frac{6}{5}$　$3\frac{2}{5}\left(\frac{17}{5}\right)$
⑧ $1\frac{7}{8}+\frac{6}{8}$　$2\frac{5}{8}\left(\frac{21}{8}\right)$
⑨ $1\frac{7}{9}+1\frac{3}{9}$　$3\frac{1}{9}\left(\frac{28}{9}\right)$
⑩ $2\frac{4}{7}+\frac{11}{7}$　$4\frac{1}{7}\left(\frac{29}{7}\right)$

P162

分数（30） 帯分数のあるひき算③　名前　月　日

● 計算をしましょう。

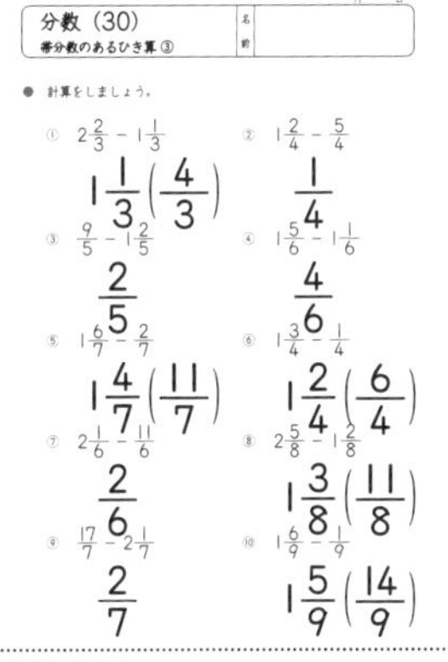

分数（31）　名前　月　日

● 計算をしましょう。

① $1\frac{2}{3}\left(\frac{5}{3}\right)$
② $\frac{2}{4}$
③ $\frac{4}{6}$
④ $1\frac{1}{5}\left(\frac{6}{5}\right)$
⑤ $\frac{4}{9}$
⑥ $\frac{3}{7}$
⑦ $1\frac{2}{8}\left(\frac{10}{8}\right)$
⑧ $\frac{1}{3}$
⑨ $\frac{2}{4}$
⑩ $\frac{7}{9}$

P163

分数（32） 分数のたし算⑨　名前　月　日

● 計算をしましょう。

① $\frac{8}{7}\left(1\frac{1}{7}\right)$
② $\frac{14}{3}\left(4\frac{2}{3}\right)$
③ $\frac{4}{4}=1$
④ $\frac{6}{2}=3$
⑤ $\frac{5}{8}$
⑥ $3\frac{1}{5}\left(\frac{16}{5}\right)$
⑦ $\frac{18}{10}\left(1\frac{8}{10}\right)$
⑧ $\frac{23}{9}\left(2\frac{5}{9}\right)$
⑨ $\frac{19}{11}\left(1\frac{8}{11}\right)$
⑩ $\frac{14}{4}\left(3\frac{2}{4}\right)$
⑪ $\frac{10}{3}\left(3\frac{1}{3}\right)$
⑫ $\frac{17}{6}\left(2\frac{5}{6}\right)$
⑬ $\frac{20}{12}\left(1\frac{8}{12}\right)$
⑭ $3\frac{6}{8}\left(\frac{30}{8}\right)$
⑮ $\frac{19}{9}\left(2\frac{1}{9}\right)$
⑯ $\frac{26}{10}\left(2\frac{6}{10}\right)$
⑰ $\frac{10}{6}\left(1\frac{4}{6}\right)$
⑱ $\frac{20}{5}=4$
⑲ $3\frac{2}{7}\left(\frac{23}{7}\right)$
⑳ $\frac{17}{11}\left(1\frac{6}{11}\right)$

分数（33） 分数のひき算⑨　名前　月　日

● 計算をしましょう。

① $\frac{4}{6}$
② $1\frac{1}{3}\left(\frac{4}{3}\right)$
③ $\frac{5}{4}\left(1\frac{1}{4}\right)$
④ $\frac{4}{7}$
⑤ $\frac{8}{10}$
⑥ $\frac{6}{8}$
⑦ $\frac{7}{9}$
⑧ $\frac{8}{3}\left(2\frac{2}{3}\right)$
⑨ $1\frac{2}{5}\left(\frac{7}{5}\right)$
⑩ $\frac{6}{2}=3$
⑪ $\frac{2}{11}$
⑫ $\frac{10}{4}\left(2\frac{2}{4}\right)$
⑬ $\frac{3}{6}$
⑭ $\frac{5}{12}$
⑮ $\frac{4}{10}$
⑯ $\frac{9}{5}\left(1\frac{4}{5}\right)$
⑰ $\frac{3}{8}$
⑱ $\frac{14}{7}=2$
⑲ $1\frac{4}{9}\left(\frac{13}{9}\right)$
⑳ $2\frac{4}{11}\left(\frac{26}{11}\right)$

P164

分数（34） 分数のたし算⑩　名前　月　日

● 計算をしましょう。

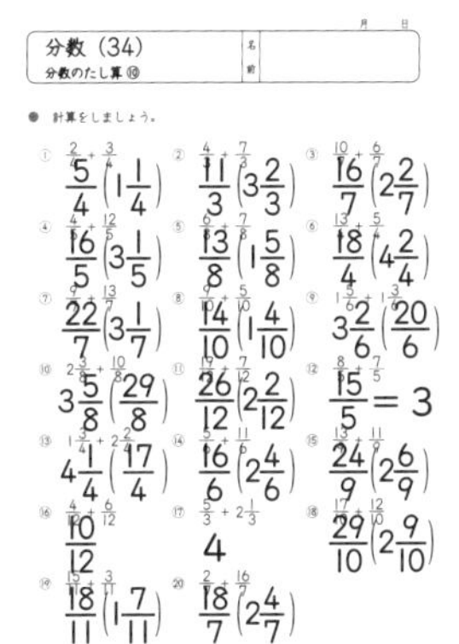

分数（35） 分数のひき算⑩　名前　月　日

● 計算をしましょう。

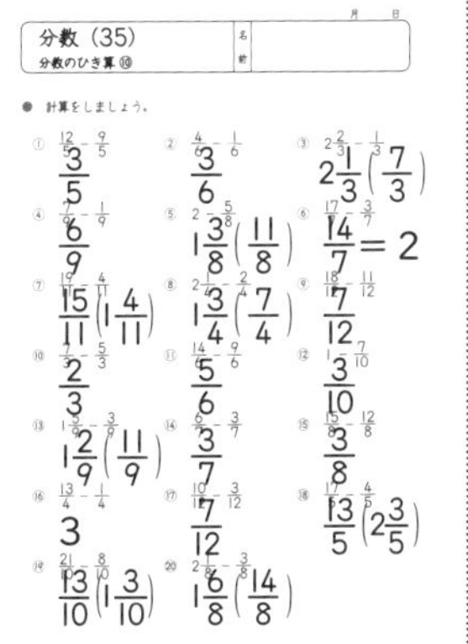

P165

分数（36） 分数のたし算⑪　名前　月　日

● 計算をしましょう。

① $\frac{5}{4}\left(1\frac{1}{4}\right)$
② $2\frac{2}{3}\left(\frac{8}{3}\right)$
③ $\frac{15}{5}=3$
④ $\frac{30}{9}\left(3\frac{3}{9}\right)$
⑤ $\frac{17}{7}\left(2\frac{3}{7}\right)$
⑥ $\frac{21}{6}\left(3\frac{3}{6}\right)$
⑦ $\frac{13}{10}\left(1\frac{3}{10}\right)$
⑧ $2\frac{3}{4}\left(\frac{11}{4}\right)$
⑨ 4
⑩ $\frac{21}{11}\left(1\frac{10}{11}\right)$
⑪ $\frac{12}{12}=1$
⑫ $\frac{22}{8}\left(2\frac{6}{8}\right)$
⑬ $\frac{17}{8}\left(2\frac{1}{8}\right)$
⑭ $\frac{19}{6}\left(3\frac{1}{6}\right)$
⑮ $\frac{34}{9}\left(3\frac{7}{9}\right)$
⑯ $\frac{11}{7}\left(1\frac{4}{7}\right)$
⑰ $2\frac{3}{5}\left(\frac{13}{5}\right)$
⑱ $\frac{22}{10}\left(2\frac{2}{10}\right)$
⑲ $\frac{27}{12}\left(2\frac{3}{12}\right)$
⑳ $1\frac{5}{11}\left(\frac{16}{11}\right)$

分数（37） 分数のひき算⑪　名前　月　日

● 計算をしましょう。

① $\frac{5}{8}$
② $1\frac{3}{6}\left(\frac{9}{6}\right)$
③ $\frac{8}{4}=2$
④ $\frac{2}{3}$
⑤ $\frac{5}{9}$
⑥ $2\frac{1}{7}\left(\frac{15}{7}\right)$
⑦ $\frac{13}{10}\left(1\frac{3}{10}\right)$
⑧ $\frac{14}{5}\left(2\frac{4}{5}\right)$
⑨ $\frac{5}{12}$
⑩ $\frac{7}{7}=1$
⑪ $\frac{8}{6}\left(1\frac{2}{6}\right)$
⑫ 3
⑬ $\frac{6}{11}$
⑭ $2\frac{6}{8}\left(\frac{22}{8}\right)$
⑮ $\frac{11}{9}\left(1\frac{2}{9}\right)$
⑯ $\frac{14}{4}\left(3\frac{2}{4}\right)$
⑰ $2\frac{4}{7}\left(\frac{18}{7}\right)$
⑱ $\frac{7}{10}$
⑲ 1
⑳ $\frac{10}{11}$

解答

児童に実施させる前に，必ず指導される方が問題を解いてください。本書の解答は，あくまでも１つの例です。

P166

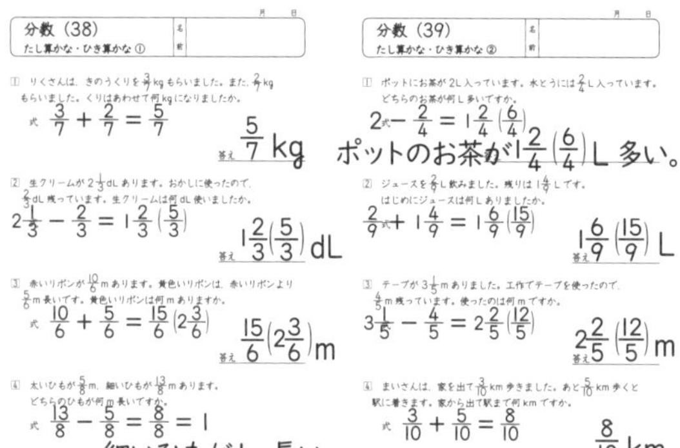

P167

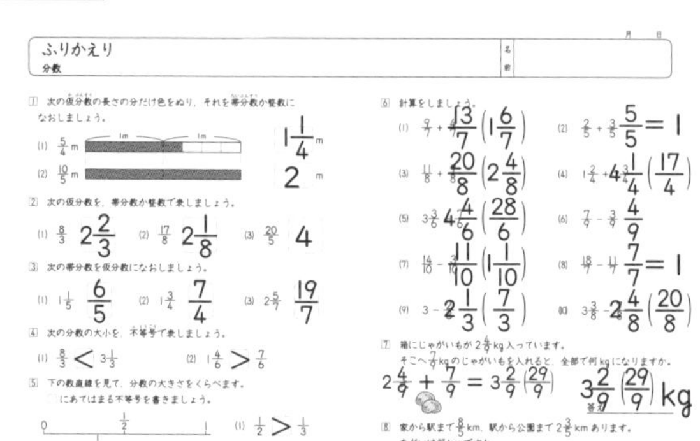

P168

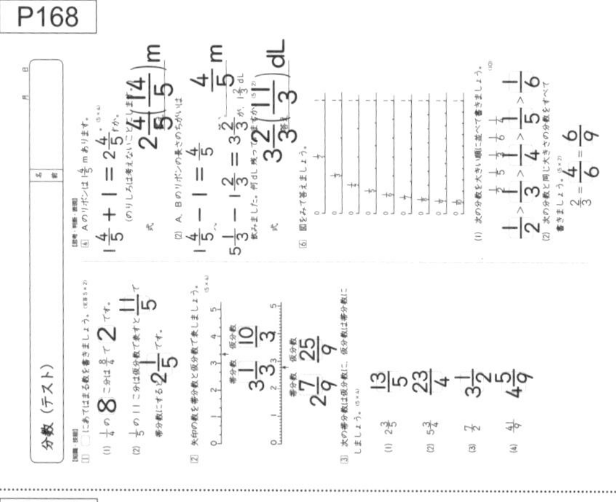

P169

P170

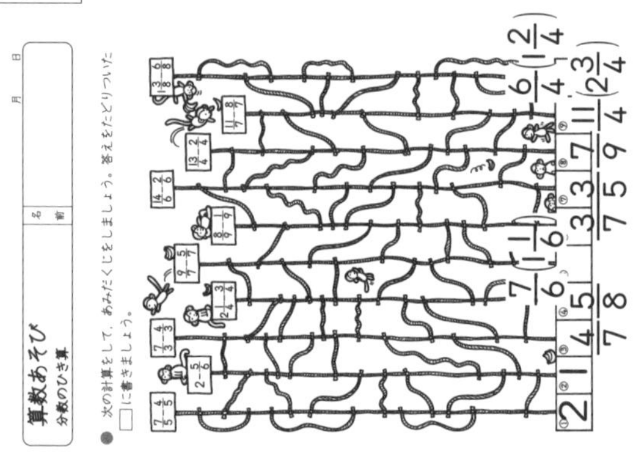

P171

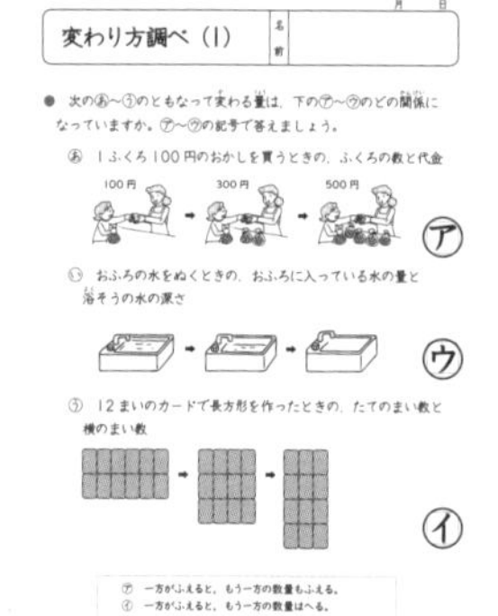

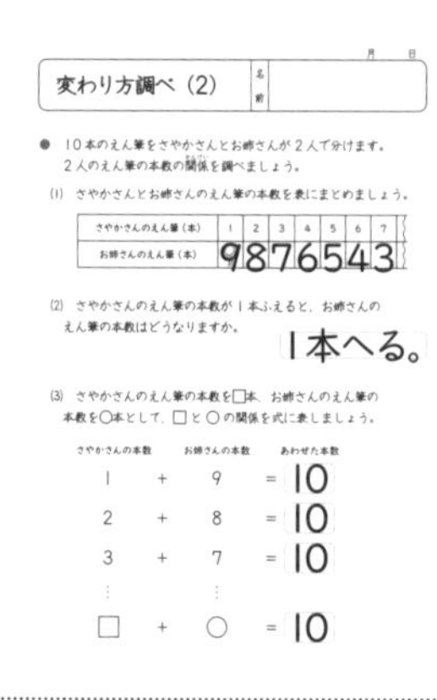

P172

P173

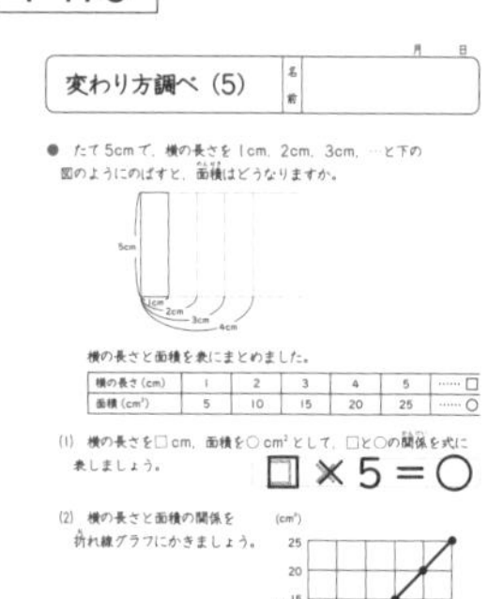

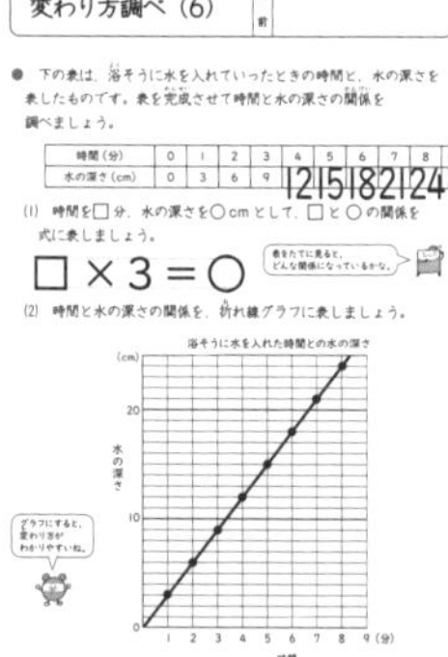

（解答は，200 ～ 300%に拡大してお使い下さい。）

指導される方の作られた解答をもとに，本書の解答例を参考に児童の多様な考えに寄り添って○つけをお願いします。　**解答**

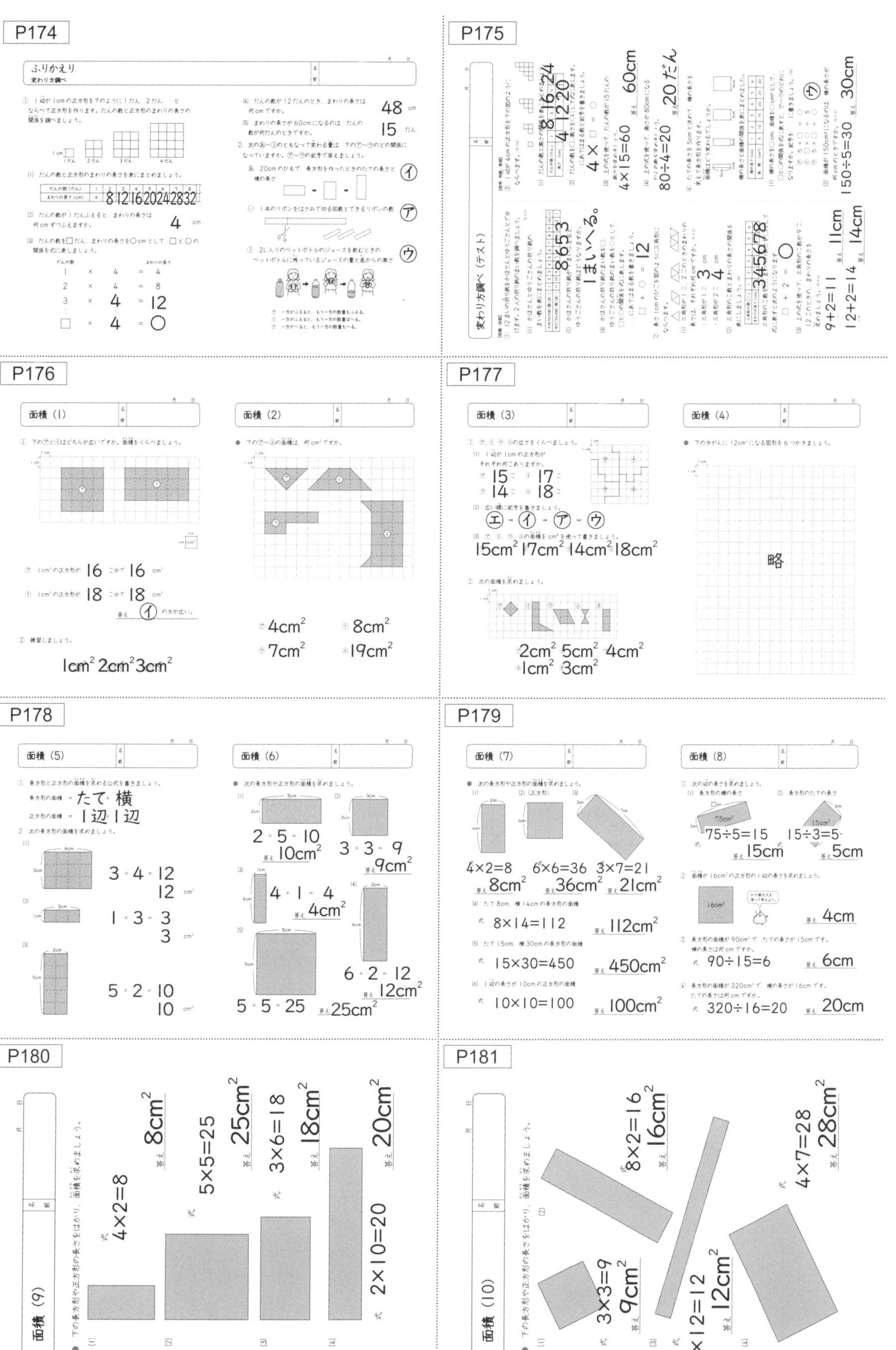

(テストの文章題は，式５点，答え５点として，配点しています。)

児童に実施させる前に，必ず指導される方が問題を解いてください。本書の解答は，あくまでも１つの例です。

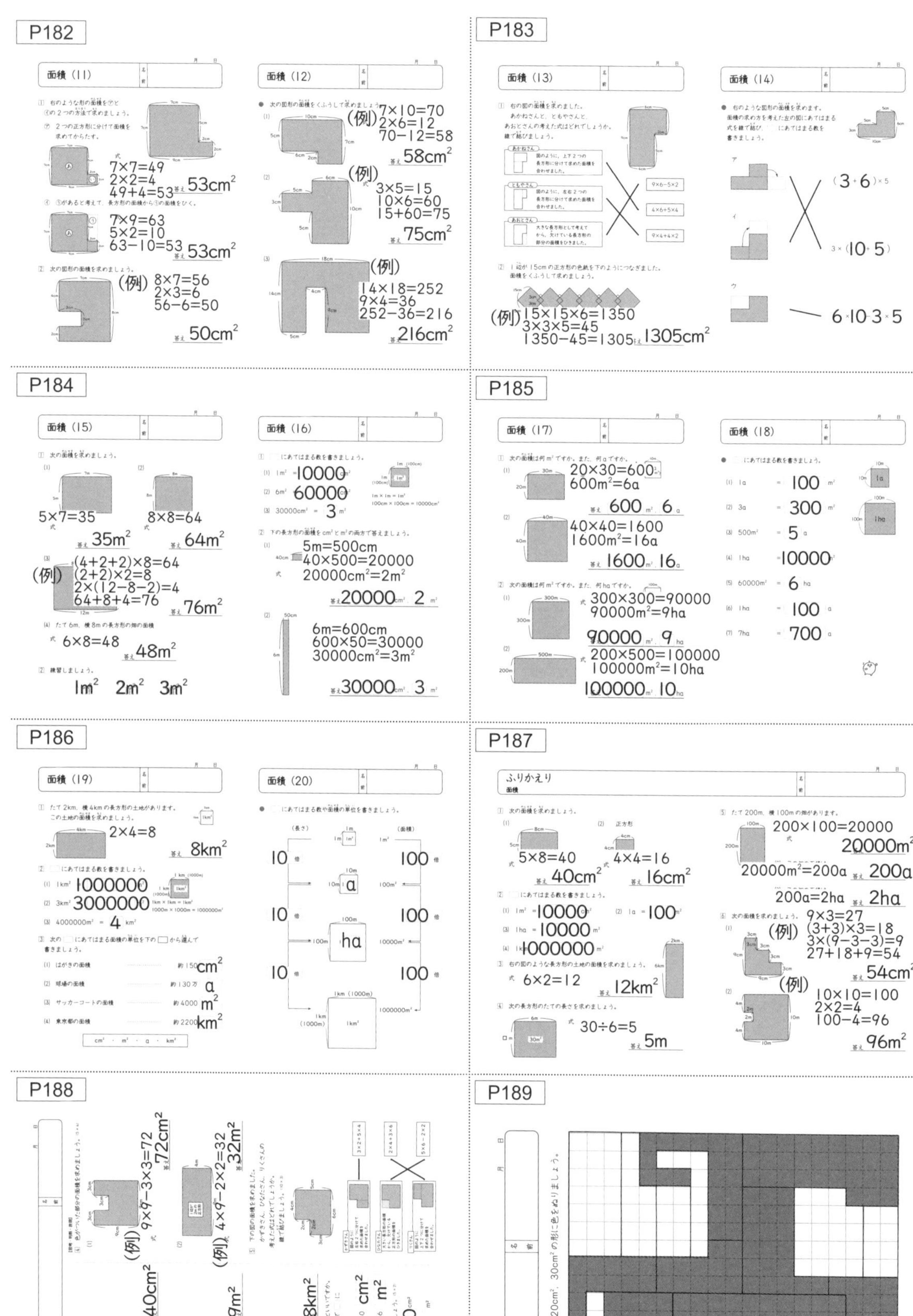

（解答は，200 ～ 300%に拡大してお使い下さい。）

指導される方の作られた解答をもとに，本書の解答例を参考に児童の多様な考えに寄り添って○つけをお願いします。

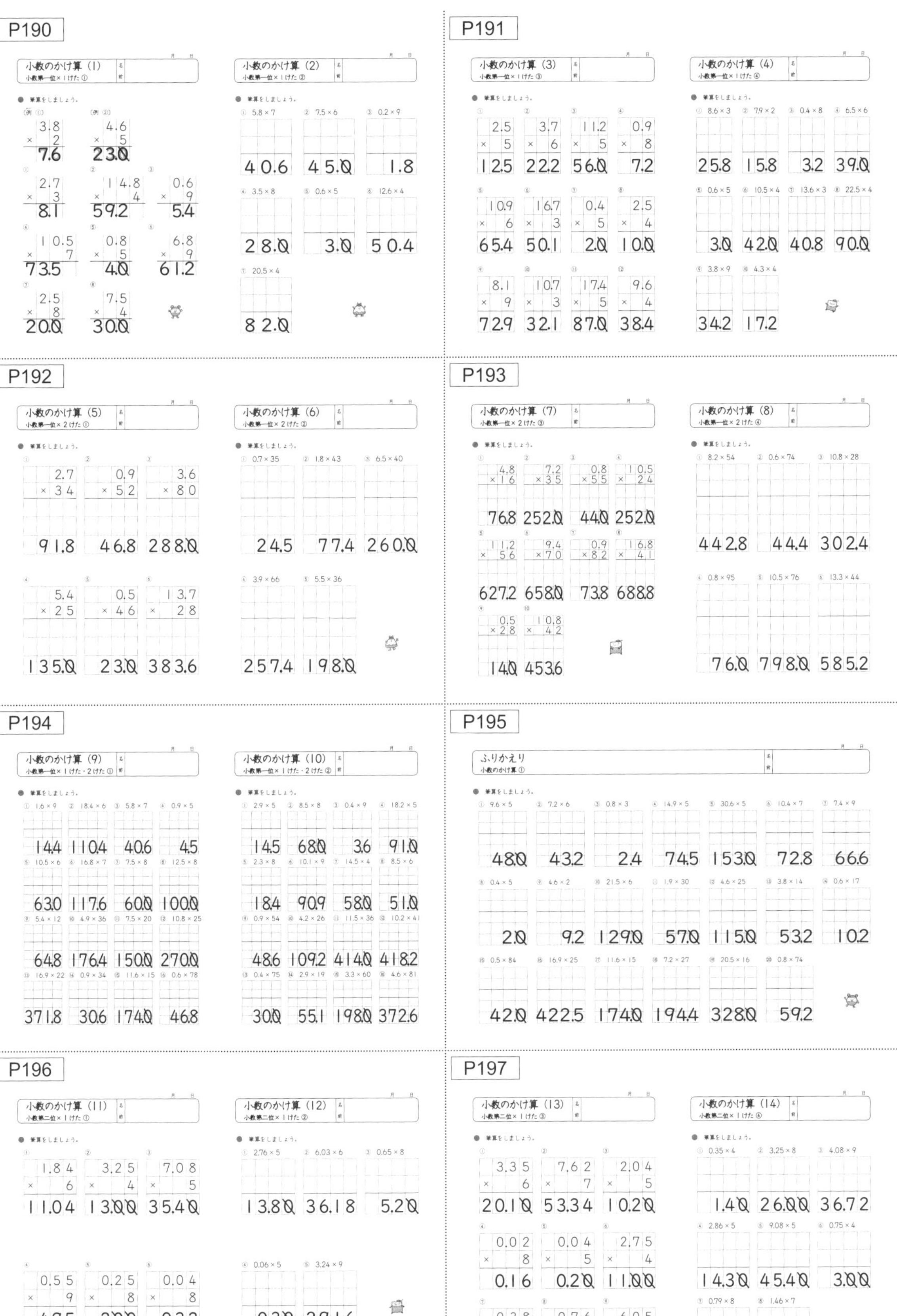

P190

小数のかけ算 (1) 小数第一位×1けた①
筆算をしましょう。
(例①) 3.8×2=7.6　(例②) 4.6×5=23.0
① 2.7×3=8.1　② 14.8×4=59.2　③ 0.6×9=5.4
④ 10.5×7=73.5　⑤ 0.8×5=4.0　⑥ 6.8×9=61.2
⑦ 2.5×8=20.0　⑧ 7.5×4=30.0

小数のかけ算 (2) 小数第一位×1けた②
筆算をしましょう。
① 5.8×7　40.6　② 7.5×6　45.0　③ 0.2×9　1.8
④ 3.5×8　28.0　⑤ 0.6×5　3.0　⑥ 12.6×4　50.4
⑦ 20.5×4　82.0

P191

小数のかけ算 (3) 小数第一位×1けた③
筆算をしましょう。
① 2.5×5=12.5　② 3.7×6=22.2　③ 11.2×5=56.0　④ 0.9×8=7.2
⑤ 10.9×6=65.4　⑥ 16.7×3=50.1　⑦ 0.4×5=2.0　⑧ 2.5×4=10.0
⑨ 8.1×9=72.9　⑩ 10.7×3=32.1　⑪ 17.4×5=87.0　⑫ 9.6×4=38.4

小数のかけ算 (4) 小数第一位×1けた④
筆算をしましょう。
① 8.6×3　25.8　② 7.9×2　15.8　③ 0.4×8　3.2　④ 6.5×6　39.0
⑤ 0.6×5　3.0　⑥ 10.5×4　42.0　⑦ 13.6×3　40.8　⑧ 22.5×4　90.0
⑨ 3.8×9　34.2　⑩ 4.3×4　17.2

P192

小数のかけ算 (5) 小数第一位×2けた①
筆算をしましょう。
① 2.7×34=91.8　② 0.9×52=46.8　③ 3.6×80=288.0
④ 5.4×25=135.0　⑤ 0.5×46=23.0　⑥ 13.7×28=383.6

小数のかけ算 (6) 小数第一位×2けた②
筆算をしましょう。
① 0.7×35　24.5　② 1.8×43　77.4　③ 6.5×40　260.0
④ 3.9×66　257.4　⑤ 5.5×36　198.0

P193

小数のかけ算 (7) 小数第一位×2けた③
筆算をしましょう。
① 4.8×16=76.8　② 7.2×35=252.0　③ 0.8×55=44.0　④ 10.5×24=252.0
⑤ 11.2×56=627.2　⑥ 9.4×70=658.0　⑦ 0.9×82=73.8　⑧ 16.8×41=688.8
⑨ 0.5×28=14.0　⑩ 10.8×42=453.6

小数のかけ算 (8) 小数第一位×2けた④
筆算をしましょう。
① 8.2×54　442.8　② 0.6×74　44.4　③ 10.8×28　302.4
④ 0.8×95　76.0　⑤ 10.5×76　798.0　⑥ 13.3×44　585.2

P194

小数のかけ算 (9) 小数第一位×1けた・2けた①
筆算をしましょう。
① 1.6×9　14.4　② 18.4×6　110.4　③ 5.8×7　40.6　④ 0.9×5　4.5
⑤ 10.5×6　63.0　⑥ 16.8×7　117.6　⑦ 7.5×8　60.0　⑧ 12.5×8　100.0
⑨ 5.4×12　64.8　⑩ 4.9×36　176.4　⑪ 7.5×20　150.0　⑫ 10.8×25　270.0
⑬ 16.9×22　371.8　⑭ 0.9×34　30.6　⑮ 11.6×15　174.0　⑯ 0.6×78　46.8

小数のかけ算 (10) 小数第一位×1けた・2けた②
筆算をしましょう。
① 2.9×5　14.5　② 8.5×8　68.0　③ 0.4×9　3.6　④ 18.2×5　91.0
⑤ 2.3×8　18.4　⑥ 10.1×9　90.9　⑦ 14.5×4　58.0　⑧ 8.5×6　51.0
⑨ 0.9×54　48.6　⑩ 4.2×26　109.2　⑪ 11.5×36　414.0　⑫ 10.2×41　418.2
⑬ 0.4×75　30.0　⑭ 2.9×19　55.1　⑮ 3.3×60　198.0　⑯ 4.6×81　372.6

P195

ふりかえり 小数のかけ算①
筆算をしましょう。
① 9.6×5　48.0　② 7.2×6　43.2　③ 0.8×3　2.4　④ 14.9×5　74.5　⑤ 30.6×5　153.0　⑥ 10.4×7　72.8　⑦ 7.4×9　66.6
⑧ 0.4×5　2.0　⑨ 4.6×2　9.2　⑩ 21.5×6　129.0　⑪ 1.9×30　57.0　⑫ 4.6×25　115.0　⑬ 3.8×14　53.2　⑭ 0.6×17　10.2
⑮ 0.5×84　42.0　⑯ 16.9×25　422.5　⑰ 11.6×15　174.0　⑱ 7.2×27　194.4　⑲ 20.5×16　328.0　⑳ 0.8×74　59.2

P196

小数のかけ算 (11) 小数第二位×1けた①
筆算をしましょう。
① 1.84×6=11.04　② 3.25×4=13.00　③ 7.08×5=35.40
④ 0.55×9=4.95　⑤ 0.25×8=2.00　⑥ 0.04×8=0.32

小数のかけ算 (12) 小数第二位×1けた②
筆算をしましょう。
① 2.76×5　13.80　② 6.03×6　36.18　③ 0.65×8　5.20
④ 0.06×5　0.30　⑤ 3.24×9　29.16

P197

小数のかけ算 (13) 小数第二位×1けた③
筆算をしましょう。
① 3.35×6=20.10　② 7.62×7=53.34　③ 2.04×5=10.20
④ 0.02×8=0.16　⑤ 0.04×5=0.20　⑥ 2.75×4=11.00
⑦ 0.38×5=1.90　⑧ 0.76×3=2.28　⑨ 6.05×9=54.45

小数のかけ算 (14) 小数第二位×1けた④
筆算をしましょう。
① 0.35×4　1.40　② 3.25×8　26.00　③ 4.08×9　36.72
④ 2.86×5　14.30　⑤ 9.08×5　45.40　⑥ 0.75×4　3.00
⑦ 0.79×8　6.32　⑧ 1.46×7　10.22

（テストの文章題は，式５点，答え５点として，配点しています。）

解答

児童に実施させる前に，必ず指導される方が問題を解いてください。本書の解答は，あくまでも1つの例です。

P198

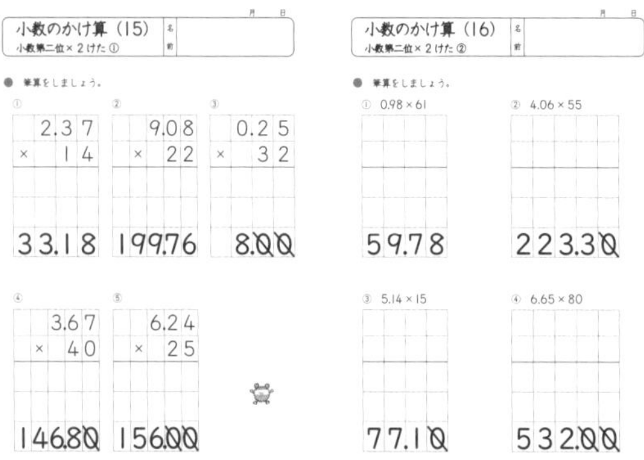

P199

小数のかけ算（17）
小数第二位×2けた③

● 筆算をしましょう。

① 3.25×24 = 78.00
② 9.06×19 = 172.14
③ 0.65×29 = 18.85
④ 4.86×37 = 179.82
⑤ 3.26×50 = 163.00
⑥ 0.95×14 = 13.30
⑦ 7.16×35 = 250.60
⑧ 5.05×16 = 80.80

小数のかけ算（18）
小数第二位×2けた④

● 筆算をしましょう。

① 8.08×45 = 363.60
② 3.67×29 = 106.43
③ 3.04×25 = 76.00
④ 8.38×15 = 125.70
⑤ 4.33×80 = 346.40
⑥ 0.12×25 = 3.00

P200

小数のかけ算（20）
小数第二位×1けた・2けた②

● 筆算をしましょう。

① 3.65×6 = 21.90
② 4.25×8 = 34.00
③ 0.87×9 = 7.83
④ 0.14×5 = 0.70
⑤ 0.07×6 = 0.42
⑥ 1.69×4 = 6.76
⑦ 8.02×3 = 24.06
⑧ 9.05×8 = 72.40
⑨ 6.53×14 = 91.42
⑩ 8.04×24 = 192.96
⑪ 3.06×15 = 45.90
⑫ 0.94×25 = 23.50
⑬ 0.28×25 = 7.00
⑭ 7.18×55 = 394.90
⑮ 1.25×32 = 40.00
⑯ 9.04×25 = 226.00

P201

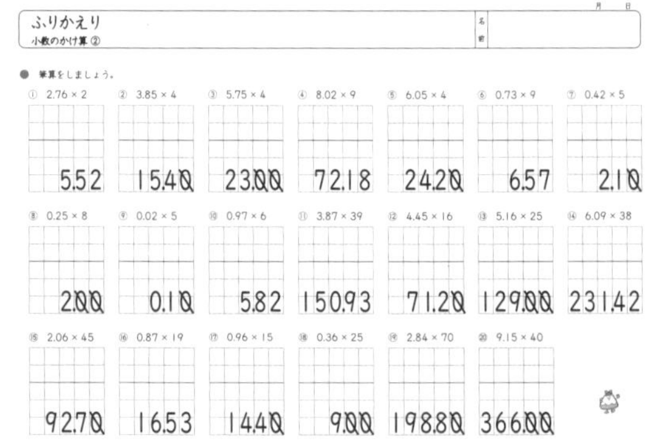

ふりかえり
小数のかけ算②
筆算をしましょう。
① 2.76×2 = 5.52
② 3.85×4 = 15.40
③ 5.75×4 = 23.00
④ 8.02×9 = 72.18
⑤ 6.05×4 = 24.20
⑥ 0.73×9 = 6.57
⑦ 0.42×5 = 2.10
⑧ 0.25×8 = 2.00
⑨ 0.02×5 = 0.10
⑩ 0.97×6 = 5.82
⑪ 3.87×39 = 150.93
⑫ 4.45×16 = 71.20
⑬ 5.16×25 = 129.00
⑭ 6.09×38 = 231.42
⑮ 2.06×45 = 92.70
⑯ 0.87×19 = 16.53
⑰ 0.96×15 = 14.40
⑱ 0.36×25 = 9.00
⑲ 2.84×70 = 198.80
⑳ 9.15×40 = 366.00

P202

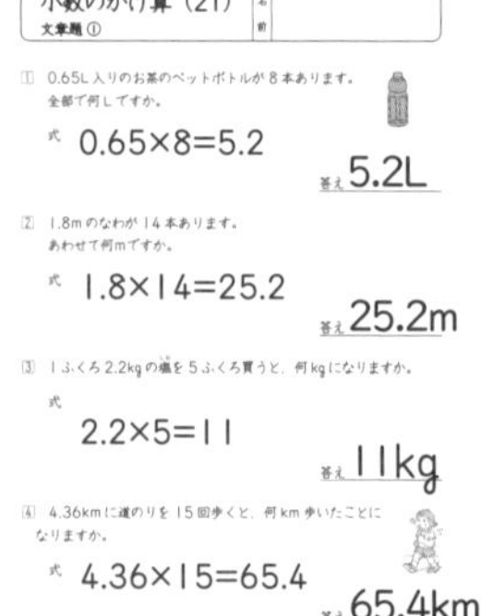

小数のかけ算（21）
文章題①
① 0.65L入りのお茶のペットボトルが8本あります。全部で何Lですか。
式 0.65×8=5.2
答え 5.2L
② 1.8mのなわが14本あります。あわせて何mですか。
式 1.8×14=25.2
答え 25.2m
③ 1ふくろ2.2kgの塩を5ふくろ買うと，何kgになりますか。
式 2.2×5=11
答え 11kg
④ 4.36kmに道のりを15回歩くと，何km歩いたことになりますか。
式 4.36×15=65.4
答え 65.4km

小数のかけ算（22）
文章題②
① 1さつ1.5kgの図かんが6さつあります。全部で何kgになりますか。
式 1.5×6=9
答え 9kg
② 1.25Lの水を8回入れると，バケツがいっぱいになりました。バケツには何L入りましたか。
式 1.25×8=10
答え 10L
③ テープを1.32mずつ切ると，ちょうど44本でした。はじめに何mありましたか。
式 1.32×44=58.08
答え 58.08m
④ 米を17人で分けると，ちょうど1人1.12kgで分けられました。米は何kgありましたか。
式 1.12×17=19.04
答え 19.04kg

P203

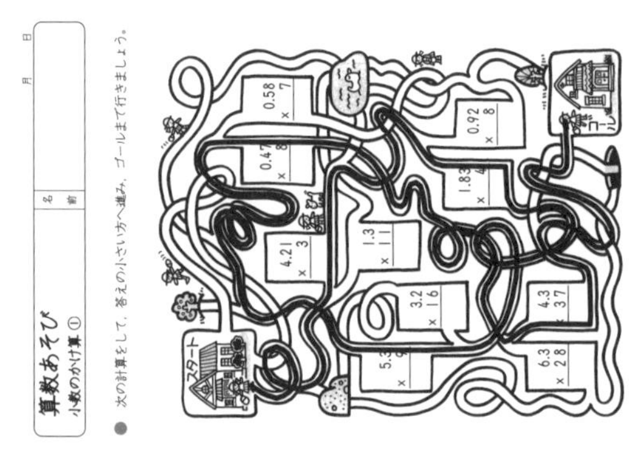

算数あそび
小数のかけ算①
次の計算をして，答えの小さい方へ進み，ゴールまで行きましょう。
スタート
ゴール

P204

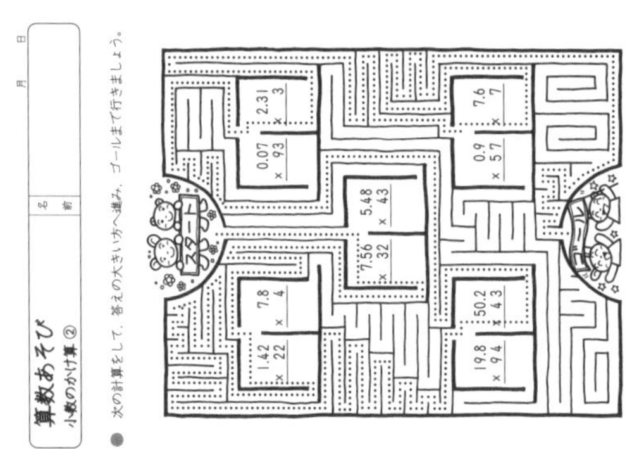

算数あそび
小数のかけ算②
次の計算をして，答えの大きい方へ進み，ゴールまで行きましょう。
スタート

P205

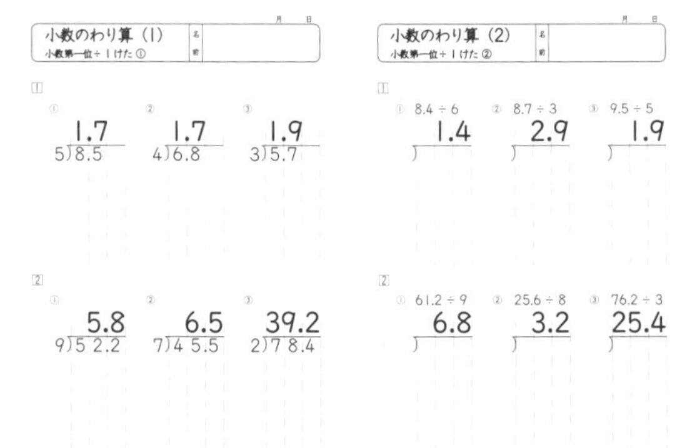

（解答は，200～300％に拡大してお使い下さい。）

指導される方の作られた解答をもとに，本書の解答例を参考に児童の多様な考えに寄り添って○つけをお願いします。

解答

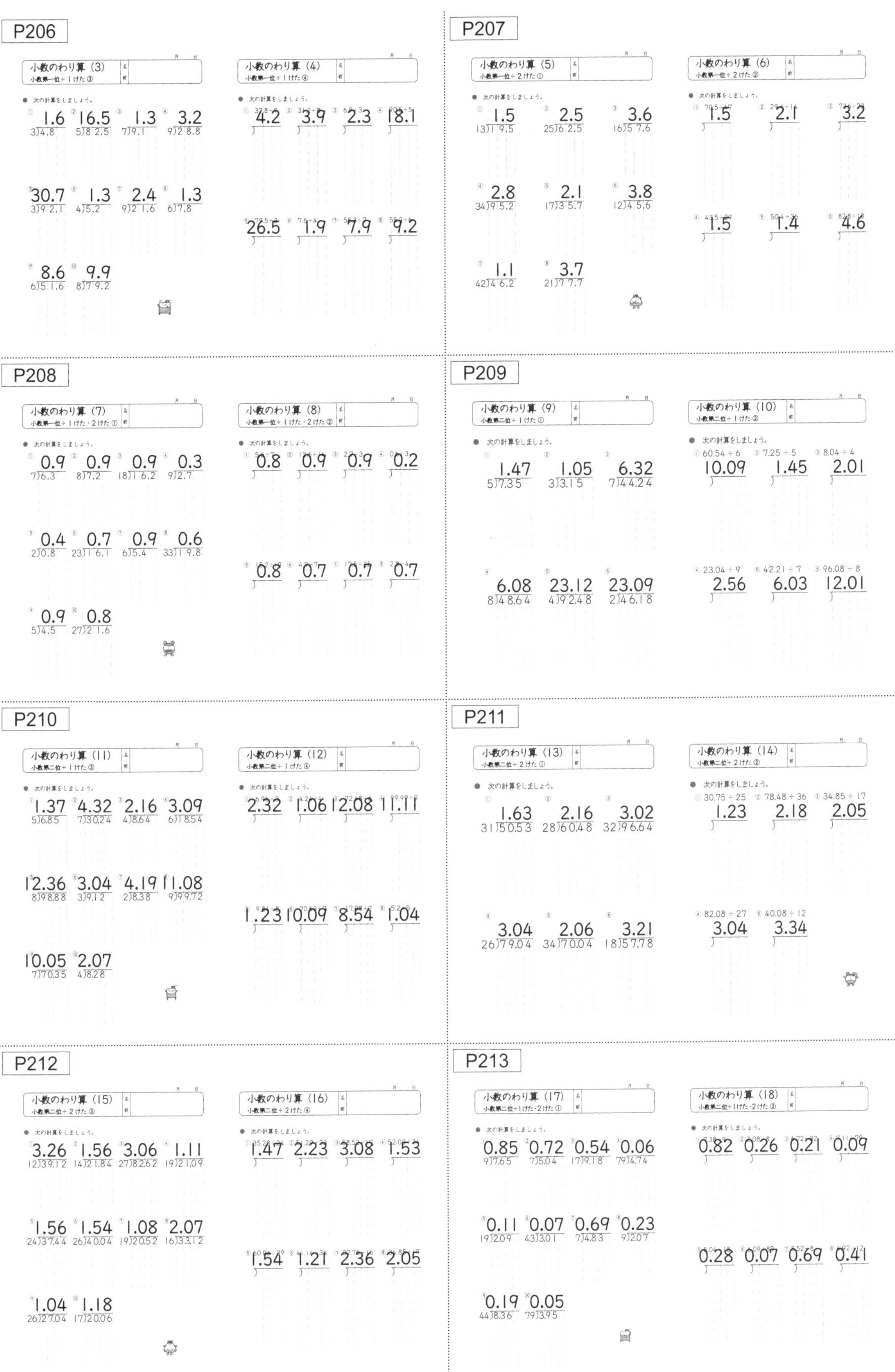

解答

児童に実施させる前に，必ず指導される方が問題を解いてください。本書の解答は，あくまでも１つの例です。

P214

小数のわり算（19） 小数第二位÷１けた・２けた③

0.59　0.18　0.24　0.06
0.27　0.06　0.73　0.86
0.31　0.06

小数のわり算（20） 小数第二位÷１けた・２けた④

0.87　0.68　0.19　0.07
0.14　0.07　0.47　0.41

P215

小数のわり算（21） 小数第二位÷１けた・２けた⑤

0.67　0.38　0.17　0.08
0.23　0.07　0.69　0.98
0.41　0.03

小数のわり算（22） 小数第二位÷１けた・２けた⑥

0.82　0.43　0.23　0.09
0.14　0.07　0.74　0.89

P216

小数のわり算（23） 小数第二位・三位÷１けた・２けた①

0.17　0.09　0.03　0.171
0.068　0.027　0.004　0.24
0.09　0.02

小数のわり算（24） 小数第二位・三位÷１けた・２けた②

0.14　0.09　0.03　0.124
0.072　0.041　0.004　0.12

P217

小数のわり算（25） 小数第二位・三位÷１けた・２けた③

0.19　0.07　0.07　0.189
0.078　0.014　0.007　0.042
0.08　0.03

小数のわり算（26） 小数第二位・三位÷１けた・２けた④

0.12　0.08　0.04　0.214
0.076　0.012　0.006　0.13

P218

小数のわり算（27） わり進み①

1.48　3.5　2.25　0.65
3.2　0.35　0.16　0.096
0.06　0.025

小数のわり算（28） わり進み②

1.15　3.4　3.75　3.625
0.12　0.064　0.24　0.14

P219

小数のわり算（29） いろいろな型①

0.43　2.08　0.013　2.25　24.2
1.83　0.04　0.06　2.06　2.3
6.4　0.154　2.24　0.55　3.85
20.06　0.13　0.47　0.75　0.64

小数のわり算（30） いろいろな型②

1.4　6.51　0.087　0.02
1.79　1.3　12.01　0.06
0.004　0.25　8.3　31.78
0.35　1.81　1.09　0.73

P220

小数のわり算（31） いろいろな型③

4.29　6.04　0.15　0.04　0.002
2.53　9.7　0.09　0.47　3.9
1.9　1.46　0.138　0.525　0.52
2.73　0.45　13.02　0.21　1.58

小数のわり算（32） いろいろな型④

0.28　0.041　0.05　14.7
1.02　0.08　0.21　2.13
3.75　2.5　3.8　10.07
0.08　0.16　3.08　13.44

P221

小数のわり算（33） いろいろな型⑤

5.2　11.62　10.05　1.09　0.31
0.277　0.07　0.85　0.05　2.62
0.95　7.36　0.08　2.22　13.4
2.6　26.04　3.47　4.7　0.88

小数のわり算（34） いろいろな型⑥

7.9　0.03　0.65　0.007
0.061　0.16　1.17　0.625
5.07　0.082　4.25　2.11
1.03　0.03　0.05　0.27

（解答は，200 ～ 300%に拡大してお使い下さい。）

P222

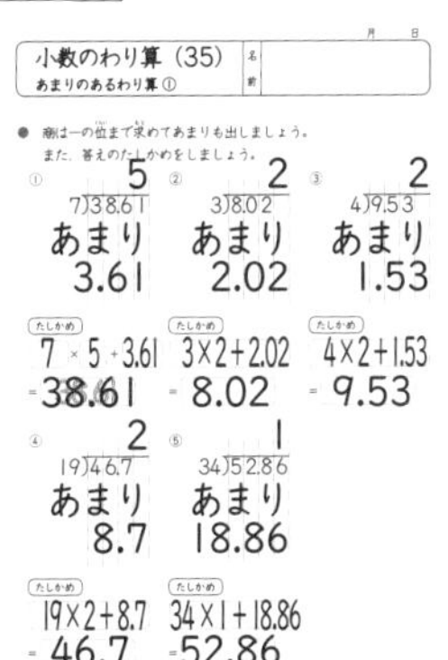

小数のわり算（35） あまりのあるわり算①

● 商は一の位まで求めてあまりも出しましょう。また，答えのたしかめをしましょう。

① 5 あまり 3.61　② 2 あまり 2.02　③ 2 あまり 1.53

たしかめ　7×5+3.61=38.61　3×2+2.02=8.02　4×2+1.53=9.53

④ 2 あまり 8.7　⑤ 1 あまり 18.86

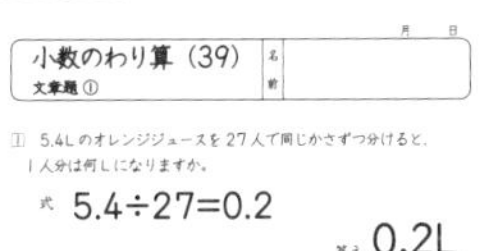

たしかめ　19×2+8.7=46.7　34×1+18.86=52.86

小数のわり算（36） あまりのあるわり算②

● 商は一の位まで求めてあまりも出しましょう。また，答えのたしかめをしましょう。

① 29.14÷6　4 あまり 5.14　② 7.07÷4　1 あまり 3.07　③ 5.81÷3　1 あまり 2.81

たしかめ　6×4+5.14=29.14　4×1+3.07=7.07　3×1+2.81=5.81

④ 37.6÷28　1 あまり 9.6　⑤ 94.52÷46　2 あまり 2.52

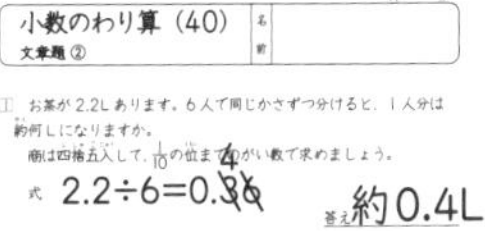

たしかめ　28×1+9.6=37.6　46×2+2.52=94.52

P223

小数のわり算（37） 商をがい数で求める①

● 商は四捨五入して，$\frac{1}{10}$の位までのがい数を求めましょう。

① 4　② 2.9　③ 0.3　④ 1.4

⑤ 1.7　⑥ 0.3　⑦ 1.7　⑧ 0.3

小数のわり算（38） 商をがい数で求める②

● 商は四捨五入して，$\frac{1}{10}$の位までのがい数を求めましょう。

① 1.5　② 0.2　③ 0.4　④ 0.5

⑤ 2.2　⑥ 1.6　⑦ 1.4　⑧ 1.6

P224

小数のわり算（39） 文章題①

1. 5.4Lのオレンジジュースを27人で同じかさずつ分けると，1人分は何Lになりますか。
   式 5.4÷27=0.2　答え 0.2L
2. 面積が38cm²の長方形があります。たての長さは8cmです。横の長さは何cmですか。
   式 38÷8=4.75　答え 4.75cm
3. 16Lのしょうゆの重さをはかったら，19.5kgありました。しょうゆ1Lの重さはおよそ何kgですか。答えは四捨五入して，$\frac{1}{10}$の位までのがい数で求めましょう。
   式 19.5÷16=1.21　答え 約1.2kg
4. 73.8cmのテープを24cmずつに切ります。24cmのテープは何本できて，何cmあまりますか。
   式 73.8÷24=3あまり1.8　答え 3本，あまり1.8cm

小数のわり算（40） 文章題②

1. お茶が2.2Lあります。6人で同じかさずつ分けると，1人分は約何Lになりますか。商は四捨五入して，$\frac{1}{10}$の位までのがい数で求めましょう。
   式 2.2÷6=0.36　答え 約0.4L
2. 長さ20.5cmのロールケーキを3cmずつに切ります。3cmのロールケーキは何こできて，何cmあまりますか。
   式 20.5÷3=6あまり2.5　答え 6こ，あまり2.5cm
3. 1Lのペンキで8m²のかべをぬることができます。42m²のかべをぬるには何Lのペンキがいりますか。
   式 42÷8=5.25　答え 5.25L
4. まわりの長さが63.92cmの正方形があります。1辺の長さは何cmですか。
   式 63.92÷4=15.98　答え 15.98cm

P225

ふりかえり 小数のわり算①

1. わりきれるまで計算しましょう。

① 5.9　② 2.47　③ 24.71　④ 1.7

⑤ 0.057　⑥ 0.38　⑦ 2.7　⑧ 0.55

⑨ 0.81　⑩ 0.03　⑪ 6.17　⑫ 0.25

⑬ 10.09　⑭ 5.46　⑮ 3.75　⑯ 3.07

⑰ 5.02　⑱ 1.38　⑲ 0.049　⑳ 1.4

㉑ 23.4　㉒ 0.07　㉓ 0.35　㉔ 3.89

2. さとうが11.2kgあります。7人で同じ重さに分けると，1人分は何kgになりますか。
   式 11.2÷7=1.6　答え 1.6kg
3. 1mの重さが12gのはり金があります。このはり金76.8gは何mですか。
   式 76.8÷12=6.4　答え 6.4m

P226

ふりかえり 小数のわり算②

1. わりきれるまで計算しましょう。

① 0.65　② 2.11　③ 2.08　④ 0.56

⑤ 0.006　⑥ 0.14　⑦ 4.93　⑧ 7.8

⑨ 0.08　⑩ 2.6　⑪ 0.04　⑫ 15.68

⑬ 0.92　⑭ 0.038　⑮ 0.03　⑯ 0.47

⑰ 0.02　⑱ 12.04　⑲ 0.19　⑳ 0.45

㉑ 44.8÷7　6.4　㉒ 0.968÷8　0.121　㉓ 35.58÷6　5.93　㉔ 71.76÷26　2.76

2. 1Lで4m²のかべがぬれるペンキがあります。14.7m²のかべをぬるには何Lのペンキがいりますか。四捨五入して，上から2けたのがい数で答えましょう。
   式 14.7÷4=3.67　答え 約3.7L
3. 83.2mのテープがあります。このテープを6mずつ切ります。6mのテープは何本できて，何mあまりますか。
   式 83.2÷6=13あまり5.2　答え 13本，あまり5.2m

P227

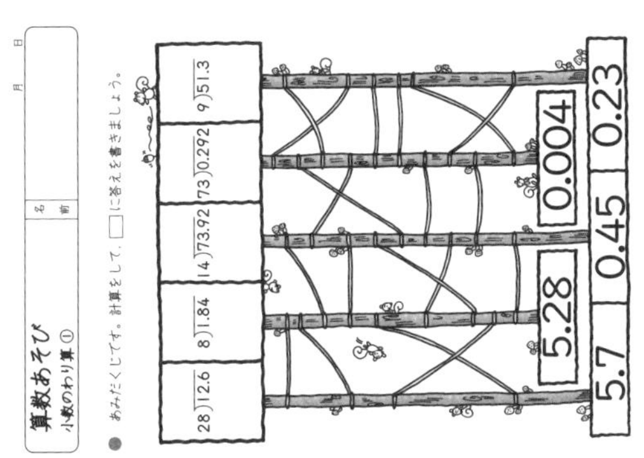

P228

算数あそび 小数のわり算②

● くのところにきたら，2つの計算をして，答えの大きい方へ進み，ゴールまで行きましょう。

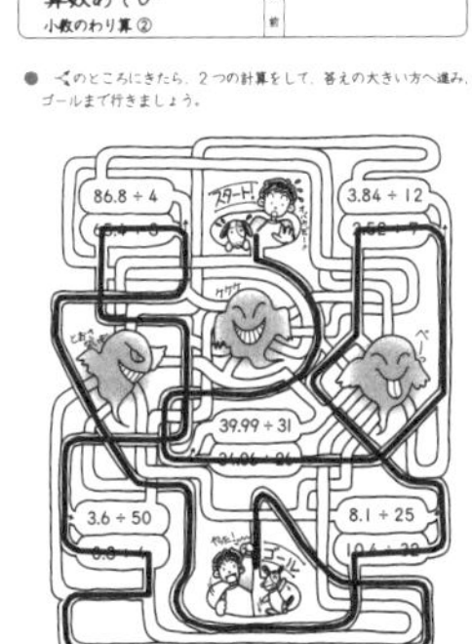

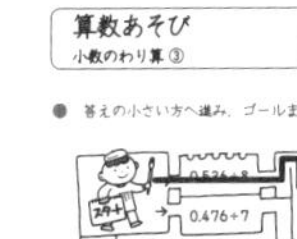

算数あそび 小数のわり算③

● 答えの小さい方へ進み，ゴールまで行きましょう。

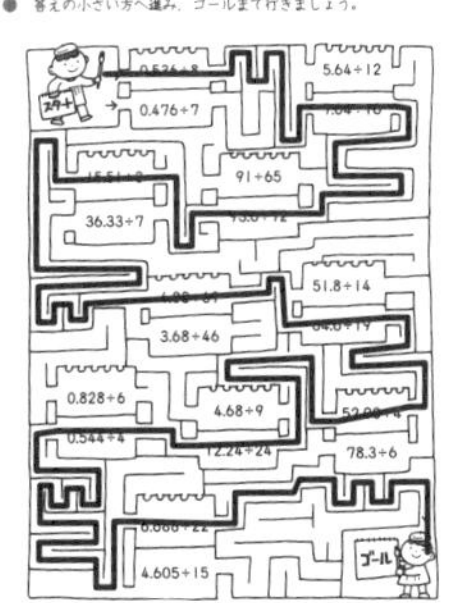

P229

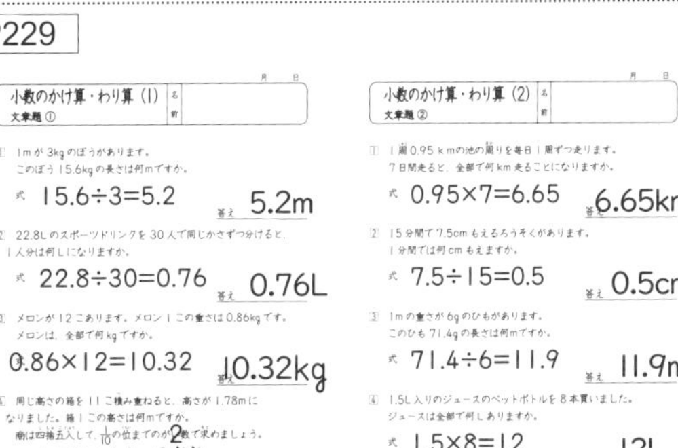

小数のかけ算・わり算（1） 文章題①

1. 1mが3kgのぼうがあります。このぼう15.6kgの長さは何mですか。
   式 15.6÷3=5.2　答え 5.2m
2. 22.8Lのスポーツドリンクを30人で同じかさずつ分けると，1人分は何Lになりますか。
   式 22.8÷30=0.76　答え 0.76L
3. メロンが12こあります。メロン1この重さは0.86kgです。メロンは，全部で何kgですか。
   式 0.86×12=10.32　答え 10.32kg
4. 同じ高さの箱を11こ積み重ねると，高さが1.78mになりました。箱1この高さは何mですか。商は四捨五入して，$\frac{1}{10}$の位までのがい数で求めましょう。
   式 1.78÷11=0.16　答え 約0.2m
5. たて3.8m，横3mの長方形のすな場の面積は何m²ですか。
   式 3.8×3=11.4　答え $11.4m^2$

小数のかけ算・わり算（2） 文章題②

1. 1周0.95 kmの池の周りを毎日1周ずつ走ります。7日間走ると，全部で何km走ることになりますか。
   式 0.95×7=6.65　答え 6.65km
2. 15分間で7.5cmもえるろうそくがあります。1分間では何cmもえますか。
   式 7.5÷15=0.5　答え 0.5cm
3. 1mの重さが6gのひもがあります。このひも71.4gの長さは何mですか。
   式 71.4÷6=11.9　答え 11.9m
4. 1.5L入りのジュースのペットボトルを8本買いました。ジュースは全部で何Lありますか。
   式 1.5×8=12　答え 12L
5. お米が23.9kgあります。このお米を3kgずつふくろに入れると，3kgのふくろは何ふくろできて，何kgあまりますか。
   式 23.9÷3=7あまり2.9　答え 7ふくろ，あまり2.9kg

児童に実施させる前に，必ず指導される方が問題を解いてください。本書の解答は，あくまでも１つの例です。

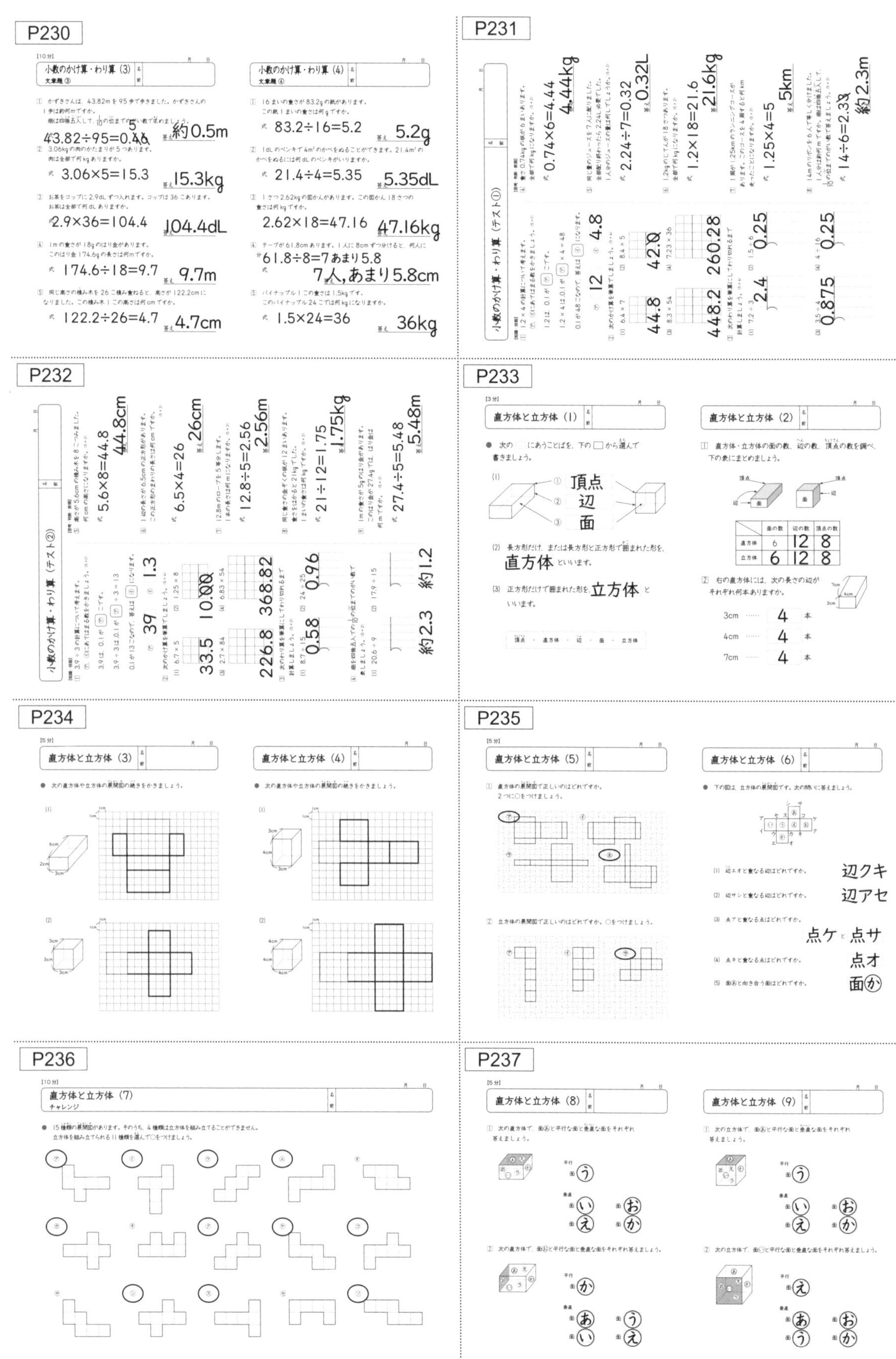

（解答は，200 ～ 300%に拡大してお使い下さい。）

P238

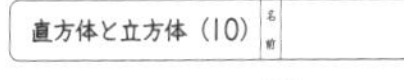

直方体と立方体（10）

1 次の直方体で，辺アイに平行な辺と垂直な辺を答えましょう。

平行 辺エウ 辺オカ 辺クキ

垂直 辺アエ 辺アオ 辺イウ 辺イカ

2 次の直方体で，辺ウキに平行な辺と垂直な辺を答えましょう。

平行 辺アオ 辺イカ 辺エク

垂直 辺イウ 辺ウエ 辺カキ 辺キク

直方体と立方体（11）

1 次の立方体で，辺イウに平行な辺と垂直な辺を答えましょう。

平行 辺アエ 辺オク 辺カキ

垂直 辺アイ 辺イカ 辺エウ 辺ウキ

2 次の直方体で，辺アオに平行な辺と垂直な辺を答えましょう。

平行 辺イカ 辺エク 辺ウキ

垂直 辺アイ 辺オカ 辺アエ 辺オク

P239

直方体と立方体（12）

1 次の直方体で，面あと平行な辺と垂直な辺を答えましょう。

平行 辺アイ 辺オカ 辺アオ 辺イカ

垂直 辺アエ 辺イウ 辺カキ 辺オク

2 次の直方体で，面えと平行な辺と垂直な辺を答えましょう。

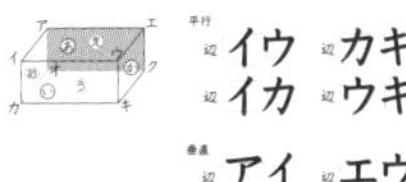

平行 辺イウ 辺カキ 辺イカ 辺ウキ

垂直 辺アイ 辺エウ 辺オカ 辺クキ

直方体と立方体（13）

1 次の立方体で，面うと平行な辺と垂直な辺を答えましょう。

平行 辺アイ 辺イウ 辺エウ 辺アエ

垂直 辺アオ 辺ウキ 辺イカ 辺エク

2 次の立方体で，面いと平行な辺と垂直な辺を答えましょう。

平行 辺アエ 辺アオ 辺オク 辺エク

垂直 辺アイ 辺エウ 辺オカ 辺クキ

P240

直方体と立方体（14）

● 下の直方体を見て，見取図の続きをかきましょう。（見えない線は点線でかきましょう。）

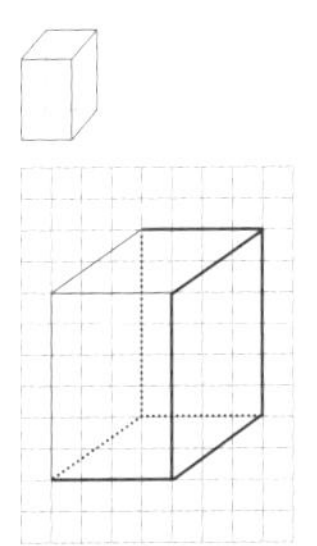

直方体と立方体（15）

● 下の立方体を見て，見取図の続きをかきましょう。（見えない線は点線でかきましょう。）

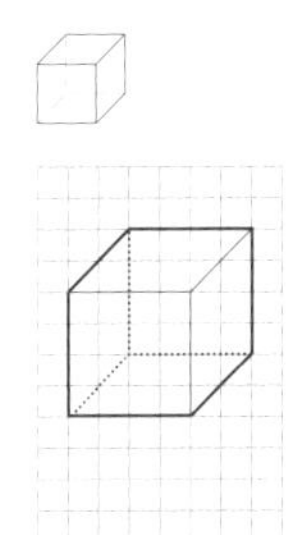

P241

直方体と立方体（16）

● 下のような直方体と立方体の見取図の続きをかきましょう。（見えない線は，点線でかきましょう。）

(1)

(2)

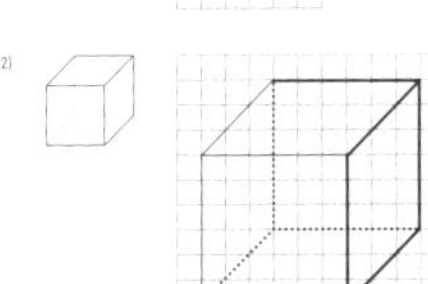

直方体と立方体（17）

● 下のような直方体と立方体の見取図の続きをかきましょう。（見えない線は，点線でかきましょう。）

(1)

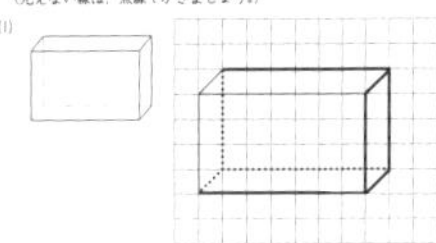

(2)

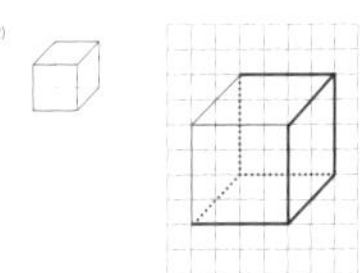

P242

直方体と立方体（18）

● 次のしるしの位置を（例）のように横とたての長さで表しましょう。

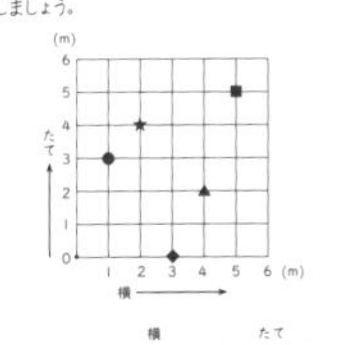

	横		たて
（例）▲	4m	の	2m
(1) ●	1m	の	3m
(2) ■	5m	の	5m
(3) ◆	3m	の	0m
(4) ★	2m	の	4m

直方体と立方体（19）

● アの位置は（30mの50m）と表します。イ～オの位置を同じように表しましょう。

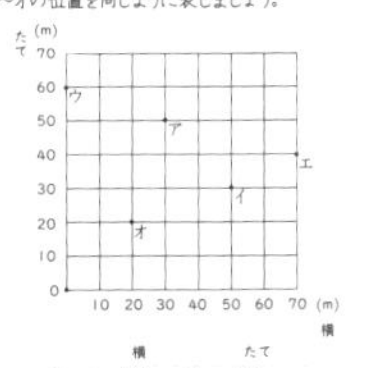

	横		たて
ア	30m	の	50m
イ	50m	の	30m
ウ	0m	の	60m
エ	70m	の	40m
オ	20m	の	20m

P243

直方体と立方体（20）

● ア～クの位置を横とたての長さで表しましょう。

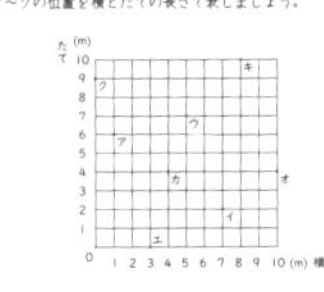

	横		たて
ア	1m	の	6m
イ	7m	の	2m
ウ	5m	の	7m
エ	3m	の	0m
オ	10m	の	4m
カ	4m	の	4m
キ	8m	の	10m
ク	0m	の	9m

直方体と立方体（21）

● バスターミナルをもとにして，それぞれの位置を表しましょう。

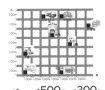

	東		北	
公園	500	m	300	m
交番	0	m	200	m
市役所	400	m	0	m
小学校	400	m	600	m
消ぼうしょ	200	m	600	m
図書館	700	m	500	m
病院	300	m	400	m

P244

直方体と立方体（22）

● 下の図で，点アの位置をもとにして，動物の位置を横とたてと高さで表しましょう。

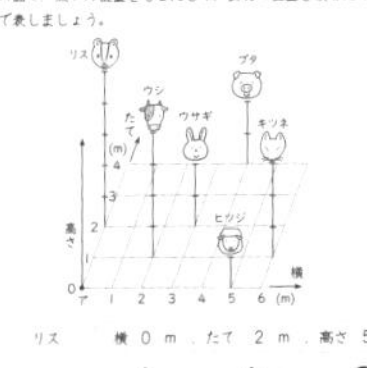

	横	たて	高さ
リス	0 m	2 m	5 m
ブタ	4 m	4 m	2 m
キツネ	6 m	1 m	3 m
ヒツジ	5 m	0 m	1 m
ウシ	2 m	1 m	4 m
ウサギ	3 m	2 m	2 m

直方体と立方体（23）

● 下の直方体で，頂点アの位置をもとにして，ほかの頂点の位置を表しましょう。

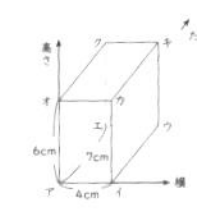

	横	たて	高さ
頂点イ	4 cm	0 cm	0 cm
頂点キ	4 cm	7 cm	6 cm
頂点エ	0 cm	7 cm	0 cm
頂点オ	0 cm	0 cm	6 cm
頂点ウ	4 cm	7 cm	0 cm
頂点カ	4 cm	0 cm	6 cm

P245

ふりかえり 直方体と立方体①

1 直方体と立方体の辺，面，頂点について答えましょう。

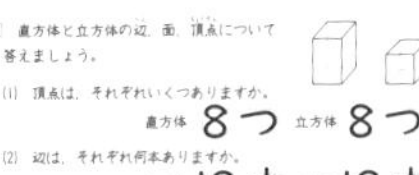

(1) 頂点は，それぞれいくつありますか。 直方体 8つ 立方体 8つ

(2) 辺は，それぞれ何本ありますか。 直方体 12本 立方体 12本

(3) 面は，それぞれいくつありますか。 直方体 6つ 立方体 6つ

(4) 直方体の面は，どんな形ですか。 長方形 正方形

(5) 立方体の面は，どんな形ですか。 正方形

2 次の直方体の展開図の続きをかきましょう。

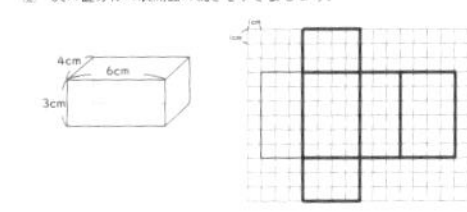

3 正しい展開図はどれですか。2つに○をつけましょう。

ア イ ウ エ （イ・エに○）

4 下の図は直方体の展開図です。次の問いに答えましょう。

(1) 辺アイと重なる辺はどれですか。 辺コサ

(2) 辺エオと重なる辺はどれですか。 辺キク

(3) 点ケと重なる点はどれですか。 点ウ

(4) 点シと重なる点はどれですか。 点セ

(5) 面うと向き合う面はどれですか。 面お

解答　児童に実施させる前に，必ず指導される方が問題を解いてください。本書の解答は，あくまでも１つの例です。

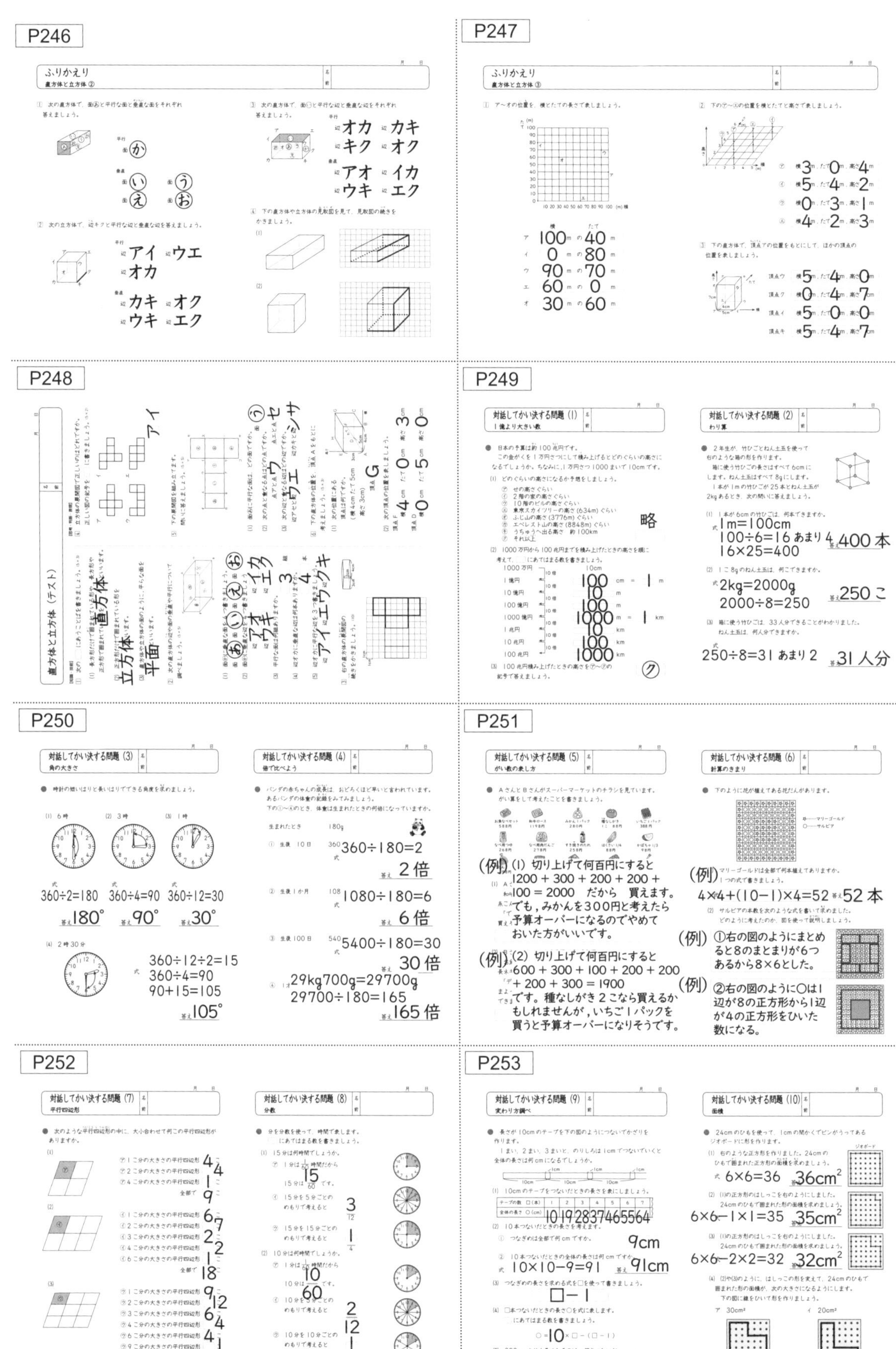

　(解答は，200 ～ 300%に拡大してお使い下さい。)

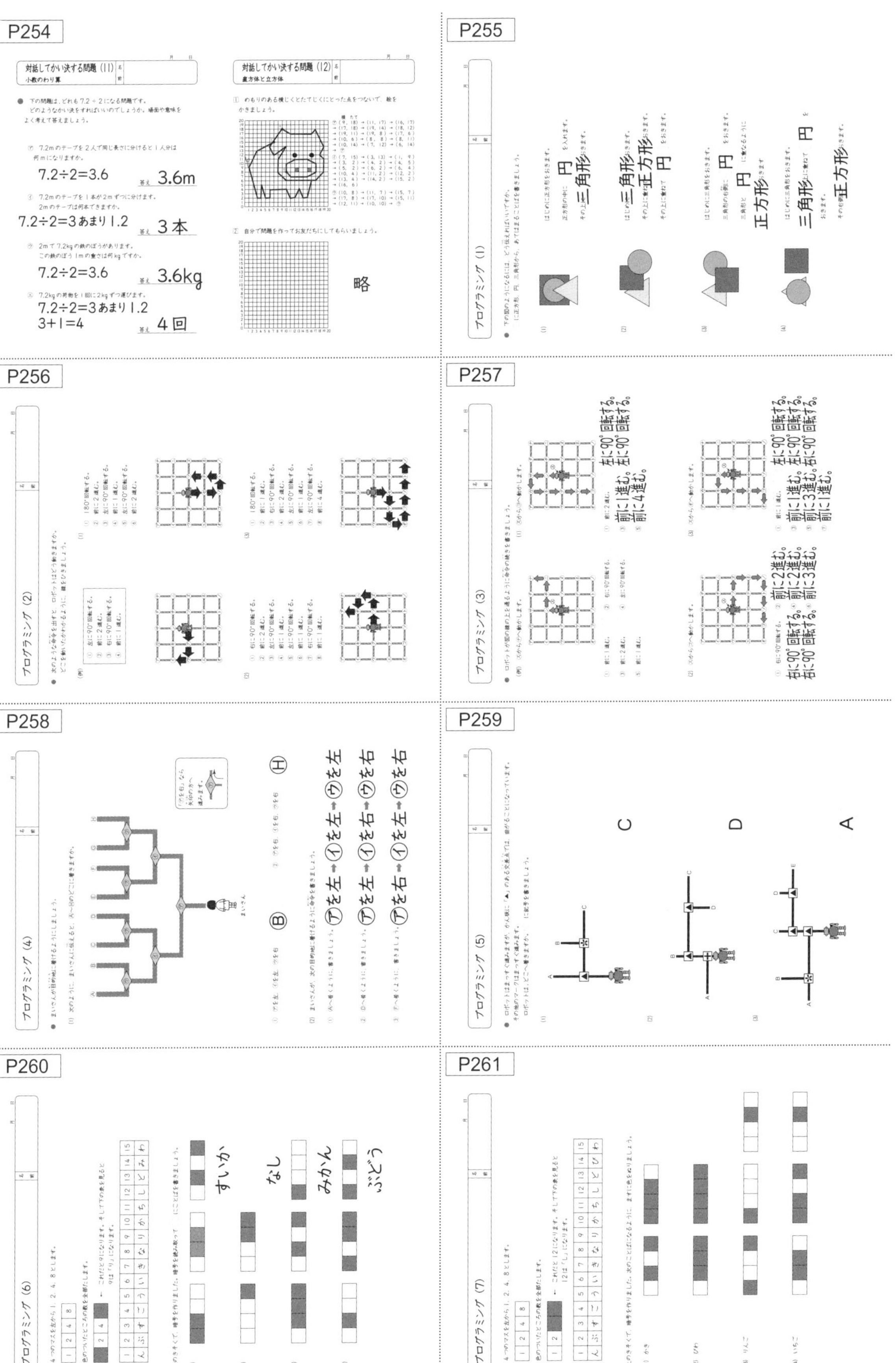
P254
7.2÷2=3.6
答え 3.6m
7.2÷2=3あまり1.2
答え 3本
7.2÷2=3.6
答え 3.6kg
7.2÷2=3あまり1.2
3+1=4
答え 4回
略
P255
円
三角形
三角形
正方形
円
円
円
正方形
三角形
円
正方形
P256
P257
左に90°回転する。
左に90°回転する。
前に1進む。
前に4進む。
右に90°回転する。
前に2進む。
右に90°回転する。
前に2進む。
右に90°回転する。
前に3進む。
左に90°回転する。
左に90°回転する。
右に90°回転する。
前に1進む。
前に3進む。
前に3進む。
前に1進む。
P258
B
H
アを左→イを左→ウを左
アを左→イを右→ウを右
アを右→イを左→ウを右
P259
C
D
A
P260
すいか
なし
みかん
ぶどう
P261

解答

児童に実施させる前に，必ず指導される方が問題を解いてください。本書の解答は，あくまでも1つの例です。
指導される方の作られた解答をもとに，本書の解答例を参考に児童の多様な考えに寄り添って○つけをお願いします。

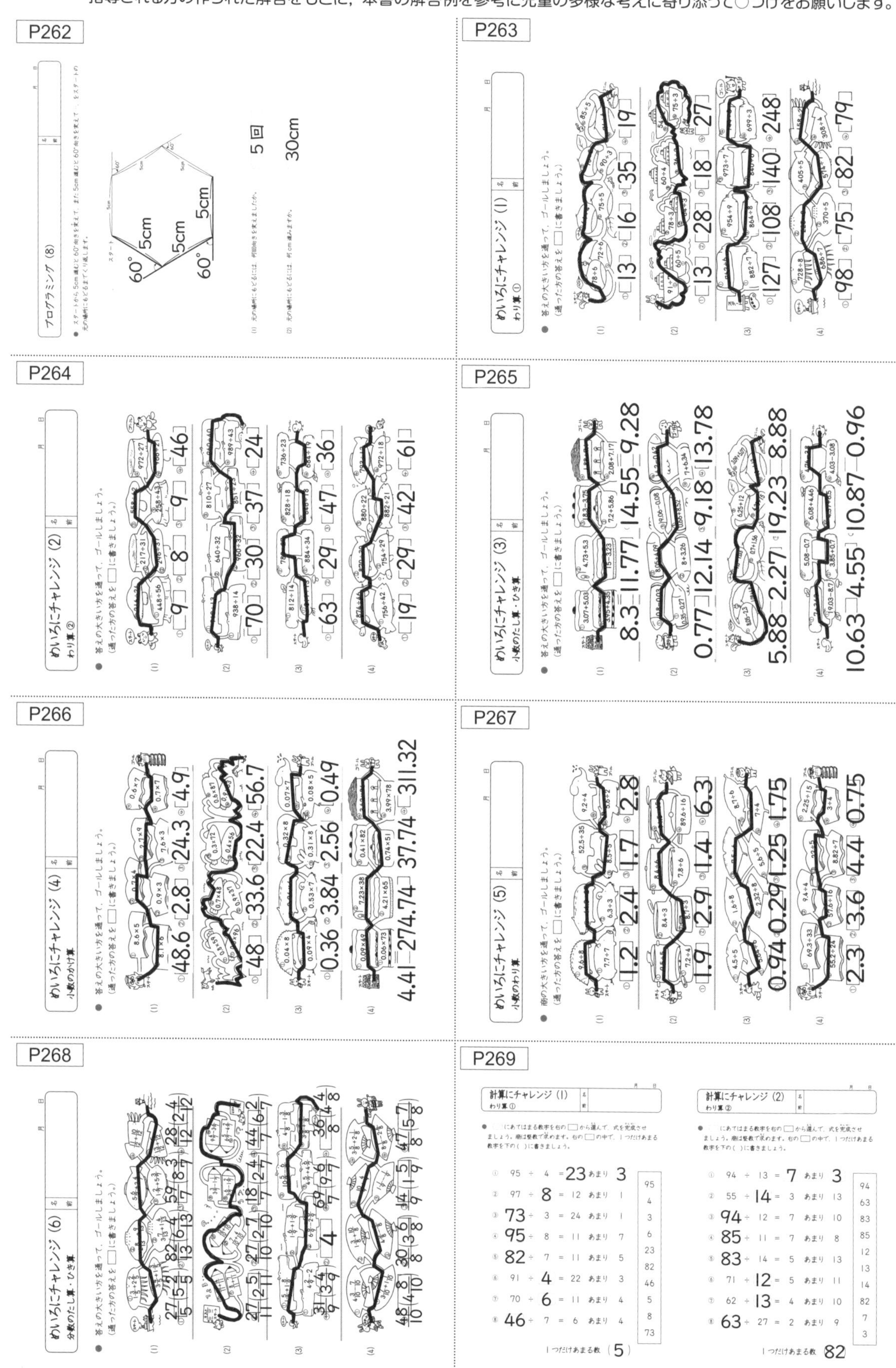

計算にチャレンジ (1) わり算①

□にあてはまる数字を右の□から選んで，式を完成させましょう。商は整数で求めます。右の□の中で，1つだけあまる数字を下の( )に書きましょう。

① 95 ÷ 4 = 23 あまり 3
② 97 ÷ 8 = 12 あまり 1
③ 73 ÷ 3 = 24 あまり 1
④ 95 ÷ 8 = 11 あまり 7
⑤ 82 ÷ 7 = 11 あまり 5
⑥ 91 ÷ 4 = 22 あまり 3
⑦ 70 ÷ 6 = 11 あまり 4
⑧ 46 ÷ 7 = 6 あまり 4

95 4 3 6 23 82 46 5 8 73

1つだけあまる数 (5)

計算にチャレンジ (2) わり算②

□にあてはまる数字を右の□から選んで，式を完成させましょう。商は整数で求めます。右の□の中で，1つだけあまる数字を下の( )に書きましょう。

① 94 ÷ 13 = 7 あまり 3
② 55 ÷ 14 = 3 あまり 13
③ 94 ÷ 12 = 7 あまり 10
④ 85 ÷ 11 = 7 あまり 8
⑤ 83 ÷ 14 = 5 あまり 13
⑥ 71 ÷ 12 = 5 あまり 11
⑦ 62 ÷ 13 = 4 あまり 10
⑧ 63 ÷ 27 = 2 あまり 9

94 63 83 85 12 13 14 82 7 3

1つだけあまる数 (82)

（解答は，200 ～ 300%に拡大してお使い下さい。）

編者

原田　善造　学校図書教科書編集協力者
わかる喜び学ぶ楽しさを創造する教育研究所・著作研究責任者
元大阪府公立小学校教諭

コピーしてすぐ使える
3分 5分 10分で できる　算数まるごと４年

2020 年 4 月 2 日　初刷発行
2024 年 2 月 1 日　第 3 刷発行

企画・編著 ： 原田 善造（他 12 名）
執筆協力者 ： 新川　雄也・山田　恭士
編集協力者 ： 岡崎　陽介・田中　稔也・南山　拓也
イ ラ ス ト ： 山口　亜耶・白川　えみ 他
発 行 者 ： 岸本 なおこ
発 行 所 ： 喜楽研（わかる喜び学ぶ楽しさを創造する教育研究所）
〒604-0854 京都府京都市中京区二条通東洞院西入仁王門町 26－1
TEL　075-213-7701　　FAX　075-213-7706
HP　https://www.kirakuken.co.jp
印 刷 ： 株式会社イチダ写真製版

ISBN 978-4-86277-300-5　　Printed in Japan